Elizabeth Currid-Halkett

Fair
gehandelt?

Wie unser Konsumverhalten
die Gesellschaft spaltet

Aus dem amerikanischen Englisch
von Judith Wenk

btb

Die Originalausgabe erschien 2018 unter dem Titel
»The Sum of Small Things« bei Princeton University Press, Princeton NJ.

Sollte diese Publikation Links auf Webseiten Dritter enthalten,
so übernehmen wir für deren Inhalte keine Haftung,
da wir uns diese nicht zu eigen machen, sondern lediglich auf
deren Stand zum Zeitpunkt der Erstveröffentlichung verweisen.

 Dieses Buch ist auch als E-Book erhältlich.

Die Übersetzerin dankt Marc Schattenberg für seine Unterstützung beim Durchdenken der statistischen Zusammenhänge,
Imke Brodersen für ihr immer offenes Ohr und ihrer Familie für
ihre Geduld, wenn sie vor dem Essen wieder mal „nur schnell“
noch einen Absatz fertig formulieren wollte.

1. Auflage
Deutsche Erstausgabe Juli 2021
Copyright © 2021 by btb Verlag
in der Penguin Random House Verlagsgruppe GmbH,
Neumarkter Straße 28, 81673 München
Copyright der Originalausgabe: © 2017 by Elizabeth Currid-Halkett
Published by arrangement with The Robbins Office, Inc. and Aitken,
Alexander & Associates, Ltd.
Covergestaltung: semper smile, München
Coverabbildung: © Shutterstock/Aleksandra Djukic
Satz: Uhl + Massopust, Aalen
Druck und Einband: CPI books GmbH, Leck
JT · Herstellung: CF
Printed in Germany
ISBN 978-3-442-77034-2

www.btb-verlag.de
www.facebook.com/btbverlag

INHALT

ANHANG

KAPITEL 1

Die »feinen« Leute
des 21. Jahrhunderts

»Ein handgeschmiedeter Silberlöffel, der einen Handelswert von zehn bis zwanzig Dollar besitzt, taugt im Allgemeinen nicht mehr – im üblichen Sinne des Wortes – als ein maschinell hergestellter Löffel desselben Materials, ja, er taugt wahrscheinlich nicht einmal mehr… Der naheliegende Einwand lautet natürlich, daß dieser Gesichtspunkt den wesentlichsten Sinn des teuren Löffels außer acht lässt. Der handgeschmiedete Löffel befriedigt nämlich unseren Geschmack und Schönheitssinn…, ohne daß es darum das Letztere an Schönheit der Körnung und Farbe oder an Tauglichkeit übertrifft…«

Thorstein Veblen, *Theorie der feinen Leute* (1899)

An einem Sommernachmittag in den 1920er-Jahren war Muriel Bristol Teil einer Gesellschaft, die sich in Cambridge zum Tee traf. Unter den Gästen befanden sich auch einige Professoren nebst Gattinnen. Ihr Gastgeber schenkte Muriel erst Tee und dann Milch in ihre Teetasse ein. Sie protestierte und erklärte, dass sie die umgekehrte Reihenfolge, also »erst Milch« bevorzugen würde, weil der Tee dann besser schmecke. Den Einwänden der Gäste zum Trotz bestand sie darauf, dass sie die Reihenfolge geschmacklich unterscheiden könne. Da hatte Ronald Aylmer Fisher, welcher später mit seinem Buch *The Design of Experiments* zum Paten der modernen empirischen Statistik und als »Sir Fisher« bekannt wurde, eine Idee: Wenn man acht Tassen Tee einschenken und in vier davon »zuerst Milch« und in die restlichen vier »zuerst Tee« geben würde und die Dame anschließend in der Lage wäre, die Tassen korrekt zuzuordnen, müsse ihre Behauptung wohl stimmen (die Wahrscheinlichkeit, dass sie die Reihenfolge nur zufällig erraten würde, läge bei 1 zu 70). Wie alle anderen Anwesenden glaubte auch Fisher nicht daran, dass Miss Bristol den Test bestehen würde. Mit anderen Worten, die Anwesenden nahmen an, ihre Behauptung, die Art der Darreichung geschmacklich unterscheiden zu können, sei eher auf mangelndes Gespür für Ästhetik und Stilbewusstsein zurückzuführen als auf wirkliche Geschmacksunterschiede. Tatsächlich aber gab Muriel Bristol für jede der acht Tassen die korrekte Reihenfolge von Milch und Tee an.

Fishers Experiment, welches die Statistik und damit die moderne Wissenschaft veränderte (darauf aufbauend wurde der Test der »Nullhypothese« entwickelt),[1] wäre ohne das dahinterstehende Statusdenken der Anwesenden – und die daran geknüpfte, ganz genaue Vorstellung, wie man seinen Tee zu trinken habe –, nicht möglich gewesen. Ob man zuerst Milch oder zuerst Tee in die Tasse gibt, ist seit dem Viktorianischen Zeitalter eine symbolträchtige Statusfrage, weil die Entscheidung für das eine oder das andere darüber Aufschluss geben konnte, welcher gesellschaftlichen Klasse man angehörte.

Ausschlaggebend dafür war letztlich die unterschiedliche Qualität des jeweils verwendeten Geschirrs. Im Viktorianischen Zeitalter zersprangen Tassen aus weniger hochwertigem Material, sobald man kochend heißen Tee hineingoss. Goss man hingegen die kalte Milch zuerst ein, hatte man bessere Chancen, dass die Tasse am Ende heil blieb. Wohlhabende Leute konnten sich edles Porzellan leisten, dem heißer Tee nichts ausmachte. Es war also ein Zeichen wirtschaftlichen Wohlstands, wenn man sich die Milch zuletzt eingoss.[2] Selbst als die Entscheidung noch eine rein praktische war, offenbarte die gewählte Reihenfolge also eher den sozialen Stand als eine geschmackliche Vorliebe. Denn indem sie die Milch zuletzt eingossen, demonstrierten diejenigen, die feines Porzellan besaßen, diesen Luxus. So stellt der Butler in der britischen Fernsehserie »Upstairs, Downstairs«, welche in jener Zeit spielt, fest: »Those of us downstairs put the milk in first, while those upstairs put the milk in last.«

Selbst später, als fast jedes Geschirr heißen Tee verkraftete, blieb es dabei, dass »erst Milch« die Zugehörigkeit zu einer bestimmten gesellschaftlichen Klasse signalisierte. Die englische Autorin Nancy Mitford (1904–1973) benutzte im 20. Jahrhundert in ihren Romanen die Abkürzung »M. I. F.« (englisch »milk in first« für »erst Milch«), um die unteren Klassen zu beschreiben, und in den Massenmedien wird dieser Begriff heute immer noch als satirische Umschreibung für die unteren Bevölkerungsschichten oder Leute ohne formvollendete Umgangsformen verwendet. Selbst der traditionsreiche englische Teelieferant Fortnum & Mason bezeichnet die Entscheidung für eine der beiden Varianten auf seiner Website noch heute als »heikle Angelegenheit«.

Wie aber wurde aus einer einfachen, so unwichtigen und scheinbar harmlosen Tätigkeit eine für die Klassenzugehörigkeit so symbolträchtige Handlung? Vordergründig zweckmäßige Gepflogenheiten, die derart symbolisch aufgeladen wurden, gab es in jeder Epoche. Im viktorianischen England bedeuteten etwa die im Salon zur Schau gestellten Medikamente, dass man es sich leisten konnte, zum Arzt zu gehen und Medikamente zu kaufen. Und in Paris waren Kerzen vor der Französischen Revolution rar und teuer. Doch auch als Licht (und später Elektrizität) allmählich allgemein verfügbar war, blieb Kerzenschein beim Abendessen ein Zeichen von gutem

Geschmack und guter Herkunft.[3] Das Gleiche gilt für die Verwendung von Stoffservietten, wenn man doch ebenso gut auch Papierservietten nutzen (und damit das leidige Waschen umgehen) könnte. Alles, was wir tun, hat eine soziale Bedeutung. Unsere Kindheit, unser Familienleben, unsere Einkommensklasse und, damit zusammenhängend, unser gesellschaftliches Umfeld prägen unsere Lebensweise und die Art, wie wir mit der Welt im Großen und Kleinen interagieren. Ob wir wollen oder nicht – sowohl durch Verhaltensweisen als auch durch materielle Güter offenbaren wir unsere sozioökonomische Stellung. Der große Soziologe Pierre Bourdieu hat das in seinem Werk *Die feinen Unterschiede* herausgearbeitet: Status ergibt sich aus den »normalen« kulturellen und symbolischen Ausdrucksformen und ganz grundsätzlich aus der Art und Weise, wie wir leben.

Wir haben uns schon immer nach Status verzehrt. Das haben schon viele vor mir festgestellt. Die großartige britische Anthropologin Dame Mary Douglas hat dieses Phänomen vielleicht am besten beschrieben. In jüngerer Zeit hat sich zudem Daniel Miller in seinem Buch *Consumption and Its Consequences* diesem Thema gewidmet. Durch die Dinge, die wir kaufen, und durch die Art, wie wir sie benutzen, zeigen wir der Welt häufig, wo wir stehen. Da wären zum einen die ganz offensichtlich teuren Anschaffungen: große Häuser im richtigen Postleitzahlgebiet, Sportwagen, feines Porzellan und teure Uhren. Doch sogar durch unser Benehmen teilen wir mit, dass wir eine bestimmte Erziehung genossen haben oder eine gewisse Art zu leben pflegen. So auch, wenn wir zum Beispiel anstelle einer E-Mail einen handschriftlichen Gruß schicken oder unseren Lieben frische Blumen senden, oder auch dadurch, wie wir unser Besteck nach dem Essen hinlegen und so weiter. Fast all diese Verhaltensweisen deuten auf die gesellschaftliche Position hin und beruhen auf der Nutzung von sichtbaren Gütern und dem Wissen darüber, wie man diese auf eine bestimmte Art und Weise benutzt. Oder, wie es Douglas in ihrem Buch *The World of Goods* beschrieben hat: »Gegenstände sind sozusagen sowohl die Hardware als auch die Software eines Informationssystems … Gütern zur Befriedigung von körperlichen Bedürfnissen – Speis und Trank – haftet nicht weniger Bedeutung an als Ballett oder Poesie.«[4]

Gleichermaßen sollte unser Konsum von Gütern zu Prestigezwecken nicht auf die leichte Schulter genommen oder als bloßes Getue abgetan werden. Über unseren Konsum definieren wir uns zum Teil als Individuen und positionieren uns gegenüber gesellschaftlichen Gruppen (als Mitglieder dieser Gruppen oder als Außenseiter und manchmal beides gleichzeitig). Wir müssen unseren Güterkonsum als etwas betrachten, das im sozialen Gefüge zwischen uns Menschen eine komplexe Rolle spielt. Genauso wie unsere Arbeit oder die Struktur unserer Familie dazu beitragen, wer wir sind, so tragen auch unser Konsum und die Umgangsformen, die wir erlernen, dazu bei. Wir müssen Konsum als Mittel begreifen, welches wir benutzen, um Dinge zu signalisieren, die weit über das bloße Sichtbare hinausgehen.[5]

Unter Umständen hat keiner die gesellschaftliche Bedeutung von Konsum besser eingefangen und in Worte gefasst als der Gesellschaftskritiker und Ökonom Thorstein Veblen. In Veblens richtungsweisender polemischer Abhandlung *Theorie der feinen Leute*, die er zum Ende des 18. Jahrhunderts verfasst hat, geht es um genau diesen Zusammenhang zwischen materiellen Gütern und Status. Zum Höhepunkt des »Vergoldeten Zeitalters« und im Zuge der Erfolge der industriellen Revolution stand Veblens Werk symbolisch ganz und gar für die Zeit, in der er lebte. Er wurde zu einem der führenden Denker und populären Kritiker im Zeitalter des Fortschritts, der die Gewinne, den Konsum und die Verschwendung, die mit dem Wohlstand des Kapitalismus einhergingen, verspottete. Veblen ist vor allem für sein Konzept des »demonstrativen Geltungskonsums« bekannt, also der Idee, dass durch die Verwendung von bestimmten

Gütern gesellschaftlicher Status offenbart wird. Veblens Kritik richtete sich vor allem gegen die »feinen Leute« beziehungsweise »die müßige Klasse« – die reichen Nichtstuer, die fortwährend unnötigerweise ihren gesellschaftlichen und wirtschaftlichen Stand durch materielle Güter, bei denen es sich vielfach um nutzlose Dinge ohne Gebrauchswert handelte, zur Schau stellten.[6]

Veblens Theorien sorgten für Entrüstung. Er verhöhnte eine ganze Gesellschaftsschicht als nutzlos und überflüssig und beschuldigte die Mitglieder dieser Schicht, fast nur auf ihren gesellschaftlichen Stand und standesgemäße Signale bedacht zu sein. Worauf H. L. Mencken erwiderte:»Genieße ich ein schönes Bad, weil ich weiß, dass John Smith sich das nicht leisten kann – oder weil es mir Vergnügen bereitet, ein sauberer Mensch zu sein? Bewundere ich Beethovens Fünfte Symphonie, weil die Kongressabgeordneten und Methodisten das überhaupt nicht verstehen können – oder weil ich Musik aufrichtig liebe? […] Ziehe ich es vor, anstelle einer Putzfrau ein hübsches Mädchen zu küssen, weil sogar ein Hausmeister eine Putzfrau küssen kann – oder weil das hübsche Mädchen besser aussieht, besser riecht und besser küsst?«[7]

Mit seinem Buch *Theorie der feinen Leute* kritisierte Veblen scharfzüngig die oberen Gesellschaftsklassen und zog die orthodoxen Wirtschaftstheorien in Zweifel, die in der Idee wurzeln, dass die Leute ihr Geld so ausgeben, dass sie den größtmöglichen Nutzen damit erzielen.[8] Veblen setzte den üblichen Vorstellungen davon, wie wir unser Geld ausgeben, entgegen, dass unsere Konsumgewohnheiten durch ein Nach- und Wetteifern motiviert und zu einem großen Teil irrational und verschwenderischer Natur seien. Veblens berühmtes Beispiel für den demonstrativen Konsum der feinen Leute ist das Benutzen eines handgeschmiedeten Silberlöffels. Denn obwohl Besteck aus einem anderen Material oder maschinell hergestelltes Besteck natürlich auch völlig akzeptabel wäre und nicht anders als die teure Alternative aussähe, würde die Nutzung von

Silberbesteck anderen Leuten gegenüber doch eine gewisse gesellschaftliche Stellung demonstrieren. Veblen äußerte sich auch abfällig über die unnötige Nutzung von Spazierstöcken (was bedeutete, dass man seine Hände nicht zum Arbeiten brauchte) und Korsetts, welche so sehr die Bewegungsfreiheit einschränkten, dass eine Frau darin unmöglich arbeiten konnte. Nur die feinen Leute waren in der Lage, solche Dinge anzuschaffen und tatsächlich zu nutzen. Insbesondere diese Kritik hat Veblen berühmt gemacht und in Verruf gebracht – und ist mehr als 100 Jahre später immer noch von Bedeutung.[9] Sein Werk *Theorie der feinen Leute* zählt immer noch zu den wichtigsten Büchern über das wirtschaftliche Denken, die in den letzten zwei Jahrhunderten geschrieben wurden.[10]

Obwohl Veblen am meisten für seine Kritik am demonstrativen Konsum bekannt ist, war seine Studie des Statusgebarens viel komplexer und tiefgründiger als die üblichen stichwortartigen Wiedergaben seiner Theorien.[11] Veblens über allem stehende These ist, dass es für das Verständnis der modernen Gesellschaft von zentraler Bedeutung ist, die gesellschaftliche Unterteilung und Schichtenbildung zu erkennen. Die eigene gesellschaftliche Position sei wichtiger als jeder Wert oder Nutzen, den eine Person in die Welt bringe. Ironischerweise zeige sich die hohe gesellschaftliche Position (durch den Konsum, die Freizeit und Beschäftigungen ohne finanziellen Nutzen) oft durch die *Nutzlosigkeit* der Gegenstände und Aktivitäten. Veblen beobachtete außerdem das Phänomen des »demonstrativen Müßiggangs«: dass man Oxford-Klassiker las, Auslandsreisen unternahm, Sport machte und mit seiner Zeit nichts Brauchbares anfing. Und er beobachtete »demonstrative Verschwendung«: die Beschäftigung überflüssiger Dienstleister oder Hilfen im Haushalt. Zeit für etwas nicht offensichtlich Produktives zu verwenden sei nur für die oberen Klassen eine Option. Die eigene Unproduktivität und der Besitz nutzloser Güter seien die am stärksten hervorstechenden Kennzeichen von Status. Veblens Weltanschauung war, dass Silberlöffel und die durch Spazierstöcke oder Korsetts zur Schau getragene eigene Nutzlosigkeit die Vermutung nahelegten, dass das äußere Bild wichtiger als echtes Glück oder Komfort sei. Ebenso wie Karl Marx sah Veblen die Wirtschaft als ein die gesellschaftliche Wirklichkeit beherrschendes Teilstück an.[12] Er glaubte, dass die Wirtschaft den grundlegenden strukturellen Rahmen bilde, aus dem jegliche Form von Gesellschaft entspringe, Gestalt annähme und interagiere. Und dass deswegen das, was wir konsumierten, was wir wirtschaftlich in der Lage seien zu konsumieren und was uns andere konsumieren sähen, unseren jeweiligen Platz in der Gesellschaft bestimme.

Einhundert Jahre später wird der Begriff »demonstrativer Geltungskonsum« immer noch verwendet, um diese ganz bestimmte Art wirtschaftlichen und sozialen Verhaltens zu beschreiben. Aber die Gesellschaft und Wirtschaft haben sich seit Veblens Lebzeiten dramatisch verändert, und neue Konsumformen und Verhaltensweisen zur Offenbarung der gesellschaftlichen Position haben sich herausgebildet. Ein Jahrhundert nachdem Veblen die *Theorie der feinen Leute* verfasst hat, hat sich durch massive technologische Umbrüche und die Globalisierung geändert, wie wir arbeiten, leben und konsumieren. Die industrielle Revolution und die Entstehung neuer Herstellungsprozesse haben zum Aufkommen einer neuen Mittelschicht und niedrigeren Preisen für materielle Güter geführt, sodass demonstrativer Konsum zu einer massenkompatiblen Verhaltensweise wurde. Gleichzeitig sind die »feinen Leute« von einer neuen Elite abgelöst worden, für deren Mitglieder Leistung und die Aneignung von Wissen und Kultur zentral sind und die sich nicht so deutlich anhand ihrer wirtschaftlichen Stellung definieren lassen. Diese neue Gruppe von Leuten hat neue Normen und Werte im Gepäck. Sie arbeiten mehr, und größtenteils sind ihre Leistung und ihre kulturellen Werte von größerer Bedeutung als die Herkunft. In dem Maße, wie der moderne Kapitalismus den Weg hin zu materiellem Konsum frei gemacht hat, hat er auch für wachsende Ungleichheit gesorgt.[13] Aber inwieweit sich die Klassen voneinander unterscheiden, wird nicht nur einfach darüber definiert, was die Leute besitzen. Durch diese Umbrüche hat sich die Dynamik von Arbeit und Freizeit verändert und auch, wie wir konsumieren und auf welche Weise unser Konsum mit Status verknüpft ist. Um Daniel Boorstin zu zitieren: Trotz der scheinbaren »Demokratisierung des Luxus« hat die sozioökonomische Ungleichheit im 21. Jahrhundert stärker zugenommen als jemals zuvor; die Eliten entfernen sich immer mehr vom Rest.

Durch all diese verschiedenen gesellschaftlichen und wirtschaftlichen Veränderungen bekommen Konsum, Status und der Weg zu Status im 21. Jahrhundert eine andere Bedeutung und werden zunehmend infrage gestellt. Wie sieht Konsum heute aus, und wie hat sich der Konsum über die letzten Jahrzehnte verändert? Inwiefern beeinflussen »race«[14], unser Geschlecht, unser Beruf, und der Ort, an dem wir leben, was wir kaufen? Wie bewahren die wohlhabenden Eliten ihren Status, wenn materielle Güter nun für alle recht gut erhältlich sind? Und was würde Veblen sagen, wenn er einen Schritt ins 21. Jahrhundert tun würde? In diesem Buch geht es um ebendiese Umbrüche und welchen Einfluss sie darauf gehabt haben, wie wir unser Geld ausgeben, wie wir unsere Zeit verbringen und wie wir im Kleinen und Großen unseren Status offenbaren.

Doch zuerst soll es darum gehen, inwiefern Status schon immer ein zentraler Bestandteil der menschlichen Zivilisation war.

Demonstrativer Konsum im Laufe der Geschichte

Obwohl demonstrativer Konsum einem wie ein wahrlich kapitalistisches, der industriellen Revolution nachfolgendes Schauspiel vorkommen mag, haben Menschen seit Beginn der menschlichen Zivilisation miteinander um Status gerungen. Veblen glaubte, dass vieles, was er zu Beginn des 20. Jahrhunderts beobachtete, sich schon in grauer Vorzeit herausgebildet habe.

Eine Studie über die römische Gesellschaft in der Antike von Andrew Wallace-Hadrill zeigt, dass es demonstrativen Konsum schon in schönster Ausprägung vor unserer Zeitrechnung gab. Die weniger gut gestellten Bürger ahmten die höheren Klassen der Gesellschaft nach, und zwar viele Tausend Jahre, bevor Flachbildfernseher und günstige Leasingraten für Autos Einzug hielten, die die derzeitigen Grenzen zwischen den Gesellschaftsschichten verschleiern. In seiner archäologischen Studie zu ersten Behausungen (mit unterschiedlicher Größe und Zimmerzahl) in Pompeji und Herculaneum stellt Wallace-Hadrill fest, dass »die Statussymbole, die man in den größten Häusern vorfindet, ebenso, wenn auch seltener, in recht kleinen Wohneinheiten vorkommen«.[15] So erklärt er zum Beispiel, dass sich in den Häusern der Reichen Zierrat fand – eine ganz einfache Art von Statussymbol – und dies von den armen Leuten imitiert wurde, selbst wenn sie nur über wenig Platz oder finanzielle Mittel für derlei Dinge verfügten. Später, zur Zeit des Römischen Reiches beziehungsweise während der Kaiserzeit, als Rom immer reicher und mächtiger wurde, war immer mehr Zierrat vorhanden und auch zugänglicher für das allgemeine Volk. Aufstrebende Plebejer imitierten die Gewohnheiten der Reichen ganz bewusst. Und doch, so Wallace-Hadrill, unterschieden sich die Dinge, die die Eliten zur Schau stellten, qualitätsmäßig gleichzeitig immer mehr von den Sachen, die die ärmeren Schichten zum gleichen Zweck verwendeten, was darauf hindeutet, dass die Eliten auf seltene Materialien oder ungewöhnliche Methoden zurückgriffen, um ihre Stellung zu verdeutlichen, weil die Zurschaustellung von Gütern allein nicht mehr ausreichte. Die Herstellung von Mosaiken zum Beispiel war schwierig, unmöglich nachzumachen und ohne die entsprechenden Fähigkeiten und Materialien eine extrem mühsame Angelegenheit. Mosaike blieben darum ein selten anzutreffendes Zeichen von elitä-

rer Stellung. Die Verglasung von Fenstern, insbesondere die Bunt-
glas- und Erkerfenster in den Häusern der viktorianischen Oberschicht in England, sind ein weiteres Beispiel dafür, wie Knappheit
dazu genutzt wurde, um die Stellung nach außen zu verdeutlichen.[16]
Die Architektur jener Häuser der Oberschicht war an den Stil der
prachtvollen englischen Herrenhäuser angelehnt.

Im 17. Jahrhundert wurde Zierrat weiterhin in ganz Europa verwendet, um den Eindruck eines gewissen Standes zu erwecken
beziehungsweise diesen zu imitieren. Im goldenen Zeitalter der
Niederlande besaßen zwei Drittel der Delfter Haushalte mindestens ein Gemälde, also einen dekorativen Gegenstand, dessen Besitz ursprünglich kennzeichnend für eine elitäre Stellung war und
dann von ärmeren Leuten imitiert wurde. In Frankreich ahmte die
Mittelschicht vor der Revolution mit dem Gebrauch von Tapeten,
die wie herrschaftliche Wandteppiche aussahen, die aristokratische
Klasse nach[17] und nutzte zum selben Zweck marmorgleichen Stuck
und vergoldet aussehendes Porzellan. Durch das Anbringen von fal-
schen Buchreihen an der Wand konnte man sogar den Besitz einer
Bibliothek vortäuschen.[18] Frauen ahmten die Frisur von Marie Antoi-
nette nach – ein Versuch, dem königlichen Hof etwas näher zu kom-
men.[19] Und fast ein Jahrhundert später trugen die Arbeiter plötzlich
Strümpfe aus Kammgarn, ganz ähnlich den Seidenstrümpfen der
Höflinge im viktorianischen England – und wieder wurde billigeres
Material verwendet, um dieselbe Wirkung zu erzielen.[20]

Zweifellos zeigen all diese Beispiele, wie Nachahmung genutzt
wird, um nach oben zu kommen – sie zeigen, wie qualitativ minder-
wertige Versionen von elitären Gütern gezielt dafür genutzt wurden,
um einen gewissen Status zu kommunizieren. Ebenso wie für diese
Beispiele aus der Geschichte gilt auch heute, dass, egal ob es sich nun
um ein Louis-Vuitton-Imitat oder unechte Holzböden handelt, der
Unterschied mit bloßem Auge kaum erkennbar ist. Was für die Jahr-
hunderte vor unserer Zeitrechnung galt, galt auch für Veblens Zeit

und ebenso heute: »Natürlich besteht ein riesiger Unterschied zwischen den luxuriösen Häusern der Eliten und der einfacheren Ausführung der Häuser der kleinen Leute«, schreibt Wallace-Hadrill. »Aber was zählt, ist zu verstehen, dass sie nicht zu verschiedenen kulturellen Universen gehören.«[21] (Heute ist sogar Linoleum erhältlich, das täuschend echt nach Marmor aussieht. Damit hat es kaum etwas anderes auf sich als mit dem Stuck in Frankreich vor der Revolution.) Kurz gesagt, seit Beginn der Aufzeichnungen zur menschlichen Zivilisation hatten die Menschen ein offensichtliches Verlangen danach, Status zu demonstrieren sowie obere Gesellschaftsschichten nachzuahmen beziehungsweise sich einzugliedern. Oder wie Wallace-Hadrill mir während des Interviews sagte: »Wir können absolut bestätigen, dass es in der vorkapitalistischen Gesellschaft demonstrativen Konsum gab. Die Ansicht, das sei etwas Kapitalistisches, ist ziemlich kurios.«

Demonstrativer Konsum wird massentauglich: Massenproduktion und die Mittelschicht

Obgleich der Kapitalismus nicht für den demonstrativen Konsum verantwortlich sein dürfte, so ist es doch wahr, dass mit der industriellen Revolution die Konsumschleusen für den kleinen Mann geöffnet wurden. Mit der industriellen Revolution setzte eine wirtschaftliche Blütezeit ein, die die Klassenunterschiede scheinbar wettmachte und einer ganz neuen Gesellschaftsschicht – der Mittelschicht – ein Leben in Wohlstand eröffnete. Während es vor dem 18. Jahrhundert fast anderthalb Jahrtausende dauerte, bis sich das weltweite Einkommen verdoppelt hatte, haben die industrielle Revolution und der moderne Kapitalismus im 19. Jahrhundert in nur 70 Jahren und im

20. Jahrhundert in nur 35 Jahren zu eben einer solchen Verdopplung geführt.[22]

Vor der industriellen Revolution und der Erfindung der Dampfmaschine waren viele Dinge nur für die wirklich Reichen erschwinglich. Artikel wie Näh- und Schreibmaschinen (die viktorianischen Versionen von Elektrogeräten) waren für die Masse der Leute nicht erhältlich. Auf der Londoner Weltausstellung im Jahr 1851 wurden viele luxuriöse Errungenschaften der expandierenden industriellen Welt gezeigt, wie zum Beispiel Tapeten und Klaviere – aber diese Dinge waren den Reichen vorbehalten.[23] Als es durch die Mechanisierung und Spezialisierung möglich wurde, Güter in großer Zahl herzustellen, wurde es auch möglich, gleichwertige Gebrauchsartikel an die Mitglieder der wachsenden Mittelschicht zu vertreiben. Nachahmung war nicht mehr der einzig mögliche Weg, den man gehen konnte, um der Elite näher zu kommen. Stattdessen fingen aufgrund der Massenproduktion und der schnell verfügbaren Kredite (eine Entwicklung aus der zweiten Hälfte des 20. Jahrhunderts) nun viel mehr Leute damit an, die gleichen Produkte wie die Eliten zu konsumieren.

Zu Veblens Lebzeiten verfügte die Elite der »feinen Leute« über Eigentum, kontrollierte die Produktionsmittel und die Mittel, die es möglich machten, materielle Güter zu erwerben. Mit der industriellen Revolution kam es dann zu einer massiven wirtschaftlichen Umstrukturierung, und es entstand eine Mittelschicht aus Geschäftsleuten und Arbeitern. Diese neuen Arbeiter waren anders als ihre Vorgänger, die landlosen Proletarier, die vom Adel unterdrückt wurden. In den folgenden Jahrzehnten kamen auch Leute aus der Mittelschicht – nicht nur Angehörige der oberen Gesellschaftsschichten – zu Eigentum und Wohlstand bzw. verfügten über Einkommen, mit dem sie sich durch ihren Konsum Status erkaufen konnten. Bis ins frühe 20. Jahrhundert hatte es die Mittelschicht so weit gebracht, dass sich ihre Mitglieder dank der ständig wachsenden amerikanischen Autoindustrie ein Auto kauften (zuerst Fords Model T, dann Chevys und Cadillacs). Durch das amerikanische Bundesgesetz zur Wiedereingliederung von US-Soldaten, die im Zweiten Weltkrieg gedient hatten (»GI Bill«), und dank der US-amerikanischen Wohnbehörde (Federal Housing Authority) besaßen in den 1950ern viele Menschen ein eigenes Haus in den städtischen Randgebieten und Vororten, den »suburbs«. Neue Technologien und schnelle Produktionsprozesse ermöglichten es der Mittelschicht, sich Fernseher, Klima- und Stereoanlagen anzuschaffen, da diese Geräte nun alle schneller und günstiger hergestellt werden konnten.

Heutzutage ist demonstrativer Konsum so weit verbreitet, dass dieser mit dem Besitz von stark auffälligen Dingen assoziiert wird, die eine Aura von Wohlstand und höherem gesellschaftlichem Stand umgibt. Vor allem Neureiche fallen dieser Art von Konsum zum Opfer, aber ebenso die aufstrebende obere Mittelschicht. Einige Wissenschaftler sind sogar der Ansicht, dass ärmere Leute häufiger dieser Art von Konsum frönen als reiche.[24]

In seinem Buch *Gesellschaft im Überfluss* hat John Kenneth Galbraith selbst angemerkt, dass derlei Dinge kein Unterscheidungsmerkmal mehr darstellten, weil sich inzwischen so viele Leute Luxusgüter leisten könnten. Im Grunde genommen werde das Zurschaustellen von Wohlstand als so »gestrig« angesehen, dass demonstrativer Konsum nicht mehr mit den Superreichen in Verbindung gebracht werde, sondern eher mit allen anderen. Tatsächlich stellte Galbraiths Zeitgenosse C. Wright Mills in seinem Buch *Die Machtelite* fest, dass das Fehlen einer amerikanischen Aristokratie bedeute, dass Leute mit Geld – »Geld, und sonst nichts« – überall Zutritt hätten und die wahre Elite deswegen gezwungen sei, subtilere Kennzeichen für ihren Status zu finden als Wohlstand und Konsumgewohnheiten.

Ein weiterer Einflussfaktor für die gegenwärtige Ausbreitung von demonstrativem Konsum ist das größere Wissen über die Lebensweise der Eliten. Im frühen 19. Jahrhundert wurden Königin Victoria und Prinz Albert bei sich zu Hause inmitten ihres Hausrats foto-grafiert. Zum Ende des 19. Jahrhunderts wurden durch die in Fahrt kommende Werbeindustrie Bilder von erstrebenswerten Lebenssti-len verbreitet und auf diese Weise ein neuer, auf die Mittelschicht ausgerichteter Verbrauchermarkt geschaffen. In der zweiten Hälfte des 20. Jahrhundert wurde schließlich weltweit in sämtlichen Zeit-schriften über den luxuriösen Lebensstil von Prinzessin Diana be-richtet.

In den USA, wo man seit jeher einen demokratischen Blick auf die Reichen pflegte, fühlte man sich den Reichen – ganz im Sinne der Vom-Tellerwäscher-zum-Millionär-Geschichten von Horatio Alger – oft zum Greifen nah. Selbst die alten Eliten der Ostküste stolzierten – festgehalten in den Werken von Edith Wharton, Domi-nick Dunne, Truman Capote und Tom Wolfe – durch New York und Boston, obwohl über ihr Leben mehr im Verborgenen blieb als über das ihrer kalifornischen Counterparts. Heute wird von den Massen-medien und besonders in den Klatschmagazinen jedes Haus und Schuhpaar, jeder Diamant und jedes Restaurant unserer Hollywood-Eliten festgehalten. Die amerikanische High Society hat schließlich noch nie aus Aristokraten oder Leuten bestanden, die von der jahr-hundertealten gesellschaftlichen Position ihrer Familie zehren konn-ten. Die Überlegenheit der High Society speist sich in erster Linie aus ihrem Vermögen. Dadurch, dass man sich darüber informieren konnte, wie die Elite lebt, dürstete es den Durchschnittsmenschen nach mehr (im Glauben, dass man das doch auch selbst irgendwie erreichen könne). Dieser Einblick in das Leben der Reichen, gepaart mit immer erschwinglicheren Verbrauchsgütern, sorgte dafür, dass demonstrativer Konsum nun nicht mehr nur den führenden Eliten vorbehalten war.

Die Demokratisierung
des demonstrativen Konsums

Das Markenbewusstsein der späten 1990er und frühen 2000er veranschaulicht vielleicht am besten *Sex and the City* – eine der populärsten Fernsehserien jener Zeit, welche exemplarisch für eine Ära steht, in der eine strahlende Rolex-Uhr oder ein Paar Schuhe von Louboutin, erkennbar an den leuchtend roten Sohlen und bleistiftdünnen Stilettoabsätzen, eine bestimmte Stellung in der Gesellschaft signalisierten. Gleichermaßen stellten die Käufer der Luxuswaren von Armani, Ralph Lauren und Oscar de la Renta ihren Reichtum damit zur Schau – und die breite Masse ahmte sie mit dem Kauf von Gucci-Fake-Pullovern vom New Yorker Times Square nach. War auf dem Golf-Shirt oder dem strahlend weißen Hemd der für Ralph Lauren charakteristische Polospieler eingestickt, bedeutete das, dass der Träger ziemlich viel Geld für ein alltägliches Ding von vermeintlich überragender Qualität ausgegeben hatte – ein Beispiel für Veblens Silberbesteck im 21. Jahrhunderts. Klar, Fake-Handtaschen von Prada wurden manchmal selbst von Kennern nicht gleich als solche erkannt, aber echter Luxus – die wirklichen Luxushandtaschen, Golfhemden von Ralph Lauren und Kleider von Armani – war für die breite Masse von Leuten trotzdem noch, sowohl kostentechnisch als auch in Sachen Exklusivität, unerreichbar. Ihr Status beruhte auf Dingen mit quer drauf prangenden, schreienden Markenschriftzügen – je größer, desto besser. Dass es sich um eine Prada-Handtasche handelte, wusste man, weil dies auf jeder Tasche durch ein nicht zu übersehendes schwarz-silber glänzendes Dreieck kundgetan wurde. Das Logo war das Leitmotiv für den überbordenden Glamour dieser Ära, für den Aufstieg des Geldes von der Wall Street und für die Neureichen.

Aber in dieser ersten Zeit der Logos und des überbordenden

Luxus wurde bei den Leuten ein Verlangen geweckt – und dieses wurde langsam gestillt. Innerhalb weniger Jahre, von Mitte der 1990er bis in die 2000er hinein, haben einige Markenhersteller sogenannte »Submarken« kreiert. Darunter fallen Kleidung und Accessoires, die zwar tatsächlich direkt zur Modemarke gehören, aber zu einem viel niedrigeren und erschwinglicheren Preis zu haben sind. Die bekanntesten dieser Marken wie beispielsweise Armani Exchange (A/X) von Armani (1991), Polo von Ralph Lauren (1993) und Marc von Marc Jacobs (2001), wurden in Windeseile auf den Markt gebracht. Obwohl auch Textilien und Haushaltswaren unter dem Label der Submarken (Laura Ashley, Ralph Lauren) hergestellt wurden, war Kleidung besonders wichtig für den Wandel und die Demokratisierung des demonstrativen Konsums. In diesem Zusammenhang tauchte immer mehr Luxuskleidung verschiedener Art in den Einkaufszentren und innerstädtischen Einkaufspassagen auf – 1983 kaufte der Kaufhauskonzern Gap die Marke Banana Republic und verwandelte diese in eine hochwertige Kleidungsmarke. J. Crew, ehemals ein Katalogunternehmen für Kleidung, welches unter dem Namen Popular Club Plan bekannt war, benannte sich 1989 um, eröffnete ein Ladengeschäft und positionierte sich so als günstigere Version von Ralph Lauren. Die Bemühungen, Luxus für die breite Masse zugänglich zu machen, stießen auf eine ungezügelte Nachfrage: A/X rühmt sich damit, 270 Filialen in 31 Ländern zu unterhalten, während J. Crew über 287 Filialen und einen Umsatz von 2,5 Millionen US-Dollar verfügt. Ralph Lauren betreibt 460 Filialen und weist einen Umsatz von 7,4 Milliarden US-Dollar aus, und The Gap hat inzwischen weltweit 3700 Geschäfte eröffnet.[26]

Global gesehen sind diese Submarken und Luxuskleidungsartikel für den Massenmarkt immer noch recht teuer. Bei Banana Republic gibt man kaum weniger (eher wesentlich mehr) als 100 US-Dollar für ein einziges Kleidungsstück aus. Und doch kosten diese Kleidungsstücke wesentlich weniger als die Teile aus den Luxuslinien, ähneln diesen im Stil aber sehr stark – der frische, edle Look von Ralph Lauren oder der eigentümlich geschniegelte Stil von Kate Spade kann mit Klamotten von Banana Republic oder J.Crew leicht nachgeahmt werden. Stücke aus der Linie Marc von Marc Jacobs sind vielleicht nicht genauso gut geschnitten oder nicht aus Materialien ebenso hoher Qualität gefertigt wie die Stücke der Kernmarke, aber sie haben doch diesen künstlerischen und rebellischen Touch, für den der Designer so gefeiert und verehrt wird.

Durch die Ausweitung der Möglichkeiten zum Online-Shopping kommen Verbraucher nun auch viel leichter an begehrte Marken. Einst war es so, dass man, wenn man in einer Kleinstadt in Kansas oder Missouri wohnte, sich erst in eine größere Stadt begeben musste, um Luxusmode zu erwerben. Heute kann sich jede Frau mit einem einfachen Klick auf der Website von Sak's Fifth Avenue ein Paar von Manolo Blahniks »BB«-Schuhen schicken lassen, vorausgesetzt, sie ist bereit, für dieses Privileg 600 US-Dollar auszugeben. Außerdem sind Luxusmarken durch das Internet dazu in der Lage, Artikel der vergangenen Saisons an diverse Online-Outlets zu vertreiben. Auf Shoppingportalen für Kleidung und Schuhe wie Bluefly (1998), Zappos (1999), Overstock.com (1999) und natürlich auch auf Ebay (1995), dem ersten virtuellen Mekka für Schnäppchenjäger, haben Durchschnittsverbraucher die Möglichkeit, sich zu besonders günstigen Preisen in demonstrativem Konsum zu üben. Zu den neueren Shoppingportalen gehören Gilt (2007) und Rue La La (2007), über welche Luxussachen wie Uhren von Cartier und Handtaschen von Chanel zu schockierend niedrigen Preisen im Rahmen von kurzzeitigen »flash sales« angeboten werden. Da wird eine Handtasche von Hermès für 10 000 US-Dollar statt für 20 000 angeboten, und Unterwäsche von La Perla ist für eine begrenzte Zeit (manchmal nur für ein paar Stunden, einen Tag oder per Countdown) um 60 Prozent heruntergesetzt. Diese Dinge sind zugegebenermaßen auch im Sonderangebot nicht gerade billig. Bei Rent the Runway, einem Unternehmen, das 2009 von zwei Harvard-Wunderkindern gegründet wurde, können Damen edle Designerkleider für einen Bruchteil des Preises mieten, inklusive einer kostenlosen Ersatzgröße und mit den besten Empfehlungen. Obwohl es sich nur um eine Lösung auf Zeit handelt, versorgt dieses Unternehmen Frauen mit Luxusteilen für wichtige Ereignisse, auch wenn es sich die meisten Kundinnen eigentlich nie leisten könnten, diese Kleider zu kaufen.

Das Verlangen nach Markenartikeln hat den Markt vergrößert, der nun nicht nur die Oberschicht umfasst, für die sie ursprünglich gedacht waren. Die amerikanische Handelskette Target tut sich nun mit Luxusdesignern zusammen, um zusammen mit Missoni, Lily Pulitzer und Proenza Schouler erschwingliche Teile zu kreieren, während die Einzelhändler Kohls, Macy's und Kmart von Prominenten beworbene Marken mit dem Ziel verkaufen, dass sich ihre Kunden in etwa den Stil von Kim Kardashian oder Jessica Simpson zulegen können. Unter der Marke Tudor von Rolex werden günstigere Versionen der Uhren angeboten (nur in Europa verfügbar). Was Autos anbelangt, ist die Volkswagen-Gruppe Meister darin, unterschiedliche Preismodelle für Versionen ein und desselben Autos zu schaffen. Ein Autoliebhaber bemerkte dazu: »Der Lamborghini Gallardo war im Grunde genommen ein Audi R8. Der Audi A3 ist ein Golf, und dieser wiederum ein Seat Leon. Die VW-Gruppe ist mittlerweile sehr gut darin, die Dinge zu identifizieren, die für ihre Kunden einen Unterschied machen … deswegen werden Audi-Käufer für einen ›gut gekleideten Golf‹ auch mehr zahlen, denn für sie ist es ja kein Golf. Sie [die Käufer] mögen hochwertigere Kunststoffe, poliertes Aluminium etc.«

Durch die Globalisierung, die Massenvermarktung, erschwingliche Massenproduktion und billige Imitate weisen viel mehr Menschen heute ein demonstratives Verbrauchsprofil auf. Aufgrund dieser Flut von materiellen Gütern sollte man annehmen, dass der Weg zum demonstrativen Konsum der Oberschicht fast vollständig frei gemacht wurde. Die »Sachen«, die einst mit einem Leben in Wohlstand assoziiert wurden – Autos, Handtaschen, ein Schrank voller Kleider –, sind nun scheinbar für die breite Masse der Gesellschaft zugänglich. Auf den ersten Blick hat eine Demokratisierung des demonstrativen Konsums stattgefunden.

Der Rückschlag

Aber das soll nicht bedeuten, dass es bei der Demokratisierung des demonstrativen Konsums keine Rückschläge gegeben hätte. In den 1990ern führte das Bestreben der Firma Burberry, ihren Marktanteil zu vergrößern, dazu, dass das berühmte Karomuster, das sich sonst auf der Innenseite der maßgeschneiderten, aber altmodischen Regenmäntel wiederfand, auf vielen anderen Produkten wie Regenschirmen, Portemonnaies und Handytaschen auftauchte. Durch die neue Allgegenwärtigkeit des Musters (abschätzig bezeichnet als »chav check«, zu Deutsch: »Proletenkaro«) verlor Burberry als Uniform der englischen Aristokratie an Geltung und wurde umgedeutet in ein ironisches Erkennungszeichen jugendlicher Subkultur. Das Muster wurde auf Schals, Schlipse und Hüte gedruckt, auf dem Schwarzmarkt tauchten erste gefälschte Versionen auf und fanden Anklang unter den »chavs« – ein beleidigender Begriff, der benutzt wurde, um die Jugendlichen aus der britischen Arbeiterklasse zu beschreiben, welche eine Vorliebe für Designerimitate mit gut zu sehenden Logoschriftzügen hatten, und die im Economist als »die stereotypen weißen Übeltäter der Arbeiterklasse, welche immer auf der Suche nach Ärger sind«, beschrieben wurden.[27] Die Vereinnahmung von Burberry als Statussymbol durch diese Gruppe kam einem werbemäßigen Albtraum für das Unternehmen gleich, weil die ursprüngliche Stammkundschaft dadurch verschreckt wurde. Diese hatte die unaufgeregte Raffiniertheit geschätzt, von welcher das Unternehmen seit Mitte des 19. Jahrhunderts nicht abgerückt war. Erst als Rosie Marie Bravon und Angela Ahrendts (jeweils ehemalige CEOs) und der ehemalige CEO und Chief Creative Officer Christopher Bailey in den 2000ern das Ruder übernahmen und die Marke neu erfanden (weniger Karo, mehr Military-Stil), erholte sich Burberry schließlich von seinen Umsatzverlusten.[28] Burberry fuhr nicht nur die Karomuster etwas zurück, sondern entwarf auch umwerfend geschnittene Kleidungsstücke, in unverwechselbarem Design und aus einzigartigen Stoffen, was jeweils für sich genommen schon eine teure Angelegenheit war und es sehr schwer machte, die Kleidungsstücke zu imitieren. Es wäre zum Beispiel kaum möglich, Baileys »Warrior Bag«, eine mit Metallnieten und Rüstungsplättchen übersäte Handtasche, die mehrere Tausend Dollar kostet, erfolgreich zu imitieren.

Wie hat sich aber nun das Spiel um den gesellschaftlichen Status für die neuen Eliten verändert – in einer Welt, in der fast alles (abgesehen von einer Burberry Warrior Bag vielleicht) für weniger Geld imitiert oder erworben werden kann? Es steht außer Frage, dass auch nach der Finanzkrise und der damit zusammenhängenden Rezession seit 2008 reiche Leute immer noch reicher werden und ihren Reichtum dazu nutzen, Dinge zu kaufen, die noch nicht einmal nachgeahmt werden können. Simon Kuper, der regelmäßig über solche Fragen in der *Financial Times* schreibt, erklärte mir neulich, dass die Oberschicht sich ihre Exklusivität bewahre, indem ihre Mitglieder Produktversionen erwerben, die nur in limitierter Stückzahl erhältlich sind. Ob handgemachter Käse, Weine seltener Jahrgänge oder in geringen Stückzahlen produzierte Ferraris – der Preis spielt keine Rolle – das betreffende Produkt wird schlichtweg aufgrund seiner Rarität zum Statussymbol und nicht nur, weil es teuer ist. In Europa, wo Hersteller es schwer haben, Allerweltsautos für umgerechnet 15 000 Euro loszuwerden, sind Ferraris ab 275 000 ein Verkaufsschlager.[29]

27

Die Aushöhlung der müßigen Klasse, der Aufstieg der aufstrebenden Klasse

Nicht nur die Demokratisierung, auch die Aushöhlung der Oberschicht hat die Gegebenheiten verändert. Abgesehen von dem ein oder anderen reichen Sunnyboy-Erben oder einer Oligarchendebütantin hier und da existieren heute keine »feinen Leute« mehr. Viele der Personen, die Hunderttausende für Designerwaren ausgeben, haben sich ihr Geld selbst erarbeitet – viele (zugegebenermaßen nicht alle) auf harte und ehrliche Weise. Das Verschwinden der reichen, faulen Aristokraten und der Aufstieg der gebildeten, »selfmade« Eliten (von manchen auch »Leistungselite« genannt) heißt, dass »Freizeit« nicht länger ein Synonym für Oberschicht ist. Aber diese egalitärere Art von Status hat ihren Preis. Laut einer Arbeit des Ökonomen Robert Frank von der US-amerikanischen Privatuniversität Cornell haben Freizeit und Zufriedenheit der Reichen messbar nachgelassen. »Tatsächlich ist es so, dass die ›Unterschiede in der Menge an Freizeit‹ – Zeit für das eigene Vergnügen – spiegelbildlich zu den zunehmenden Einkommensunterschieden wachsen«, schreibt Frank, »und die Niedrigverdiener über immer mehr Freizeit und die Gutverdiener über immer weniger Freizeit verfügen.«[30] Von 1985 bis 2003 hat sich die Freizeit bei reichen Männern von 34,4 auf 33,2 Stunden pro Woche reduziert, während die Freizeit bei weniger reichen Männern im gleichen Zeitraum sich von 36,6 auf 39,1 Stunden pro Woche erhöht hat. Obwohl dasselbe Muster auch bei den Frauen erkennbar ist, haben gutverdienende Frauen sogar noch mehr Freizeit eingebüßt – im Studienzeitraum zwei Stunden.[31] In seinem Buch *Changing Times: Work and Leisure in Postindustrial Society* stellt Jonathan Gershuny fest, dass die wirtschaftlich und sozial gut gestellten Gesellschaftsgruppen – anders, als es zu Veblens Zeiten der Fall war – heute *weniger* und eben nicht *mehr* Zeit haben und dass diese zwei Variablen – Arbeit und Freizeit – in einer »umgekehrten Beziehung« zueinander stehen: Die Produktion und die Arbeit, die man für diese neuen Formen der hochwertigen Herstellung benötigt, haben einen Einfluss auf die freie Zeit. Heute ist es kein Zeichen von höherem Gesellschaftsstatus mehr, wenn man über viel Freizeit verfügt.[32]

Diese Zahlen könnten aus freien Stücken zustande gekommen sein, aber die große Umstrukturierung der globalen Wirtschaft, die seit Veblens Lebzeiten bis jetzt stattgefunden hat, deutet darauf hin, dass sowohl die Reichen als auch die Armen dabei gar nicht so viel mitzuentscheiden hatten. Durch die industrielle Organisation der Wirtschaft war es möglich, nicht nur durch Herkunft oder Landbesitz nach oben zu kommen. Tatsächlich war, besonders in der Mitte des 20. Jahrhunderts, ein großer Teil der Bevölkerung in der Lage, sich mit dem in den Fabriken erwirtschafteten Einkommen eigene Grundstücke und Häuser zu kaufen – und dazu auch noch Gebrauchsartikel wie Sessel oder Vorhänge, um diese Häuser zu füllen. Während der 1960er-Jahre konnten sich viele Familien der Mittelschicht dank recht gut bezahlter Lohnarbeit in der Fertigung oder Verwaltung ein Leben in materiellem Wohlstand leisten. Oft brauchte man noch nicht einmal einen Collegeabschluss (oder gar einen Berufs- oder Universitätsabschluss), damit es einem wirtschaftlich gut ging. 1950 hatten zum Beispiel nur 7,3 Prozent aller Männer einen Collegeabschluss. Bis 1962 war der Anteil nur gerade so auf über 11 Prozent angewachsen (die Zahlen für Frauen waren in beiden Jahren geringer). Im Gegensatz dazu schaue man sich das Jahr 2014 an, wo fast ein Drittel aller Männer und Frauen einen Collegeabschluss haben.[33] In der Mitte des 20. Jahrhunderts war die soziale und wirtschaftliche Mobilität zudem noch maßgeblich an die Loyalität des Einzelnen gegenüber dem Arbeitgeber geknüpft. Zu dieser Zeit wurde Loyalität (zum Beispiel die 40-jährige Anstellung bei Ford oder General Electric) mit stetiger Beförderung, Gehaltserhöhungen und der Fähigkeit assoziiert, sich das Leben der Mittelschicht leisten zu können. Die Leute wurden nicht aufgrund ihres Abschlusses von einer amerikanischen Eliteuniversität oder ihrer Attraktivität für Wettbewerber geschätzt, sondern aufgrund ihrer treuen Ergebenheit gegenüber den Institutionen, für die sie arbeiteten und welche ihr Leben finanzierten – das Militär, die Regierung, Unternehmen und Gewerkschaften. C. Wright Mills' Vorstellung der »Machtelite« beruht weitgehend darauf, dass diese Institutionen die Schaltzentralen für die Kontrolle der Wirtschaft und Gesellschaft bildeten. Im Verlauf der 1950er und 1960er wurde dann starke Kritik an der Struktur der Wirtschaft laut. Bekannt ist vor allem William Whytes Kritik aus *Herr und Opfer der Organisation* (1956), der das kollektivistische Gruppendenken der amerikanischen Wirtschaftswelt als lähmenden Angriff auf Individualismus und Kreativität empfand. Die Bande zwischen Arbeitern und ihren Arbeitgebern siegten über die eigenen Ideen und Ambitionen der Arbeiter. Und doch, so Mills' Auffassung, wurde diese Loyalität belohnt und ebnete den Weg zu fortwährender Mobilität. Der Filmklassiker *Der Mann im grauen Flanell* (1956) und in neuerer Zeit die Fernsehserie *Mad Men* erfreuten sich jeweils allgemeiner Beliebtheit und zeigen, welche Folgen diese Verknüpfung hatte.

Durch den Zusammenbruch der Industriegesellschaft veränderte sich die Verbreitung der sozialen und wirtschaftlichen Mobilität recht beträchtlich. Die Deindustrialisierung der westlichen Wirtschaften (vor allem in Bezug auf die Vereinigten Staaten und Großbritannien) wird im Großen und Ganzen durch drei Schlüsselmechanismen erklärt: Übersättigung des Marktes (ein Haushalt kann nur so viele Spülmaschinen kaufen, wie gebraucht werden), Technologie und Automatisierung (im Falle von Fließbandarbeit lohnt sich der Einsatz von hochentwickelten Produktionsrobotern, und diese sind obendrein schneller als Menschen) und Globalisierung (die Arbeitskosten sind woanders günstiger) und Transporttechnologien und Computer ermöglichen es, die Produktion nach Südostasien oder Südamerika auszulagern).[34] Folglich sind die gut bezahlten Fabrikjobs, die für das gute Leben in den USA ausschlaggebend waren, schnell verschwunden. Im Jahr 1970 war noch ein Viertel der arbeitenden Bevölkerung in Amerika in der verarbeitenden Industrie tätig. Bis 2005 war diese Zahl auf 10 Prozent gesunken.[35] Diese Zahlen sind nicht nur aus statistischer Sicht überraschend: Der Rückgang in der Fertigung betrifft auch den damit verbundenen gesellschaftlichen und wirtschaftlichen Vertrag mit der Mittelschicht. Die Arbeit in diesem Bereich wurde gut bezahlt, und dennoch musste man kaum eine Ausbildung vorweisen, sodass es vielen Mitgliedern der Mittelschicht in den USA gelang, ein Leben in finanziellem und materiellem Wohlstand sowie wirtschaftlicher und sozialer Sicherheit zu führen, und zwar ohne durch Geburt erworbene Anrechte darauf und auch – im völligen Gegensatz zur aktuellen Formel für Aufwärtsmobilität – ganz ohne Collegeabschluss. Der massive Verlust derartiger Jobs in Richtung der Entwicklungs- und Schwellenländer und die Schließung von Werkhallen bedeutete, dass die Lebensgrundlage dieser stabilen Mittelschicht weggefallen war. Die Deindustrialisierung führte zur Aushöhlung wichtiger Ballungsgebiete (wo viele Fabriken angesiedelt waren) und sorgte in weiten Teilen des Landes für Arbeitslosigkeit.[36]

An die Stelle des produzierenden Gewerbes trat das aufstrebende Geschäft mit Dienstleistungen, eine wahrlich zweigeteilte Wirtschaftsstruktur. Die Globalisierung wurde mit der Auslagerung der Herstellung an billige Arbeitskräfte sichtbar, aber auch – um Saskia Sassens Begriff zu benutzen – durch die Herausbildung von elitären »Weltstädten« beziehungsweise »global cities«. Diese Weltstädte avancierten zu Standorten für die Produktionsmittel: Wissen und Finanzkapital. Die Arbeitsmarkteliten, die die größten Gewinne erwirtschafteten, fanden sich in den Berufszweigen des Rechnungswesens, Finanzwesens, Rechtswesens und der Medizin wieder beziehungsweise in den Zweigen, die Sassen den »hochentwickelten Dienstleistungen« zuordnet. Eine andere Erzählung über diese wirtschaftliche Umstrukturierung liefert eine ähnliche, aber deutlich einfachere Erklärung: Die Weltwirtschaft hatte sich von der Herstellung von Geräten hin zur Ideenproduktion bewegt. Und jene, welche verantwortlich für die Generierung von Ideen waren – Robert Reich nannte sie »symbolische Analysten«[37], Richard Florida nutzte den Begriff der »kreativen Klasse« –, sind die Gewinner in der neuen Wirtschaft.[38]

Obwohl ein Collegeabschluss kein expliziter Maßstab für die Mitgliedschaft in Sassens, Reichs oder Floridas Kategorisierungen ist, ist ein solcher Abschluss doch auf jeden Fall von Vorteil, und die meisten Mitglieder haben einen. Also hängt der Aufstieg einer Wirtschaft, die auf Innovation und Wissen beruht, auch von beruflicher Expertise ab, welche oftmals durch Bildung erlangt wird. Der soziale Aufstieg in den oberen Rang der neuen Weltordnung hängt vom Erwerb von Wissen ab, nicht von per Geburt erworbenen Vorrechten, nicht von über Generationen weitergereichtem Besitz und nicht – was für viele sehr bedauerlich ist – von der Loyalität gegenüber dem Arbeitgeber. Doch diese neuen Eliten sind nicht einfach nur Mitglieder einer wirtschaftlichen Gruppe, deren Angehörige ihr finanzieller Erfolg miteinander verbindet. Es sind keine Plutokraten, und sie stehen auch nicht zwingend an der Spitze der Wirtschaftspyramide. Viele, die über eine Ausbildung verfügen und Wissen als hohes Gut ansehen, gehören in der Tat zu den wohlhabenden Arbeitsmarkteliten, viele aber auch nicht. Für diese neue Klasse von Leuten hat Wissen unabhängig von seiner wirtschaftlichen Funktion einen Wert. Ihre Ausbildung und ihr Spezialwissen haben es Bankern, Anwälten oder Ingenieuren ermöglicht, in der Weltwirtschaft gesellschaftlich aufzusteigen. Aber allgemein sind jene, welche Wissen erworben haben – jene mit einem Abschluss im Kreativen Schreiben von Yale, Drehbuchautoren, die noch kein Drehbuch verkauft haben,

Musiker und Teach-For-America-Volontäre –, auch Mitglied dieser neuen kulturellen und sozialen Gruppierung. Anstelle des Einkommensniveaus verbinden diese neue Gruppe ihre *gemeinsamen kulturellen Gepflogenheiten und soziale Normen.* Was die Mitglieder dieser neuen elitären, kulturellen Gruppierung miteinander vereint, ist ihr Streben nach und ihre Wertschätzung von Wissen und nicht ihr Einkommensniveau. Sie benutzen ihr Wissen, um ein größeres Bewusstsein für soziale und kulturelle Belange sowie für Umwelt- und Nachhaltigkeitsthemen zu entwickeln. Der Prozess, also wie sie zu diesem Wissen gelangen und anschließend ihre Werte formen, offenbart ihre gesellschaftliche Position. Diese neue Gruppe definiert sich somit vor allem durch ihr gemeinsames kulturelles Kapital – die Mitglieder sprechen dieselbe Sprache, erwerben einen ähnlichen Grundstock an Wissen und teilen ähnliche Werte. Alles Dinge, worin sich ihr kollektives Bewusstsein ausdrückt. Sie lesen Kommentare zu kulturellen Themen, sind nachrichtentechnisch auf dem neuesten Stand (vorzugsweise beziehen sie ihre Informationen aus der *New York Times,* dem *Wall Street Journal* oder der *Financial Times*) und kaufen Bio. Das sind nur einige der Dinge, die die Mitglieder miteinander unabhängig von ihren finanziellen Mitteln verbinden. Und hinter all diesen Dingen steht ein gut gemeintes Ziel: Das Wissen, beziehungsweise das kulturelle Kapital, wird dazu verwendet, informierte Entscheidungen darüber zu treffen, was man essen, wie man mit der Umwelt umgehen sollte und wie man zu besseren Eltern, produktiveren Arbeitern und besser informierten Konsumenten wird.

Diese neue, inzwischen sogar dominante kulturelle Elite kann man, einfach gesagt, als aufstrebende Klasse bezeichnen. Während sie zwar ihre Position symbolisch durch materielle Güter zeigt, offenbart sie ihre Klassenzugehörigkeit vor allem durch kulturelle Zeichen, mit denen sie ihren Wissensstand und ihr Wertesystem kommuniziert – im Gespräch über Kommentare in Zeitungen und Zeitschriften beim Abendessen, durch Autoaufkleber, die ihre politischen Ansichten zum Ausdruck bringen, und durch den Besuch des Wochenmarkts. Diese Verhaltensweisen und Zeichen deuten auf die Werte der aufstrebenden Klasse hin und geben auch einen Hinweis auf die Art des Wissens, das sie erworben haben und das prägend für ihren Wertekosmos ist. Die aufstrebende Klasse von heute schätzt Ideen, kulturelles und soziales Bewusstsein und Wissenserwerb, wenn es darum geht, Ideen zu entwickeln und Entscheidungen zu treffen. Angefangen bei der Berufswahl bis hin zu der Brotsorte, die sie im Supermarkt kauft. Bei jeder dieser Entscheidungen, den großen und den kleinen, streben die Mitglieder danach, sich informiert zu fühlen, beziehungsweise nach der Bestätigung, dass sie die *richtige*, nämlich eine vernünftige, faktenbasierte Entscheidung (egal, ob es um die Vorzüge von Bioessen, Stillen oder die Vorzüge von Elektroautos geht) getroffen haben. Kurz, im Gegensatz zu Veblens »feinen Leuten« oder David Brooks' »Bobos« erfolgt die Definition dieser neuen Elite nicht anhand von wirtschaftlichen Kriterien. Die Zugehörigkeit zur aufstrebenden Klasse ergibt sich vielmehr aus dem kollektiven Bewusstsein ihrer Mitglieder, das sich aus bestimmten Werten und dem erworbenen Wissen speist sowie aus den exklusiven sozialen und kulturellen Prozessen, die notwendig sind, um beides zu erwerben.

In seinem Buch *Die Bobos* hat David Brooks die kognitive Dissonanz der »Bobos« (kurz für »bohemian bourgeois«) nachgezeichnet, die in der kulturellen Gegenbewegung der 1960er aufgewachsen sind und sich mit ihrem in erwachsenen Jahren erworbenen Wohlstand sehr unwohl fühlten. Diese Gruppe stellt auch wirtschaftlich eine Elite dar, beziehungsweise handelt es sich um »the new upper class«, wie sie Brooks nannte. Das Unwohlsein, das viele Bobos verspürten, wenn es darum ging, ihre hippen, nicht materialistischen jungen Jahre mit ihrem neugewonnenen Wohlstand in Einklang zu bringen, hatte zur Folge, dass sie Konsumgewohnheiten anhingen, die zwar immer noch teuer waren, aber durch die sie letztlich versuchten, sich von Geld zu distanzieren. Beim Versuch, den Materialismus zu überkommen, kaufen die reichen Bobos Markenkühlschränke von Subzero und versehen ihre Badezimmer mit Schiefertafelwänden und einem Zen-haften Aussehen (aber brauchen immer noch viel Geld, um das zu tun). »25 000 Dollar für ein Badezimmer auszugeben ist völlig in Ordnung, 15 000 für die Hi-Fi-Anlage oder einen Großbildfernseher sind dagegen vulgär. 10 000 Dollar für einen Freiluftwhirlpool rauszuschmeißen ist dekadent, aber nicht mindestens das Doppelte für eine überdimensionierte Dusche aus Schiefer zu investieren gilt als sicheres Zeichen dafür, dass man noch nicht gelernt hat, die einfachsten Dinge im Leben zu genießen. [...] Sieht unsere Einrichtung gequält aus, bleiben uns Seelenqualen erspart.«[39]

Die aufstrebende Klasse von heute ist sich ihrer selbst nicht so bewusst, und vielen Mitgliedern fehlt das Geld der Bobos. Die aufstrebende Klasse wird von selbstbewussten Werten angetrieben und entscheidet sich aktiv für einen Lebensstil anhand eingehender Informationsrecherchen und legt sich aktiv auf Meinungen und Werte fest. Dafür wird manchmal Geld benötigt, aber oft braucht man eher kulturelles Kapital. Sie distanzieren sich von den gewöhnlichen materiellen Gütern. Nicht weil ihnen Wohlstand Unbehagen bereitet (Bobos), sondern eher, weil man mit materiellen Gütern nicht mehr klar die gesellschaftliche Position signalisieren kann oder sie sich nicht mehr gut dafür eignen, kulturelles Kapital oder Wissen zu zeigen. Reiche Oligarchen und die Mittelschicht können allen »Kram« erwerben, aber was die Mitglieder der aufstrebenden Klasse von allen anderen unterscheidet, ist, dass sie versessen darauf sind, Wissen zu erwerben und ausgehend von den gewonnenen Informationen umwelt- und gesellschaftsbewusste Werte zu entwickeln. Deswegen ist die Tomate einer alten Sorte, die sie für 2 US-Dollar auf dem Bauernmarkt kaufen, ein so typisches Symbol für den Konsum der aufstrebenden Klasse, und nicht ein weißer Range Rover. Der Konsum der aufstrebenden Klasse dient ihren Mitgliedern als Signal für ihre Lebensphilosophie und ihr

Wertesystem. Natürlich gibt es innerhalb dieser neuen, kulturell-elitären Gruppierung wirtschaftliche Abstufungen. Es gibt wohlhabende Mitglieder – vielleicht der Partner in einer Anwaltskanzlei –, die ein Vermögen für Kindermädchen, für das Studium an einer der amerikanischen Eliteuniversitäten und Bioerdbeeren ausgeben. Andere Mitglieder dieser Klasse wie der arbeitslose Drehbuchautor oder die Künstlerin, die die Rhode Island School of Design (RISD) besucht hat, sind finanziell kaum dazu in der Lage, da mitzuhalten, aber nutzen ihre dürftigen Mittel trotzdem dazu, ihre Zugehörigkeit kundzutun. Auch der Drehbuchautor liest die *New York Times* und kauft (vielleicht irrationalerweise und zu seinem eigenen wirtschaftlichen Nachteil) ebenso die Bio-Erdbeeren. Er trägt einen Jutebeutel mit sich herum, auf dem ein politischer oder literarischer Slogan abgedruckt ist – ein weiteres Zeichen seiner kulturellen Gewandtheit und der Auseinandersetzung mit den intellektuellen Strömungen seiner Gegenwart. Kurz gesagt, diese neue kulturelle und gesellschaftliche Gruppierung ist schon allein aufgrund ihrer materiellen und symbolischen äußeren Zeichen, die man als Mitglied vorweisen muss, elitär, aber letztendlich streben die Mitglieder dieser Gruppierung danach, ihre ganz eigene Vorstellung davon, was es heißt, ein besserer Mensch zu sein, in allen Bereichen ihres Lebens zu verwirklichen, wobei ihre wirtschaftliche Position eine untergeordnete Rolle spielt.

Wenn heute das Wissen die Weltwirtschaft am Laufen hält, ist es auch die Währung, über die sich diese neue Elite definiert und mit welcher sie die Statussignale für ihre Position erwirbt – egal ob materieller oder symbolischer Art. So wird der Erwerb von Informationen und Wissen nicht nur in der neuen Wirtschaftswelt geschätzt, sondern in allen Lebensbereichen. Gesellschaftliche Normen und Güter der aufstrebenden Klasse spiegeln implizites Wissen und den stillen Wissenserwerb wider, auf dem ihre Konsumpraktiken fußen. Die Freizeit der aufstrebenden Klasse – sei es das Lesen des *Economist*, das Hören von *NPR* oder die Teilnahme an einer Yoga-Klasse – ist in derselben

Weise wie ihre Arbeit durchtränkt von Wissen und Produktivität. Muttersein innerhalb der aufstrebenden Klasse heißt nicht nur, Geld zu haben, sondern auch extensive Recherchen darüber anzustellen, wie man unter Dreijährige am besten ernährt, tröstet und erzieht. Die materiellen Güter und Gewohnheiten spiegeln dieses Wissen und zeigen somit im Gegenzug, wer zu dieser exklusiven Gruppe gehört.

Zurück zu Veblen

Trotz radikaler Veränderungen in der Weltwirtschaft und dem Wandel der Mittel, die uns helfen, sozial und wirtschaftlich mobil zu werden, gilt Veblens Modell, wie die Hinweise auf die gesellschaftliche Position verstanden werden können, in vielerlei Hinsicht auch heute noch. Wenn auch auf eine unübliche und komplizierte Art und Weise. In den über 100 Jahren, die seit der ersten Veröffentlichung von Veblens Buch vergangen sind, treffen seine Theorien heute mehr zu als je zuvor, und zwar auf uns alle. Veblen würde sich vielleicht fragen, wo all die Silberlöffel und die Mitglieder der faulen, feinen oberen Gesellschaft abgeblieben sind. An ihrer Stelle würde er heute auf die aufstrebende Klasse und ihren in der Chemex-Karaffe zubereiteten Filterkaffee stoßen. Genauso wie es im beginnenden 19. Jahrhundert der Fall war, entspricht unser Bedürfnis, unseren Status zu zeigen, auch im 21. Jahrhundert der aktuellen Wirtschafts- und Gesellschaftsordnung.

Dieses Buch steht ganz in der Tradition von Veblens Werk. Auf den folgenden Seiten wird es darum gehen, wie wir unsere Gesellschafts- und Klassenzugehörigkeit, unter Berücksichtigung der Konsumgewohnheiten und gesellschaftlichen Gepflogenheiten, signalisieren und zum Ausdruck bringen. Ebenso wie Frank Trentmann in *Herrschaft der Dinge*, seiner Geschichte des Konsums vom 15. Jahrhundert bis heute, schreibt:»Aus dieser Sicht ist Konsum stärker relational bestimmt und weniger Ausdruck individueller Vorlieben (wie rational sie auch immer sein mögen). Konsum ist hier Teil eines sozialen Koordinatensystems, das den Einzelnen zeigt, wo sie in der Gesellschaft stehen.«[40] Demonstrativer Geltungskonsum ist immer noch ein sehr wichtiges Mittel für die Offenbarung der gesellschaftlichen Stellung. Doch diejenigen unter uns, die der aufstrebenden Klasse des 21. Jahrhunderts angehören, haben neue Mittel und Wege gefunden, um ihre Stellung zu zeigen. In diesem Buch vertrete ich die Ansicht, dass sich gleichzeitig drei Muster im Konsumverhalten abzeichnen. *Erstens*, die Demokratisierung des demonstrativen Konsums hat dafür gesorgt, dass viele Dinge für die Mittelschicht verfügbar geworden sind. Aber dieser Wandel gereicht ihr zum Nachteil. Während die Leute mehr für materielle Statussymbole ausgeben, geben sie weniger für jene Dinge aus, die den Weg zu größerer, generationenübergreifender Aufwärtsmobilität ebnen würden. *Zweitens*, aufgrund dessen, dass demonstrativer Konsum so weit verbreitet ist, ist es für die aufstrebende Klasse schwieriger geworden, ihre gesellschaftliche Position zur Schau zu stellen. Ihre Mitglieder haben neue Wege gefunden, um sich zu identifizieren, und zwar dadurch, dass sie Geld für Handlungen und Güter ausgeben, die gar nicht unbedingt auffallen und nicht immer materieller Art sind. Diese neuen Eliten konsumieren weniger die herkömmlich demonstrativen Konsumgüter und richten ihren Blick indes auf eher unterschwellige Kennzeichen für Status, die sich aus demonstrativer Produktion und nicht demonstrativem Konsum ergeben. Die besser gestellten Mitglieder der aufstrebenden Klasse geben ihr Geld heute für Dinge aus, die ihr Leben angenehmer und effizienter machen. Unauffälliger Geltungskonsum steht deswegen auch für die Aneignung von bestimmten Verhaltensweisen durch die aufstrebende Klasse und den Konsum von Gütern, welche nicht viel kosten und nicht groß auffallen, die aber gleichermaßen wichtig sind, um die gesellschaftliche Position zu signalisieren. Die Entscheidung, Yoga zu machen zum Beispiel, die Kinder lieber zum Hockey-Training als zum Fußball zu bringen, Mandelmilch statt Kuhmilch zu trinken oder den Jute-Einkaufsbeutel jede Woche wieder zu benutzen – dies sind alles Signale für eine Position, die grundsätzlich nicht teurer sind als die Alternativen, die aber als die klügere Wahl angesehen werden. Im Umkehrschluss werden diese Verhaltensweisen zu Statussymbolen. Letztlich sind viele der Verhaltensweisen, die Veblen noch als »demonstrativen Müßiggang« bezeichnet hatte – zum Beispiel Collegeabschlüsse und sportliche Betätigung –, jetzt essentiell für die Aufwärtsmobilität. Ihre Freizeit verbringt die aufstrebende Klasse nun zum großen Teil produktiv.

Als Veblen seine Abhandlung über die »feinen Leute« schrieb, war demonstrativer Konsum auf eine sehr kleine Gesellschaftsschicht begrenzt. Ja, alle Gesellschaftsschichten konsumierten zu einem gewissen Teil demonstrativ, aber die feinen Leute bildeten die einzige Gruppe, die finanziell in der Lage war, materielle Güter zu nutzen, um ihre Position zu offenbaren. Heute gibt es materielle Güter im Überfluss, aber die Möglichkeiten, damit seine gesellschaftliche Position zu verändern oder zu offenbaren, sind begrenzt. Es gibt keine dominante müßige Klasse mehr; an ihrer Stelle definiert die aufstrebende Klasse die das Konsumverhalten bestimmenden Muster neu, während sie sich gleichzeitig vom gewöhnlichen demonstrativen Konsum materieller Dinge lossagt. Ihre Mitglieder enthüllen ihre gesellschaftliche Position durch viel unauffälligere Verhaltensweisen und Dinge, die nicht unbedingt teuer sind, aber auf viel kulturelles und soziales Kapital hindeuten, welches auf die Mitgliedschaft in der aufstrebenden Klasse verweist. Die Mitglieder der aufstrebenden Klasse sind nicht die Bösen von der Wall Street, die Oligarchen, die London und Manhattan aufkaufen, es sind auch keine Plutokraten mit Privatjets. Sie sind nicht die feinen Leute. Nicht alle von ihnen verdienen extrem viel Geld, aber sie sind gebildet, schätzen Wissen und konsumieren auf eine Art und Weise, die diese Werte und ihr kulturelles Kapital widerspiegelt. Doch diese positiven Attribute machen die aufstrebende Klasse vielleicht sogar noch schlimmer als die feinen Leute des 19. Jahrhunderts oder die Superreichen, die in den Medien verteufelt werden. Es gibt nicht viele Milliardäre und Öltitane auf der Welt, aber bei der aufstrebenden Klasse handelt es sich um eine große und mächtige kulturelle Gruppierung. Und, was noch wichtiger ist, durch ihre subtilen und zunehmend unauffälligen Entscheidungen – wie sie Geld ausgeben, wie sie sich verhalten und was sie schätzen – verstärken sie ihre eigene gesonderte soziokulturell (und oft wirtschaftlich) privilegierte Position und die ihrer Kinder, womit sie alle anderen außen vor lassen. Dass die Mitglieder der aufstrebenden Klasse so überzeugt von ihren Entscheidungen sind und davon, dass sie ihre gesellschaftliche Position verdient zu haben scheinen, erlaubt es ihnen, die wachsende Ungleichheit um sie herum zu ignorieren. Zumindest geben sie sich selbst dafür keine Schuld. Aufgrund der Art der Daten und der vorgenommenen Recherchen bezieht sich dieses Buch auf Konsummuster, die besonders in den Vereinigten Staaten erkennbar sind. Aber die Beobachtungen zu Gesellschaftsklassen, der gesellschaftlichen Positionierung und der Herausbildung der aufstrebenden Klasse können zweifellos auch weit über Amerikas Grenzen hinaus angestellt werden. Tatsächlich kann die Herausbildung von neuen immateriellen prestigeträchtigen Praktiken – unauffälliger Geltungskonsum, demonstrative Produktion und Muttersein – überall in den wohlhabenden westlichen Ländern verfolgt werden. Bei einem Spaziergang durch den Prenzlauer Berg in Berlin treten dieselben Konsumgewohnheiten zutage wie in Londons Notting Hill oder in Brooklyns Park Slope. Mit *Fair gehandelt?* möchte ich versuchen, die Konsumgewohnheiten des 21. Jahrhunderts aufzudecken – wie sie sich verändert haben, inwiefern das moderne Konsumverhalten unsere soziale und wirtschaftliche Position im Großen und im Kleinen widerspiegelt – und die Folgen, die diese Konsumentscheidungen und -gewohnheiten für unsere Gemeinden, unsere Städte und unsere ganze Gesellschaft haben.

Demonstrativer Geltungskonsum im 21. Jahrhundert

Gerade durch unsere Neigung, die Reichen und Vornehmen zu bewundern und infolgedessen nachzuahmen, werden diese in die Lage versetzt, das zu begründen oder doch zu leiten, was man die Mode nennt. Ihre Kleidung ist die modische Kleidung, die Sprache ihrer Unterhaltung der moderne Sprachstil, ihr Auftreten und ihr Betragen das moderne Benehmen. Sogar ihre Laster und Torheiten werden modern [...].

Adam Smith, *Theorie der ethischen Gefühle*

In seinem Buch *Theorie der feinen Leute* stellte Thorstein Veblen fest, dass demonstrativer Konsum auch unter nicht so reichen Leuten beziehungsweise unter den Leuten, die er zu den »besitzlosen Klassen« zählte, stattfinde. Diese ärmeren Gesellschaftsschichten gäben ebenfalls Geld für nicht notwendige Dinge aus – vielleicht nicht so viel wie die feinen Leute mit ihren silbernen Löffeln und Krocketpartien, aber die meisten Menschen hätten, wie er ausführte, seit der Zeit der Jäger und Sammler bis zum heutigen Tag den Wunsch dazuzugehören, und dabei sind wir oft auf soziale Konstrukte angewiesen. Veblen, sosehr er für seine Schriften über Klasse und Konsum auch verachtet wurde, ist über die folgenden Jahrzehnte hinweg bis heute eine Person, für die sich Autoren und Wissenschaftler interessieren. Er hat eine wichtige Erkenntnis in den Fokus gestellt: Materielle Güter bestimmen, wer wir sind und welchen Platz wir in der gesellschaftlichen Ordnung einnehmen.

50 Jahre später stellte John Kenneth Galbraith in seinem Buch *Gesellschaft im Überfluss* fest, dass ein breiter Teil der Gesellschaft unnötigem Konsum nachgehe oder, wie er es nannte, der »Bedarfserweckung«.[1] Galbraith glaubte nicht, dass viel von dem, was wir kaufen, notwendig sei oder, wie er es ausdrückte, wir einen »wirklichen« Bedarf dafür hätten. Der Anstieg der »privaten Nachfrage« und die Konsumwirtschaft fänden auf Kosten der Allgemeinheit statt. In seinem Buch *Die geheimen Verführer* argumentierte Vance Packard 1957, dass die Vielzahl von Konsumgütern bedeute, dass Werbeträger, Vertriebsmitarbeiter und Verkaufsförderer ein Kaufbedürfnis kreieren müssen und so den materialistischen Kreislauf aufrechterhielten.[2] Galbraith fand diesen Kreislauf beunruhigend, weil die äußerlichen Unterschiede zwischen den Reichen und dem Rest weniger ausgeprägt zu sein schienen, je mehr die Gesellschaft vom Materialismus vereinnahmt wurde. Die vorgebliche Demokratisierung des Konsums verschleiere die Ungleichheit und brächte die Gesellschaft im Grunde genommen dazu zu denken, dass jeder ein Stück vom Kuchen abbekomme und die echten, aus Wohlstandsunterschieden resultierenden Probleme kaschiert würden.

Materielle Güter werden von uns schon seit Tausenden Jahren konsumiert, um unserem sozioökonomischen Status Ausdruck zu verleihen. Sogar schon vor der Flut an billigen Gütern, welche die zweite Hälfte des 20. Jahrhunderts bereithielt, bemerkte der Historiker Paul Johnson, dass die englische Arbeiterklasse zu Zeiten Königin Victorias und König Edwards VII. »Sonntagskleidung« trug (oder Verzierungen an der Arbeitskleidung anbrachte, wenn sie sich jene nicht leisten konnte) und übermäßig viel Geld für Strandurlaube, oder wie die Engländer sagen »sun holidays«, ausgab – sehr zum Entsetzen der Mittelschicht, die dieses Verhalten für verschwenderisch und unnütz hielt. Doch die Mitglieder der Arbeiterklasse taten genau das, was die Mitglieder der Mittelschicht und der feineren Gesellschaft in ihrem jeweils eigenen sozioökonomischen Universum machten, obgleich sie sich dabei anderer Mittel bedienten, um ihren Status zu demonstrieren. Wie Johnson selbst feststellt, konnte die Mittelschicht, weil sie nicht Teil der kulturellen Welt der Arbeiterklasse war, die innerhalb der Arbeiterklasse wirkenden Dynamiken nicht verstehen, die dazu führten, dass ein solcher Aufwand betrieben wurde. Und auch nicht, dass dieser Aufwand wichtig war, um sich einzufügen und seinen Status zu markieren. Die Arbeiterschaft fand eigene Mittel und Wege, um ihre gesellschaftliche Position anzudeuten, genauso wie die Angehörigen der Mittelschicht und der oberen Klasse dies innerhalb ihrer eigenen Gruppen taten.[3]

Auf der anderen Seite kaufte die wachsende bürgerliche Klasse, als wirtschaftliches Schwergewicht unabhängig vom Adel, große Häuser und dekorierte diese kunstvoll, um sich als Teil der neuen Mittelschicht auszuweisen. Schließlich stieg das Bürgertum, ohne sich auf ein Geburtsrecht beziehen zu müssen, immer mehr nach oben auf.[4]

Veblen glaubte, demonstrativer Konsum würde sich mit der zunehmenden Industrialisierung der Gesellschaft immer mehr ausbreiten und so den Weg hin zu insgesamt steigenden Einkommen und einer Flut von neuen Konsumgütern ebnen. In seinem Buch *The Americans A Democratic Experience* beschrieb der Pulitzer-Preisträger und an der Universität von Chicago tätige Historiker Daniel Boorstin die Beziehung zwischen der Bebauung Amerikas und dem dadurch geschaffenen Umfeld sowie der Entwicklung der amerikanischen Gesellschaft. Eine seiner Beobachtungen, die immer noch Bestand hat, ist, dass sich unter anderem an der Herausbildung von Kaufhäusern und deren Auslage von Luxusgütern beispielhaft zum ersten Mal die »Demokratisierung des Luxus« für die breite Masse zeigte.

In meinem Buch liegt der Fokus vor allem auf den Gewohnheiten, Regeln und Konsumverhaltensmustern der aufstrebenden Klasse des 21. Jahrhunderts. Doch diese kulturelle Gruppierung könnte nicht ohne alles zuvor Dagewesene existieren. Um zu verstehen, wie die aufstrebende Klasse konsumiert, müssen wir verstehen, wie die »Amerikaner« allgemein konsumieren und wie sich dies mit der Zeit verändert hat.

Wie bei allen Gruppen basiert die Identifikation mit der aufstrebenden Klasse teils auf Abgrenzung, teils auf Anpassung – und häufig auf beidem. In diesem Kapitel geht es darum, wie der Konsum sich über die Einkommensklassen hinweg im zeitlichen Verlauf entwickelt hat und wie die zugehörigen Ausgabegewohnheiten von »race«, unserem Geschlecht, Beruf, dem Standort und der Höhe unseres Einkommens beeinflusst werden. Erst daran anknüpfend ergeben die Gewohnheiten und Praktiken der aufstrebenden Klasse im breiteren Kontext der Konsumkultur im 21. Jahrhundert einen Sinn.

Über die letzten Jahrzehnte wurde für drei wichtige Makrokennzahlen, die Aufschluss über das amerikanische Ausgabeverhalten geben, ein Anstieg verzeichnet. Erstens, die Reichen und die obere Mittelschicht – also diejenigen, deren Einkommen sich im oberen 1-Prozent-Bereich beziehungsweise im Bereich der oberen 5 Prozent bis 10 Prozent bewegt – verwenden prozentual gemessen einen geringeren Teil ihrer Ausgaben für demonstrativen Konsum, als der amerikanische Durchschnittsverbraucher für den Konsum der gleichen Dinge aufwendet, während die Mittelschicht – Personen des 40.–60. Perzentils der in Einkommensverteilung – mehr als der Durchschnittsverbraucher ausgibt. Zweitens, gemessen an ihren Gesamtausgaben und im Verhältnis zu ihrem Einkommen, geben die Mitglieder der Mittelschicht für demonstrativen Konsum mehr aus, während die Wohlhabenden (sowie die ganz Armen) dafür weniger ausgeben. Drittens, bei den Reichen wurde demonstrativer Konsum durch »unauffälligen Geltungskonsum« ersetzt. Darunter fallen Ausgaben für nicht sichtbare, sehr teure Güter und Leistungen, die den Leuten mehr Zeit verschaffen und, auf lange Sicht, ihre Chancen im Leben beeinflussen. Zu diesen Dingen gehören Bildung, Gesundheitspflege, Kinderbetreuung und Dienstleistungen, die viel direkten Personaleinsatz erfordern wie Hilfe bei der Betreuung von Kindern, Gartenpflege oder im Haushalt. In diesem Kapitel soll es um die ersten beiden Entwicklungen gehen und die dritte Entwicklung kurz umrissen werden. Im dritten Kapitel widme ich mich dem unauffälligen Geltungskonsum. Schauen wir uns nun aber erst einmal an, wie Amerikaner ihr Geld ausgeben und vor allem, welche Rolle demonstrativer Konsum in der Ausgabenstruktur einnimmt.

Woher wissen wir so genau, wie in den USA Geld ausgegeben wird? Um die großen allgemeinen Trends im Verbraucherverhalten ausfindig zu machen, haben mein Doktorand Hyojung Lee und ich eine einzigartige und größtenteils noch nicht untersuchte Datensammlung, nämlich Daten aus Verbraucherbefragungen der staatlichen Statistikbehörde U.S. Bureau of Labor Statistics (BLS), analysiert. Jahrzehntelang hat das BLS im Rahmen der Verbraucherumfrage, bekannt als Consumer Expenditure Survey (CE), amerikanische Haushalte zu ihren Einkaufsgewohnheiten befragt, Daten dazu erhoben und so alles Mögliche dokumentiert, von der Zahl der Cornflakes, die man durchschnittlich in Minnesota isst, bis hin zu wie viel Geld ein New Yorker für Schuhe, Kinderbetreuung, Miete oder Silberbesteck ausgibt. Die Daten für die CE werden unter Leitung des BLS auf zwei Wegen gewonnen: über Tagebucheintragungen, die die Haushalte über einen Zeitraum von zwei Wochen vornehmen, und durch vom BLS durchgeführte vierteljährliche Haushaltsbefragungen. Die Tagebucheintragungen erlauben es, kleine, häufig stattfindende Einkäufe des täglichen Bedarfs von der Chipstüte bis hin zur Tasse Kaffee nachzuvollziehen. Durch die Befragungen werden Daten zu größeren Ausgaben für beispielsweise Hypotheken, Ratenzahlungen fürs Auto oder den Kauf eines neuen

Fernsehers festgehalten. So ergeben die zusammengeführten Daten ein ganzheitliches Bild darüber, wie wer wofür genau Geld ausgibt. Mithilfe dieser Informationen haben wir größere Veränderungen der amerikanischen Konsumgewohnheiten über die vergangenen 20 Jahre untersucht. Die Art der Daten erlaubt es uns, die Konsumgewohnheiten in Bezug auf »race«, Bildungsstand, Geschlecht, geografischen Standort und eine Vielzahl von anderen demografischen und sozioökonomischen Merkmalen zu analysieren. Als wir zum ersten Mal auf diese Datensammlung gestoßen sind, waren wir besonders an den scheinbar »unnötigen« Ausgaben interessiert, die für symbolische Statuszwecke getätigt wurden. Aber die Daten ermöglichen es uns auch, generelle Muster in Bezug darauf zu untersuchen, wie wir konsumieren und wie sich der Konsum über die Zeit verändert hat. So zeigt unsere Studie ein Bild des demonstrativen Konsums, aber deckt auch allgemeine Tendenzen dahingehend auf, wie Wohnort, Alter, »race« und Familienstand unsere Einkaufsgewohnheiten auf überraschende Weise beeinflussen.

Ein Bild von Amerikas Konsum

Unsere Konsumgewohnheiten in der Gesellschaft sind bemerkenswerterweise im Großen und Ganzen Jahrzehnt für Jahrzehnt gleich geblieben, was bedeutet, dass es trotz einer Veränderung der Dinge, die als Statusmarker (Kohl vs. Spinat, BMWs vs. Cadillacs, Geschirr-Marken, Urlaubsorte) fungieren, ein berechenbares Muster dahingehend gibt, wie viel wir anteilig für Essen, Wohnen, Alkohol, Unterhaltung, Personenversicherungen und Altersvorsorge ausgeben.

Zum Beispiel haben wir im Jahr 1996 14,2 Prozent unserer Gesamtausgaben für Essen aufgewendet; 2014 lag der Anteil unserer Aufwendungen in dieser Kategorie bei 15 Prozent.[5] Unsere Ausgaben für Alkohol liegen ähnlich gleichbleibend im Bereich von gerade so beziehungsweise weniger als 1 Prozent der Gesamtausgaben; Gleiches gilt für Tabakwaren, welche (wenn man an die riesigen Anti-Rauchen-Kampagnen der letzten 15–20 Jahre denkt, überraschenderweise) unverändert geblieben sind.

Tabelle 2.1. Struktur der jährlichen Konsumausgaben privater Haushalte aller Einkommensgruppen[6] (%, ausgewählte Jahre)

	1996	2000	2004	2008	2012	2014
Jahresausgaben gesamt	100,0	100,0	100,0	100,0	100,0	100,0
Nahrungsmittel	14,2	13,6	13,7	14,8	15,0	15,0
alkoholische Getränke	0,9	0,8	0,8	0,7	0,7	0,8
Wohnen, Energie, Instandhaltung, haushaltsnahe Dienstleistungen	30,3	30,9	32,0	33,3	32,2	33,0
Bekleidung und Schuhe (einschl. Reparaturen)	4,1	3,7	3,0	2,5	2,3	2,2
Verkehr	19,7	20,0	19,0	17,3	17,8	16,9
Gesundheit	5,1	5,3	5,9	5,9	6,8	8,1
Freizeit, Unterhaltung und Kultur	5,2	4,9	5,1	5,1	4,6	4,6
Körperpflege	0,9	0,8	0,7	0,6	0,6	0,6
Medien und Printerzeugnisse	0,5	0,4	0,3	0,2	0,2	0,2
Bildung	1,4	1,5	2,0	2,1	2,3	2,1
Tabakwaren und Zubehör	0,8	0,9	0,7	0,7	0,7	0,6
andere Waren und Dienstleistungen	2,5	2,0	1,6	1,6	1,6	1,1
fin. Unterstützungszahlungen	3,3	3,6	3,5	3,6	3,9	3,5
Personenversicherungen und Altersvorsorge	11,2	11,5	11,9	11,6	11,3	11,2

Wir haben konstant anteilig in etwa immer gleich viel für Personenversicherungen und Altersvorsorge (ungefähr 11 Prozent der Gesamtausgaben) sowie Wohnen ausgegeben (etwas mehr als 30 Prozent). Diese Ergebnisse deuten darauf hin, dass sich die Kosten für

Grundbedürfnisse und -ausgaben der Haushalte – Wohnraum und Lebensmittel – auf einem beständigen Niveau bewegen. Für ein paar Dinge geben wir jedoch merklich weniger aus: für Bekleidung (1996 noch 4,1 Prozent der Gesamtausgaben, 2014 nur noch 2,2 Prozent) und die Nutzung von Verkehrsmitteln (19,7 Prozent im Jahr 1996 und 16,9 Prozent im Jahr 2014), worin sich in beiden Fällen die Globalisierung in Form von billigeren Autos und günstigerer Kleidung widerspiegelt. Es gibt allerdings zwei Bereiche, in denen wir mehr ausgeben: Gesundheitspflege (Anstieg von 5,1 Prozent auf 8,1 Prozent) und Bildung (Anstieg von 1,4 Prozent auf 2,1 Prozent). (Siehe Tabelle 2.1.)

Gesamtgesellschaftlich gesehen essen wir alle häufiger auswärts, gehen des Öfteren einen trinken und kaufen häufiger Sachen für unsere Häuser wie Kühlschränke, Möbel, Textilien oder andere Einrichtungsgegenstände. Es besteht eine lineare Beziehung zwischen den Beträgen, die wir für diese Sachen ausgeben, und unserem Einkommen: Je mehr wir verdienen, desto mehr geben wir auch für solche Dinge aus. Die meisten Leute, ausgenommen die ganz Armen, geben relativ zu ihren Gesamtausgaben ungefähr gleich viel für diese Dinge aus. Eine Sache fällt aber auf: Porzellan, Geschirr und diese Silberlöffel sind heute weit weniger ein Zeichen von Status als noch im Jahr 1996. Alle Einkommensgruppen geben inzwischen weniger Geld für einen schön gedeckten Tisch aus, sowohl in absoluten Beträgen als auch relativ zu den Gesamtausgaben. Nehmen wir beispielsweise die oberen 1 Prozent: 1996 flossen noch mindestens 0,1 Prozent ihrer Ausgaben in die klassischen Veblen'schen Statusgüter; bis 2014 sind diese Ausgaben auf nahezu 0 Prozent zurückgegangen.

Auf den ersten Blick scheint unsere Gesellschaft also mehr oder weniger genauso auszusehen wie vor fast 20 Jahren. Schauen wir uns aber das Konsumverhalten getrennt nach Einkommensgruppen im Einzelnen an, ergibt sich ein differenzierteres Bild. Einiges deutet darauf hin, dass Veblen und Galbraith mit ihren Überlegungen zum demonstrativen und materiellen Konsum nur die Spitze des Eisbergs berührt haben, insbesondere was die massiven Einkommensunterschiede und Unterschiede zwischen den gesellschaftlichen Schichten anbelangt.

Insgesamt gesehen sind die Ausgaben für Bildung seit 1996 nämlich um 60 Prozent gestiegen, während die oberen 1, 5 und 10 Prozent mit dem höchsten Einkommen ihren Anteil an den Ausgaben für Bildung in der gleichen Zeit um fast 300 Prozent erhöht haben. Umgekehrt blieben die Bildungsausgaben der anderen Einkommensgruppen fast auf demselben Niveau stehen, was vermuten lässt, dass vornehmlich die oberen Einkommensgruppen die Gesamt-Bildungsausgaben nach oben getrieben haben. Die Ausgaben für Wohnraum der Reichen sind in den vergangenen 18 Jahren im Verhältnis zu ihren Gesamtausgaben ungefähr gleich geblieben, bei der Mittelschicht und der unteren Einkommensgruppe ist dieser Ausgabenanteil aber um 3 bis 4 Prozentpunkte gewachsen. Die anteiligen Ausgaben für Lebensmittel der Personen des dritten und vierten Fünftels sind gestiegen (also die Personen, deren Einkommen im Bereich vom 40. bis 60. Perzentil und vom 60. bis 80. Perzentil der Einkommensverteilung liegen), während sie sich beim Rest auf einem konstanten Niveau bewegt haben. Verringert sich durch diese Erhöhungen der Lebenshaltungskosten die Kaufkraft der Mittelschicht in puncto Bildung, Altersvorsorge und finanzielle Unterstützungszahlungen an Personen und Organisationen außerhalb des Haushalts? Gibt die Mittelschicht also weniger in den Bereichen aus, in denen die Ausgaben der höheren Einkommensgruppen merklich zugenommen haben und welche zu den Arten von Ausgaben zählen, die Einfluss auf die Zukunft haben können und nicht nur einer sofortigen Bedürfnisbefriedigung dienen? Die oberen 1 Prozent haben ihren Ausgabenanteil für Personenversicherungen und Altersvorsorge seit 1996 um 25 Prozent und für die finanzielle Unterstützung von nicht zum Haushalt gehörenden Personen und Organisationen um 28 Prozent erhöht, während die anteiligen Ausgaben der Durchschnittsverbraucher in diesen Bereichen gleich geblieben sind. (Die oberen 5 bzw. 10 Prozent haben z. b. mehr für die finanzielle Unterstützung von nicht zum Haushalt gehörenden Personen und Organisationen sowie Bildung ausgegeben, aber nicht für Personenversicherungen.) Die Tatsache, dass die relativen Ausgaben der oberen Einkommensgruppen in diesen Bereichen gewachsen sind, legt die Vermutung nahe, dass sich auch in der Zukunft in vielfacher Hinsicht ganz unterschiedliche Entwicklungsverläufe ergeben werden. Die Kinder, die von den gestiegenen Ausgaben für Bildung profitieren, werden später bessere Jobs, ein höheres Einkommen und bessere Zukunftsaussichten für ihre Familien haben. Diejenigen, die es sich leisten können, geben mehr für Altersvorsorge und Versicherungen aus, beziehen im Alter eine bessere Rente (und können sich tatsächlich »zur Ruhe setzen«). Sie profitieren von einer besseren medizinischen Versorgung sowie einer besseren Lebensqualität. Derlei Investitionen eröffnen jenen, die in der Lage sind, Geld dafür auszugeben, gegenüber allen anderen eine ganz andere Zukunft.

Demonstrativer Konsum und »Veblen-Güter«

Der 1994 verstorbene Princeton-Ökonom Harvey Leibenstein prägte den Begriff »Veblen-Güter« (oder auch »Veblen-Effekt« für den Prestigeeffekt dieser Güter) für Güter, welche demonstrativ konsumiert werden. Bei der Untersuchung von Konsummustern nach Einkommen zeigen sich in der Gesellschaft dahingehend Unterschiede, wie wir diese klassischen Veblen-Güter konsumieren. Sehen wir uns den ersten hervortretenden Entwicklungstrend an, den ich zu Beginn des Kapitels erwähnt habe: Die Reichen geben heute weniger für Güter aus, die Wohlstand demonstrieren. 1996[7] haben die oberen 1 Prozent fast viermal so viel für demonstrativen Konsum – also für den Kauf von Uhren, Schmuck, Autos und sonstigen gesellschaftlich sichtbaren Wohlstandsgütern – ausgegeben wie alle anderen. Das ist kein komplett überraschendes Ergebnis, wenn man bedenkt, dass diese Gruppe mehr als das Fünffache von dem verdient hat, was durchschnittlich im Land verdient wurde – sie haben wesentlich mehr Geld zum Ausgeben übrig. Heute jedoch, wo diese Gruppe immer noch ein mehr als sechsmal so hohes Einkommen hat wie alle anderen (und das ist nur die Durchschnittszahl; von denen, die das Zehn- oder Zwanzigfache verdienen, ist da noch gar nicht die Rede), geben die oberen 1 Prozent nur noch dreimal so viel wie alle anderen für demonstrativen Konsum aus.

Entscheidend ist an dieser Stelle das *Verhältnis von Einkommen zu demonstrativem Geltungskonsum*,[8] womit wir annähernd berechnen können, wie viel Geld die oberen 1 Prozent aufgrund ihres Einkommens für demonstrativen Konsum ausgeben können – im Vergleich dazu, was im ganzen Land dafür ausgegeben wird. Wenn die Verhältniszahl 1,00 ergibt, geben sie so viel für prestigeträchtige Güter aus, wie anhand der Höhe ihrer Einkommen zu erwarten wäre (beziehungsweise 100 Prozent). Nimmt man das als Maßstab, geben die oberen Einkommensgruppen aber nur 65–80 Prozent von dem aus, was sie ihrem Einkommen entsprechend für demonstrativen Konsum ausgegeben könnten. Zudem hat sich diese Kennzahl seit 1996 für die oberen 1 bzw. 5 Prozent um 18 beziehungsweise 12 Prozentpunkte verringert (für die oberen 10 Prozent immerhin noch um 10 Prozentpunkte). Ausgenommen davon sind Kleidung und Accessoires: Die oberen 5 und 10 Prozent geben immer noch signifikant weniger dafür aus, als sie für den Konsum dieser Güter im Verhältnis zu ihrem Einkommen anteilig dafür aufwenden könnten, aber das ist immer noch mehr als im Jahr 1996. Die Mittelschicht und die unteren Einkommensgruppen hingegen geben immer noch mehr als sie sollten für diese Dinge aus, aber genauso viel wie oder weniger, als sie im Jahr 1996 dafür ausgegeben haben.

Tabelle 2.2. Anteil des demonstrativen Geltungskonsums am verfügbaren Einkommen nach Einkommensgruppen in Relation zum landesweiten Durchschnitt (für ausgewählte Güter in den Jahren 1996 und 2014)

	Insgesamt		Kleidung und Accessoires		Autos		TV und Audio	
	1996	2014	1996	2014	1996	2014	1996	2014
alle Haushalte	1,00	1,00	1,00	1,00	1,00	1,00	1,00	1,00
die oberen 1 %	0,65	0,47	0,61	1,06	0,58	0,31	0,77	0,44
die oberen 5 %	0,76	0,64	0,80	0,91	0,69	0,58	0,62	0,62
die oberen 10 %	0,80	0,70	0,86	0,90	0,75	0,67	0,71	0,70
60.–89. Perzentil	0,99	1,03	0,97	0,97	0,98	1,04	1,01	0,95
40.–59. Perzentil	1,19	1,35	1,11	1,11	1,28	1,46	1,18	1,42
0.–39. Perzentil	1,47	1,51	1,46	1,38	1,50	1,38	1,68	1,78

Diese Gruppen, nebst der untersten Einkommensgruppe, geben oft mehr für demonstrativen Konsum aus, als angesichts ihrer Einkommenssituation ratsam wäre. Die Armen müssen einen größeren Teil ihres Einkommens für die Grundkosten der Lebenshaltung aufwenden, sodass sie, wenn überhaupt, deutlich weniger Geld für demonstrativen Konsum zur Verfügung haben. Seit 1996 sind die Ausgaben für demonstrativen Konsum in der Kategorie Kleidung und Autos der unteren Einkommensgruppe zwar gesunken, aber für demonstrativen Konsum insgesamt sind ihre anteiligen Ausgaben im Großen und Ganzen im Verhältnis zu ihrem Einkommen gestiegen.

Bei den Gruppen im mittleren Einkommensbereich hingegen zeichnet sich der gegensätzliche Trend ab; sie schlagen Kapital aus den preiswerten Konsumgütern aus aller Welt. Der demonstrative Konsum der Mittelschicht (umfasst Personen mit einem Einkommen im Bereich zwischen dem 40. und 59. Perzentil) hat sich im Verhältnis zu ihrem Einkommen um 16 Prozentpunkte erhöht. In diesem Zeitraum sind Kleidung und Accessoires infolge einer globalisierten Produktion und neuer Technologien insgesamt billiger geworden. Trotzdem gibt die Mittelschicht immer noch 35 Prozent mehr für demonstrativen Konsum aus, als angesichts ihres Einkommens empfehlenswert wäre, und ganze 16 Prozentpunkte mehr als im Jahr 1996 (siehe Tabelle 2.2).[9] Dieselbe Entwicklung ist bei bestimmten prestigeträchtigen Gütern wie Kleidung und Accessoires, Autos, Fernsehern und Hifi-Geräten zu sehen: 2014 haben die oberen 1 Prozent weniger Geld für Fernseher und andere Medien ausgegeben als im Jahr 1996 – bei dieser Einkommensgruppe hat der Konsum in dieser Kategorie am stärksten nachgelassen. Ausgehend davon, wie viel sie gemessen an ihrem Einkommen für Autos und Fernsehgeräte ausgeben könnten, geben die oberen 1 Prozent in beiden Ausgabekategorien weniger als halb so viel aus, wie man erwarten würde, während die Mittelschicht in beiden Kategorien 40 Prozent mehr als erwartet ausgibt (siehe Tabelle 2.2).

Zur Klarstellung: Die Reichen geben aber nicht plötzlich in allen Bereichen weniger aus. Tatsächlich geben die oberen 5 Prozent bzw. 10 Prozent gemessen an der Höhe ihrer Gesamtausgaben anteilig nur ungefähr so viel wie die anderen Einkommensgruppen für prestigeträchtige Güter aus. Aber ihr Einkommen würde es ihnen theoretisch erlauben, sogar noch mehr dafür auszugeben. Im Jahr 2014 haben sie 17 Prozent ihrer Gesamtausgaben für demonstrativen Konsum aufgewendet, bei der Mittelschicht betrug der Anteil im Vergleich dazu 18,1 Prozent. Die ähnliche Höhe der relativen Ausgaben für demonstrativen Konsum deutet darauf hin, dass man mit mehr Geld zwar mehr Möglichkeiten haben dürfte, Geld für demonstrativen Konsum auszugeben, aber dass der Konsum von sichtbaren, materiellen Gütern tendenziell von Mitgliedern aller Einkommensgruppen praktiziert wird. Was Veblen vor mehr als einem Jahrhundert beobachtet hat, gilt heute immer noch.

Die Vergoldung des demonstrativen Konsums

Da viele prestigeträchtige Güter nun für Mitglieder aller Einkommensgruppen erhältlich sind, unterscheidet der bloße Besitz dieser nun größtenteils auch für die Mittelschicht verfügbaren und zunehmend erschwinglichen Güter (selbst wenn sie von den Mitgliedern der Mittelschicht nur mithilfe von Ratenzahlung oder durch einen Kredit erworben werden können) die Wohlhabenden nun nicht mehr vom Rest. Die gewöhnlich demonstrativ konsumierten Dinge sind zum festen Bestandteil des Lebens geworden, und so geben die Reichen nun unverhältnismäßig viel für ausgefallene Uhren, Schmuck und Boote aus – Luxusgüter mit horrenden Preisschildern, die sich der Durchschnitt niemals leisten kann. Das sind die neuen Statusgüter der Reichen. Bei der Betrachtung der Daten fällt auf, dass die oberen 1 Prozent sowohl in absoluten Beträgen als auch im Verhältnis zu ihren Gesamtausgaben wesentlich mehr Geld als alle anderen für Uhren und Schmuck ausgeben. 2014 haben die oberen 1 Prozent sogar mehr als das Doppelte dessen ausgegeben, was die oberen 5 Prozent aufgewendet haben. Gemessen an ihren Gesamtausgaben ist das im Verhältnis erheblich mehr, als im Landesdurchschnitt üblich. Das Gleiche gilt für Reparaturen dieser teuren Uhren und Schmuck: Die Reichen haben schon immer mehr für High-End-Reparaturen ausgegeben. Aber heutzutage geben die oberen 1 Prozent dafür in absoluten Dollarbeträgen mehr als das Achtfache dessen aus, was in den U.S.A. im Schnitt dafür ausgegeben wird, während die oberen 10 Prozent nur etwa die Hälfte von dem ausgeben, was im Landesschnitt dafür aufgewendet wird. Das ergibt natürlich Sinn, weil die Uhren und der Schmuck so hochwertig sind, dass es sich lohnt, sie zu reparieren, und diese Reparaturen eben auch richtig ins Geld gehen. Die »Wartung« einer Rolex oder ähnlichen Uhr kostet in etwa zwischen 500 und 1000 US-Dollar, was wesentlich mehr ist als das, was der Durchschnittsbürger überhaupt für eine Uhr ausgeben würde. Dasselbe gilt für Autoreparaturen und Wohltätigkeitsvereine, wofür die oberen 10 Prozent fast doppelt so viel ausgeben, wie durchschnittlich im Land ausgegeben wird und wofür die Ausgaben der Mittelschicht unter dem Durchschnitt liegen.

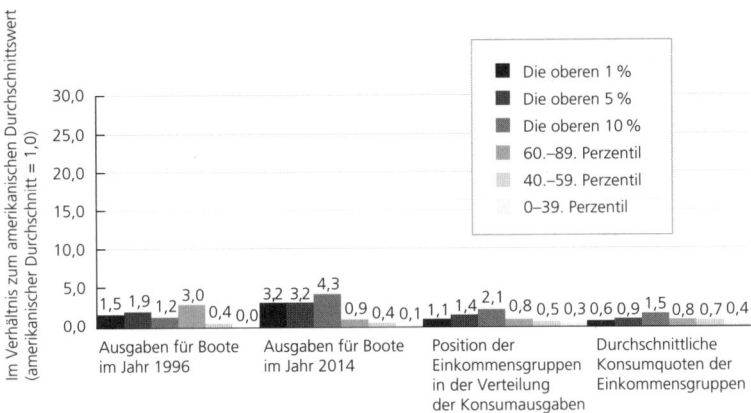

Abbildung 2.1. Boote: Anteilige Ausgaben gemessen an Gesamtausgaben in den Jahren 1996 und 2014, Konsum der Einkommensgruppe im Verhältnis zum Landesdurchschnitt, durchschnittliche Konsumquote der Einkommensgruppe. Quelle der Daten: Consumer Expenditure Survey, U. S. Bureau of Labor Statistics.

Es ist keine große Überraschung, dass sich auch Boote unter den »vergoldeten Konsumgütern« des 21. Jahrhunderts wiederfinden und es in dieser Konsumkategorie im Vergleich zum Konsum des Durchschnittshaushalts zu sogar noch größeren Abweichungen kommt. 2014 haben die oberen 1 Prozent mehr als dreimal so viel ausgegeben wie der amerikanische Durchschnittshaushalt. Gemessen an ihren Gesamtausgaben neigen die Topverdiener dazu, anteilig mehr für Boote auszugeben, als landesweit im Durchschnitt üblich, was auch durch ihre Position in der zugehörigen Konsumverteilung

55

veranschaulicht wird (LQ: 1,1 bis 2,1) – sie geben zwischen 6 Prozent und 100 Prozent mehr aus. Es überrascht dabei wenig, dass die Mittelschicht und die unteren Einkommensgruppen viel weniger dafür ausgeben als alle anderen – nur 50 Prozent beziehungsweise 26 Prozent dessen, was im Landesschnitt für Boote ausgegeben wird (das zeigt auch ihre Position in der Konsumverteilung, LQ: 0,8 bis 0,3) (siehe Abbildung 2.1).

An dieser Stelle noch eine letzte Bemerkung zu demonstrativem Geltungskonsum: Ein bemerkenswerter Ausgabeposten bei Familien mit geringem Einkommen sind Bestattungen. Seit 1996 führen Familien mit geringem Einkommen in Bezug auf die Höhe ihrer anteiligen Ausgaben für Bestattungen die Statistik an, während die Ausgaben der Reichen dafür in den meisten der untersuchten Jahre unter dem landesweiten Durchschnitt lagen. 2014 gaben die oberen 1 Prozent in absoluten Dollarbeträgen bedeutend weniger als alle anderen für Bestattungen aus. Bei den Armen hingegen lagen die Aufwendungen für Bestattungen relativ zu den Gesamtausgaben 26 Prozent über dem landesweiten Durchschnitt, und die Ausgaben der Mittelschicht lagen im Landesschnitt. Dieses Muster zieht sich durch. Einen Erklärungsansatz dafür liefern Historiker. Paul Johnson hat festgestellt, dass Bestattungen in England zu Zeiten Königin Victorias und König Edwards unter der Arbeiterschaft ein für den Status bedeutungsvolles Ereignis waren, während die Mitglieder der bürgerlichen Klasse (die eine Vielzahl von anderen Gelegenheiten hatten, um auf ihren Status aufmerksam zu machen) jegliches Aufheben darum vermieden. Im Vergleich zu den Reichen, die Galaempfänge in Museen, Wohltätigkeitsveranstaltungen und unzählige Abendessen ausrichten und besuchen, haben die Armen relativ wenig Gelegenheit, sich in demonstrativem Konsum zu üben. Oder wie es David Sloane, Stadthistoriker und Autor von *The Last Great Necessity: Cemeteries in American History*, erklärte: »Für Familien der Arbeiterklasse hat der Tod, vor allem der eines Kindes oder des Hauptverdieners, üblicherweise drastische Auswirkungen. Außerdem verfügen ärmere Gemeinschaften oft über viel soziales Kapital und sind auf dieses Kapital angewiesen, um zu überleben. Die meisten Familien geben beträchtliche Summen für die Ausgestaltung der Trauerfeier – eine notwendige Ausgabe, um Respekt zu zollen – und der für die Gemeinschaft im Rahmen der Bestattung wichtigen Aspekte aus – [wie zum Beispiel] für die Totenwache in Irland.« Sloane erklärte dazu weiter: »Wohlhabendere Familien haben zudem … eine andere Einstellung zum Tod, den Toten und Bestattungen. Für viele ist es eine private Angelegenheit, wodurch sie weniger Ausgaben haben. Es gibt vielleicht einen Gedenkgottesdienst mit einem Empfang, aber die Kosten dafür können im Rahmen gehalten werden. Und zu guter Letzt ist es umso wahrscheinlicher, dass man eine Einäscherung wünscht, je reicher und besser gebildet man ist. Viele Arbeiterfamilien entscheiden sich eher für eine Beerdigung, während wohlhabendere Familien eher die Einäscherung wählen – das ist nicht immer, aber doch meistens die billigere Variante.«[10]

Der Veblen-Effekt: Wie »race«, Bildung und Familienstand unser Ausgabeverhalten beeinflussen

Unser Einkommen – ganz egal, wie hoch oder niedrig – beeinflusst unser Ausgabeverhalten, und zwar nicht nur, *wie viel* wir für demonstrativen Konsum ausgeben, sondern auch, *wofür* wir uns entscheiden, ob bei Bestattungen oder Uhren. Neben der Höhe unseres Einkommens beeinflussen noch viele weitere Faktoren unser Verlangen nach materiellen Gütern. Wie wir auf gesellschaftlich sichtbare Güter reagieren und wie wir durch sie motiviert werden, also der »Veblen-Effekt«, wird auch durch unser Alter, unseren Beruf, unsere »race«-Zuordnung und unseren Familienstand bestimmt – sogar durch unseren Wohnort.

In zwei wissenschaftlichen Veröffentlichungen ist man dem Verständnis, welche wirtschaftlichen, gesellschaftlichen und demografischen Variablen unser demonstratives Konsumverhalten prägen, ein gutes Stück näher gekommen. Und zwar, indem nicht bloß angeschaut wurde, wie viel Geld jemand verdient. Die Ökonomen Kerwin Charles, Erik Hurst und Nikolai Roussanov der Universität von Chicago und der Wharton School der Universität von Pennsylvania versuchten 2007 herauszufinden, welche Rolle die Variable »race« in Bezug auf Prestigekäufe spielt. Ausgehend von den Daten aus der Consumer Expenditure Survey stellten sie fest, dass Menschen aller »race«-Kategorien mit steigendem Wohlstand und zunehmender Bildung in absoluten Beträgen auch mehr für demonstrativen Konsum ausgeben. Unter Kontrolle aller sonstigen Faktoren fanden Charles und seine Kollegen bei der Untersuchung des Einflusses der Variable »race« heraus, dass »Blacks« (Schwarze) und »Hispanics« (Hispanoamerikaner) einen größeren Anteil ihres Einkommens für demonstrativen Konsum ausgeben als »Whites« (Weiße) derselben Einkommens- und Bildungsschicht. Charles mutmaßt, dass dieses Ergebnis auf Diskriminierung zurückzuführen ist: Diese Gruppen bilden eine Minderheit und stehen so unter einem größeren Druck als »Whites« oder »Asians« (Asiaten), ihre gesellschaftliche Position sichtbar zu machen. Wenn sie zeigen, dass sie ein schönes Auto haben, sich gut kleiden und so weiter, sind sie damit in der Lage, ihre Klassenzugehörigkeit zu signalisieren. Für Minderheiten, deren Geschichte von Diskriminierung geprägt ist, wird demonstrativer Konsum so zu einem Werkzeug, mit dem sie wirkungsvoll ihre gesellschaftliche und wirtschaftliche Position zeigen können, bevor über sie vorschnell geurteilt wird.[11] Dieses Ergebnis steht fast in völligem Gegensatz zu dem, was in Bezug auf die WASP-Kultur der Oberschicht beobachtet wurde: Das Fehlen jeglicher Diskriminierung und Unterdrückung ermöglichte es dieser Gruppe, materiellen Gütern problemlos weniger Bedeutung beizumessen, und zwar in der Annahme, dass ihre gesellschaftliche Position aufgrund ihrer Hautfarbe von vornherein klar ist.

In anderen Studien, in denen demonstrativer Konsum untersucht wurde, wurde versucht, die Rolle von bestimmten materiellen Gütern im Zusammenhang mit einer Auswahl von demografischen Merkmalen zu erforschen. Ori Heffetz ist Ökonom an der Cornell-Universität und definiert demonstrativen Konsum als jene Güter, die »kulturell sichtbar« sind, was bedeutet, dass sie unter bestimmten sozioökonomischen Gegebenheiten konsumiert werden und es sich nicht einfach um Dinge handelt, die jeder braucht (wie Wasser oder Brot). So wie Charles und seine Kollegen hat Heffetz festgestellt, dass die Leute umso mehr (in absoluten Beträgen) für sichtbare Güter ausgeben, je wohlhabender sie sind (unabhängig davon, welcher »race«-Kategorie sie angehören). Obwohl Gruppen mit geringerem Einkommen einen größeren Teil ihres Einkommens für demonstrativen Konsum ausgeben, würde Heffetz argumentieren, dass die Reichen eine größere Wirkung erzielen, egal, wie viel sie für demonstrativen Konsum ausgeben.[12] Diese Beobachtung mag scheinbar der früheren Feststellung widersprechen, dass die oberen Einkommensgruppen gemessen an ihren Gesamtausgaben anteilig weniger Geld für demonstrativen Konsum ausgeben. Dabei muss man sich allerdings zweierlei Sachen bewusst machen. Erstens, selbst wenn es so ist, dass wohlhabende Personen in absoluten Dollarbeträgen mehr für prestigeträchtige Güter ausgeben, spüren sie diese Ausgaben angesichts ihres insgesamt verfügbaren Einkommens deutlich weniger. So kostet eine Rolex-Uhr vielleicht 10 000 US-Dollar, aber wenn man sehr reich ist, dann entsprechen diese 10 000 US-Dollar ungefähr dem Wert, den 50 US-Dollar für eine Familie aus der Mittelschicht ausmachen. Der wichtige Unterschied ist, dass demonstrativer Konsum für die Reichen billiger ist, unabhängig davon, was in absoluten Dollarbeträgen ausgegeben wird. Zweitens, unter Kontrolle aller sonstigen Faktoren, wird eine Person mit höherem Einkommen (in absoluten Beträgen, nicht anteilig an ihren Ausgaben gemessen) mehr für demonstrativen Konsum ausgeben. Diese Beobachtung widerspricht jedoch nicht dem allgemeinen Muster, dass die höheren Einkommensgruppen dazu tendieren, einen geringeren Teil von ihrem Gesamteinkommen für demonstrativen Konsum auszugeben. Bei der Untersuchung dieser großen Trends wird Einkommen nicht isoliert als einziger Einflussfaktor betrachtet; stattdessen wird die gesamte Population von wohlhabenden Personen unter Berücksichtigung der Angaben zu Demografie, Beruf und Alter angeschaut. Die Analyse der Reichen als Gruppe lässt eindeutig erkennen, dass sie weniger für demonstrativen und mehr für unauffälligen Konsum ausgeben.

Für unsere Studien zum demonstrativen Konsum haben Hyung und ich auf die Arbeiten von Charles, Heffetz und ihren Kollegen zurückgegriffen, aber die Datengrundlage aktualisiert und auf das aktuelle Jahrzehnt ausgeweitet (sowie vorhergehende Jahre und weitere Variablen hinzugefügt). So zeichnen wir ein noch feineres und aktuelles Bild der Dinge, die unser Konsumverhalten beeinflussen. In unserer Arbeit betrachten wir das Zusammenspiel von Bildung, »race«, Alter, Region, Größe der Stadt, Größe des Haushalts, Wohneigentum, Familienstand und Elastizität des Einkommens. Hierbei greifen wir jeweils eine bestimmte Variable (beispielsweise Bildung) heraus und untersuchen deren individuellen Einfluss auf das Ausgabeverhalten. In Hinblick auf die gewählte(n) »race«-Kategorie(n) schauen wir uns zum Beispiel die Haushaltsangehörigen an, die in Bezug auf alle eben genannten Faktoren gleich lautende Angaben gemacht haben, außer in Bezug auf die »race«-Kategorie. Diese Personen haben den gleichen Bildungsstand erreicht, verdienen gleich viel Geld, haben die gleiche Anzahl von Kindern und so weiter. Das erlaubt es uns, die Wirkung der jeweiligen »race«-Kategorie (oder des Einkommens, des Bildungsgrads oder eines anderen ausgewählten Faktors) darauf, wie jemand sein Geld ausgibt, genau zu bestimmen. Wir haben unsere Analyse des Konsumverhaltens auch um eine weitere, für das 21. Jahrhundert zentrale Komponente erweitert: Einsicht in die neuen Konsumformen, welche den Rang und die sozioökonomische Position offenbaren. Wie unterscheiden sich verschiedene Gruppen voneinander angesichts der Zunahme von demonstrativem Konsum in der gesamten Gesellschaft? Zu Beginn des Kapitels habe ich einen neuen Trend unter den Wohlhabenden hervorgehoben: den spürbaren Anstieg von unauffälligem Konsum. Also Konsum, bei dem nicht beabsichtigt ist, dass er sozial oder kulturell sichtbar ist, aber mit welchem die Zugehörigkeit zu einer gesellschaftlichen Klasse offenbart wird, wie beispielsweise durch die Beauftragung von Gärtnern, Kindermädchen oder Autoreparaturen, oder Geld, welches in die Ausbildung und Altersvorsorge fließt. Keines dieser Güter ist materieller Art oder wird aus Prestigegründen angeschafft, aber dadurch, dass man sich diese Dinge leisten kann, wird ein gewisser Wohlstand offenbart. Das nächste Kapitel widme ich deshalb der Frage, welche Rolle unauffälliger Konsum innerhalb der neuen Elite spielt. Vorher möchte ich hier jedoch die verschiedenen Faktoren beleuchten, die unsere Entscheidung darüber, Geld für demonstrativen und unauffälligen Geltungskonsum auszugeben oder auch nicht, beeinflussen.

Unsere Ergebnisse legen nahe, dass, demografisch gesprochen, wer wir sind, einen erheblichen Einfluss darauf hat, wie wir Geld ausgeben. Nehmen wir das Alter: Unter Kontrolle aller anderen demografischen und sozioökonomischen Faktoren gibt man umso mehr Geld sowohl für demonstrativen als auch unauffälligen Geltungskonsum aus, je jünger man ist. Obgleich das Alter in Bezug auf den unauffälligen Konsum einen weniger großen Unterschied macht. Ausgaben für Geltungskonsum treten in der Gruppe der 45- bis 54-Jährigen und bei Personen, die 75 und älter sind, mit der geringsten Wahrscheinlichkeit auf. Dieses Ergebnis leuchtet ein: Personen im Alter von 16–24 Jahren haben weniger Verpflichtungen als

Personen der Altersgruppen darüber. Die Ausgaben für Haushalt und den Unterhalt von Kindern (seien es abzuzahlende Hypotheken, Kinderkleidung oder Schulgeld) erreichen in der Altersgruppe der 45- bis 54-Jährigen ihren Höhepunkt, die folglich weniger für demonstrativen Konsum ausgeben. Was jedoch unauffälligen Geltungskonsum anbelangt, geben die über 75-Jährigen fast so viel aus wie die 16- bis 24-Jährigen, während die 34- bis 54-Jährigen am wenigsten dafür ausgeben. Personen, die 75 Jahre oder älter sind, sind wahrscheinlich auch mehr auf arbeitsintensive Dienstleistungen wie häusliche Pflege oder Unterstützung im Haushalt angewiesen.

In unserer Analyse hat auch der Faktor »race« einen erheblichen Einfluss darauf, wie die Leute ihr Geld ausgeben. Unsere Ergebnisse bestätigen die Arbeit von Kerwin Charles und seinen Kollegen beziehungsweise deren Erkenntnis über die Rolle, die demonstrativer Konsum für Minderheiten spielt. Sie zeigen, dass »Hispanics« am ehesten Geld für demonstrativen Konsum ausgeben: 4,4 Prozent mehr als »non-Hispanic Whites«, 15 Prozent mehr als »Blacks« und fast 20 Prozent mehr als »Asians«, wobei sie nach den Personen, die sich selbst als »Asians« identifiziert haben, mit der geringsten Wahrscheinlichkeit Geld für unauffälligen Konsum ausgeben. »Non-Hispanic Whites« haben beim unauffälligen Konsum die Nase vorn, gefolgt von »Blacks«. Unter Kontrolle aller sonstigen Faktoren nehmen »Asians« sowohl beim demonstrativen als auch unauffälligen Konsum den letzten Platz ein (siehe Tabellen 2.3 und 2.4).

Verheiratete Personen geben relativ das meiste Geld für demonstrativen Konsum aus und verwitwete das wenigste. Personen, die nie verheiratet gewesen sind, geben fast 18 Prozent weniger aus als verheiratete Personen. Ein überraschendes Ergebnis, wenn man von der Annahme ausgeht, dass es sich dabei um jene Personen handeln sollte, die weniger häusliche Verpflichtungen und mehr Freizeit sowie Geld haben.

Tabelle 2.3. Anteil der jeweiligen Ausgabengruppe am Konsum nach Alter des Haushaltsvorstands (16 bis 24 Jahre = 100)

	Demonstrativer Konsum	Unauffälliger Konsum	sonstige Ausgaben
16–24 Jahre	100,0	100,0	100,0
25–34 Jahre	88,0	83,0	122,0
35–44 Jahre	75,0	78,0	126,0
45–54 Jahre	69,0	78,0	128,0
55–64 Jahre	61,0	82,0	124,0
65–74 Jahre	52,0	91,0	113,0
75 und älter	19,0	95,0	104,0

Andererseits haben verheiratete Personen unter Umständen regelmäßige »Verpflichtungen« wie Geburtstage, Weihnachten und andere festliche Anlässe, die ihre Ausgaben für ihre jeweiligen Partner beeinflussen, und dazu Ausgaben für ihre Kinder zu ebensolchen Anlässen. Personen mit Wohneigentum geben mehr für demonstrativen Konsum aus als Mieter, vermutlich weil sie etwas mehr für Einrichtung und Autos ausgeben – dabei handelt es sich in beiden Fällen um Ausgaben, die häufiger bei Eigentümern von Wohnungen und Häusern vorkommen. Vielleicht weil sich diese an einem anderen Punkt in ihrem Leben befinden als jene, die zur Miete wohnen.[13]

Ebenso wie Heffetz und Charles haben wir festgestellt, dass Personen umso mehr in absoluten Beträgen für demonstrativen Konsum ausgeben, je wohlhabender sie sind (es sei aber nochmals darauf hingewiesen, dass Gruppen mit geringerem Einkommen anteilig einen größeren Teil ihres Einkommens für sozial sichtbare Ausgaben aufwenden).[14] Interessanter ist an dieser Stelle jedoch, dass ein hohes Einkommen eher mit Ausgaben für unauffälligen als für demonstrativen Konsum einhergeht. Mithilfe unserer Daten zu den

Einkommenselastizitäten haben wir sogenannte Engel-Kurven für den demonstrativen Konsum, unauffälligen Geltungskonsum und sonstige Ausgaben hergeleitet. Anhand einer Engel-Kurve kann man sehen, wie sehr die Höhe der Ausgaben für ein bestimmtes Gut in Abhängigkeit von der Einkommenshöhe und Einkommensänderungen variiert. Das berühmteste Beispiel dazu, welches auf Ernst Engel selbst zurückgeht, ist, dass Familien mit geringerem Einkommen dazu neigen, einen größeren Teil ihres Haushaltsbudgets für Essen auszugeben und diese Essensausgaben mit steigendem Haushaltseinkommen nicht in gleichem Maße zunehmen.

Tabelle 2.4. Anteil der jeweiligen Ausgabengruppe am Konsum nach »race«/»ethnicity« des Haushaltsvorstands (»non-Hispanic White« = 100)

	Demonstrativer Konsum	Unauffälliger Konsum	sonstige Ausgaben
Non-Hispanic white	100,0	100,0	100,0
African American	89,0	82,0	95,0
Asian and Pacific Islander	86,0	68,0	94,0
Hispanic	104,0	69,0	96,0
Sonstige	98,0	86,0	98,0

Weil Essen, unabhängig vom Einkommen, notwendig ist, muss ein Haushalt einen bestimmten Geldbetrag dafür aufwenden. Doch wir brauchen nur eine bestimmte Menge an Essen, weswegen wir nicht bedeutend mehr dafür ausgeben, nur weil wir reicher werden. Selbst wenn wir anfangen, Bioprodukte oder importierte Nahrungsmittel zu kaufen, ist der Preisunterschied zwischen Luxus-Nahrungsmitteln und Grundnahrungsmitteln nicht so groß wie zwischen anderen Gütern, zum Beispiel wie zwischen einem Porsche und einem Honda. Unsere Studie der Haushaltsausgaben für den Grundbedarf (zum Beispiel für Wohnen und Essen) stützt Engels ursprüngliches Ergebnis. In Hinblick auf die Engel-Kurven interessierte uns, was eine bestimmte Einkommensgruppe tun würde, wenn sich ihr Einkommen um 1 Prozent erhöhen würde. Wir haben festgestellt, dass bei der Einkommensgruppe der obersten 1 Prozent zwar die größten Einkommenselastizitäten zu finden sind, aber dass sie größere Geldbeträge aller Wahrscheinlichkeit nach eher in unauffälligen Konsum stecken als in sichtbar prestigeträchtige Güter. Bei den oberen 1 Prozent führt eine einprozentige Einkommenszunahme zu 0,23 Prozent höheren Ausgaben für demonstrativen Konsum beziehungsweise zu 0,24 Prozent höheren Ausgaben für unauffälligen Konsum (dabei steigen die Gesamtausgaben um 0,21 Prozent). In diesem Beispiel ist es für die oberen 1 Prozent nicht notwendig, noch mehr für Dinge auszugeben, die eine Familie mit geringerem Einkommen vielleicht mit dem zusätzlichen Einkommen bezahlen würde, beispielsweise Extra-Essen, Strom, Wasser und so weiter. Somit ermöglichen Einkommenszuwächse den oberen 1 Prozent Ausgaben eher Dinge, die über das Notwendige hinausgehen. Wenn die Grundbedürfnisse schon gestillt sind, warum sollte man sich dann nicht ein neues Auto/Uhr/Boot/etc. gönnen oder längere Zeit einen Babysitter auf den Nachwuchs aufpassen lassen oder den Gärtner in noch etwas größerem Umfang mit Gartengestaltung beauftragen? Es scheint sich um kleine Prozente zu handeln, aber bei Leuten, die sowieso schon gut gestellt sind, haben sie eine große Wirkung. Die Leute mit einem Top-Einkommen bekommen oft Gehaltserhöhungen (oder wohl eher Bonuszahlungen), die beträchtlich höher als 1 Prozent ausfallen. So ergibt zum Beispiel ein Einkommenszuwachs von 4 Prozent eine einprozentige Erhöhung der Ausgaben sowohl für demonstrativen als auch unauffälligen Konsum.

Stellen wir diese Ergebnisse nun denen der Einkommensgruppe im Bereich des 20. Perzentils gegenüber: Für jeden einprozentigen Einkommenszuwachs geben diese Leute einen sehr geringen, fast vernachlässigbaren Betrag zusätzlich für demonstrativen Konsum

(0,09 Prozent) aus, aber fast 0,14 Prozent mehr für andere Sachen wie Essen und Unterkunft. Bis wir bei den oberen 10 Prozent, 5 Prozent und 1 Prozent ankommen, geben alle Einkommensgruppen bei einer Einkommenserhöhung im Grunde genommen mehr für Dinge aus, die nicht dem demonstrativen oder unauffälligen Konsum dienen, sondern für Dinge notwendigerer Natur (siehe Abbildung 2.2).

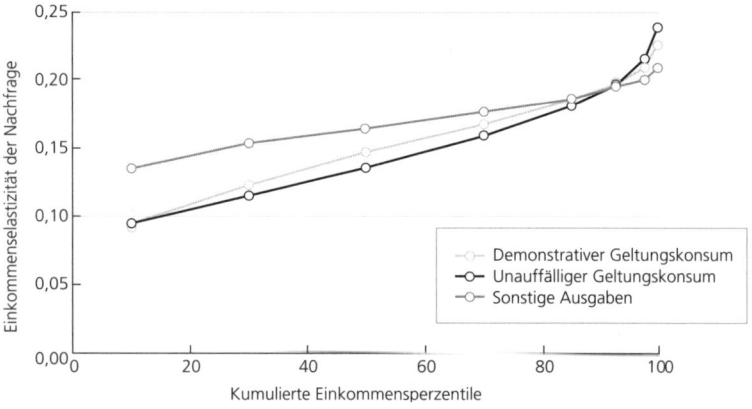

Abbildung 2.2. Einkommenselastizität nach Einkommensgruppe. Quelle der Daten: Consumer Expenditure Survey, U. S. Bureau of Labor Statistics.

Außerdem haben wir festgestellt, dass bei den meisten Einkommensgruppen die Einkommenselastizität einen vorhersehbaren und linearen Verlauf hat – außer bei der Spitzengruppe, wo kleine Einkommenszuwächse zu merklich höheren Ausgaben für nicht notwendige Sachen führen. Dieses Ergebnis deutet darauf hin, dass kleine Einkommenszuwächse den meisten Einkommensgruppen dabei helfen, alltägliche Rechnungen zu begleichen und ihre Lebenshaltungskosten zu decken, aber dass sie durch sie nicht plötzlich mehr Lustkäufe tätigen. Die Reichen können diese marginalen Zuwächse sofort für

Extra-Urlaube, Schuhe oder die Gestaltung ihrer Gärten ausgeben oder für andere Güter und Dienstleistungen, die nicht ein grundsätzliches Bedürfnis stillen (Abbildung 2.2). Eine ärmere Familie könnte eine Einkommenssteigerung in der gleichen Höhe von 1 Prozent dazu nutzen, mehr Lebensmittel zu kaufen oder eine Rechnung zu tilgen. Heffetz kam bei der Betrachtung der Engel-Kurven zu einer Auswahl von verschiedenen Konsumgütern zu ähnlichen Schlüssen, vor allem hinsichtlich Autos, Flugreisen, Bildung und Schmuck – alles Dinge, welche von den oberen Einkommensgruppen in überproportional hohem Maß erworben werden.

Abgesehen von der Einkommenshöhe ist Bildung der beste Indikator, um die Ausgaben für demonstrativen und unauffälligen Geltungskonsum zu prognostizieren. Personen mit einem Bachelor-, Master- oder einem höheren Abschluss geben 35 Prozent mehr für demonstrative Konsumgüter aus als Schulabbrecher, fast 20 Prozent mehr als Personen mit einem High-School-Abschluss und 5 Prozent mehr als Personen mit einem College- und/oder einem Associate-Abschluss. Weil bei dieser Analyse das Einkommen die kontrollierte Variable war, wird hier nicht einfach nur die Geschichte erzählt, dass Bildung die Voraussetzung für ein solches Einkommen schafft, das diese Art von Konsummustern hervorruft.

Tabelle 2.5. Anteil der jeweiligen Ausgabengruppe am Konsum nach Bildungsgrad des Haushaltsvorstands (ohne Highschool-Abschluss = 100)

	Demonstrativer Konsum	Unauffälliger Konsum	sonstige Ausgaben
ohne Highschool-Abschluss	100,0	100,0	100,0
Highschool-Abschluss	118,0	132,0	105,0
College- bzw. Associate-Abschluss[15]	129,0	163,0	108,0
Bachelor-Abschluss	135,0	188,0	114,0
Master-Abschluss	135,0	204,0	116,0

Es ist eher so, wie Heffetz andeutet, dass sich jene mit einem bestimmten Bildungshintergrund unter Umständen in sozialen Kreisen bewegen, wo demonstrativen Ausgaben eine höhere Bedeutung beigemessen wird und Bildung gut als Proxy-Variable zur Bestimmung des »ständigen Einkommens« geeignet ist, also um zu bestimmen, mit welchem laufenden Einkommen Personen in ihrem Leben rechnen können. Letzteres erklärt, warum besser gebildete Leute mehr für ein Auto, Haus oder eine neue Uhr ausgeben können – ihre wirtschaftliche Situation ist allgemein stabiler. Und was noch schwerer wiegt: Je besser gebildet man ist, desto mehr gibt man für unauffällige Konsumgüter aus. Leute mit einem Masterabschluss geben über 100 Prozent mehr als Schulabbrecher aus und ungefähr 15 Prozent mehr als Leute, die einen Bachelorabschluss haben. Die Ausgaben für unauffälligen Konsum nehmen hier von Gruppe zu Gruppe eher sprunghaft als schrittweise zu (während Ausgaben für anderweitigen Konsum recht geradlinig von Gruppe zu Gruppe ansteigen). Selbst jemand, der lediglich die Highschool abgeschlossen hat, gibt 32 Prozent mehr für unauffälligen Konsum aus als jemand, der die Highschool abgebrochen hat (siehe Tabelle 2.5 und Abbildung 2.3). Ich vermute, dass hinter diesen Konsummustern nicht nur die sozialen Kreise stehen, in denen sichtbare Güter eine Rolle spielen, sondern auch die Art der Jobs, die mit höherer Bildung in Verbindung stehen. Ein Arzt, Anwalt oder Berater (zum Beispiel) hat vermutlich längere Arbeitszeiten, weswegen für Hilfe im Haushalt und Garten, bei der Kinderbetreuung oder irgendeine andere Sache oder Dienstleistung Geld ausgegeben wird, die das Leben zu Hause einfacher macht. Diese Personen arbeiten viel und werden oft sehr gut dafür bezahlt, weswegen sie in der Lage sind, Hausarbeit an andere abzugeben. (Im Gegensatz zu ihren 60-Stunden-Wochen stehen die Arbeitszeiten von Beschäftigten im Dienstleistungsgewerbe, die ebenso viele Stunden arbeiten, aber nur für einen Bruchteil des Geldes, und deswegen nicht die Möglichkeit haben, eine Haushaltshilfe oder einen Gärtner anzustellen.) Diese Berufe gehen mit einem dauerhaft höheren Einkommen einher (Ärzte und Anwälte leben selten in ständiger Sorge, ob sie gekündigt werden oder nicht, und Finanzmanager leben zwar mit diesem Risiko, aber werden in der Regel gut genug bezahlt, was Sorgen diesbezüglich aufwiegt). Somit könnte die Kombination aus hohem Einkommen und längeren Arbeitszeiten diese Ausprägungen des Konsumverhaltens beeinflussen.

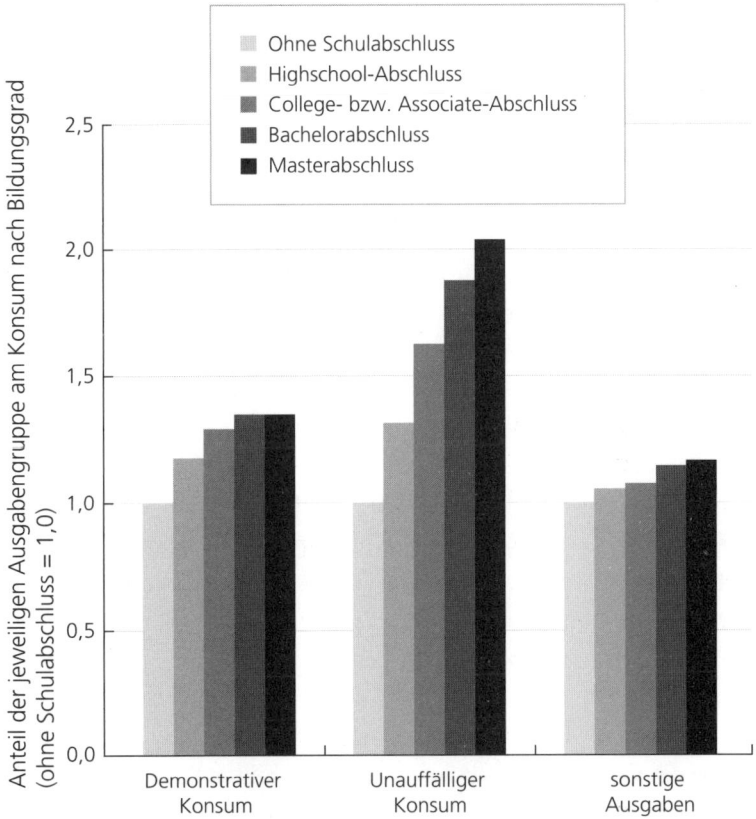

Abbildung 2.3. Bildungsgrad des Haushaltsvorstands. Quelle der Daten: Consumer Expenditure Survey, U. S. Bureau of Labor Statistics.

Wo wir leben, in welcher geografischen Region und wie groß die Stadt ist und ob wir überhaupt in einer Stadt leben oder nicht, beeinflusst auch, wie wir Geld ausgeben. Ich werde mich in einem späteren Kapitel eingehend mit den spezifischen Unterschieden zwischen den Städten beschäftigen. Schon hier sei aber gesagt, dass jene, die im Nordosten der U. S. A. leben, mit der geringsten Wahrscheinlichkeit Geld für demonstrativen Konsum ausgeben und jene im Süden und Westen am ehesten Geld für prestigeträchtige Sachen ausgeben (siehe Tabelle 2.6). Leute, die in den westlichen Bundesstaaten leben (beispielsweise in Arizona, Kalifornien, Nevada und New Mexico), geben in beiden Kategorien (inflationsbereinigte Dollarbeträge) das meiste Geld aus, und das gilt auch für andere Bereiche. In bestimmten Regionen in all diesen Staaten sind die Preise für Wohneigentum wesentlich niedriger als an der Ostküste, was vermuten lässt, dass Leute extra Geld zum Ausgeben für andere Sachen zur Verfügung haben könnten. In diesen Regionen hat demonstrativer Konsum zudem für die Leute allgemein eher eine höhere Priorität als für die Leute, die in anderen Teilen des Landes wohnen.

Tabelle 2.6. Anteil der jeweiligen Ausgabengruppe am Konsum nach Erhebungsregion (Süden = 100)

	Demonstrativer Konsum	Unauffälliger Konsum	sonstige Ausgaben
Nordosten	93,0	102,0	102,0
Mittlerer Westen	99,0	106,0	99,0
Süden	100,0	100,0	100,0
Westen	100,0	119,0	108,0

Auch die Größe der Stadt ist entscheidend: Leute, die in größeren Städten leben, neigen dazu, mehr für demonstrativ und unauffällig prestigeträchtige Güter auszugeben sowie auch anderweitig höhere Ausgaben zu haben als Leute in kleineren Städten. Durchschnittlich geben sie in den ersten beiden Kategorien 15 Prozent mehr aus und haben um 20 Prozent höhere allgemeine Ausgaben. Zum Teil könnte das an den Lebenshaltungskosten liegen – das Leben in großen Städten wie Los Angeles und New York ist teuer. Außerdem konzentriert sich Wohlstand – sowohl die Gewinne, die durch große Unternehmen, Banken und Filmstudios generiert werden, als auch die Leute, die in diesen gut bezahlten Branchen arbeiten – eher in den Großstädten. Im Allgemeinen sind diese Städte dicht besiedelt, voller Leben, und es gibt dort zahlreiche gesellschaftliche Veranstaltungen, die den Kauf von sichtbaren Gütern antreiben und einen Rahmen bieten, in dem sie geschätzt werden. Wenn es um demonstrativen Konsum geht, wird im Gegensatz dazu in kleineren Städten (Städte mit einer Bevölkerung von 125000–329000 Einwohnern) kaum mehr ausgegeben als in Städten mit weniger als 125 000 Einwohnern (siehe Tabelle 2.7). Was unauffällige Ausgaben anbelangt, könnte die Art der Jobs in größeren Städten, welche der Inanspruchnahme unauffälliger Dienstleistungen zum Vorteil gereichen, eine Erklärung für das höhere Niveau der Ausgaben liefern. In den großen Metropolen sind zahlreiche Berufstätige zu Hause, die viel arbeiten und Einkommen in einer für unauffälligen Konsum geeigneten Höhe beziehen. Die in größeren Städten vorhandenen Angebote stellen einen weiteren Grund für die höheren Ausgaben dar. Hierzu zählen zum Beispiel ein Überangebot an arbeitsintensiven Gütern und Dienstleistungen. Da wären die Agenturen, die Kindermädchen vermitteln, oder Unternehmen, die professionelle Unterstützung im Haushalt anbieten, Museen, Opernhäuser und jene Werkstätten, in denen Luxusuhren und Schmuck repariert werden.

Tabelle 2.7. Anteil der jeweiligen Ausgabengruppe am Konsum nach Einwohnerzahl des Ballungsraumes (weniger als 125 000 Einwohner = 100)

	Demonstrativer Konsum	Unauffälliger Konsum	sonstige Ausgaben
mehr als 4 Mio. EW	114,0	115,0	119,0
1,2–4 Mio. EW	110,0	112,0	112,0
0,33–1,19 Mio. EW	112,0	112,0	108,0
125 000–329 999 EW	106,0	112,0	105,0
weniger als 125 000 EW	100,0	100,0	100,0

In Großstädten wird mehr Gewinn erwirtschaftet, und einige der reichsten Personen auf der Welt leben dort, von Oligarchen über Multimillionäre aus Hollywood bis hin zu den an der Wall Street aktiven Hedgefonds-Managern. Aus dieser Vermischung von extremem Reichtum mit Produktivität in den Großstädten ergibt sich eine Menge Kaufkraft, und infolgedessen siedeln sich Geschäfte und Dienstleister dort an und profitieren davon.

Wie wir an den Zahlen der letzten anderthalb Jahrzehnte gesehen haben, ist die Einkommenshöhe zunehmend entscheidend dafür, wie wir unser Geld ausgeben, und infolgedessen, wie wir leben und welche Aussichten zukünftige Generationen haben. Die Reichen des 21. Jahrhunderts sind viel sparsamer und vernünftiger als Veblens »feine Leute« – sie stecken ihr Geld in Bildung sowie in Güter und Dienstleistungen, mit denen sie Zeit sparen und die ihre Lebensqualität verbessern. Doch so wie Veblens »feine Leute« üben sich auch die heutigen oberen Einkommensgruppen in demonstrativem Konsum.

Aber demonstrativer Konsum ist nicht nur das Leitmotiv der Wohlhabenden. Demonstrativer Geltungskonsum ist omnipräsent. Man könnte tatsächlich meinen, dass die Demokratisierung dieser Art des Konsums dazu geführt hat, dass die anderen Einkommensgruppen sich nun dafür entscheiden können, eher für prestigeträchtige Dinge Geld auszugeben als für Sachen, die langfristig einen Einfluss auf ihr eigenes und das Wohlergehen ihrer Kinder haben könnten. Aber dabei müssen wir auch berücksichtigen, dass die unauffällig prestigeträchtigen Güter viel teurer sind und mit jedem Jahr teurer werden. Für jene, die mehr Geld für demonstrativ prestigeträchtige Güter ausgeben und weniger für Studiengebühren, ist Letzteres vielleicht gar keine Option. Sagen wir zum Beispiel, Sie haben 100 US-Dollar extra zur Verfügung. Davon können Sie sich eine Handtasche kaufen, ein Paar Schuhe oder irgendein Elektrogerät. Aber durch dieses Geld sinkt der Rechnungsbetrag fürs Studium von 50 000 US-Dollar oder der Jahresbeitrag für die private Krankenversicherung nicht in einem auch nur annähernd nennenswerten Umfang. Man könnte dagegenhalten, dass jeder Dollar zählt (das ist der alte Lieblingsspruch von so manch einem Vater, um seine Sprösslinge übers Sparen und den Zinseszinseffekt zu belehren). Aber bedenken Sie die Psychologie, die der Frage, wie und warum wir Geld ausgeben, zugrunde liegt: Diese Schuhe oder das Zubehör für unser iPhone stiften sofortige Befriedigung, ebenso wie das Zahlen der Studiengebühren für diejenigen, die diese *tatsächlich* bezahlen können. Können wir jedoch nur einen kleinen Betrag für etwas aufbringen, das viel kostet (und es deswegen trotzdem noch unerreichbar bleibt), ziehen wir keinerlei wirklichen Nutzen oder wirkliche Befriedigung daraus. So bietet die Hülle fürs iPhone für manch einen eine größere Befriedigung als ein kleiner Betrag fürs Studium, weil Letzteres einfach zu weit außerhalb der eigenen Reichweite liegt.

Wohlstand erklärt also nur zum Teil, warum wir ausgeben, was wir ausgeben. Unser Konsumverhalten wird durch unsere Jugend (oder deren Verlust) beeinflusst, von unserem Beziehungsstatus und davon, ob wir einen Doktortitel oder einen Associate-Abschluss haben oder weder noch, und auch, ob wir in einer Groß- oder einer Kleinstadt leben. Unser Verlangen nach Prestige oder unser fehlendes Interesse an demonstrativem Konsum wird durch mehrere

Faktoren geprägt. Jene, die demonstrativ konsumieren, sind nicht immer dieselben Leute, die unauffällig konsumieren (die Reichen und Gebildeten ausgenommen, welche beides zuhauf tun). Ungeachtet dessen macht es einen Unterschied, wie viel und wofür wir Geld ausgeben. Unser Konsum ist zu einem großen Teil mit der Frage verknüpft, wer wir sein wollen, und steht mit unseren Werten in Verbindung. Demonstrativer Konsum sollte aber nicht rundweg verurteilt werden. Manche seiner Formen, zum Beispiel im Zusammenhang mit der »race«-Kategorie, können ein Versuch sein, Diskriminierung zu entgehen. Viele von uns konsumieren um dazuzugehören.

Worin sich das Kaufverhalten der Elite jedoch fortwährend von allen anderen Gruppen abhebt und was sie vom Rest trennt, ist ihr unauffälliger Geltungskonsum. Im nächsten Kapitel werden wir deshalb näher betrachten, wie unauffälliger Geltungskonsum – welcher zwar oft unsichtbar ist und Aufschluss über die gesellschaftliche Stellung gibt, allerdings häufig nur den Mitgliedern der eigenen Gruppe – die vielleicht schärfste Grenze zwischen den Eliten und dem Rest der Gesellschaft bildet. Unauffällige Konsumgewohnheiten, welche gleichzeitig sowohl unglaublich teurer als auch immaterieller Natur sein können, eröffnen eine Ungebundenheit und Mobilität, die man über demonstrativen Konsum nicht erwerben kann.

KAPITEL 3

Nagellack und ein Studium in Yale: Der unauffällige Geltungskonsum der neuen Eliten

Am Anfang mochte Essie Weingarten einfach nur Nagellackfarben. Im Jahr 1981 packte sie ihre Sachen und stellte ihre ersten 12 Nagellackfarben auf einer Messe in Las Vegas vor. Dabei hatte sie, wie sie erklärte, »ein echtes Rot, ein blaues Rot, ein pinkes Rot und ein oranges Rot« sowie die durchscheinenden Pink- und Weißtöne, die sie berühmt gemacht haben. Essie hat als erstes Unternehmen durchscheinende Farben promotet, wovon Ballet Slippers, und auch Vanity Fairest (Essie #505), Baby's Breath (#5), Sugar Daddy (#473) und Mademoiselle (#384) zu Kultfarben avanciert sind. Essie erklärte das so: »Ich selbst liebte den Look, und keiner bot ihn an.« 1989 schickte der Stylist der Queen eine Nachricht an Essie und bestellte Ballet Slippers, Essie #162. Essie erinnert sich: »Ungefähr zwei Jahre nach der Einführung bekam ich einen Brief vom Stylisten der Queen [mit der Anfrage] mitsamt königlichem Siegel. Da wusste ich: ›Ich habe es geschafft.‹«

In den folgenden Jahrzehnten wurden die Farbe Ballet Slippers und die durchscheinenden pastellartigen Schwestertöne für eine bestimmten Gruppe von Frauen in Beverly Hills, an der Upper East Side in New York und Kensington in London zur unangefochtenen ersten Wahl in Sachen Nagellack. In Anbetracht der Anhängerschaft dieses Kults, die sich aus dieser elitären Gruppe von schönheitsbewussten Frauen sowie keiner Geringeren als der Queen of England zusammensetzte, muss die Farbe doch irgendwie etwas Besonderes an sich haben – einen irisierenden Schimmer, eine einzigartige mineralische Zusammensetzung oder irgendetwas anderes, wodurch der Kultstatus auf der Hand läge. Doch einmal aufgetragen, schrie die Farbe kaum »Beachte mich!« oder »Ich habe mir gerade die Fingernägel lackiert!«. Eine Lage verleiht den Nägeln einen Hauch von Farbe; zwei Lagen ergeben ein durchscheinendes Weiß mit einer Spur Rosa. Es ist eher so, dass die zarte, fast kindliche Farbe ein subtiles Zeichen dafür darstellt, dass sich die Frau pflegt.

Ursprünglich habe ich vermutet, dass durchscheinende Lacke unter Frauen der Oberschicht so viel Anklang fanden, weil für diese Frauen Maniküren eine Selbstverständlichkeit sind. Weil gepflegte Nägel so sehr zu ihrem Alltag gehörten, war es nicht notwendig, kräftige Farben zu tragen, um auf den besonderen Umstand hinzuweisen, dass man eine Maniküre hatte. Aber das komplette Gegenteil war der Fall: Die Frauen trugen durchscheinende Farben, eben weil gepflegte Nägel in den Kreisen, in denen sie sich bewegten, und auf den Veranstaltungen, die sie besuchten, *nie* einfach nur als Selbstverständlichkeit angesehen werden konnten. Sie gehörten zu einer exklusiven Gruppe, deren Nägel zu ihrem gesellschaftlichen Leben passen mussten. Die durchscheinende Farbe wurde zum Symbol einer elitären Welt, in der die eigene Erscheinung *zu jeder Zeit* eine Rolle spielte.

Diese Frauen tragen die Farbe Ballet Slippers nicht, weil sie mehr kostet – dieser Nagellack gehört, anders als die Limited Edition der Handtasche Birkin von Hermès für 20 000 US-Dollar oder Wein eines seltenen Jahrgangs, zu den erschwinglichen Luxusgütern. Frauen der

Oberschicht zahlen für eine Flasche genau die 7,99 US-Dollar, die eine Frau im kleinstädtisch geprägten Pennsylvania für Essies strahlenden Korall-Ton Geranium (#043) zahlt. Dennoch handelt es sich sowohl bei der Handtasche von Hermès als auch bei Essies Ballet Slippers um ein Zeichen von Prestige.

Geschichtlich gesehen wurden professionelle Maniküren sehr stark mit der feinen Gesellschaft und den Gutbetuchten in Verbindung gebracht. »Vor den 1980ern war eine Maniküre etwas Außergewöhnliches«, erklärte Essie. »Vor dieser Zeit war es ein Skandal [Geld für eine Maniküre auszugeben].« Dann änderten sich die Dinge. In den 1980er-Jahren begann der Preis für Maniküren mit der zunehmenden Zahl von niedrigbezahlten Arbeitskräften im Dienstleistungssektor (überproportional in Großstädten angesiedelt) zu sinken, sodass nun auch die Durchschnittsfrau die Möglichkeit hatte, in einen Schönheitssalon zu gehen. Inzwischen können sich Frauen in einem Salon ihre Nägel für 15 US-Dollar machen lassen.

Laut Euromonitor International sind Maniküren heute ein Milliardengeschäft. Im Verlauf von sechs Monaten leisteten sich 27 Millionen Erwachsene eine professionelle Maniküre und sogar 32 Millionen eine Pediküre. Tendenz weiter steigend: Von 2010 bis 2011 nahm die Zahl der Maniküren um 24 Prozent zu. Demnach wurde eine ursprüngliche Gewohnheit der Oberschicht ganz einfach zu einer Gewohnheit der breiten Masse. Für Essie wurde Nagellack zur demokratischen Version eines ursprünglichen Luxus- und Statusgutes der gesellschaftlichen Elite – ein Hauch von gehobenem Geschmack in Reichweite. Heute ist Essie Weingartens gleichnamiger Nagellack vielen amerikanischen Frauen ein Begriff und wird weltweit in Drogerien und Schönheitssalons verkauft.

Mit dem Sinken der Preise für Maniküren haben neue Farben (Blau, Schwarz, Grün und Nude) an Beliebtheit gewonnen – zum Teil, weil Maniküren heute so günstig sind, dass Frauen die Farbe wechseln können, ohne dass es viel kostet. Maniküren sind besser verfügbar geworden. Trotz dieser Entwicklung tragen viele Frauen in höheren Kreisen und im Berufsleben immer noch durchscheinende Farben. Es ist schwer zu sagen, was dabei zuerst eine Rolle spielte – dass unauffällige Farben eine zweckmäßige und praktische Form der Maniküre darstellten oder dass unauffällige Farben eine bestimmte gesellschaftliche Position signalisierten. Trotzdem verbirgt sich in der Art und Weise, wie eine Maniküre ausgeführt wird – zum Beispiel die Wahl der Farbe –, der alles entscheidende Unterschied. Die Nagellacke und die Frauen, die sie tragen, stehen, anders als grundlegendere und auffälligere Formen demonstrativen Konsums, sinnbildlich für eine andere Art von Barriere – für die Kosten der Beschaffung von Informationen und das Kennen der feinen Dinge, über die sich eine bestimmte gesellschaftliche Schicht implizit definiert.

Die Wahl der Nagellackfarbe ist nichts weiter als ein alltägliches Beispiel für das, was der französische Soziologe Pierre Bourdieu als »objektiviertes kulturelles Kapital« bezeichnet hätte. In seinem wegweisenden Buch Die feinen Unterschiede argumentiert Bourdieu, dass der eigene »Geschmack« weniger mit den Bildern, die man an der Wand hängen hat, oder dem Auto, das man fährt, zu tun habe, als mit dem kulturellen Kapital, das man in Form von Wissen, durch soziale Netzwerke und Bildung angesammelt hat und das durch diese Dinge zum Ausdruck gebracht werde.[1] Kulturelles Kapital (im Gegensatz zu wirtschaftlichem Kapital oder Geld) ist die Sammlung von bestimmten ästhetischen Vorstellungen, Fähigkeiten und Wissen (oft erworben durch Ausbildung und Herkunft). Objektiviertes kulturelles Kapital bedeutet, dass bestimmte Dinge einen kulturellen oder symbolischen Wert erlangen, der den monetären Wert, der ihnen zugeschrieben wird, oft bei weitem übersteigt. Gesellschaftlichen Stand erlangt man also nicht durch Konsum (man kann sich nicht automatisch in die Oberschicht »einkaufen«), sondern durch die Aneignung von Werten, einem bestimmten Schönheitsempfinden sowie der Fähigkeit, die Symbole und Zeichen jenseits des Materialismus zu entschlüsseln. Diese Werte, der Schönheitssinn und Geschmack bilden den »Habitus« des alltäglichen Lebens – die Art und Weise, wie wir die Welt sehen und ausgehend von unserem Standpunkt (als reiche weiße Person in Manhattan oder armer »African American« in Mississippi oder wohlhabender Latino in Miami oder als gutbürgerlicher Einwohner einer Kleinstadt im Mittleren Westen) normative Urteile fällen. Der Habitus entspringt nicht einfach dem Konsumverhalten, sondern dem Wissen darüber, was man konsumieren sollte. So ist der hellrosa Nagellack der physische Inbegriff eines äußeren Zeichens einer bestimmten gesellschaftlichen und wirtschaftlichen Klasse. Die Frauen wissen, dass die Farbe Ballet Slippers ein käufliches Signal für ihr Leben an der Upper East Side (NYC) und das zugehörige kulturelle Kapital und auch den Habitus bildet.

Die meisten Kaufentscheidungen werden indes dort getroffen, wo sich die wirtschaftlichen, kulturellen und gesellschaftlichen Werte bestimmter Klassen kreuzen, und sie werden bewusst und unbewusst dazu genutzt, um verschiedene Gruppen auseinanderzuhalten.[2] In einer Zeit, wo demonstrativer Konsum auch für die Allgemeinheit eine Option ist, wird die gesellschaftliche Position häufig in Wahrheit durch die Dinge bestimmt, die wir nicht sehen können. Oder, wie Vance Packard in seinem Buch *Die unsichtbaren Schranken* anmerkte: »In ihren augenfälligsten Verhaltensnormen sind die Amerikaner feierlich Verfechter der Gleichheit, und doch geben sie – manchmal bewusst, öfter unbewusst – die Kaste, zu der sie gehören, durch Nuancen in Umgangsformen, in der Sprache, im Geschmack, in Ess- und Trinksitten und durch ihren Lieblingszeitvertreib zu erkennen.«[3] Ebenso wird die gesellschaftliche Stellung im 21. Jahrhundert nicht einfach anhand von Autos oder Uhren offenbar, sondern anhand von nicht allgemein zugänglichen Hinweisen, Informationen und Investitionen. In Hinblick auf die aufstrebende Klasse handelt es sich bei diesen Signalen um das, was ich »unauffälligen Geltungskonsum« nenne – also unterschwelligere, weniger materielle Wege, um insbesondere anderen Insidern gegenüber die eigene Stellung mitzuteilen. Manchmal werden diese Kaufentscheidungen gar nicht mit der Absicht getroffen, seine Stellung zur Schau zu tragen. Egal, ob es sich um außergewöhnlich teure Versionen von Gütern handelt, die jeder kauft, oder Investitionen in die Lebenschancen ihrer Kinder: Bei diesen neuen Formen von unauffälligem Konsum geht es um Güter und Dienstleistungen, die gekauft werden, um sich das Leben einfacher zu machen, um das eigene Wohlergehen zu verbessern (sowohl in intellektueller als auch körperlicher Hinsicht). Doch sowohl durch alltäglichen als auch hochgradig unauffälligen Konsum zementieren die Eliten (egal, ob es sich bei ihnen um die aufstrebende Klasse der kulturell Reichen handelt oder um die »nur« materiell Reichen) ihre sozioökonomische Position und die ihrer Kinder.

Die Zunahme des unauffälligen Konsums resultiert dabei aus drei bedeutsamen Entwicklungen. Erstens, Konsum materieller Art ist in so vieler Hinsicht zugänglich und offenkundig, dass die aufstrebende Klasse, bewusst und unbewusst, undeutlichere, verschlüsselte Symbole nutzt, um ihre gesellschaftliche Position zu offenbaren.[4] Zweitens, es gibt keine »feinen Leute« mehr. Durch die Umstrukturierung der Weltwirtschaft wird eine Leistungsgesellschaft hochgehalten, in der die Mitglieder der Elite aufgrund ihrer intellektuellen Fähigkeiten – nicht aufgrund von Landbesitz – im Besitz der Produktionsmittel sind. Diese Arbeitsmarkteliten (viele davon sind Mitglieder der aufstrebenden Klasse) glauben an den sozialen Aufstieg und wollen diesen auch für ihre Kinder. Das vorherrschende Ethos – hart arbeiten und Wissen erwerben – ist auch die über allem stehende kulturelle Hegemonie und kommt in allen Lebensbereichen zum Tragen. Jonathan Gershuny stellt fest, dass die Beziehung, in der Arbeit und Freizeit zueinander stehen, in der heutigen Gesellschaft darauf hindeute, dass diejenigen, die viel Geld verdienen, sehr hart dafür arbeiten und auch hart dafür arbeiten, damit es so bleibt, sodass Freizeit die knappste aller Ressourcen sei. Er merkt außerdem an, dass Freizeit zunehmend mit Konsum ausgefüllt werde und dass paradoxerweise ein Mehr an Freizeit ein Mehr an Arbeit erfordere.[5] Die heutigen Arbeitsmarkteliten, vor allem die, die zur aufstrebenden Klasse gehören, geben viel Geld für Kinderbetreuung, Unterstützung im Haushalt, Gärtner und Luxusurlaube aus, um Zeit zu gewinnen und aus ihr das Beste zu machen. Und zu guter Letzt ist es so, und das ist am wichtigsten, dass materieller Konsum (vor allem nach einer Rezession) weniger wert ist als Investitionen in den *Konsum von Dingen, die zählen*, wie Bildung, Alters- und Gesundheitsvorsorge. Das sind alles Dinge, die für gewöhnliche Leute preislich unerschwinglich werden, aber die Weichen für den Ausbau der gesellschaftlichen Position stellen und die Reichen noch weiter vom Rest trennen.

All die zuletzt genannten Konsumgewohnheiten kosten viel Geld, aber es geht bei ihnen nicht vordergründig darum, dass man damit seinen Status offenbart (obwohl der dadurch im Grunde genommen schon offenbart wird). Unauffälliger Konsum tritt demnach in zwei fast völlig gegensätzlichen Formen auf. Als *unauffällig informationsintensiver Konsum* von günstigen und immateriellen Signalgebern: Hierzu zählen die Nagellackfarbe und bestimmtes kulturelles Wissen. Und als *unauffällig kostspieliger Konsum*: Hierunter fallen Dinge, deren Konsum unglaublich kostspielig ist (wie zum Beispiel Kinderbetreuung, Gesundheitspflege oder ein Studium), und die maßgeblich die Lebensqualität derer verbessern, die sich diese Dinge leisten können und gleichzeitig die bestehenden Grenzen zwischen den Klassen sowohl verstärken als auch abschwächen. Ich werde all diese Ausgabearten im Folgenden diskutieren. Der Schlüssel zu fast allen Arten von unauffälligem Konsum ist, dass er unsichtbar ist, außer für die, die davon wissen, und dass er ohne implizites Wissen oder eine große Stange Geld schwer nachzuahmen ist. Unauffälliger Geltungskonsum ist der Ursprung der neuen Klassenteilung.

Informationskosten:
Unauffälliger immaterieller Konsum

Die Nutzung von immateriellen Dingen zum Zwecke der Statusdemonstration war auch den Leuten zu Veblens Zeit nicht völlig fremd. Veblen beobachtete (und kritisierte), dass »Manieren« und »gute Erziehung« zur Statusdemonstration genutzt wurden. Sich Manieren anzueignen und zu zeigen braucht Zeit und war oft nur denen möglich, die ein Leben voller Müßiggang pflegten – zwei wichtige Eigenschaften, die Veblen der Oberschicht zuschrieb. Sprache wird auch seit jeher genutzt, um die gesellschaftliche Stellung zu zeigen – wie im Falle von Manieren bedarf es Zeit und Übung, um sich eine bestimmte Wortwahl und Redewendungen zu eigen zu machen. Um den 2012 verstorbenen Gesellschaftskritiker Paul Fussell zu zitieren: »Ganz egal, wie viel Geld man geerbt hat… in welcher Stadt man wohnt, wie man aussieht… wann man zu Abend isst, was man im Versandhandel bestellt… am deutlichsten wird die soziale Schicht, der man angehört, sobald man seinen Mund aufmacht.«[6] Fussel fährt damit fort, den »pseudoeleganten Stil« der Mittelschicht zu diskutieren: Ihr Unbehagen dabei, eine »Toilette« (»toilet«) eine Toilette zu nennen (lieber sagen sie »Ruheraum« – »rest room«, »WC« – »lavatory« oder »Badezimmer« beziehungsweise »Damentoilette« – »powder room«), einen Säufer (»a drunk«) einen Säufer (er ist jemand, der ein »Alkoholproblem« hat) oder unbeschwert Schimpfwörter oder das Wort »Tod« (»death«) zu nutzen (bevorzugt wird »entschlafen« oder »von uns zu Jesus gegangen«). Umgekehrt verwenden sie verlegen Wörter, die die oberen Schichten im Überfluss benutzen: »divine« –»göttlich«, »outstanding« – »herausragend«, »super« [Anmerkung d. Übers.: so wie es sich auch in die deutsche Sprache eingeschlichen hat] und »tedious« oder »tiresome« – beides »ermüdend« [Anm. d. Übers.: Diese beiden Begriffe nutzen die

Oberschicht und die obere Mittelschicht laut Fussel für Situationen, die sie langweilig oder lästig finden.]. Stattdessen benutzt die Mittelschicht banale Überbegriffe: »nice« – »nett/hübsch« und »boring« – »langweilig«.

Diese Beobachtungen bringen die Klassenunterschiede auf den Punkt, die über Geld und materielle Güter hinausgehen: Sie drehen sich um die »Informationskosten« und das kulturelle Kapital, was man in Form von Wissen anhäuft. Anders als konventionelle Statusgüter sind die neuen Dinge, über die sich die Mitglieder der aufstrebenden Klasse definieren, Sachen, die für sie vielleicht genauso viel kosten wie für jemanden aus der Mittelschicht, aber auf die man nur durch exklusive Informationen stößt. In dem Zuge, in dem protzige und materielle Dinge als Statussymbole immer besser verfügbar werden, greift die aufstrebende Klasse auf unterschwellige Symbole, kulturelles Kapital und Sprache zurück, um sich von anderen Gruppen zu unterscheiden, und ihre Mitglieder nutzen Wissen als wichtiges Mittel zur Grenzziehung zwischen sich und dem Rest. So formen und demonstrieren die Mitglieder der aufstrebenden Klasse ihre Position durch Informationen, an welche sie nur über andere Mitglieder ihrer Gruppe und durch ihre Rolle als Lieferanten kulturellen Kapitals gelangen können. Obwohl die Farbe Ballet Slippers nicht mehr kostet, hat das Leben in der Welt der Eliten, wo durchscheinender Nagellack als Standard angesehen wird, seinen Preis, und dasselbe gilt für unauffälligen Konsum auch in anderen Bereichen. Nicht funktionelle, immaterielle Güter können genauso viel kosten, aber es sind die Informationskosten, eher als die tatsächlichen Kosten des Gutes, die das Hindernis bilden.

Die Aufladung von immateriellen Verhaltensweisen mit Wert ist das, was der Soziologe Shamus Khan von der Columbia University eine »erlernte Form von Kapital« nennt; mit anderen Worten, das Wissen, wie man etwas angeht, wird internalisiert, und das Erlangen dieses Wissens ist ein sich wiederholender Prozess, sodass dieser Prozess selbst an Wert gewinnt. In seiner Studie, in deren Mittelpunkt die Eliteschule St. Paul's in Concord, New Hampshire, steht, argumentiert Khan, dass die unterschwelligen Formen einer Klassenassimilation, oder ein »versteckter Lehrplan«, in vielfältiger Weise die gesellschaftliche Stellung mehr verstärken als zur Schau gestellte materielle Symbole. Die Jungen, die Khan interviewt hat, redeten über die harte Arbeit, der es bedürfe, um in St. Paul's aufgenommen zu werden, und erklärten, ihren Erfolg verdient zu haben. Wie Khan in seiner ethnografischen Arbeit jedoch feststellte, wurden die meisten von ihnen kaum beim Arbeiten gesehen. Tatsächlich war die Erfolgskultur an St. Paul's von »Leichtigkeit« und mühelosem Erfolg gekennzeichnet. Es war ein Zeichen von Status, ohne Bücher zum Unterricht zu kommen, während jene, welche tatsächlich riesige Rucksäcke voller Bücher trugen und sich in der Bibliothek mit Hausaufgaben abmühten, Außenseiter waren. Als Mitglied einer neuen Generation vorgeblicher Leistungseliten (welche in der Tat glauben, dass sie hart gearbeitet haben und ihre Stellung in der sozialen Hackordnung verdienen) war es wichtig, sich mündlich zu dem wichtigen Wert »schwerer Arbeit« zu bekennen. In Wirklichkeit waren die meisten dieser Studenten in einer ebenso privilegierten Position wie vorhergehende Eliten, und das spiegelte sich in ihrem sozialen Verhalten wider. Der Glaube an harte Arbeit wird zum »rhetorischen Deckmantel«, wie es Khan nennt, der das eigentliche Privileg maskiert. »Es sind diese Studierenden mit einem günstigen sozioökonomischen Hintergrund«, schreiben Khan und der Soziologe Colin Jerolmack von der New York University, »die mit der größten Wahrscheinlichkeit Erfolg haben werden, weil sie ihr ganzes Leben lang, sogar schon bevor sie die Schwelle zu diesen Hallen übertreten haben, Anlagen und kulturelles Kapital entwickelt haben, was ihnen anderen gegenüber einen Vorteil verschafft. Sie fühlen sich innerhalb der Institutionen zu Hause, wo sie genau für die Art von Verhalten belohnt werden, die ihnen ›angeboren‹ ist.«[7]

Um ein Beispiel des Soziologen Douglas Holt zu verwenden: Beim Opernbesuch handelt es sich nicht um kulturelles Kapital. Es ist vielmehr die Kombination aus dem Wissen, wann Aufführungen stattfinden und wo man Karten dafür kaufen kann, die Wertschätzung der Musik und die Fähigkeit, sich in der Diskussion über andere Themen darauf zu beziehen und Menschen zu haben, mit denen man diese Erfahrung teilt – und zum Schluss noch die Auffassung, dass ein Opernbesuch gut genutzte Zeit ist.[8] Gleichermaßen könnte man viele der Überlegungen, die Paul Krugman in seinen Kolumnen in der *New York Times* veröffentlicht hat, genauso gut durch bloßes Nachdenken über die drastische Ungleichheit, Arbeitslosigkeit und die Zeit nach der Großen Rezession selbst anstellen. Krugmans Einsichten sind weniger wichtig, als zu erkennen, dass es wichtig ist, Krugman zu lesen. Das Lesen der *New York Times* gehört zur gemeinsamen Sprache der aufstrebenden Klasse, und Krugman bei einem Abendessen zu zitieren (und zu wissen, dass er Nobelpreisträger ist), ist wichtig, um zu dieser Gruppe zu gehören.

Die Kenntnis von Krugman und der *New York Times*, nicht (bei allem Respekt) Krugmans Gedanken selbst, stellen kulturelles Kapital dar. Aber der Wert der *New York Times* ist orts- und situationsabhängig: Bei einem Abendessen in Manhattan würde die Erwähnung von Krugman Anklang finden, oder es wäre schlicht eine Bemerkung, durch die man sich in die Gruppe integriert. Im Gegensatz dazu würde man mit Krugmans Themen (Ungleichheit, Steuerpolitik, Präsidentschaftswahlen) bei den Gästen einer Weihnachtsfeier in Pennsylvania vielleicht auf Interesse stoßen, aber mit dem Zitieren von Krugman würde man dort vermutlich keine Sympathiepunkte sammeln. Hierin verborgen liegt der Wert der Farbe Ballet Slippers, der über das 7,99-Dollar-Preisschild hinausgeht.

Kulturelles Kapital wird durch weit mehr als Geld und Gegenstände gebildet. Viele Kritiker von Bourdieu glaubten, dass seine Theorien zum kulturellen Kapital und Habitus nicht auf die Vereinigten Staaten anwendbar wären, weil Amerikaner nicht gerade für ihren Kunstgeschmack und Schönheitssinn bekannt sind. Aber Holt führt aus, dass Bourdieus Beobachtungen sich nicht nur auf hochgeistige Verhaltensweisen beziehen. Sondern dass sein Verständnis davon, wie das Schönheitsempfinden und Werte von bestimmten Gesellschaftsformen geformt werden, breit angewendet werden kann. Die Eliten des Vergoldeten Zeitalters waren sehr darum bemüht, sich in ihrer Position klar abzugrenzen, während die heutigen Mitglieder der aufstrebenden Klasse dazu neigen, »kulturelle Allesfresser« zu sein, in deren Konsumverhalten sich ihr Wissen, ihre Weltgewandtheit und Aufgeschlossenheit widerspiegeln – das Ergebnis ihrer Ausbildung und ihres Eintauchens in verschiedene Welten (ob nun durch Auslandsreisen oder die internationale Studierendenschaft ihrer Alma Mater).[9] Vance Packard hat vor mehr als 50 Jahren in seiner Analyse des Klassenverhaltens folgende Beobachtung niedergeschrieben: »Schließlich werden fremde, unbekannte Gerichte in den beiden oberen Klassen viel häufiger akzeptiert als in den drei unteren der Sockelgruppe. Eine Person aus dieser unteren Gruppe fühlt sich vor einer unbekannten Speise unsicher und erblickt in ihr eine Bedrohung. Eine Dame der Gesellschaft aus dem Mittelwesten des Landes schilderte einmal ihr Erstaunen, als sie merkte, dass ihr Dienstmädchen die meisten der sehr kostbaren Gerichte, die sie den Gästen aufträgt – Wildbret, Ente Pompano, Kaviar –, selbst nicht anrühren mag. Auch wenn alles fertig zubereitet ist, dampfend und zum Essen bereit dasteht, geht das Mädchen hin und kocht sich ihren Schweinebauch mit Möhren und Kartoffeln; das sind Nahrungsmittel, die sie kennt.«[10]

Die Mitglieder der heutigen aufstrebenden Klasse werden ihrem Status als kulturelle Allesfresser durch verschiedene Formen kulturellen Kapitals und totemistischer Objekte gerecht. Sie sind stolz darauf, dass sie in kleine, unscheinbare Restaurants mit fremdländischer Küche gehen statt zu Applebee's, dass sie Eier von regionalen Bauern kaufen und TOMS-Schuhe tragen, weil all diese Zeichen kulturellen Kapitals ein soziales und ökologisches Bewusstsein offenbaren, zu welchem sie ganz bestimmt beim Durchblättern des *New Yorker* und während ihres Studiums an einer Eliteuniversität gelangt sind. Selbst wenn sie Vollzeit arbeiten, impliziert derlei Wissen, dass sie entweder demonstrativ ihre Freizeit damit verbringen, zu lesen oder über Bauernmärkte zu schlendern, oder dass sie es als nützlich ansehen, ihre Zeit mit dem Erwerb dieser Art von Informationen zu verbringen. In seiner Studie des amerikanischen Klassensystems beschrieb Holt diese Art von kulturellem Kapital als »Authentizität und Kennerschaft«, was innerhalb der oberen Schichten hoch angesehen sei (unabhängig vom Preis), während die unteren Klassen Dinge schätzten, wenn diese teuer seien. Die unteren Klassen teilten »gemeinsame Zeichen von [materiellem] Luxus«. Im Vergleich dazu sei den Mitgliedern der oberen Klasse gemein, dass sie extra viel Wert auf Individualität sowie die Kenntnis von zeitgenössischen Sachbuchautoren und in Cannes prämierten Dokumentarfilmen legen. In einer Studie zum zeitgenössischen Musikgeschmack der oberen Mittelschicht fanden die Soziologen Richard Peterson und Robert Kern ebenfalls heraus, dass deren Musikvorlieben sich nicht auf Opernmusik und klassische Musik beschränkten, sondern eher von Hip-Hop über Pop bis hin zu Folk reichten und sie zudem auch eine gewisse Schwäche für die eigentlich erwartete anspruchsvolle Musik hatten. Da viele Angehörige der oberen Mittelschicht ihre Stellung über eine akademische Ausbildung und ihre berufliche Position erlangt haben (Erstere wird in der Regel mit einer größeren Toleranz assoziiert), spekulieren Peterson und Kern, dass diese neuen Eliten vielleicht tatsächlich aufgeschlossener sind als vorhergehende Generationen. Zynischer könnte man diese vielfältigen »anspruchslosen« Konsumentscheidungen der neuen Eliten als eine symbolische Grenze interpretieren, mit der sie ihre exklusive gesellschaftliche Position abstecken. Anders ausgedrückt, sie wissen, dass vielfältige und eigenwillige Konsumentscheidungen eine hohe Kultiviertheit ausdrücken können, die man nur mit der Bildung und dem Wissen erlangen kann, die beziehungsweise das sie in ihre gesellschaftliche Position versetzt.

Diese Entwicklung von offenkundigem Wohlstand (oder dem Vorgeben von Wohlstand) hin zu diskreten Anzeichen für die Klassenzugehörigkeit zeigt sich auch in den Essgewohnheiten der aufstrebenden Klasse. Tatsächlich sind exotische oder authentische Nahrungsmittel für die aufstrebende Klasse ein legitimes Zeichen von kulturellem Kapital – und eins, welches die Mitglieder unabhängig von ihren wirtschaftlichen Verhältnissen teilen. Während vielleicht nur die Top-Verdiener in der Lage sind, Schecks auszustellen, damit ihre Kinder nach Stanford gehen können, wird der Verzehr von bestimmten Nahrungsmitteln zu einer Form von objektiviertem kulturellem Kapital, das die Mitglieder der aufstrebenden Klasse miteinander vereint. Die aufstrebende Klasse von heute treibt sich in Cafés und Restaurants herum, die mehrere verschiedene Kohlgerichte auf der Karte stehen haben, ebenso wie Café Latte mit Mandelmilch und die Seele streichelnde Leckereien. Aufläufe anstelle von Soufflés, Hühnerpastete, handgemachtes Mac&Cheese und Bier (solange es sich um Craft-Beer handelt) sind zu obligatorischen Kennzeichen für das kulinarische Leben der aufstrebenden Klasse avanciert, auf welche man in den verschiedensten Situationen trifft – bei Mahlzeiten, die von der Frau eines Bankers zubereitet wurden, bis hin zum sonntäglichen Brunch, bei dem ein trendbewusster Drehbuchautor seine Freunde verköstigt. Natürlich sind diese Nahrungsmittel teurer als das Essen von McDonald's, aber in den meisten Fällen liegt der Preis noch in einem Rahmen, den sich die Mitglieder der aufstrebenden Klasse leisten können, und aufgrund ihres kulturellen Kapitals glauben sie, dass diese Nahrungsmittel den Preis wert sind. Obwohl diese Art von kulturellem Kapital demokratischer erscheine, so stellen die Soziologen Johnston und

Baumann fest, bestätige die Essenskultur doch wieder Bourdieus Grundthese, dass durch alltägliche Ausdrucksformen von Kultur gesellschaftlicher Status geschaffen und erhalten wird.[11] Der Verzehr von Kohlsalat wirkt vielleicht nicht so offenkundig versnobt wie der Opernbesuch, aber bietet sich dennoch als Möglichkeit an, die Grenzen zwischen den Klassen zu wahren, wenn auch auf eine unterschwelligere Art und Weise.

Dieses Anhäufen einer bestimmten Art von Wissen und das Teilen von kulturellem Kapital implizieren, dass die neuen Eliten diese Informationen dazu nutzen, bestimmte Dinge zu kaufen, sich auf eine bestimmte Art und Weise zu verhalten und ihre Position weiter zu festigen. Oder, wie Khan schreibt: »Kultur ist ein Mittel, welches von Eliten dazu genutzt wird, um einander zu erkennen und Chancen aufgrund der Zurschaustellung von passenden Merkmalen zu verteilen.«[12] Die Nagellackfarbe fällt weniger auf und ist billiger als Yachten und Handtaschen, aber die Entscheidung für eine Farbe anstelle einer anderen beinhaltet, dass man sich darüber informiert, was als schön empfunden und in der eigenen Gruppe gemocht wird. Wann man einen Dankesbrief schreibt, wie man eine Gabel hält, wie viele Bücher man mit zum Unterricht nimmt (zum Beispiel gar keine) – auch dabei handelt es sich um erlernte Verhaltensweisen, die nichts zu kosten scheinen, aber in Wirklichkeit auf der Erfahrung fußen, einer bestimmten sozioökonomischen Gruppe anzugehören. »Was als eine natürliche, simple Eigenschaft erscheint«, bemerkt Kahn, »wird in Wirklichkeit durch wiederholt gemachte Erfahrungen in elitären Einrichtungen erlernt.«[13]

Während die Eliten des Vergoldeten Zeitalters der 1920er-Jahre und die »Neureichen« von heute (man denke an die klischeemäßigen Oligarchen oder Hollywoodsternchen) vielleicht sehr darum bemüht waren beziehungsweise sind, sich selbst in offensichtlicher Weise von allen anderen abzuheben, grenzen sich die Mitglieder der aufstrebenden Klasse ganz diskret ab. Man bedenke, dass sogar die Küchen der wohlhabendsten Leute der aufstrebenden Klasse oft mit Töpfen aus Kupfer, rustikalen Esstischen von Stickley und Herden im Stil von AGA ausgestattet sind, die eher an die Herde in der Küche von Downton Abbey erinnern als an den in den oberen Etagen vorhandenen barocken Prunk des englischen Adels. Ungezwungenheit ist in allen Lebensbereichen zu einem Teil des Habitus der aufstrebenden Klasse geworden. In dieser Hinsicht deckt sich das Schönheitsempfinden der aufstrebenden Klasse mit dem der Bobos. In seinem Buch *Die Bobos* beschreibt es David Brooks so: »Unsummen für Dinge ausgeben, die früher mal billig waren … Wir kaufen lieber das Gleiche wie das Proletariat, nur etwas verfeinert, sodass es von Proletariern als absurd abgetan würde. Wir kaufen Hähnchenkeulen wie alle anderen auch – nur dass unsere von freilaufenden Hühnern stammen … Wir kaufen auch Kartoffeln, aber keine aus Idaho, sondern besondere Miniaturkartoffeln, die nur auf ganz bestimmten Böden in Nordfrankreich gedeihen.« Die Bobos spielen ihren Status herunter, weil ihr neu erreichter Wohlstand ihnen Unbehagen bereitet. Im Falle der aufstrebenden Klasse basiert die Wahl eines bestimmten Stoffes, einer Holzsorte oder die Wahl von Nahrungsmitteln darauf, dass man weiß, was besser, was umweltfreundlicher und was artgerechter ist. Wir begegnen diesen unterschwelligen, klassespezifischen Zeichen in allem – darin, was die aufstrebende Klasse isst (Futter für die Seele – in Feinkost- und Bioqualität sowie aus artgerechter Haltung), wo sie ihre Lebensmittel kauft (auf Bauernmärkten und bei Whole Foods), was sie trägt (aus Biobaumwolle, hergestellt in den USA, ohne Labels) und worüber sie reden (Artikel im *Wall Street Journal* oder den angesagtesten Podcast – zur Zeit dieses Buches *Serial*, ein Podcast, der vom US-amerikanischen Chicago Public Radio produziert wird). All diese unterschwelligen Hinweise deuten auf Wissen und Wertesystem hin, welches durch breiten Wissenserwerb aufgebaut wurde – und auf das Bestreben, kulturell und gesellschaftlich ein besserer Mensch zu sein, und zwanglos über Bücher,

Nachrichten und so weiter Bescheid zu wissen. Da viele Mitglieder der aufstrebenden Klasse vorgeblich zur »Leistungselite« gehören oder das zumindest das Ziel ihrer Ausbildung ist, weisen diese Dinge auf ihre Klassenmitgliedschaft hin, offenbaren aber auch, was es kostet, so informiert zu sein (Collegebesuch; hochrangige Veröffentlichungen lesen; Bescheid darüber wissen, was die neuesten Trends in der Lebensmittelherstellung sind).

Ebenso wie Gelassenheit und Sorglosigkeit dazugehören, wenn man sich in St. Paul's in der Hackordnung ganz oben befindet, gehört die vorgegebene Formlosigkeit zum guten Ton innerhalb der aufstrebenden Klasse. Der ehemalige britische Premierminister David Cameron (Eton- und Oxfordabsolvent aus gutem Haus und entfernt verwandt mit der Queen) wurde in den Medien niedergemacht, nachdem sein Minister Francis Maude erzählt hatte, wie er sich mit seinen Elite-Kumpels (einschließlich Cameron) zum »kitchen supper« treffe – sozusagen das Abendessen des gemeinen Volkes für die Oberschicht. Unsere oberen Klassen essen nicht mehr jeden Abend mit seltsamem und rätselhaftem silbernem Besteck ein Mehrgängemenü, aber mit der Herabstufung des »dinner« zu einem zwanglosen »supper« distanzieren sich die kulturellen Eliten noch mehr von allen, für die diese Mahlzeit etwas Besonderes ist. Der Begriff »kitchen supper« stammt wiederum aus den Tagen der britischen Lords und Ladies und ihren Bediensteten, die ihr Abendessen in der Küche einnahmen, weg von den Adeligen, denen sie dienten. Heutzutage haben die Eliten diesen Begriff selbst für sich in Beschlag genommen, um darauf anzuspielen, dass man ein Esszimmer hat (und es sich aus diesem Grund beim »kitchen supper« um eine andere Art von Mahlzeit handelt). Außerdem wird durch die Entscheidung, das Esszimmer nicht zu nutzen, ein zwangloseres und intimeres Beisammensein impliziert. Charles Moore, Autor beim *Telegraph* und Biograf von Margaret Thatcher, sagt von den Teilnehmern dieser Abendessen in der Küche: »[Sie] enthüllen die Voraussetzung: Wir haben ein schönes Esszimmer, werden jedoch entspannt mit unseren Freunden zusammensitzen und es nicht nutzen.«[14] Oder, wie es Katrin Bennhold in ihrem Artikel anlässlich des »suppergate« in der *New York Times* formulierte: »Und als Francis Maude, der Minister für Kabinettsangelegenheiten, von ›kitchen suppers‹ sprach, erinnerten ihn die Medien daran, dass die meisten Wähler zum ›dinner‹ (Mittelschicht) oder ›tea‹ (Arbeiterklasse) zusammenkämen und nicht unbedingt die Möglichkeit hätten, in einem Esszimmer zu speisen«,[15] und seine Aussage somit naheläge, dass die Küche ein Raum von mindestens zwei möglichen Räumen sei, wo man essen könne. Oder wie Rachel Cooke witzelnd im *Guardian* schrieb: »Wer außer Francis Maude und seinen Freunden nutzt es? Und was genau heißt das? In der Tat braucht man eine Weile, um es vollständig zu verstehen, denn hinter diesen zwei Worten versteckt sich eine schwindelerregende Zahl von Unterstellungen. Die Information, dass in der Küche genug Platz für einen Tisch ist. Der Hinweis, dass es im Haus noch ein weiteres Zimmer geben könnte, wo man zu wichtigeren Anlässen auch essen könnte. Die geschickte Umgehung der Begriffe ›dinner party‹ (dies ist ein Begriff der aufstrebenden Mittelschicht, und somit vermutlich ›non-U‹[16], also nicht en vogue, in Maudes Kreisen) und ›meal‹ (ebenso ›non-U‹, allerdings habe ich keine Ahnung, warum; ich bin mir dessen nur bewusst, weil mich einst ein steinalter Eton-Absolvent darauf aufmerksam gemacht hat, als es mir einfach so über die Lippen kam.«[17]

Wenn man sagt, dass man auf eine »kleine Uni in Cambridge« gegangen sei und jeder weiß, dass damit Harvard gemeint ist, heißt das gleichermaßen, dass man etwas kleinredet, was eigentlich Ansehen genießt und selten vorkommt – genau das gilt auch, wenn man die Möglichkeit hat, abends im Esszimmer oder in der Küche zu essen. Wenn bei jemandem zu Hause die Regel gilt, dass man seine Schuhe ausziehen soll, wenn man eintritt, deutet das auf zu viel Achtung für das Haus und dessen Kostbarkeit hin (neureich), wohingegen die aufstrebende Klasse nicht wagen würde, auch nur anzudeuten, dass ihr Haus es wert wäre, sich so darum zu sorgen (sogar, wenn es das wäre).

In welcher Beziehung Status und immaterieller, unauffälliger Konsum zueinander stehen, kann man vielleicht am besten anhand des Verhaltens der wirtschaftlich schlechter situierten Mitglieder der aufstrebenden Klasse nachvollziehen: Hipster – jene jungen Städter in ihren 20ern, die beim Film oder im Verlagswesen arbeiten oder Drehbücher schreiben – jene, die kaum genug Geld verdienen, um ihre Miete zu bezahlen, und erst recht nicht genug, um auf dieselben Veranstaltungen zu gehen wie die Königin von England oder der Chef der Citibank. Doch innerhalb dieser lustig-ironischen Subkultur ist das Wissen, was cool ist, oder sich damit auszukennen, alles, was sie haben. So nehmen auch sie am immateriellen, unauffälligen Konsum von Sachen teil, die es ihnen erlauben, ihre gesellschaftliche Position zu definieren. Sie lesen und verweisen auf Blogs und Twitter-Feeds, sie tragen Jutebeutel mit dem Logo von NPR mit sich herum (eine Kooperation nichtkommerzieller Hörfunksender) und fahren auf Fixie-Rädern durch die Gegend. Sie trinken Hanfmilch, keine Kuhmilch; anstelle von gebrauchten Honda Accords fahren sie alte Mercedes-Autos, die so umgebaut sind, dass sie mit Pflanzenöl fahren; sie kaufen Fast Food lieber an Food Trucks als bei McDonald's – obwohl diese Dinge alle mehr oder weniger das Gleiche kosten. (Im Übrigen bietet McDonald's jetzt auch Kohlsalate an – bestimmt eine Reaktion auf die neue Bedeutung, die gesundem Essen sowohl von Gesundheitsexperten als auch der aufstrebenden Klasse beigemessen wird.) Doch das Auto, das mit Pflanzenöl fährt (obwohl es dabei wie ein vorbeifahrender Teller Pommes riecht), und die Mandelbutter (die wirklich fast genauso schmeckt wie Erdnussbutter) sind für Mitglieder der aufstrebenden Klasse Träger von kulturellem Kapital. Diese Praktiken und Güter kosten nicht mehr, aber werden durch das Spiel mit den Insider-Informationen zur lokalen Subkultur, als

Kriterium für die Gruppenzugehörigkeit etabliert – Mitglieder kennen die kleinen Bars und die Standorte bestimmter Imbisswagen. Die neuen Eigenarten und Konsumgewohnheiten der aufstrebenden Klasse erregen keine Aufmerksamkeit, obwohl sie oft auf Wohlstand oder Wissen schließen lassen. Anders als ein Prada-Logo werden diese Gewohnheiten nicht flächendeckend als Statussignale verstanden. Im 21. Jahrhundert werden die historischen Schilderungen über die Eliten und das kulturelle Kapital gewissermaßen umgekehrt. Dankesbriefe und gute Manieren werden immer noch, wie zu Veblens Zeit auch, geschätzt, aber wenn man zu viele Briefe schreibt oder sich zu gut benimmt, wirkt man zu bemüht.[18] Einige Mitglieder der heutigen aufstrebenden Klasse heben sich gerade dadurch ab, dass sie die Bedeutung von Marken und ihre Zurschaustellung aktiv verharmlosen und ihr kulturelles Kapital und Zeichen desselbigen aufwerten – Verhaltensweisen und Wissen, das kostenlos und gleichzeitig schwer zugänglich ist. Hipster gehören vielleicht nicht zur Elite des Arbeitsmarktes (obwohl viele durchaus dazugehören), aber auch ihre Zugehörigkeit zur Elite speist sich aus exklusivem Wissen. Sie wissen, wen man lesen sollte, wem man auf Twitter und Instagram folgen sollte, und kennen die spezielle Sprache der Eingeweihten und die verdeckten (fast abgöttisch verehrten) Kaufobjekte, ob nun Café Latte mit Mandelmilch, Grünen Smoothie oder die Armbanduhr von Casio mit eingebautem Taschenrechner für 12 US-Dollar.

All diese Praktiken offenbaren unsere »Lebensführung« beziehungsweise unseren »Lebensstil«, wie es bei Max Weber heißt.[19] So hängen Geld und Status zwar miteinander zusammen, aber es ist nicht ein und dasselbe. Es ist eher so, dass Menschen derselben Einkommensgruppe sich nicht unbedingt gleich verhalten oder in gleicher Weise konsumieren; das Verhalten wird stärker davon bestimmt, wie man dorthin gekommen ist, wo man herkam und wo man lebt. Das beschreibt, was Bourdieu damit meinte, dass es unmöglich sei, nur mithilfe von materiellen Gütern nach oben zu gelangen. Bourdieu würde sagen, dass Status dann daraus resultiert, mit wem wir verkehren, und aus den Informationen und Hinweisen, die wir dabei aufschnappen.[20] Geschmack und Lebensstil werden von einer Generation zur nächsten weitergegeben und in jungen Jahren oder durch die Mitgliedschaft in einer bestimmten Gruppe erlernt. Wenn man nicht mit dem Habitus der Elite aufwächst, bleibt man ein Außenseiter. Das erklärt, warum wir wahre Mitglieder der britischen Oberschicht kennen, die arm wie die Kirchenmäuse, aber von hohem Rang sind, und warum Tony Soprano, mit seinem großen Haus in den Suburbs von New Jersey, niemals zur Gala des Metropolitan Museum of Arts eingeladen oder gebeten werden würde, im Kuratorium der New Yorker Stadtbibliothek (New York Public Library) tätig zu sein. In einer niederschmetternden Szene in Dominick Dunnes Bestseller-Roman *Too Much Money* sagt der im Gefängnis sitzende Milliardär Elias Renthal zu seiner ihm fremd gewordenen Frau, die sich darum bemüht, eine aus der Oberschicht zu sein: »Du hast diese Leute immer noch nicht verstanden, Ruby. Du willst immer noch eine von ihnen sein. Ich weiß über den Baron in Paris Bescheid, der lieber zu seiner lesbischen Frau zurückgekehrt ist, als dich zu heiraten ... sie kommt aus gutem Hause, verfügt über einen Titel und den ganzen Kram. Du nicht.«

Geschmack und Habitus wohnt im Kern eine Schichtung nach Status und erlangtem Wissen inne, welche vielleicht von Geld abhängig ist, aber nicht allein durch Geld erklärt werden kann. So geht es beim immateriellen, unauffälligen Konsum um stillschweigendes Wissen, kulturelles Kapital und Habitus und die von Michèle Lamont beschriebenen »symbolischen Grenzen«.[21] Lamont, Professorin für Soziologie an der Harvard-Universität, glaubt, dass Bourdieus Konzept von kulturellem Kapital zu starr sei und andere Maße für Status außer Acht lasse, insbesondere Moral, welche aus Lamonts Sicht in den oberen Klassen der Mittelschicht eine sehr wichtige (aber unterschiedliche) Rolle spielt. Moral ist eine Klassenfrage, die die gewöhnlichen wirtschaftlichen und sogar kulturellen Grenzen überschreitet. Es genügt nicht, reich oder wohlsituiert zu sein oder zu wissen, dass es wichtig ist, die *New York Review of Books* oder die *Paris Review* zu lesen. Denn sogar die eigenen Prinzipien in Sachen Heirat (eine Geliebte ja/nein?), Erfolg (Macht oder Ruhm?) und wofür man generell sein Geld ausgibt, sind kennzeichnend dafür, wo man hineinpasst. Diese Dinge markieren die roten Linien, die zwischen den Klassen nicht übertreten werden. Zum Beispiel war es den berufstätigen Männern in Frankreich, die Lamont für ihre Studie interviewt hat, wesentlich angenehmer, über außereheliche Affären zu reden, als den Männern in Amerika (obwohl die Statistiken nahelegen würden, dass Letztere ebenso viele Affären haben). Obwohl Erfolg abhängig vom Land anders definiert wurde, teilten die Angehörigen der oberen Mittelschicht mit ihren jeweiligen Landsleuten in Frankreich (Erfolg ist gleichbedeutend mit Macht und Ruhm) und in den Vereinigten Staaten (Erfolg bedeutet, Geld zu haben) die gleichen Werte. Im Unterschied zur Anhäufung von Kapital, wodurch angedeutet wird, dass man zu einer bestimmten Gruppe gehört, sobald man schlicht über einen bestimmten Betrag verfügt, kommen symbolische Grenzen einer festen Grenzziehung gleich. Sie erlauben es uns im Grunde genommen, einige Leute aus- oder einzuschließen und andere nicht. Wie es der Gesellschaftskritiker A. A. Gill zusammengefasst hat: »Nach einer Weile kommt man mit Geld nicht weiter.«[22]

Unerschwinglich teurer unauffälliger Konsum

Natürlich ist es nicht ganz so einfach. Bei vielen der Dinge, die sich nicht um Geld drehen, geht es sehr wohl um Geld. Mit wirtschaftlichen Entscheidungen werden ein gesellschaftlicher Sittenkodex und Konsumentscheidungen hochgehalten. Umgekehrt gilt das natürlich auch: Gesellschaftliche Sitten und Konsumentscheidungen ergeben sich aus wirtschaftlichen Abwägungen. Sie können sehr arm sein und den *New Yorker* lesen, zum Abonnement selbst gehört aber wesentlich mehr als nur die Zeitschrift. Der *New Yorker* suggeriert eine bestimmte sozioökonomische und kulturelle Stellung, aber dazu kommen noch eine ganze Reihe anderer Dinge, wodurch diese Stellung gewahrt wird. Das Lesen von solchen Publikationen verweist stillschweigend auf ein gebildetes Leben und ein auf Kultur und Wissen basierendes Wertesystem (und den Luxus, dass man über so ein Wertesystem verfügt). Die meisten der Leser, die durch die Seiten des *New Yorker* und der *New York Times* blättern, verfügen aller Wahrscheinlichkeit nach über eine Collegeausbildung im Wert von 40 000 US-Dollar oder mehr (und auch einen Abschluss) von einer Eliteeinrichtung und verbringen Zeit mit ähnlich gebildeten Leuten, mit denen sie Meinungen und Informationen austauschen. Das Tagblatt der *New York Times* kostet 2,50 US-Dollar, die Sonntagsausgabe 5 US-Dollar (die tägliche Gewohnheit summiert sich), aber dass man all die gewählten Ausdrücke, wie sie auch im standardisierten Test für Studienplatzbewerber (SAT) gebräuchlich sind, sowie kulturelle Anspielungen (Camus, Foucault, Freud) versteht, bedeutet, dass man über noch viel mehr teuer erworbenes Wissen verfügt. Kulturelles Kapital (und symbolische Grenzen) kostet Geld, selbst wenn kulturelles Kapital nicht nur mit Geld erworben wird. Bei kulturellem Kapital geht es nicht um materielle Güter, und doch entspringt es zu großen Teilen immer noch aus materiellem Wohlstand, obgleich es scheint, als ob die Entscheidungen ganz natürlich und aus Gewohnheit getroffen werden (mehr zu derlei Gepflogenheiten als Statuskennzeichen in Kapitel 4). Der Wert dieser immateriellen Signalgeber und ihr Verstehen speisen sich größtenteils daraus, dass man Zeit mit anderen verbringt, die der Zeitung und gepflegten Nägeln (und biologisch angebautem Gemüse, Fair-Trade-Kaffee und so weiter) auch Bedeutung beimessen. Ohne die gemeinsame Erfahrung sind der durchscheinende Nagellack und die Erdbeeren nicht mehr so wichtig. Viele der Erfahrungen, die die Mitglieder der aufstrebenden Klasse gemeinsam haben, basieren auf Informationen, die Geld kosten, selbst wenn das materiell nicht sichtbar ist. Eben wie im Falle der Kinder von St. Paul's, die wissen, dass man ohne Bücher zum Unterricht geht und wie sie ihre Arbeit mühelos erscheinen lassen. Wie Khan anmerkt:»Die scheinbare Lässigkeit dieser Eigenschaften impliziert, dass, wenn jemand nicht weiß, wie man [sie] verinnerlicht... es irgendwie deren eigener Fehler [ist], da sie nicht von Natur aus das Zeug dazu haben.«[23]

Aber diese immateriellen Statuskennzeichen bauen auf einer Art von Konsum auf, der wahrlich alle außer den Reichen ausschließt. Egal ob es sich um Collegegebühren, Kinderbetreuung oder Luxusurlaube handelt: Diese Investitionen sind für die meisten Amerikaner unerschwinglich teuer. Zudem hat all das wirklich einen Einfluss auf den Alltag und die Zukunft der Leute sowie deren Kinder, die sich diese Dinge leisten können. Kurz gesagt, bei diesem Konsum geht es nicht so sehr um den Status wie um die Lebensqualität. Um auf Jonathans Gershunys Beobachtungen zu Arbeit und Freizeit zurückzukommen: Heutzutage arbeiten die meisten reichen Leute viel, um ihr Geld zu verdienen, und verlieren deswegen Zeit, die sie für Müßiggang nutzen könnten.[24] Freizeit ist teuer. Aus diesem Grund zielen viele ihrer Konsumgewohnheiten darauf ab, Zeit zurückzugewinnen und ihre sozioökonomische Stellung in der Zukunft für sich und ihre Kinder zu bewahren. Es ist keine Überraschung, dass das viel Geld kostet. Diese Art von kostspieligem unauffälligem Konsum kann in drei Kategorien aufgeteilt werden: *arbeitsintensiv* (angetrieben durch den Statusnutzen), *erlebnisorientiert* (nicht nutzenorientiert, aber auch nicht statusorientiert) und *Konsum, der zählt* (Investitionen in die Lebensqualität und das eigene Wohlergehen sowie das der eigenen Kinder). Diese drei Arten unauffälligen Konsums bilden eine Symbiose: In einer Gesellschaft, in der man im Allgemeinen weniger Zeit hat, stellt das Auslagern von anstrengenden Arbeiten, die Zeit in Anspruch nehmen, die man sonst anderweitig vergnüglich verbringen könnte, einen bedeutenden Ausgabeposten dar. Ein Kindermädchen und Direktflüge schaffen mehr Zeit für Wochenendtrips – alles Sachen, die sehr kostspielig sein können. Der Besuch eines Colleges und guter Vorschulen sowie Vorsorge fürs Alter sind nicht nur eine unglaublich teure Angelegenheit, sondern sichern auch die Aufwärtsmobilität der wohlhabenden Mitglieder der aufstrebenden Klasse und ihrer Nachkommen, während alle, die sich diese Güter nicht leisten können, dadurch ausgegrenzt werden. Im folgenden Abschnitt werde ich noch umfassender auf diese Trends eingehen und ebenso darauf, wie die Reichen (wovon viele Mitglieder der aufstrebenden Klasse sind) im Vergleich zum restlichen Amerika ihr Geld ausgeben.

Zuerst sei gesagt, dass die Reichen schon immer mehr Geld als alle anderen für unauffälligen Konsum ausgegeben haben und weniger für demonstrativen Konsum als für Bildung, Kinderbetreuung, Studiengebühren, SAT-Vorbereitungskurse, Spenden für politische Zwecke und andere unsichtbare Ausgaben, aber nach der Rezession hat dieser Trend stark zugenommen.[25] Während die oberen Einkommensgruppen vor 2007 dazu neigten, im Wesentlichen für demonstrativen Konsum genauso viel wie für unauffälligen Geltungskonsum auszugeben, haben sich ihre Konsumgewohnheiten nach der Krise signifikant verändert. Nach der Krise ist der demonstrative Konsum stark eingebrochen, gefolgt von einem leichten Anstieg, aber das alte Niveau wurde seit 2008 nicht mehr erreicht. Wie der Ökonom Robert Frank feststellt, sind gepflegter Hedonismus und offensichtliche Luxusausgaben im Zuge der laufenden Entrüstung über herrschende Ungleichheit in der Diskussion ein rotes Tuch (was nicht heißt, dass kein Geld ausgegeben wird), und so finden die oberen Einkommensgruppen neue Wege, um ihr Geld auszugeben. Wege, die nur in ihren Kreisen bekannt sind (sei es die Haushaltshilfe, die bei ihnen lebt, oder, bei den ganz Reichen, NetJets-Flüge nach Miami zur internationalen Kunstmesse Art Basel).[26] Umgekehrt ist die Mittelschicht, also jene mit einem Einkommen im Bereich der 40. und 60. Perzentile beziehungsweise einem jährlichen Durchschnittsverdienst von 47 000 US-Dollar, dabei, im Nachgang der Rezession mit ihrem demonstrativen Konsum wieder das Niveau der Zeit vor der Rezession zu erreichen und ihre Ausgaben für unauffälligen Konsum zu reduzieren. Historisch betrachtet haben sie immer wesentlich mehr für demonstrative Dinge ausgegeben als für unauffälligen Konsum, und als die Finanzkrise auf dem Höhepunkt war, haben sie ihre Ausgaben für Kleidung, Armbanduhren, Autos und andere Veblen-Güter kaum gemindert (siehe Abbildung 3.1).

In absoluten Dollarbeträgen geben tatsächlich nur die oberen drei Einkommensgruppen heute mehr für unauffälligen Konsum aus als noch 1996 – die Mittelschicht und die unteren Einkommensgruppen haben im selben Zeitraum weniger ausgegeben. Insgesamt geben die oberen Einkommensgruppen 5–10 Prozent mehr für diese Güter aus als noch 1996. Beim amerikanischen Durchschnittshaushalt beträgt der Anteil der Ausgaben für unauffälligen Konsum an den Gesamtausgaben ungefähr 10 Prozent. Bei den oberen 1 Prozent, 5 Prozent und 10 Prozent liegen die anteiligen Ausgaben für unauffälligen Konsum bei 22,9 Prozent, 19,7 Prozent beziehungsweise 17,4 Prozent und bis zu 80 Prozent über dem nationalen Durchschnitt. Man vergleiche das mit den anteiligen Ausgaben der Mittelschicht und den unteren Einkommensgruppen, bei denen auf unauffälligen Konsum nur 9–9,5 Prozent der Gesamtausgaben entfallen. Klettert ein Haushalt die Einkommensleiter empor, so neigen seine Mitglieder dazu, mehr für unauffälligen Geltungskonsum auszugeben.

Die Wohlhabenden geben inzwischen fast 5,5-mal so viel aus, wie im nationalen Durchschnitt für unauffällige Güter ausgegeben wird (hingegen 2,5-mal so viel, wie landesweit durchschnittlich für demonstrativen Konsum aufgewendet wird), und fast 12 Prozent mehr als noch im Jahr 1996. Im Gegensatz dazu gibt die Mittelschicht verglichen mit dem US-amerikanischen Durchschnitt 40 Prozent weniger für unauffälligen Konsum aus und 20 Prozent weniger als noch im Jahr 1996.

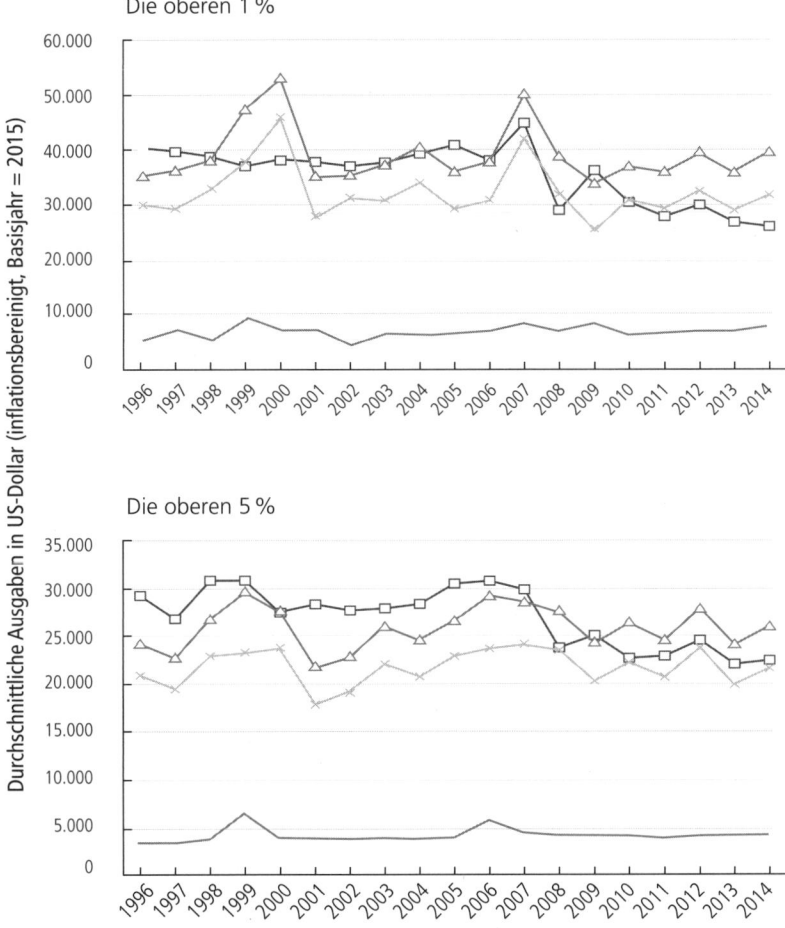

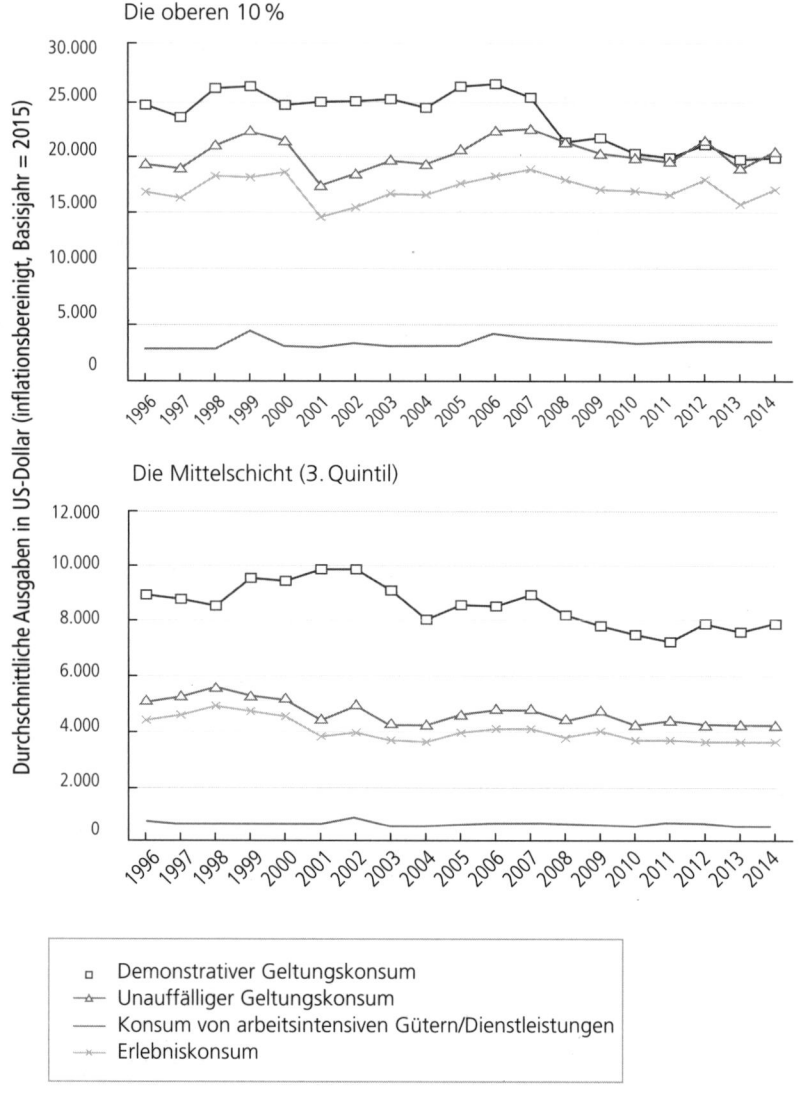

Abbildung 3.1. Wofür sie Geld ausgeben. Ausgaben für unauffälligen vs. demonstrativen Geltungskonsum nach Einkommensgruppen. Quelle der Daten: Consumer Expenditure Survey, U. S. Bureau of Labor Statistics.

Arbeitsintensiver und erlebnisorientierter unauffälliger Konsum

Es ist keine Überraschung, dass die oberen Einkommensgruppen wesentlich mehr Geld für jene Konsumgewohnheiten aufwenden, welche Zeit freischaufeln und das Leben angenehmer machen. Es ist auch keine Überraschung, dass sich die meisten Leute diese Art von Ausgaben nicht leisten können. Vieles davon erfordert Arbeitskraft, die mit der Zeit nicht billiger wird. Egal, welche technischen Fortschritte es in der Welt gibt, manche Aufgaben erfordern immer noch harte Arbeit von echten Menschen. Der Ökonom William Baumol stellte fest, dass man für ein Beethoven-Streicher-Quartett immer vier Musiker brauchen würde, die dieselbe Mühe hineinsteckten, unabhängig von gestiegener Produktivität oder technologischen Innovationen, die andere Branchen vielleicht effizienter machen könnten (zum Beispiel das produzierende Gewerbe). Und sogar dann, wenn die Produktivität der Musiker gleich bleibt, werden ihre realen Gehälter infolge von Inflation und wirtschaftlichem Wachstum beziehungsweise der Kostenkrankheit, wie Baumol es nannte, steigen. Das trifft auch auf viele andere Arten von Dienstleistungen wie die Kinderbetreuung und Rasenpflege zu. Lässt man Marotten und Modeerscheinungen bei der Kindererziehung außen vor (was ich in Kapitel 4 erörtern werde), so handelt es sich beim Aufziehen von Kindern seit Jahrhunderten um eine recht klar definierte Aufgabe, und doch sind die Kosten für die Dienste eines Babysitters oder die Arbeit eines Kindermädchens signifikant gestiegen. Praktisch ausgedrückt: Bei der Kinderbetreuung handelt es sich um ein Gewerbe, das nicht automatisiert werden wird. (Niemand wird einem Roboter die Betreuung seiner Kinder überlassen.) Und während es so etwas wie einen automatisch herumfahrenden Staubsauger gibt, braucht man für spezifische Hausarbeiten wie das

Schrubben der Fliesen und Polieren der Couchtische immer noch einen Menschen. Das Gleiche gilt für Musiklehrer, Tierärzte und den Gassi-Geh-Service. Trotz technischer Innovationen sind Menschen immer noch in vielen Bereichen der Lebensführung und Instandhaltung essentiell.

Diese Makroveränderungen in der Gesellschaft und Wirtschaft zeigen sich in den Konsummustern. Schaut man sich die eigentlichen Zahlen dazu an, geben die oberen 1 Prozent 10- bis 20-mal so viel für Kinderbetreuung aus wie die Mittelschicht. Die oberen 5 Prozent und 10 Prozent geben auch bedeutend mehr für Kinderbetreuung aus: in absoluten Dollarbeträgen mehr als 6- bis 8-mal so viel wie die Mittelschicht. Obwohl es logisch ist zu erwarten, dass Leute umso mehr Geld dafür ausgeben, sich das Leben einfacher zu machen, je mehr Geld sie haben, geben diese oberen Einkommensgruppen auch anteilig an ihren Gesamtausgaben gemessen mehr für Kinderbetreuung aus, was darauf hindeutet, dass sie der Kinderbetreuung gegenüber dem Konsum von anderen Sachen Priorität einräumen. Sie geben im Verhältnis zu ihren Gesamtausgaben 2- bis 5-mal so viel für Kinderbetreuung aus wie die Mittelschicht. Ähnlich verhält es sich mit haushaltsnahen Dienstleistungen, was Gartenpflege, Sicherheitsdienste und Haushaltsführung einschließt. Diese werden von den oberen Einkommensgruppen mehr geschätzt, was man sowohl an den absoluten Dollarbeträgen sieht, die dafür aufgewendet werden, als auch an den anteiligen Ausgaben: Die oberen 1 Prozent geben ungefähr 20-mal so viel für haushaltsnahe Dienstleistungen aus wie die Mittelschicht und sogar ungefähr doppelt so viel wie die oberen 10 Prozent. Wie bei der Kinderbetreuung entscheiden sich die Wohlhabenden klar dafür, den Ausgaben für diese Dienstleistungen gegenüber anderen Ausgaben den Vorzug zu geben: Die oberen 1 Prozent geben von ihren Gesamtausgaben für den Haushalt 4- bis 5-mal so viel für haushaltsnahe Dienstleistungen aus wie die Mittelschicht. Im Allgemeinen geben die oberen 5 Prozent und 10 Prozent einen ähnlich großen Teil ihrer Gesamtausgaben wie die oberen 1 Prozent für haushaltsnahe Dienstleistungen aus (obgleich die oberen 1 Prozent immer noch das meiste für Kinderbetreuung ausgeben) (siehe Tabellen 3.1–3.4).

Tabelle 3.1. Ausgaben für die Kinderbetreuung in US-Dollar nach Jahr und Einkommensgruppe (inflationsbereinigt, Basisjahr = 2015)

	1996	1998	2000	2002	2004	2006	2008	2010	2012	2014
alle Haushalte	140,0	135,0	118,0	104,0	95,0	114,0	108,0	103,0	106,0	110,0
die oberen 1 %	885,0	995,0	1.025,0	606,0	596,0	893,0	984,0	1.507,0	963,0	2.110,0
die oberen 5 %	389,0	380,0	400,0	409,0	354,0	517,0	519	564,0	452,0	676,0
die oberen 10 %	383,0	325,0	302,0	342,0	286,0	384,0	378,0	387,0	401,0	429,0
60.–89. Perzentil	166,0	160,0	128,0	104,0	99,0	114,0	110,0	100,0	79,0	101,0
40.–59. Perzentil	72,0	94,0	68,0	53,0	60,0	56,0	47,0	39,0	60,0	41,0
0.–39. Perzentil	47,0	43,0	60,0	35,0	31,0	36,0	29,0	30,0	42,0	31,0

Haben sie größere Häuser als die Leute, die weniger gut gestellt sind, und brauchen vielleicht deswegen extra Hilfe? Möglich. Aber die oberen Einkommensgruppen haben auch die Möglichkeit, jemand anderen ihre Böden wischen, ihren Rasen mähen und ihre Pflanzen gießen zu lassen, während die Daten andeuten, dass die unteren Einkommensgruppen diese Arbeiten selbst verrichten.

Diese Ergebnisse stehen im Einklang mit der umfangreichen Arbeit von Suzanne Bianchi und ihren Kollegen. Bianchi stellt fest, dass trotz der Tatsache, dass heute mehr Frauen erwerbstätig sind als in der Mitte des 20. Jahrhunderts, und trotz der Tatsache, dass Eltern im Allgemeinen mehr arbeiten als jemals zuvor, Eltern heute mehr Zeit mit ihren Kindern verbringen als in den »familienorientierten« 1960er-Jahren. Mithilfe von Zeitreihen, die mehrere Jahrzehnte seit den 1960er-Jahren umfassen, kommen Bianchi und ihre Kollegen zu dem Schluss, dass die kulturellen Normen in Bezug auf Elternschaft dabei sind, sich zu verändern. Eltern widmen sich aus freien Stücken mehr ihren Kindern, und es gibt ein »Ideal der geteilten Elternschaft«, welches den Druck, der traditionell auf Müttern lastet, verringert.

Tabelle 3.2. Anteilige Ausgaben (in %) für die Kinderbetreuung gemessen an den Gesamtausgaben nach Jahr und Einkommensgruppe

	1996	1998	2000	2002	2004	2006	2008	2010	2012	2014
alle Haushalte	0,25	0,23	0,20	0,17	0,16	0,18	0,18	0,18	0,18	0,19
die oberen 1 %	0,52	0,58	0,55	0,35	0,34	0,49	0,57	0,88	0,54	1,22
die oberen 5 %	0,30	0,28	0,31	0,31	0,27	0,35	0,37	0,42	0,33	0,51
die oberen 10 %	0,34	0,28	0,26	0,29	0,25	0,30	0,32	0,34	0,34	0,37
60.–89. Perzentil	0,26	0,24	0,19	0,15	0,15	0,17	0,16	0,16	0,12	0,16
40.–59. Perzentil	0,17	0,22	0,16	0,12	0,14	0,12	0,10	0,09	0,14	0,09
0.–39. Perzentil	0,15	0,13	0,18	0,11	0,09	0,11	0,09	0,09	0,13	0,10

Tabelle 3.3. Ausgaben für haushaltsnahe Dienstleistungen in US-Dollar nach Jahr und Einkommensgruppe (inflationsbereinigt, Basisjahr = 2015)

	1996	1998	2000	2002	2004	2006	2008	2010	2012	2014
alle Haushalte	237	252	286	264	292	330	325	305	342	343
die oberen 1 %	2.372	2.380	3.432	2.121	2.552	2.720	2.628	2.368	2.627	3.020
die oberen 5 %	1.286	1.436	1.432	1.338	1.412	1.761	1.637	1.579	1.681	1.651
die oberen 10 %	853	1.002	991	947	1.022	1.244	1.195	1.126	1.176	1.190
60.–89. Perzentil	191	181	237	211	264	266	297	266	286	306
40.–59. Perzentil	103	109	143	147	130	159	131	141	187	159
0.–39. Perzentil	129	125	150	121	129	138	127	118	162	158

Bianchi stellt fest, dass Eltern mehr von ihrer Freizeit aufgeben, um mit ihren Kindern zusammen zu sein. Die Zeitaufteilung von Eltern zugunsten von mehr Zeit mit ihren Kindern lässt vermuten, dass unauffälliger Konsum im Spiel ist, der das ermöglicht.[27] Bianchi berichtet außerdem, dass, obwohl Frauen heute mehr arbeiten, sie tatsächlich ebenso viel, wenn nicht sogar mehr, Zeit mit ihren Kindern verbringen wie die Vollzeitmütter der Mitte des 20. Jahrhunderts.[28] Zum Teil ist diese Veränderung das Ergebnis von größeren Umgestaltungen dahingehend, wie die Gesellschaft Zeit nutzt und was wertgeschätzt wird. Man schaue sich das Beispiel der Hausarbeit an: Obgleich die Ansprüche an Sauberkeit nicht unbedingt gesunken sind, wird es als weniger sinnvoll angesehen, wenn eine arbeitende Mutter Zeit mit Hausarbeit verbringt. Bianchi stellt fest, dass auf haushaltsnahe Dienstleistungen zurückgegriffen wird und die Männer einspringen, sodass die Mütter Zeit mit ihren Familien verbringen können.[29]

Tabelle 3.4. Anteilige Ausgaben (in %) für haushaltsnahe Dienstleistungen gemessen an den Gesamtausgaben nach Jahr und Einkommensgruppe

	1996	1998	2000	2002	2004	2006	2008	2010	2012	2014
alle Haushalte	0,42	0,43	0,49	0,44	0,50	0,54	0,54	0,53	0,59	0,59
die oberen 1 %	1,39	1,38	1,85	1,24	1,44	1,48	1,52	1,38	1,48	1,74
die oberen 5 %	0,99	1,06	1,09	1,01	1,06	1,19	1,18	1,19	1,23	1,25
die oberen 10 %	0,76	0,86	0,87	0,82	0,89	0,98	1,00	0,99	1,01	1,02
60.–89. Perzentil	0,29	0,28	0,36	0,31	0,39	0,39	0,44	0,41	0,44	0,47
40.–59. Perzentil	0,24	0,25	0,33	0,32	0,30	0,35	0,29	0,33	0,43	0,36
0.–39. Perzentil	0,41	0,37	0,44	0,36	0,39	0,41	0,38	0,37	0,50	0,49

Erlebnisorientierte Güter wie Reisen, Wein, Auswärtsübernachtungen – das, was Spaß macht im Leben – machen auch einen bedeutenden Teil der Ausgaben der Top-Verdiener aus. Die Reichen geben dafür erheblich mehr aus als die mittleren und unteren Einkommensgruppen. Was erlebnisorientierte Güter anbelangt, verhalten sich die oberen 1 Prozent und 5 Prozent in der Tat komplett anders als alle anderen. 2014 gaben die oberen 1 Prozent im Durchschnitt 32 000 US-Dollar für Unterhaltung aus, während die Mittelschicht dafür 3 600 US-Dollar ausgab. Erlebnisorientierte Güter und Dienstleistungen haben bei den oberen 1 Prozent und 5 Prozent einen Anteil von 16–18 Prozent an den Haushaltsausgaben, bei der Mittelschicht aber nur 8,2 Prozent. Die oberen 1–5 Prozent geben im Verhältnis zu ihren Gesamtausgaben 50–70 Prozent mehr für erlebnisorientierte Güter aus als der Durchschnittshaushalt, während die Mittelschicht dafür 20–25 Prozent weniger ausgibt. Abschließend sei gesagt, dass die oberen 1 Prozent, 5 Prozent und 10 Prozent wesentlich mehr für diese Art von Konsum ausgeben als noch im Jahr 1996 (sowohl in absoluten Dollarbeträgen als auch anteilig an den Gesamtausgaben), während alle anderen 15–25 Prozent weniger ausgeben.

Sieht man einmal von vereinzelten Ausnahmetalenten ab, könnte man argumentieren, dass Geigenspiel im Alter von drei Jahren auch in die Kategorie der unnützen Ausgaben fällt. Manche Dinge – Opernbesuche, das Erlernen des Saxophonspiels (oder zumindest der Versuch) und exotische Urlaube – haben keinen Nutzen per se, aber werden auch nicht aus Prestigegründen unternommen. Die meisten Leute, die Saxophon spielen, machen das nicht in der Öffentlichkeit. Und auch wenn es sich bei der Oper tatsächlich auch um einen sozialen Treffpunkt handelt, besuchen einige Menschen sie aus purer Freude an Musik und Schauspiel (was wiederum auch für exotische Urlaube und Museumsbesuche gilt). Diese Art von erlebnisorientiertem Konsum – nicht nutzen- und nicht statusorientiert – ist vor allem in den oberen Einkommensschichten verbreitet. Insgesamt geben sie für diese Dinge fünfmal so viel wie die Mittelschicht aus. Was Musikinstrumente anbelangt, geben die Wohlhabenden, von den oberen 10 Prozent bis zu den oberen 1 Prozent, alle wesentlich mehr aus als die Mittelschicht (siehe Tabelle 3.5). Ebenso geben die oberen Einkommensgruppen wesentlich mehr für Erholung und Privatreisen aus (siehe Tabelle 3.6). Während die oberen 1 Prozent in absoluten Dollarbeträgen mehr ausgeben, geben die oberen 1 Prozent, 5 Prozent und 10 Prozent gemessen an ihren Gesamtausgaben jeweils mehr oder weniger gleich viel aus (um die 0,1 Prozent), wohingegen die Mittelschicht sowohl in absoluten Dollarbeträgen als auch im Verhältnis zu den Gesamtausgaben signifikant weniger dafür ausgibt. Das lässt darauf schließen, dass Erholung, ebenso wie Instrumente und andere unauffällige Güter, keine Priorität hat oder vielleicht nicht haben kann. Im Nachgang der Rezession geben die oberen Einkommensgruppen mehr für Musikinstrumente und anderweitigen unauffälligen Konsum aus, während der demonstrative Konsum der Mittelschicht wieder das vor der Rezession herrschende Niveau erreicht hat, der unauffällige Konsum jedoch nicht.

Tabelle 3.5. Ausgaben für Musikinstrumente in US-Dollar nach Jahr und Einkommensgruppe (inflationsbereinigt, Basisjahr = 2015)

	1996	1998	2000	2002	2004	2006	2008	2010	2012	2014
alle Haushalte	113,0	103,0	134,0	99,0	84,0	65,0	77,0	47,0	41,0	37,0
die oberen 1 %	476,0	134,0	385,0	364,0	310,0	141,0	156,0	83,0	340,0	493,0
die oberen 5 %	233,0	157,0	215,0	205,0	180,0	124,0	317,0	87,0	135,0	153,0
die oberen 10 %	207,0	172,0	204,0	189,0	157,0	113,0	226,0	107,0	116,0	101,0
60.–89. Perzentil	125,0	118,0	191,0	126,0	99,0	80,0	76,0	56,0	41,0	38,0
40.–59. Perzentil	89,0	96,0	94,0	71,0	61,0	52,0	52,0	32,0	27,0	26,0
0.–39. Perzentil	74,0	54,0	54,0	43,0	49,0	30,0	27,0	19,0	18,0	17,0

Aktuelle Daten zu Luxusurlauben veranschaulichen den allgemeinen Trend, dass die Wohlhabenden mehr für Erlebnisse ausgeben und sich dabei immer noch weiter von allen anderen entfernen. Laut Virtuoso, einem Netzwerk von Tausenden Reiseanbietern, haben Reisende, die mindestens 100 000 US-Dollar jährlich für Reisen ausgegeben haben, über die letzten sieben Jahre ihre Ausgaben im Vergleich zum »Durchschnittsurlauber« (oder jenen, die »nur« 10 000 US-Dollar jährlich für Reisen ausgeben) verdoppelt bis verdreifacht. National Geographic Expeditions, ein Unternehmen, das Weltreisen zu weit entfernten Zielen wie den Galapagosinseln oder in die Antarktis zusammenstellt, bot vor Kurzem eine 24-Tage-Reise (einschließlich Aufenthalt an den vorgenannten Orten) für 77 000 US-Dollar an. Das Angebot war ausverkauft.[30] Diese »maßgeschneiderten Erlebnisse« sind nicht nur ein teures Vergnügen. Reisen wie diese haben den Nebeneffekt, dass durch sie kulturelles Kapital und symbolische Grenzen generiert werden. So werden in unzähliger Weise Belege nicht monetärer Art für die eigene Vielseitigkeit und Bildung gesammelt. Entsprechend würde man vermutlich auch auf einer abendlichen Veranstaltung auf Interesse stoßen.

Tabelle 3.6. Ausgaben für Erholung in US-Dollar nach Jahr und Einkommensgruppe (inflationsbereinigt, Basisjahr = 2015)

	1996	1998	2000	2002	2004	2006	2008	2010	2012	2014
alle Haushalte	45,0	45,0	42,0	41,0	41,0	39,0	30,0	28,0	26,0	23,0
die oberen 1 %	295,0	103,0	163,0	160,0	130,0	182,0	206,0	102,0	102,0	116,0
die oberen 5 %	148,0	121,0	127,0	117,0	131,0	115,0	127,0	77,0	95,0	60,0
die oberen 10 %	120,0	114,0	100,0	95,0	104,0	91,0	95,0	75,0	73,0	56,0
60.–89. Perzentil	54,0	53,0	48,0	52,0	49,0	53,0	33,0	31,0	29,0	28,0
40.–59. Perzentil	23,0	26,0	23,0	24,0	22,0	21,0	17,0	20,0	15,0	12,0
0.–39. Perzentil	18,0	16,0	25,0	16,0	14,0	11,0	8,0	8,0	8,0	8,0

Konsum, der zählt

Es besteht kein Zweifel, dass es sowohl eine symbolische als auch eine ökonomische Grenze zwischen einem Mädchen gibt, das Geigenunterricht nimmt, und einem Mädchen, das nicht das Geigenspiel erlernt, so wie das auch für diejenigen gilt, die es sich erlauben können, in den Urlaub zu fahren oder ein Kindermädchen anzustellen. Durch all diese Konsumgewohnheiten werden Grenzen zwischen den Klassen gezogen, die stärker zur Bildung von Schichten beitragen als gewöhnliche Güter, weil sie es manchen Menschen erlauben, Erlebnisse, Wissen und Fähigkeiten zu sammeln beziehungsweise, wie es Khan nennt, »eine erlernte Form von Kapital«. Ob das Kind Geige spielen kann oder nicht, ist, für sich allein genommen, nicht entscheidend dafür, ob es in Harvard aufgenommen wird (sosehr sich das diese »Tiger Moms« auch wünschen). Das Geigenspiel wird eher im Zusammenspiel mit all den anderen Erfahrungen und Umständen entscheidend: Ob die Eltern das Geld haben, ihre Tochter zur Vorschule und zur weiteren Ausbildung an eine Eliteeinrichtung zu schicken; ob sie für die Vorbereitung auf den SAT-Test und außerschulische Aktivitäten aufkommen können, welche die Tochter zu einer »interessanten« Bewerberin machen, und wer aus dem Bekanntenkreis der Familie jemanden kennt, der in der Zulassungsstelle von Harvard arbeitet. Noch besser: Welches weitere Mitglied aus der Familie des kleinen, Geige spielenden Mädchens hat auch einen Harvard-Abschluss? Diese Attribute sind die Puzzleteile, die von zunehmender Bedeutung für Top-Universitäten sind und die offenbaren, wo unauffälliger Konsum am ausgeprägtesten ist und sich am stärksten auf das Leben zukünftiger Generationen und die Ungleichheit auswirkt.

Ich habe an anderer Stelle erwähnt, dass sich durch die Große Rezession bestimmte Konsumgewohnheiten fundamental verändert haben: Die reicheren Haushalte geben nun wesentlich weniger für demonstrativen und mehr für unauffälligen Konsum aus, während die Mittelschicht ihren demonstrativen Konsum aufgrund der Krise nur leicht reduziert hat (und dabei ist, zum ehemaligen Niveau von vor der Rezession zurückzukehren), aber ihre Ausgaben für unauffälligen Konsum nach der Rezession eingeschränkt hat. Wie in diesem Kapitel und dem vorhergehenden dargelegt wurde, weisen die Reichen und die Mittelschicht nun ein fast gegensätzliches Konsumverhalten auf. Nirgends wird das offensichtlicher als beim *Konsum, der zählt*. Für Bildung, Gesundheit und Altersvorsorge sowie Personenversicherungen geben die oberen Einkommensgruppen (insbesondere die oberen 1 Prozent) viel mehr aus als die Mittelschicht, sowohl in absoluten Dollarbeträgen als auch im Verhältnis zu den Gesamtausgaben (siehe Abbildungen 3.3–3.5). Dabei handelt es sich nicht um kleine Beträge: Bildung hat bei den oberen 1–5 Prozent im Durchschnitt einen Anteil von 5 Prozent an den Gesamtausgaben, während es bei der Mittelschicht gerade so 1 Prozent sind (siehe Abbildung 3.2). Seit der Großen Rezession wurde in der oberen Einkommensgruppe insgesamt ein allmählicher Anstieg bei den Bildungsausgaben verzeichnet und in der Mittelschicht eine Abnahme. Im Jahr 2014 gaben die oberen 1 Prozent 3,5-mal so viel in absoluten Dollarbeträgen beziehungsweise prozentual im Verhältnis zu ihren Gesamtausgaben für Bildung aus wie noch im Jahr 1996. Im Jahr 2014 lagen ihre Ausgaben dafür 860 Prozent über dem Landesdurchschnitt, während die Mittelschicht 50 Prozent und Haushalte mit einem geringen Einkommen 70 Prozent unter dem Landesdurchschnitt lagen. Trotz sprunghaft steigender Studiengebühren geben die armen und mittleren Einkommensgruppen gemessen an ihren Gesamtausgaben noch genauso viel für Bildung aus wie 1996 und weniger als ein Viertel von dem, was die oberen Einkommensgruppen anteilig für Bildung ausgeben. Bildung ist in Amerika vielleicht das am besten greifbare Beispiel für die Grenze zwischen denen, die alles, und denen, die nichts haben. Während die Reichen immer größere Teile ihres Einkommens in Bildung stecken, können die unteren Einkommensgruppen nicht einmal mehr anteilig an ihren Gesamtausgaben gemessen mithalten (geschweige denn in absoluten Dollarbeträgen). Die Ergebnisse deuten darauf hin, dass die Mittelschicht und die unteren Einkommensgruppen Bildung nicht einfach für weniger wichtig halten. Sie können sich die in allen Bereichen steigenden Gebühren, angefangen bei der Vorschule über die weiterführende Schule bis hin zum College, schlicht nicht leisten. Laut dem amerikanischen Arbeitsministerium sind die Studiengebühren innerhalb von nur zehn Jahren (2003–2013) um 80 Prozent gestiegen, während die Preise von anderen Konsumgütern wie Wohnraum und Essen nur um 23 Prozent beziehungsweise 30 Prozent gestiegen sind und der Verbraucherpreisindex insgesamt im selben Zeitraum eine Zunahme von 27 Prozent ausweist.[31] In Großstädten kostet sogar der Vorschulbesuch Zehntausende Dollar (ja, dabei handelt es sich um Schulgebühren für Dreijährige). Vor gerade einmal 15 Jahren kostete der Besuch einer guten staatlichen Universität so viel.

Man kann anführen, dass Bildung eine demonstrative Komponente innewohnt – die meisten Eltern erzählen stolz, welche Hochschule ihr Kind besucht. Aber die Angeberei ist zweitrangig im Vergleich dazu, was mit Bildung eigentlich tatsächlich erreicht wird: Wissen, ein Abschluss, Möglichkeiten zum sozialen Netzwerken, die wichtig für das eigene Vorankommen und die Verbesserung der eigenen Lebenschancen sind. Anders als zu Veblens Zeit, wo man dachte, dass Bildung keinen richtigen Zweck hätte, bestimmt heute die Hochschulausbildung ziemlich direkt das eigene zukünftige Einkommen, den Beruf und die Klasse beziehungsweise erlaubt Vorhersagen darüber. Bildung ist essentiell und vielleicht die Konsumgewohnheit mit dem langfristig größten Nutzen.[32]

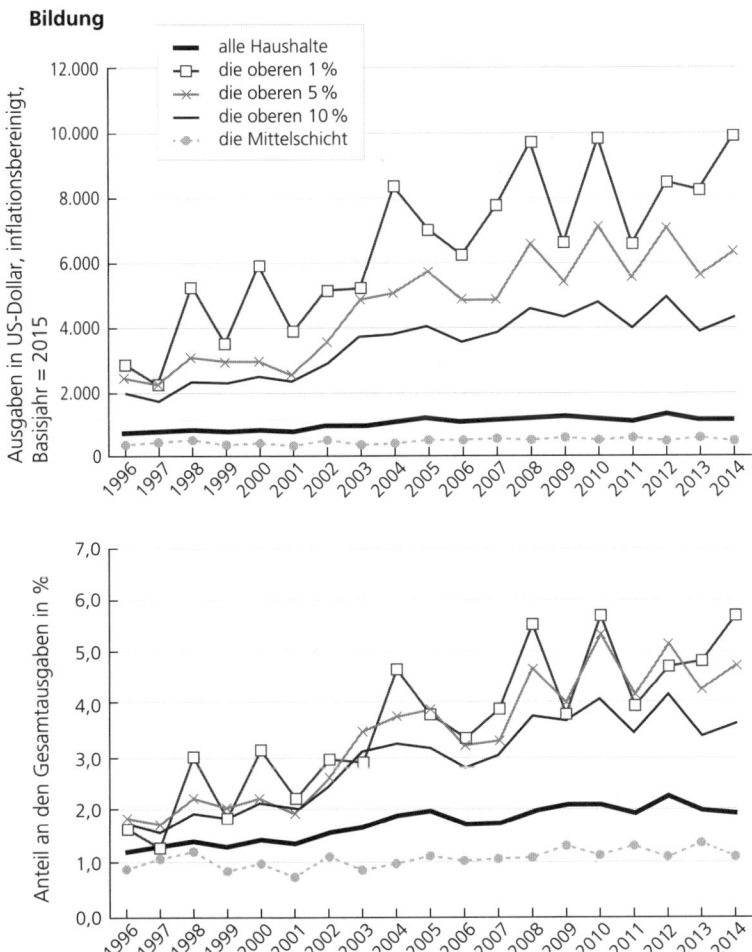

Abbildung 3.2. Bildungsausgaben nach Einkommen und Jahr in US-Dollar sowie als Anteil an den Gesamtausgaben. Quelle der Daten: Consumer Expenditure Survey, U. S. Bureau of Labor Statistics.

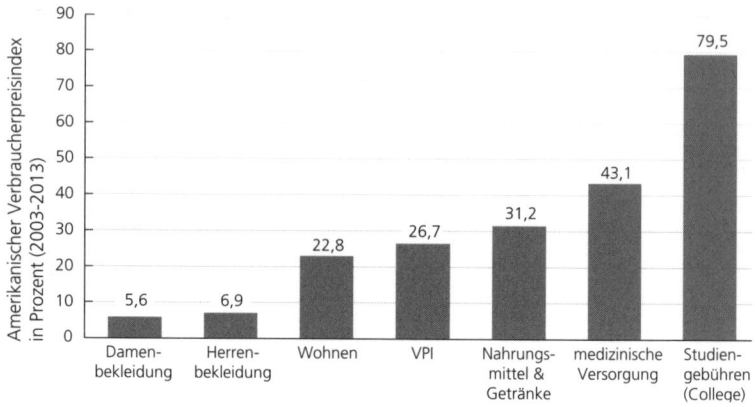

Abbildung 3.3. Entwicklung der Studiengebühren (College) im Vergleich zur Preisentwicklung anderer Konsumgüter. Quelle: D. Kurtzleben (2013). »Just how fast has college tuition grown?«, *U.S. News and World Report.*

Für ihre Gesundheit fallen die Ausgaben der oberen 1 Prozent weiterhin viel höher als die aller anderen aus, aber im Nachgang der Rezession geben alle oberen Einkommensgruppen deutlich mehr für ihre Gesundheit aus (siehe Abbildung 3.4). Während die Mittelschicht gemessen an ihren Gesamtausgaben prozentual das meiste Geld für ihre Gesundheit ausgibt, nehmen die prozentualen Ausgaben der Top-Verdiener am schnellsten zu. Diese Investition in die Gesundheit ebnet den Weg hin zu einer besseren Gesunderhaltung (und Kontrolle von chronischen gesundheitlichen Beschwerden) im Alltag und einem besseren Leben im Alter. Gesundheitliche Vorsorge ist ein wichtiger Faktor für das allgemeine Wohlbefinden, und die Fähigkeit, stetig in die eigene Gesundheit investieren zu können, ist ein Indikator für die Lebensqualität insgesamt. Außerdem kommt man mit der besten Krankenversicherung auch oft in den Genuss der besten medizinischen Versorgung. Der Anstieg von »Pauschalmedizin« erfordert, dass der Patient eine jährliche Gebühr oder eine Art Basispauschale, die »Fee for Care« oder »Fee for Extra Care« (FFC oder FFEC), zahlt, was bedeutet, dass der Arzt nur eine begrenzte Anzahl von Patienten annimmt, um zusätzliche Zeit für die zu haben und denen eine bessere Versorgung zu ermöglichen, die gewillt sind, einen Bonus zu zahlen.[33]

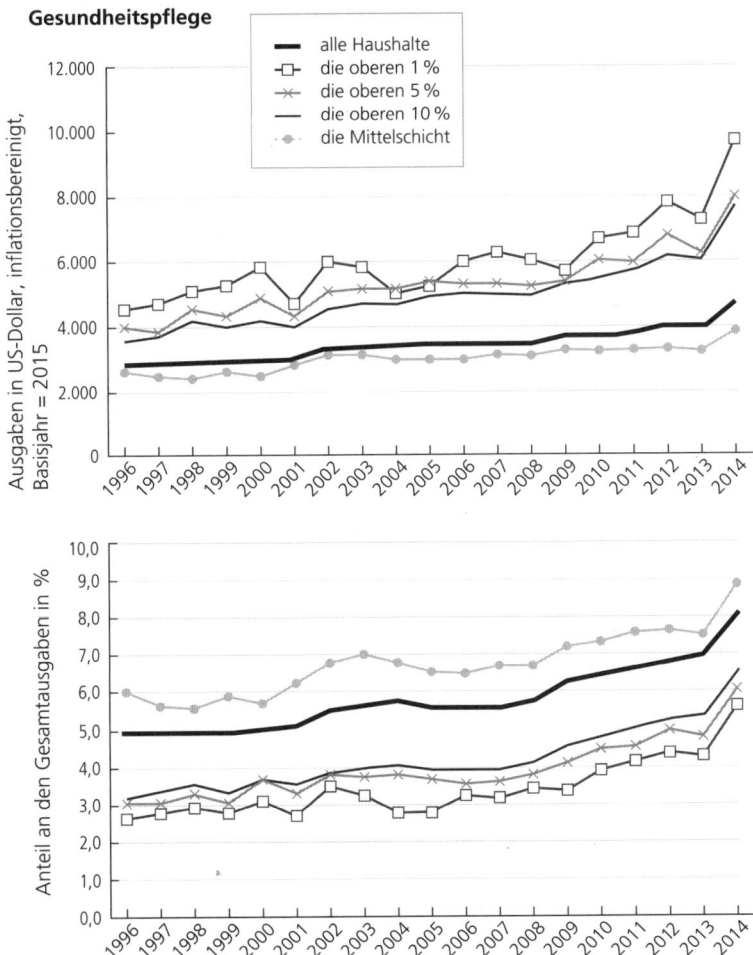

Abbildung 3.4. Ausgaben für Gesundheit nach Einkommen und Jahr in US-Dollar sowie als Anteil an den Gesamtausgaben. Quelle der Daten: Consumer Expenditure Survey, U. S. Bureau of Labor Statistics.

Am alarmierendsten ist vielleicht, dass die oberen 1 Prozent sowohl in absoluten Dollarbeträgen als auch gemessen an ihren Gesamtausgaben wesentlich mehr für Personenversicherungen und Altersvorsorge ausgeben: Über 20 Prozent der Ausgaben der oberen 1 Prozent fallen in diese Kategorie, während es bei der Mittelschicht im Vergleich dazu 8 Prozent sind. Im Jahr 2014 betrugen die Ausgaben bei den oberen 1 Prozent pro Haushalt im Durchschnitt 32 500 US-Dollar pro Jahr und im Unterschied dazu bei einem durchschnittlichen Haushalt aus der Mittelschicht weniger als 4 000 US-Dollar (siehe Abbildung 3.5). (Bei den oberen 5 Prozent und 10 Prozent gab ein Haushalt 2014 durchschnittlich 20 000–22 000 US-Dollar dafür aus.)

Und es ist wieder so, dass diese Investitionen den oberen Einkommensgruppen in gewisser Hinsicht eine bessere Lebensqualität im Ruhestand ermöglichen, die sich die Mittelschicht und unteren Einkommensgruppen nicht leisten können. So haben die oberen Einkommensgruppen nicht nur in der Gegenwart ein gutes Leben, sondern stellen auch sicher, dass ihre Zukunft und ebenso die ihrer Familienmitglieder abgesichert ist, falls ihnen etwas zustoßen sollte. Diese Investitionen sind weit teurer als offensichtliche Statussymbole wie eine Armbanduhr, eine Tasche oder ein Auto und bestimmen doch wirklich die Lebenschancen und die generationenübergreifende soziale Mobilität.

Wer mehr Geld hat, kann sich die teuren Dinge des Lebens leisten – Bildung, Gesundheit und Sparen fürs Alter. Ironischerweise sind das – obwohl all diese Dinge essentiell für ein gutes Leben sind und sich ein Leben lang auszahlen – auch die Investitionen, die für die meisten unerreichbar sind, insbesondere für die Mittelschicht und die Armen. Den Ratenkauf eines SUV, der vielleicht eine gewisse Aufwärtsmobilität signalisiert, kann sich ein Haushalt aus der Mittelschicht noch recht gut leisten. So ein Auto ist wesentlich günstiger als die Studiengebühren für eine Eliteuniversität und besser machbar, als 15 Prozent jährlich fürs Alter beiseitelegen zu müssen.

Personenversicherungen und Altersvorsorge

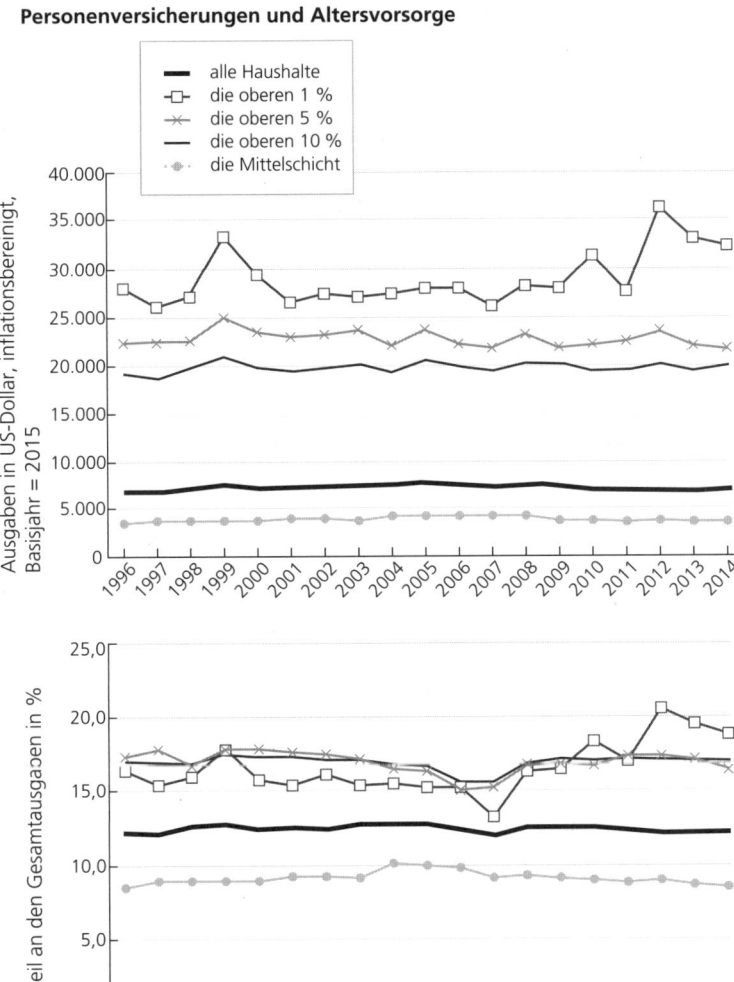

Abbildung 3.5. Ausgaben für die Altersvorsorge nach Einkommen und Jahr in US-Dollar sowie als Anteil an den Gesamtausgaben. Quelle der Daten: Consumer Expenditure Survey, U. S. Bureau of Labor Statistics.

Eine gute Krankenversicherung kostet Tausende Dollar pro Jahr, und jegliche Leistungen, die man als besonders ansehen könnte, wie Allergietests oder hautärztliche Leistungen, sind da nicht inbegriffen. Die zunehmende Ungleichheit resultiert nicht so sehr daraus, dass die Mittelschicht weniger für solche Sachen ausgibt, sondern daraus, dass die Reichen dafür wesentlich mehr ausgeben (siehe Abbildungen 3.3.–3.5). In Wirklichkeit haben Hyojung Lee und mein Kollege Gary Painter eine ihrer Ansicht nach wachsende Ungleichheit der Ausgaben in den »Schlüsselkategorien für Investitionen in den Menschen« nach der Großen Rezession aufgezeichnet. Ein Blick auf die allgemeinen Muster im Konsumverhalten würde nahelegen, dass durch die dank der industriellen Revolution und Massenproduktion erlangten Wohlfahrtsgewinne jeder die Chance auf ein gutes Leben hat. Aber egal, wie viel COACH-Taschen und Minivans eine Mittelschichtsfamilie besitzt, es ist nicht dasselbe, wie das nötige Geld zu haben, um ein Kind nach Princeton zu schicken. Noch alarmierender ist, dass Lee und Painter zu dem Schluss kommen, dass die gewaltigen Unterschiede zwischen den Bildungsausgaben der Wohlhabenden und der mittleren sowie unteren Einkommensgruppen nicht erst mit dem Studium sichtbar werden, sondern schon viel früher (Gebühren für die Grund- und weiterführende Schule), wodurch das Auseinanderdriften der sozioökonomischen Klassen schon ein Jahrzehnt eher in Gang kommt und wodurch Aufholen fast unmöglich wird.[34] Wir sehen vielleicht eine Angleichung im Bereich des demonstrativen Konsums, aber es ist der unerschwinglich teure unauffällige Geltungskonsum, der neuerdings die Reichen vom Rest trennt.

Wenn ich über diese Arten von unauffälligen Gütern nachdenke, muss ich an eine unheimliche Passage aus *Die Machtelite* von C. Wright Mills denken. Mills, als Soziologe in der Mitte des 20. Jahrhunderts an der Columbia-Universität tätig, sorgte sich, dass die Eliten von Amerika dabei seien, Wege zu finden, den sozialen Aufstieg für alle anderen geradezu unmöglich zu machen. Aus Lebensbereichen, welche maßgeblich für die eigenen Lebenschancen und die Gesellschaft im Ganzen seien – Politik, Regierung, Personen des öffentlichen Lebens, prestigeträchtige Berufe und Abschlüsse –, hielten die Eliten alle anderen heraus. Dieses Verhalten sei insofern problematisch, als dass sie dann zu den Leuten würden, die Entscheidungen für die gesamte Gesellschaft träfen. Die Eliten würden im Grunde genommen »Vorteile anhäufen«, seien nur an anderen Eliten und deren Interessen interessiert und blendeten die Sorgen aller anderen aus. Mills glaubte nicht, dass dieser Zustand direkt anrüchig sei, aber trotzdem unheilvoll, weil die Nichtbeachtung der Sorgen anderer noch mehr Abstand zwischen dieser »Machtelite« und allen anderen schaffe. »Die oberste Gesellschaftsschicht umfasst eine Vielzahl von Mitgliedern, die jeweils in einem bestimmten Bereich Machtpositionen innehaben, wobei sie die wichtigen Angelegenheiten ihres Bereiches miteinander besprechen, wenn sie sich als Vettern, als Clubmitglieder oder Geschäftspartner begegnen… So werden die verschiedenen Befehlsbereiche der mächtigen Institutionen durchsetzt«, schreibt Mills. »So vermischen sich in den inneren Kreisen der Oberschicht die unpersönlichen Probleme der größten und mächtigsten Institutionen des Landes mit den höchstpersönlichen Sorgen und Empfindungen kleiner exklusiver Gruppen… So lernen sie mühelos das, was man im politischen Leben ›Urteilsfähigkeit‹ nennt, und wachsen in dem Gefühl und mit der Erwartung auf, später einmal genauso leicht und geschickt die großen Entscheidungen fällen zu können.«[35] Mills' Beobachtung trifft heute mehr zu denn je.

Im 21. Jahrhundert sind die Eliten dabei, ihre Position weiter zu festigen, indem sie mehr für jene Güter und Erlebnisse ausgeben, die grundlegend ihre Lebensqualität sowie ihren zukünftigen Erfolg und die generationenübergreifende Mobilität prägen und bestimmen. Dieses Ausgabeverhalten kommt in den Entscheidungen der wohlhabenden Mitglieder der aufstrebenden Klasse und, im weiteren Sinne, der oberen Einkommensgruppen zum Tragen. Durch ihre Entscheidungen, Geld für immaterielle Dinge auszugeben, weichen die neuen Eliten immer mehr vom Verbraucherverhalten der Mittelschicht ab, ganz zu schweigen von dem der unteren Einkommensgruppen und richtig Armen. Durch diese Abweichungen werden die Normen, symbolische Grenzen und das kulturelle Kapital geschaffen, durch welche alle anderen ausgeschlossen und die Unterschiede zwischen diesen zwei voneinander unabhängigen Teilgesellschaften sehr offensichtlich werden. Zudem, und das ist noch beunruhigender, sind die Dinge, für die die wohlhabende, aufstrebende Klasse wirklich Geld ausgibt – Bildung, Gesundheit, Kinderbetreuung (nicht Silberlöffel, schicke Autos oder feines Porzellan) –, genau die Dinge, welche das gesellschaftliche Kapital bilden und über Generationen hinweg Grenzen zwischen den Klassen schaffen, die mit materiellen Gütern nahezu unmöglich zu überwinden sind. Weil es ehrenwerter erscheint, für den Besuch von Eliteuniversitäten zu zahlen, als Geld für Silberlöffel auszugeben, und die aufstrebende Klasse hart arbeitet, um die Gebühren zu bezahlen, glauben die Mitglieder unter Umständen, dass sie ihre gesellschaftliche Position wohlverdient haben. Die glücklichen Kinder, denen diese Gebühren und der Geigenunterricht zugutekommen, werden auch glauben, dass sie ihre gesellschaftliche Position mehr verdient haben als die Eliten früherer Zeiten, die ihren Elitestatus qua Geburt erlangt haben. Sie haben ihr ganzes Leben damit verbracht, Musikinstrumente und Fremdsprachen zu lernen und Vorbereitungskurse für Aufnahmetests zu besuchen, sodass sie glauben, sich ihre Position erarbeitet zu haben. In manchen Fällen ist diese Ansicht vielleicht auch gerechtfertigt. Aber wie Khan in seiner Arbeit über die Leistungselite aufgezeigt hat, zu der viele Mitglieder der aufstrebenden Klasse zählen: »Die Leistungsgesellschaft fußt, wie vieles andere auch, auf einer gesellschaftlichen Vereinbarung: Es handelt sich um einen losen Satz Regeln, welche angepasst werden können, um Vorteile zu verschleiern, und die gleichzeitig auf der

Grundlage von gemeinsamen Werten gerechtfertigt werden.«[36] Also ja, Studierende in Princeton arbeiten aller Wahrscheinlichkeit nach hart, aber viele befinden sich von Beginn an in einer luxuriösen Position, sowohl finanziell als auch kulturell, die es ihnen überhaupt erst ermöglicht hat, an einer solch prestigeträchtigen Universität angenommen zu werden. Auf dem Weg dahin haben die meisten Studierenden das nötige Wissen und kulturelle Kapital erlangt, wodurch es ihnen leicht fällt, sich in die Studierendenschaft in Princeton einzufügen. Die Forschung von Stacy Dale und Alan Krueger deutet darauf hin, dass eine elitäre Ausbildung allein noch keine Aufwärtsmobilität kreiert. (Tatsächlich schlussfolgern Dale und Krueger, dass es wahrscheinlich eher die »nicht beobachteten Eigenschaften« sind, die den Erfolg derer erklären, die eine Eliteuniversität besuchen, als die Universitäten selbst.)[37, 38] Die Mischung aus Werten, Informationen und gesellschaftlicher Klasse unterliegt einer immer stärker werdenden Stratifizierung, und es ist fast unmöglich, das eine vom anderen zu trennen. Wie die nächsten zwei Kapitel zeigen, wohnt dem Konsumverhalten der aufstrebenden Klasse oft ein Hauch Moralität und Selbstgerechtigkeit inne. Das grundsätzliche Privileg, welches derlei Gewohnheiten und Verhalten überhaupt erst aufkommen lässt, wird dabei völlig außer Acht gelassen.

KAPITEL 4

Mutterschaft als demonstrativer Müßiggang im 21. Jahrhundert

Auf unserem Spielplatz mustern sich die Stadtmütter in ihren engen Jeans und mit ihren übergroßen Sonnenbrillen gegenseitig von Kopf bis Fuß und suchen dabei nach einer ganzen Reihe von Zeichen... Aber erst wenn man stillt, gehört man wirklich dazu... So stand ich da und fühlte mich, wie viele Mütter vor mir, gefangen in einer latenten, mittelschichtsmütterlichen Unzufriedenheit: missmutig, aber zu privilegiert für Mitleid; in einer Hand das Kind an der Brust, gleichzeitig in der anderen Hand das Handy zum Telefonieren, die Kinder anblaffend, dass sie sich doch selbst ihren 100-Prozent-Biosaft nehmen mögen – die moderne mütterliche Multitasking-Version von Friedans »Problem ohne Namen«.

Hanna Rosin, »The Case Against Breastfeeding«
Atlantic Monthly (April 2009)

Für uns angloamerikanische Mütter ist die Stilldauer eine Art Leistungsmerkmal der guten Mutterschaft...

Pamela Druckerman, *Warum französische Kinder
keine Nervensägen sind: Erziehungsgeheimnisse aus Paris*,
Mosaik Verlag (2013)

2012 bekräftigte die American Academy of Pediatrics (AAP), die Vereinigung amerikanischer Kinderärzte, ihre schon lange gültige Empfehlung, dass alle Kinder bis zu einem Alter von 6 Monaten ausschließlich gestillt und bis zu einem Alter von 12 Monaten begleitend weitergestillt werden sollten.[1] In zahlreichen Studien wurde berichtet, welche erheblichen Vorteile es habe, ein Kind zu stillen, statt auf Flaschennahrung zurückzugreifen (stärkeres Immunsystem, weniger Verdauungsprobleme, weniger Ohrenschmerzen und sogar einen höheren IQ). In einer neueren Studie aus dem Vereinigten Königreich wird ein Zusammenhang zwischen Stillen und erhöhter sozialer Aufwärtsmobilität beziehungsweise verringerter sozialer Abwärtsmobilität hergestellt, was vermuten lasse, dass sich bestimmte, in der Muttermilch enthaltene Nährstoffe in Kombination mit der durch den Hautkontakt verstärkten Bindung zwischen Mutter und Kind positiv auf die neurologische Entwicklung und das emotionale Stresslevel auswirken und das Kind so gut gedeihen und später gesellschaftlich aufsteigen kann.[2]

Viele Kritiker merken an, dass manche Frauen körperlich nicht dazu in der Lage seien zu stillen oder Schwierigkeiten mit der Milchbildung hätten und solch eine Empfehlung bei Frauen entsprechend einen enormen Druck erzeuge. Laut einer Stillberaterin, die ich dazu befragt habe, fallen jedoch weniger als 1 Prozent der Frauen in die eben genannte Kategorie und haben derart gravierende Schwierigkeiten mit der Milchbildung, dass sie gar nicht in der Lage sind zu stillen. Ein weiterer Vorteil des Stillens besteht darin, dass es nichts kostet und mit einem geringeren Taille-Hüft-Verhältnis (was so viel heißt wie größerer Gewichtsverlust nach der Geburt) in Verbindung gebracht wird. Zudem ist es eine weniger schmierige Angelegenheit als das Anrühren von Flaschennahrung. Auf den ersten Blick scheint es ganz einfach zu sein (es heißt, man müsse das Kind nur stillen), aber wenn man tiefer in die Materie einsteigt, ist es viel komplizierter.

Zuerst einmal werden laut der US-amerikanischen Behörde für die Überwachung und Verhütung von Krankheiten (Centers for Disease Control and Prevention, CDC) nur 16,4 Prozent der Kinder bis zum Alter von 6 Monaten ausschließlich gestillt, 27 Prozent werden bis zu einem Alter von 12 Monaten gestillt (und dazu noch anderweitig ernährt), und nur bei drei Vierteln werden überhaupt Stillversuche unternommen (was bedeuten konnte, dass sie nur einmal gestillt wurden, nur einen Tag oder eine Woche lang) – man ist in Amerika also noch weit entfernt von den Zielen der Kinderärzte und des Ministeriums für Gesundheitspflege und soziale Dienste der Vereinigten Staaten.[3] Regionale Studien deuten auch auf starke Unterschiede zwischen den Bundesstaaten hin: In einer Studie, die in einer Kleinstadt im Nordwesten von Pennsylvania durchgeführt wurde, wurde angegeben, dass nur 13 Prozent der Kinder mit 6 Monaten überhaupt noch gestillt werden.[4] In Oregon und Kalifornien stillen 40 Prozent der Mütter ihre Babys noch mit 12 Monaten, während das in Mississippi 10 Prozent und in Alabama 11 Prozent tun.[5] In den beiden erstgenannten, eher alternativ-liberalen Staaten verspüren Frauen unter Umständen einen größeren Druck zu stillen, aber Stillen stößt dort kulturell vielleicht auch auf eine größere Akzeptanz.

Der einzig wichtige Indikator für das Stillen ist der Bildungsgrad – 17 Prozent der Collegeabsolventinnen stillen die ersten sechs Monate ausschließlich, im Vergleich zu nur 9,3 Prozent der Mütter ohne Collegeabschluss. In der Tat probieren 95 Prozent der Frauen mit einem Collegeabschluss oder einem höheren Abschluss zu stillen, wohingegen es von den Frauen, die nur über einen Schulabschluss oder durch Teilnahme an einem GED-Test (General Education and Development Test) über einen vergleichbaren Kompetenznachweis verfügen, es nur 83 Prozent versuchen (ausgehend vom Bildungsgrad der Väter ergeben sich fast identische Zahlen).[6, 7] Es hilft, wenn man wohlhabend ist. In einer CDC-Studie zu den Stillraten von 1999 bis 2006 lag die Zahl der Mütter, die Stillversuche unternommen hatten, bei den

Frauen mit einem hohen Einkommen bei 74 Prozent, bei den Frauen mit einem geringen Einkommen hingegen bei 57 Prozent. Von den Frauen, die zu einem Haushalt zählten, der mit seinem Einkommen 400 Prozent oder mehr über der Armutsgrenze lag, versuchten fast 96 Prozent zu stillen, während es von den Frauen aus Haushalten mit einem Einkommen in Höhe der Armutsgrenze oder darunter weniger als 83 Prozent versuchten.[8]

Oberflächlich betrachtet ergeben diese Zahlen keinen Sinn. Stillen kostet nichts, ist besser fürs Baby und besser für die Mutter. Und doch stillen hauptsächlich Frauen, die sich die beste Flaschennahrung auf dem Markt leisten könnten und von denen, aufgrund ihrer Collegeausbildung, viele in Vollzeit und Berufen mit hoher Arbeitsbelastung arbeiten (insbesondere die Gruppe der über 30-Jährigen, die oft erst später Kinder bekommen, nachdem sie ihre Ausbildung abgeschlossen haben und beruflich gefestigt sind). Tatsächlich stellte die AAP angesichts der überwältigenden Zahl von Belegen dafür, dass Stillen sowohl für die Mütter als auch die Kinder gut sei, ausdrücklich fest, dass »die Entscheidung für das Stillen eher als Investition in die kurzfristige und langfristige Gesundheit des Säuglings betrachtet werden und nicht vom Lebensstil abhängig gemacht werden sollte«.

Trotzdem scheinen der Lebensstil und die Sozialökonomie wichtige Faktoren zu sein, wenn es darum geht, ob sich Frauen für oder gegen das Stillen entscheiden. Während die augenscheinlichen wirtschaftlichen Gegebenheiten keine Erklärung für die Zahlen liefern, lassen sich diese Stillraten durch die gesellschaftlichen Sitten und dadurch, was im eigenen Arbeitsumfeld akzeptiert ist, erklären. Im 21. Jahrhundert ist das Stillen, wie viele andere Aspekte der Mutterschaft, zu einer Frage der gesellschaftlichen Klasse geworden, mit allem, was dazugehört.

Mutterschaft, großgeschrieben, ist nun eine neue Möglichkeit, um sich im demonstrativen Müßiggang, wie es Veblen nannte, zu üben.

Das Stillen und die Art der Geburt sind die offensichtlichsten Beispiele dafür, so wie es zu Veblens Zeit Sport oder das Griechischlernen waren. Anders als eine Handtasche von Louis Vuitton oder ein Luxusauto sind diese Signale nicht explizit teuer, aber sie zu setzen ist mit einem erheblichen Zeitaufwand verbunden, und Zeit kommt in der modernen Gesellschaft ein noch größerer Wert zu. Wie zu Veblens Zeit ist der moderne demonstrative Müßiggang ein Zeichen von Geld. Während vieles rund um die Mutterschaft nichts zu kosten scheint – Entscheidungen, die die Geburt, das Schlafen im Familienbett, das Tragen und Stillen des Babys betreffen –, können Mütter all diese Sachen doch nur machen, wenn sie den Luxus haben, über Muße und Zeit zu verfügen, und zu einer sozialen und kulturellen Gruppe gehören, die diese Form von Mutterschaft unterstützt. Bestimmte mütterliche Entscheidungen demonstrieren, dass sowohl Zeit als auch kulturelles Kapital vorhanden sind, was für viele Frauen geradezu unerreichbar ist.

1957 hat der französische Zeichentheoretiker und Linguist Roland Barthes ein kleines, aber mächtiges Buch mit dem Titel *Mythen des Alltags* geschrieben. Barthes argumentierte, dass wir durch von der Gesellschaft hochgehaltene dominante Werte »Mythen« um bestimmte Gepflogenheiten und Konsumgüter herum kreieren, welche zu »Totems« für bestimmte Botschaften oder vorherrschende Glaubenssysteme werden.[9, 10] In dem Kapitel mit der Überschrift »Wein und Milch« diskutiert Barthes die Symbolik von Rotwein und die Darstellung beziehungsweise das Framing von Rotwein als eine egalitäre und gesunde Substanz. Die rote Farbe des Weines verheißt Vitalität; ein Getränk, von dem man sagt, es sei »das Konzentrat von Sonne und Erde«. Analog zur Milch der holländischen Kuh oder dem zeremoniellen Tee der englischen Königsfamilie sei Rotwein ein »Totem« der französischen Kultur und eine Art »kollektive Moral« sowie »Dekor [...] [für] die kleinsten Zeremonien des französischen Alltags«.[11] In der Tat werde Rotwein so sehr mit Frankreich gleichgesetzt, dass das Volk schockiert gewesen sei, als auf einem Foto von René Coty auf seinem Couchtisch ein Bier anstelle einer Flasche Rotwein zu sehen war. Aber bei dieser Beschreibung von Rotwein würden die negativen Eigenschaften des Getränks ignoriert beziehungsweise darüber hinweggegangen. So sei Betrunkensein zum Beispiel nicht das Ziel vom Wein, sondern eher eine Folge. (Infolgedessen seien schlimme Dinge, die in betrunkenem Zustand passieren, eher schicksalhafter oder theatralischer Natur als wirklich böse.)[12] So sei Rotwein, wie Barthes feststellt, genauso sehr ein Teil des französischen Kapitalismus wie der französischen Kultur: »[B]is zum Weinbau der großen algerischen Siedler, die dem Moslem auf dem Boden, den man ihm weggenommen hat, eine Kultur aufzwingen, mit der er nichts zu tun hat, er, dem es an Brot fehlt.«[13] Gleichermaßen diskutiert Barthes im Kapitel »Beefsteak und Pommes frites« das Prestige des Nationalgerichtes und die halbe Rohheit sowie das bei einem *saignant* (blutigen) Steak sichtbare Blut, was die Stärke und die Urkraft der Natur symbolisiere – ein blutiges Steak zu essen sei fast so, als würden diese Eigenschaften »ins menschliche Blut aus[ge]schüttet«.[14] Heutzutage wissen wir, dass ein Steak ebenso ein Symbol für die industrielle Lebensmittelverarbeitung und durch die gesättigten Fette zudem ein Quell für Herzprobleme ist. Aber der Rotweinmythos ebenso wie der Frittenmythos sind davon abhängig, für welche Interpretation sich die Gesellschaft entscheidet. Wie Barthes bemerkt: »Der Mythos lügt nicht und gesteht nichts; er verbiegt.«[15] Gleichermaßen werden die Entscheidungen rund um die Mutterschaft in ein von den Mitgliedern der gesellschaftlichen Eliten bestimmtes Wertesystem eingebettet. Stillen wird so zu einer Mythologie, wie sie Barthes beschrieben hat: Ein Totem des 21. Jahrhunderts dafür, wie Mutterschaft sein sollte.[16] Wie bei Barthes' Rotwein wird durch diese Semiotik gewissermaßen verschleiert und verzerrt, wie schwierig das Stillen ist, warum manche Mütter tatsächlich die Wahl haben zu stillen und andere nicht. In der Tat handelt es sich um eine Abwandlung von Mutterschaft, die durch die Ideologien der herrschenden aufstrebenden Klasse geprägt ist.

Fragen Sie Corky Harvey, die Gründerin des in Los Angeles ansässigen Still- und Baby-Ladens The Pump Station. Mit Niederlassungen in der ganzen Stadt, in Santa Monica und Hollywood sind Harveys kleine Läden Sammelpunkt für eine fast sektenartige Anhängerschaft. In ihren Geschäften wird alles von hochwertigen Einteilern für Neugeborene über Herz-Lungen-Wiederbelebungskurse bis hin zu Stillkursen und Stillberatung angeboten, abgerundet mit dem Verleih und Verkauf von Stillpumpen (daher der Geschäftsname). Eine frischgebackene Mutter kann dort alles finden, was sie für ihr Baby braucht. Bevor die der oberen Mittelschicht angehörende L.A.-Durchschnittsmutter schwanger wird, kennt sie The Pump Station aller Wahrscheinlichkeit nach noch nicht, aber anschließend wird der Besuch der dort angebotenen Kurse und die »Wartung« der Medela-Milchpumpe im Geschäft fast zum Initiationsritus. Doch wie Harvey selbst erklärt: »Im ländlichen Mississippi oder im nordöstlichen Pennsylvania würden wir niemals überleben.« Dort wäre ein Stillladen eine komplett verrückte Idee.

Was in Mississippi als verrückt gilt, ist der Status quo in Kalifornien. Viele der Unterschiede in den Stillraten können dadurch erklärt werden, dass Frauen verschiedener sozialer und ökonomischer Gruppen schlichtweg unterschiedlich behandelt werden und unterschiedliche Möglichkeiten zur Wahl haben. Stillen kostet vielleicht nichts, aber bis zu einem gewissen Grad kostet auch Flaschennahrung nichts. Der größte Käufer von Flaschennahrung im ganzen Land ist die amerikanische Regierung, welche diese zu großen Teilen für Women Infants and Children (WIC) einkauft – das nationale Hilfsprogramm für schwangere Frauen und Mütter mit geringem Einkommen. Harvey sagt dazu:»Warum sollte man es nicht nehmen, wenn es umsonst und man arm ist? Die Medizin spielt eine Rolle [indem sie Mütter nicht eindringlich genug aufklärt]. Zum

Beispiel wird in kulturellen Gemeinschaften wie beispielsweise der afroamerikanischen Community in Atlanta, Georgia, nicht gestillt, und wenn du doch stillst, bist du schön dumm … Mein Sohn, der als Arzt in Atlanta arbeitet, erklärte mir: ›Mom, darüber wird hier nicht mal geredet.‹« Forschungsergebnisse lassen vermuten, dass Mütter, die die Teilnahmebedingungen für das Hilfsprogramm WIC erfüllen (und es nutzen), mit geringerer Wahrscheinlichkeit stillen als Mütter, auf die diese Bedingungen nicht zutreffen.[17] Durch das neue Maßnahmenbündel des WIC, welches 2009 eingeführt wurde, wurde jedoch einiges verbessert, was dazu geführt hat, dass einigen Studien zufolge die Stillraten bei teilnehmenden Müttern signifikant zugenommen haben.[18] Eine weitere Kinderärztin, welche in einer Community Clinic arbeitete, erklärte mir, dass Frauen mancher Gruppen Medroxyprogesteron beziehungsweise Medroxyprogesteronacetat (hierzulande bekannt als Depotspritze, in den USA geläufig unter Depo, Depo-Provera oder auch DMPA) fast sofort nach der Geburt gespritzt worden sei. Dieses synthetische Gestagen bewirkt eine signifikante Reduzierung der Milchbildung, wenn es sofort nach der Geburt und nicht erst 4–6 Wochen später verabreicht wird. Wie die Ärztin meinte: »Ich musste ihnen [den Frauen, die zu ihr in die Klinik kamen] sagen: ›Lasst euch nicht die Spritze geben.‹« Dazu ergänzte sie: »Glücklicherweise wurden die Geburtshelfer, die sich um unsere Patienten in der Klinik kümmern, inzwischen weitergebildet und haben damit aufgehört, den Frauen standardmäßig nach der Geburt Depo zu geben. Wenn hier [in der Klinik] eine Familie auftaucht und sie ihren drei Tage oder zwei Wochen alten Kindern die Flasche geben, musst du sie fragen, warum. Denn die meisten dieser Mütter machen das, weil sie Schwierigkeiten mit dem Stillen haben, und nicht, weil sie ihrem Kind die Flasche geben wollten.«

Trotz der gesundheitlichen Maßgaben kommt es noch immer selten vor, dass Kinder mit 6 und 12 Monaten noch gestillt werden. Hauptsächlich stillen Frauen bestimmter Kultur- und Klassengruppen – Frauen mit einem höheren Bildungsgrad, die über die Vorteile des Stillens Bescheid wissen, und Frauen aus höheren Einkommensschichten, welche sich eine Krankenversicherung leisten können, die ihnen eine Entbindung in einem »babyfreundlichen« Krankenhaus ermöglicht, wo rund um die Uhr Pflegepersonal vor Ort ist und Stillberaterinnen Stillkurse anbieten, teure und effiziente Milchpumpen bereitstehen und die Mütter während ihres gesamten Aufenthalts Hilfe in Anspruch nehmen können. Ein weiterer wichtiger Indikator für die Prognose des Stillerfolgs ist die Dauer des Mutterschutzes: Jenen Müttern, die weniger als 12 Wochen Mutterschutz haben, gelingt es mit einer bis zu viermal so hohen Wahrscheinlichkeit nicht, zu stillen.[19] Guter Mutterschutz ist für Frauen in den Vereinigten Staaten eine Seltenheit, aber es sind überwiegend Frauen in hochqualifizierten Jobs, die solchen genießen. Die Ironie dabei ist, dass Frauen, die eine berufliche Position mit augenscheinlich hoher Arbeitsbelastung innehaben (zum Beispiel Managerinnen, Anwältinnen, Geschäftsführerinnen), diejenigen sind, die beim Mutterschutz bessere Bedingungen haben und deswegen in der Lage sind, erfolgreich zu stillen. Natürlich gibt es einen direkten Zusammenhang zwischen ihrer Entscheidung zu stillen (und auch der Tatsache, dass sie in diese beruflich sehr verantwortungsvollen Positionen gekommen sind), ihrem Bildungsgrad und Zugang zu Wissen über die Vorteile des Stillens. In den letzten Jahren haben sich nicht weniger als 10 Prozent der hochqualifizierten Frauen (das heißt, mit Master- oder höherem Abschluss) »gegen« die Arbeit entschieden, um mit ihren Kindern zu Hause zu bleiben. Diese Frauen sind in der Regel auch wohlhabend und haben einen arbeitenden Partner[20] – alles Faktoren, die kennzeichnend für höhere Stillraten sind.

Nun schaue man sich hingegen die alternative und bei weitem realistischere Lebenswelt an, mit der die meisten Mütter konfrontiert sind. »Wie soll man als Taxifahrerin oder als in der Industrie beschäftigte Arbeiterin abpumpen, wo es keinerlei Unterstützung, keine Pause gibt, obwohl es gesetzlich vorgeschrieben ist, sich aber niemand darum kümmert?«, fragte Harvey. »Da wirst du gefeuert. Also ist Flaschennahrung die einfachere Variante.« Oder wie es die Soziologin Cynthia Colen zusammengefasst hat: »In den Vereinigten Staaten, wo nur 12 Prozent der Arbeiterinnen und 5 Prozent der Geringverdienerinnen Anspruch auf bezahlten Mutterschutz haben, müssen die meisten Frauen auf Einkommen verzichten, um zu stillen. Für eine Frau aus der Mittelschicht sind das vielleicht nicht ganz ideale Umstände, aber für arme Frauen, die so schon Schwierigkeiten haben, ihren Lebensunterhalt zu bestreiten, sind das Umstände, die es unmöglich machen. Da ist es kein Wunder, dass der sozioökonomische Status zu den wichtigsten Einflussfaktoren gehört, wenn es darum geht, wer überhaupt zu stillen beginnt und wer weiterstillt.«[21] Genau das ist der Grund, warum es Sheryl Sandberg gelingt, in der Führungsriege von Facebook zu sein und gleichzeitig ihre zwei Kinder zu stillen, während die durchschnittliche, nach Stunden bezahlte Arbeiterin das nicht schafft.[22]

In anderen Teilen der Welt (ebenso wie in den Vereinigten Staaten) steht guter Mutterschutz in Zusammenhang mit einer längeren Stillzeit (siehe Abbildung 4.1). Die Journalistin Hanna Rosin stellte dazu die folgende Rechnung auf: »Nehmen wir an, dass ein Baby siebenmal am Tag trinkt und dann noch ein paarmal in der Nacht. Dann trinkt es neunmal für ungefähr jeweils eine halbe Stunde. Das ergibt unterm Strich mehr als einen halben Arbeitstag – täglich, für mindestens 6 Monate. Deswegen möchte ich Leuten, die sagen, Stillen koste ›nichts‹, eins mit dem Nudelholz überziehen. Es kostet nur nichts, wenn die Zeit der Frau nichts wert ist.«

Auf den Rest der Welt mögen die Kämpfe auf den Kommentarseiten der *New York Times* über die moralische Notwendigkeit des Stillens den Eindruck machen, als würde die aufstrebende Klasse Nabelschau betreiben – dort spiegelt sich eine Debatte wider, die komplett losgelöst ist von der Lebensrealität der Mütter, und genau das ist sie auch wirklich. Bei den Glaubenskriegen der Mütter – stillen oder nicht stillen, die Konfrontation mit der Entscheidung, als Mutter zu Hause zu bleiben oder arbeiten zu gehen, Kaiserschnitte und Hausgeburten – handelt es sich um Auseinandersetzungen einer bestimmten, privilegierten Gruppe von Müttern.

Schon allein, dass man überhaupt über die Facetten von Mutterschaft und zugehörige Entscheidungen redet (und nicht nur einfach eine Mutter ist und sich um seine Kinder kümmert), impliziert, dass man sich das leisten kann. »Wir konzentrieren uns auf Mutterschaft als Thema der privilegierten Frauen, die am meisten mit der Frage zu kämpfen haben, ob es möglich ist, alles zu haben oder nicht«, schreibt Mikki Kenndall in *Salon*. »Währenddessen fühlen sich Mütter, die nicht in diese Kategorie passen, ausgeschlossen. Mutterschaft soll eine Wahl sein, aber welche Art von Wahl treffen Mütter? Sorgen darüber, wie man an Essen, medizinische Versorgung, Bildung kommt, oder sogar Sorgen um die eigene Sicherheit schaffen es nicht ins Rampenlicht dieser Diskussionen. Im Kern umfasst Mutterschaft all diese Dinge, und Mütter, kaum eine Wahl haben (oder in manchen Fällen gar keine), benötigen Unterstützung, die sie nicht bekommen.«[23] Nancy Chin ist Dozentin am Fachbereich Öffentliches Gesundheitswesen der University of Rochester und Autorin einer Reihe von wegweisenden Studien über die Stillerfahrungen von Frauen mit geringem Einkommen. Sie drückt es so aus, dass arme Frauen ihre Zeit meistens damit verbringen, Risiken gegeneinander abzuwägen. »Jeder Tag birgt eine Gefahr – wenn man also mit einer Wahrscheinlichkeit von 100 Prozent Gefahr läuft, zum Ende des Monats nichts mehr zu essen zu haben, mit einer Wahrscheinlichkeit von 75 Prozent [aus seiner Wohnung] hinausgeworfen zu werden, und mit einer Wahrscheinlichkeit von 50 Prozent der Vater des Babys nicht da sein wird«, so Chin, »dann ist die Gefahr einer Ohrenentzündung aufgrund von Flaschennahrung gar nicht mehr so schlimm. [Dazu kommt, dass] Frauen mit geringen Einkommen sich nicht sicher genug fühlen, öffentlich zu stillen, wenn sie in einer unsicheren Nachbarschaft leben.«

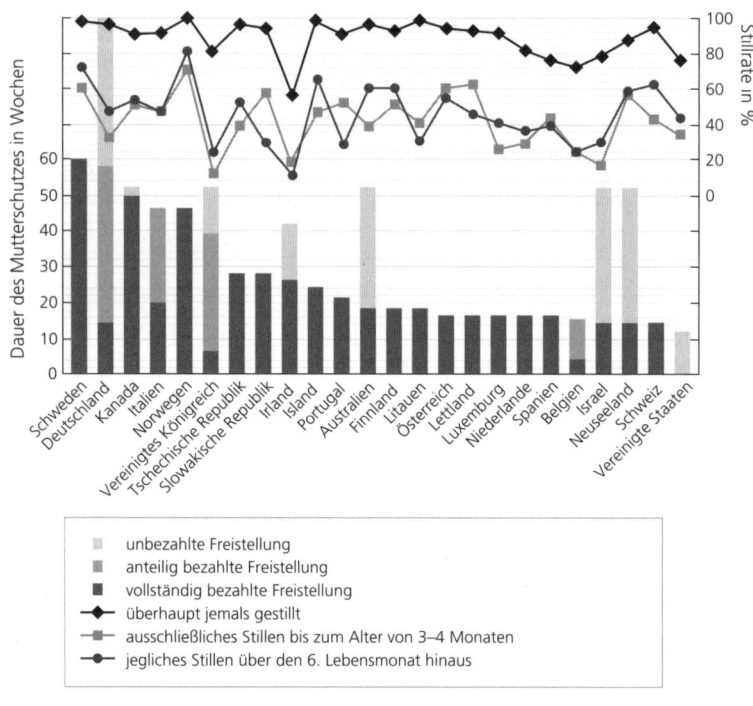

unbezahlte Freistellung
anteilig bezahlte Freistellung
vollständig bezahlte Freistellung
◆— überhaupt jemals gestillt
■— ausschließliches Stillen bis zum Alter von 3–4 Monaten
●— jegliches Stillen über den 6. Lebensmonat hinaus

Abbildung 4.1. Dauer des Mutterschutzes und Stillraten.
Quelle: *State of the World's Mothers*, Save the Children, Mai 2012.

Die Gesellschaft verurteilt unablässig das Verhalten von Müttern der unteren sozioökonomischen Gruppen und dessen Folgen – und das hat mit Sicherheit einen Einfluss auf die Entscheidungen der Mütter. Chin macht das wie folgt deutlich: »Als arme Frau fühlst du dich ständig beobachtet. Ein weiterer Störfaktor ist [beispielsweise], dass Mütter, die mit dem Stillen aufhören, häufig sagen: ›Ich hatte nicht genug Milch; es hat nicht gereicht.‹« Chin fährt fort zu sagen: »Aus medizinischer Sicht ist das eine Seltenheit, also machst du demnach etwas nicht richtig, [wenn du nicht genug Milch hast].« Ausgehend von der Tatsache, dass man zum Stillen eine ganze Reihe von Ressourcen sowie Zeit benötigt, die arme Mütter möglicherweise nicht haben, haben Mütter mit geringem Einkommen nur begrenzt die Möglichkeit zu stillen, selbst wenn sie körperlich dazu in der Lage sind. Beim Stillen kann es sich um die optimale Entscheidung handeln, aber diese Frauen haben oft nicht die Möglichkeit zu stillen. Wie Chin erklärt: »Kannst du dir vorstellen, wie das ist, wenn du als Mutter ein geringes Einkommen hast und dich um die Ernährung deines Babys sorgst, und sie [die Ärzte] dann sagen: ›Das ist Ihre Schuld.‹ [Wenn du diese Mutter bist], wirst du sagen: ›Dann geb' ich dem Kind eben die Flasche.‹«[24]

Doch wenn Sie der These zustimmen, die Joan B. Wolf, Juniorprofessorin an der Texas A&M University und Autorin des 2010 erschienenen Buches *Is Breast Best?: Taking on the Breastfeeding Experts and the New High Stakes of Motherhood*, aufstellt, handelt es sich bei der ganzen Debatte vielleicht nur um eine Auseinandersetzung der aufstrebenden Klasse mit sich selbst. Wolf vertritt die Ansicht, dass es statistisch noch nicht einmal belegt sei, dass Stillen tatsächlich besser als Flaschennahrung ist.[25] Wolf merkte dazu in einem Interview 2013 an: »Geht es um die Wirkung auf Dinge wie Intelligenz, Fettleibigkeit oder Diabetes und so weiter, so ist es schlichtweg nicht möglich zu unterscheiden, welche Vorteile auf das Stillen zurückzuführen sind und welche auf die allgemein gesunde Lebensweise der Frauen, die sich – aus verschiedenen Gründen – für das Stillen entscheiden.« Im selben Interview führt Wolf weiter aus: »Mütter, die stillen, kümmern sich in vielerlei Hinsicht um gesundheitliche Belange, was sich positiv auf Fettleibigkeit, IQ, Erkältungen und so weiter auswirken könnte.«[26] In einer Stillstudie aus dem Jahr 2014 konzentrierte man sich auf »diskordante Geschwister« – Geschwisterkinder, von denen das eine gestillt wurde, das andere nicht. Die Stichprobe von ungefähr 1 773 Geschwisterpaaren erlaubte eine weitreichende Untersuchung, um zu bestimmen, inwiefern sich das Stillen (und nicht so sehr andere versteckte Einflussgrößen) im Vergleich zu Flaschennahrung vorteilhaft auf die Gesundheit, Leistung und andere Erfolgsindikatoren auswirken könnte. Es stellte sich heraus, dass Stillen, zumindest laut dieser Studie, mit einem viel banaleren Grund vermischt wird: sozioökonomischer Klasse. Die Geschwisterkinder von wohlhabenderen (und gesünderen) Müttern entwickelten sich prächtig, egal, ob sie die Flasche bekamen oder gestillt wurden. Und tatsächlich handelt es sich um einen sich selbst bedingenden Kreislauf: Stillkinder werden in der Regel in Familien mit höheren Einkommen hineingeboren, haben besser ausgebildete Eltern und wachsen in als sicherer geltenden Nachbarschaften auf.[27] Oder wie Hanna Rosin freimütig im *The Atlantic* zugibt: »Eines Tages sah ich beim Stillen beim Kinderarzt eine Ausgabe des *Journal of the American Medical Association* von 2001 liegen, in dem ein Artikel übers Stillen aufgeschlagen war: ›Schlussfolgerungen: Es gibt keine schlüssigen Zusammenhänge zwischen dem Stillen, der Stilldauer und der Wahrscheinlichkeit, dass ein kleines Kind übergewichtig ist.‹ Nicht schlüssig? Da saß ich zum zehnten Mal an diesem Tag, zum hundertsten Mal in diesem Monat, zum millionsten Mal in meinem Leben halb ausgezogen in der Öffentlichkeit herum – und die Zusammenhänge waren *nicht schlüssig*?«[28]

Ich kann das nachfühlen. Ich lebe in einer alternativ-bürgerlichen Nachbarschaft in Los Angeles, wo es an jeder Ecke einen Bauernmarkt gibt und Cafés, in denen die Kunst der Kaffeezubereitung zelebriert wird. Neben den hier lebenden Künstlern wohnen in der Gegend unzählige Familien, die wegen der Spielplätze und den öffentlichen Flächen hierherziehen und insbesondere wegen der wirklich guten staatlichen Schulen in diesem Bezirk. Wir mögen einen etwas anderen Geschmack haben als die Eltern, die in den Suburbs, auf dem Land in Amerika oder an der Ostküste wohnen, aber wie für andere Eltern in ganz Amerika gehören die Kindererziehung und die zugehörigen Wertvorstellungen zu den wichtigsten Dingen in unserem Leben.

Eines schönen Morgens, mein Sohn war gerade ein Jahr alt, spazierte ich unsere Straße hinunter und traf eine Frau, die ich schon mal in der Gegend gesehen hatte. Wir unterhielten uns. Auf der anderen Straßenseite befand sich eine Baustelle, wo ein riesiger Betonmischer in Betrieb war (eine Dauerattraktion für kleine Jungs). Ihr Sohn war ein paar Jahre älter als meiner, und irgendwann machte sie eine Bemerkung darüber, dass ich mein schon recht großes Kind in einer Babytrage von Ergobaby trug. Ich sagte, dass mir mein Rücken wehtue und ich nach einer Möglichkeit suchte, ihn da herauszukriegen. Daraufhin empfahl sie mir eine Trage, die sie sich für ihr älteres Kind gekauft hatte und mit der sie die Möglichkeit hatte, »ihn im Supermarkt zu stillen«. Ich versuchte keine Miene zu verziehen, aber ich war mir sicher, dass ihr Kind älter als drei Jahre war. Und so wurde diese Frau inmitten ihrer Ausführungen über Babytragen und das Stillen eines Kindes, das bald in die Vorschule kam, für mich eine Quelle der Faszination. Im weiteren Gespräch erzählte sie mir von »nächtlichen Trinksessions« (die meisten Mütter sind froh, wenn es nach 5 Monaten weniger werden) und Familienbett (sie liege in seinem, nicht er in Mamas und Papas Bett) und der Tatsache, dass Einzelkinder etwas ganz Besonderes seien und es »anders... nicht unbedingt schlechter« sei, mehrere Kinder zu haben (obwohl ihr Tonfall keinen Zweifel ließ, dass es tatsächlich schlechter sei).

Ich glaube, dass ich eine bedürfnisorientierte Mutter bin. Ich habe nie auch nur versucht, meine Kinder »zum Schlafen zu erziehen« (und habe dafür Jahre am Rand der Erschöpfung verbracht). Mein hingebungsvolles Stillen weit über das empfohlene Jahr hinaus machte der LaLeche-Liga alle Ehre. Und doch konnte ich die Herangehensweise dieser Mutter nicht nachvollziehen. Denn ganz im Sinne aufstrebender Mutterschaft konnte ich mich, nachdem ich mich verabschiedet hatte und weiterging, nicht entscheiden, ob ich sie als Verrückte abstempeln sollte, die dabei war, den Grundstein für die jahrelange psychiatrische Behandlung ihres Sohnes zu legen, oder ob ich mich schlecht fühlen und an mir zweifeln sollte, weil ich nicht eine so tolle Mom war wie sie. Zu dieser Zeit versuchten mein Mann und ich, ein zweites Kind zu bekommen, und plötzlich dachte ich:»Vielleicht bin ich eine schlechte Mutter, wenn ich ein zweites Kind kriege. Dabei dachte ich, dass mehr Kinder Spaß machen würden und erfüllend wären, aber vielleicht mache ich da gerade etwas, das ganz anders... und schlechter ist.« Mutter zu sein, ob in Santa Monica oder in St. Louis, bedeutet, dass man fast täglich das Gefühl hat, beurteilt zu werden. Aber anders als die von Chin beschriebenen Mütter, die sich einfach nur darum Sorgen machen, ob sie ihre Kinder überhaupt stillen (oder füttern) können, fühlen sich Mittelschichtsmütter wirklich gestresst von den ganzen Gedanken, die sie sich um die Stilldauer und Biopfirsiche machen. Diese Sorgen erscheinen absurd. Aber nicht, wenn man selbst gerade darüber den Kopf zerbricht.

Und es geht noch weiter. Eine junge Mutter in San Francisco bemerkte:»Viele schwangere Frauen gehen hier zum Schwangerschaftsyoga, nehmen an Geburtsvorbereitungskursen teil und treten [dem Mütternetzwerk] Golden Gate Mothers Group bei. Das ist eine Organisation für Mütter, die ein aktives Online-Forum betreibt, Veranstaltungen ausrichtet, Spielgruppen und Treffen organisiert... Abhängig von den eigenen Vorlieben und Bedürfnissen kann eine schwangere Frau in San Francisco eine Mischung aus Akupunktursitzungen, Terminen beim Chiropraktiker, Zusammenarbeit mit Doulas [Anm. d. Übers.: nichtmedizinische Begleitung während, vor und nach der Schwangerschaft] oder sogar Hypnobirthing-Kurse für eine schmerzfreie Geburt unter Hypnose in Anspruch nehmen. Es kann so wirken, als ob in die Schwangerschaft ein ganzes Team von Leuten involviert ist – nicht nur dein Partner und Arzt.«

Angesichts einer solchen bis ins kleinste Detail durchgeplanten Schwangerschaft und frühen Kindheit überrascht es nicht, dass meine Freundin, die sich Brustimplantate einsetzen ließ (okay, sie hat eine Körbchengröße zugelegt) und auf unserem Spielplatz im Viertel die Flasche zückt, schockierte Blicke hervorruft (schlichte Verachtung wäre einfacher zu händeln). Da sitzen Mütter herum, die die ersten Sätze (selbstverständlich nicht die ersten Schritte) miteinander vergleichen und damit angeben, wie viel Wildlachs ihre Kleinkinder schon essen. Und dann gibt es da noch die Stillenden, die mit dem Stillen prahlen und der ganzen Angelegenheit einen lässigen Anschein geben – auf dem Spielplatz, im Café, in der Krippe. Ich bin dankbar. Ich bin der Typ Mutter, die froh war, sich außerhalb des Hauses mit einer Freundin auf einen Kaffee treffen zu können und doch wusste, dass ich mein Baby in Ruhe füttern konnte. Aber Stillen in der Öffentlichkeit ist ein Luxus dieses kleinen kurzsichtigen Teils der Gesellschaft. Eine Mutter aus San Francisco berichtete Folgendes:»Nachdem mein Baby geboren war, schickten mir meine neuen Mama-Freundinnen aus meiner Schwangerschaftsyogagruppe Textnachrichten und luden mich dazu ein, mit ihnen zum Mama-Yoga (mit Baby) und RIE-Baby-Kursen zu gehen. Andere Mütter haben mir von Musik-, Schwimm- (ab 2 Monaten!) und Sprachkursen für Eltern und Baby erzählt.« Das sind nicht die Dinge, um die sich Nancy Chins Geringverdiener-Mütter einen Kopf machen, selbst wenn sie sich wünschten, dass sie das könnten.

Stillen als Zeichen von Status ist ein neues Phänomen. Historisch gesehen galt man als wohlhabend, wenn man eine Amme hatte. Nehmen wir zum Beispiel Frankreich, das in Sachen Mutterschaft heute immer noch den Gegenpol zu den Vereinigten Staaten bildet. Es gibt sogar Bücher wie *Warum französische Kinder keine Nervensägen sind*, in denen es um die Tugenden der französischen Vorgehensweise im Vergleich zu Amerika geht (weniger verhätschelte Kinder mit besseren Manieren, schlankere Mütter, die nach zwei bis drei Monaten so gut wie nie mehr stillen).[29]

Die Werte, die heute hochgehalten werden, gab es auch schon vor ungefähr 300 Jahren. Im Frankreich des 18. Jahrhunderts war es innerhalb der Oberschicht die Regel, seine Kinder in die Obhut von Ammen zu geben, deren Beruf es war, die Kinder anderer Frauen zu stillen. Die Oberschicht fing erst in der zweiten Hälfte des 19. Jahrhunderts an, die Dienste der Ammen weniger in Anspruch zu nehmen. Nämlich als dies zum Standard unter Frauen wurde, die während der industriellen Revolution in Fabriken arbeiteten (1869 wurden mehr als 40 Prozent aller Babys gewerblich gestillt). Dabei darf man nicht vergessen, dass Flaschennahrung erst noch erfunden werden musste und die Nutzung von Tiermilch eine Säuglingssterblichkeit von bis zu 50 Prozent zur Folge hatte, sodass jede Frau, die nicht rund um die Uhr bei ihrem Baby sein konnte, in der Klemme saß (für die Wohlhabenden war es nur eine Frage der Bequemlichkeit und des Freiseins von mütterlichen Pflichten). Obwohl man nicht mit Sicherheit sagen kann, dass die Inanspruchnahme der Ammen durch Frauen der Unterschicht die Wohlhabenden abschreckte, so gab es doch zwei wichtige Ereignisse, die mit dem allgemeinen Rückgriff auf Ammen und der Abnahme der Nachfrage der Oberschicht zusammenfielen. Erstens, die zunehmende Verbreitung von Ammen in Frankreich führte zur offiziellen Regulierung der Tätigkeit von Seiten des Staates durch das Bureau des Nourrices, wodurch in erster Linie sichergestellt wurde, dass Ammen für ihre Dienste bezahlt wurden. Das Bureau war nach der Revolution in Frankreich jedoch sehr geschwächt und nicht in der Lage, nicht zahlende Eltern einzusperren (also jene Eltern, die Ammen beschäftigten, aber nicht für deren Dienste entlohnten). Tatsächlich ließ man die Eltern, die nicht zahlen konnten, als Sozialfälle eher davonkommen, als sie zu bestrafen. Aufgrund dieser Verfahrensweise in Kombination mit der allgemein schlechten wirtschaftlichen Lage des Landes war das Bureau gezwungen, seine Türen 1876 zu schließen.[30]

Stattdessen, und wegen der steigenden Nachfrage nach Ammen durch Fabrikarbeiterinnen, entstand ein gewerblicher, privater »Geschäftszweig« – weniger reguliert und mit schlechten Bedingungen.

Während die Ammen nun fast immer und besser bezahlt wurden, wurden sie weniger kontrolliert: Sie unterlagen keiner strengen medizinischen Kontrolle und konnten Kinder zum Stillen annehmen, auch ohne dass sie für das Privatunternehmen arbeiteten. Die mangelnde Regulierung und Verwaltung führte zu einer Reihe von Problemen – zu einer Erhöhung der Säuglichkeitssterblichkeit bis hin zur Verbreitung von Syphilis.[31] Die gesundheitlichen Missstände führten zu großer Beunruhigung und ließen Ammen zu einer weniger attraktiveren Option für diejenigen werden, die noch andere Möglichkeiten hatten.

Zweitens begann sich, sicherlich nicht ganz unabhängig von dieser Entwicklung, das Bewusstsein der Oberschicht zu verändern. Mit Einsetzen der Vorwürfe von ärztlicher Seite und Rosseaus späterem Aufschrei in der Mitte des 18. Jahrhunderts galt mütterliches Stillen fortan als die moralisch richtige Vorgehensweise. Sowohl in der Mittel- als auch Oberschicht kam es zu einem »Aufstand des Gewissens«, wenn es darum ging, Ammen anzustellen, um den Job der Mutter zu übernehmen. Obwohl es viele Jahre lang genau unter den Mitgliedern dieser ökonomischen Elite üblich gewesen war, Ammen zu beschäftigen, wurde es im Grunde genommen nun als kriminell angesehen, wenn Mütter, soweit sie nicht unter einer selten vorkommenden körperlichen Einschränkung litten, Ammen zur Hilfe nahmen.[32] So bemerkt der Historiker George Sussman: »Es hatte den Anschein, dass in der Hauptstadt von Napoleon III. – und vielleicht überall in seinem Reich – eine paradoxe Situation entstanden war: Die Nachfrage nach Ammen war so groß wie nie zuvor, weil auch die Städte und der Anteil an erwerbstätigen Frauen in diesen Städten so groß waren wie nie zuvor. Und gleichzeitig schwappte die Idee, dass Mütter stillen sollten, und vielleicht auch die Abneigung gegenüber gewerblichem Stillen, aus den oberen Schichten der Gesellschaft nach unten.«[33] Das Stillen des eigenen Kindes war fortan ein Zeichen der Zugehörigkeit zur oberen Gesellschaft. Aber die Dinge änderten sich wieder – Flaschennahrung wurde erfunden; auch in anderen Gesellschaftsschichten wurde gestillt. So änderten sich auch die Statussymbole der Mutterschaft.

Im frühen 20. Jahrhundert war es unter den Damen der eleganten Gesellschaft in England und Amerika immer mehr akzeptiert, dass ein Baby die Flasche bekam. Bei Ammen (welche sich in diesen Ländern nicht so großer Beliebtheit erfreuten wie in Frankreich) handelte es sich um Frauen aus der Arbeiterklasse oder vom Land, sodass der Unterschied, ob man sein Kind stillte oder ihm die Flasche gab (oder stattdessen eine Amme beschäftigte) deutlich erkennbar zu einer Frage der Klasse wurde – arme Frauen stillten, wohlhabendere Frauen nicht. Außerdem waren wohlhabendere Frauen von der »wissenschaftlichen« und modernen Überlegenheit menschengemachter Flaschennahrung gegenüber der Natur überzeugt (auch wenn aus medizinischen Studien der Zeit und selbst aus Studien der renommierten Margaret Mead ersichtlich war, dass Säuglinge bessere Chancen hatten, zu überleben und gedeihen, wenn sie mit menschlicher Milch gefüttert wurden). Es gab noch einen anderen impliziten Faktor mit abschreckender Wirkung: Frauen der eleganten Gesellschaft, die nicht mit den gesellschaftlichen Einschränkungen leben wollten, die das Stillen mit sich brachte, konnten auf die moderne Medizin und sogar Populärliteratur verweisen, in der die Frauen der gehobenen Gesellschaft als körperlich schwach charakterisiert wurden, die »unfähig« seien zu stillen.[34] Und doch, wie fast immer, wenn es um kulturelle Belange geht, wurden die Gewohnheiten der Reichen von den unteren Klassen imitiert, und bald war Flaschennahrung allgegenwärtig, und das Stillen nahm rapide ab. Zur Mitte des 20. Jahrhunderts entschieden sich viele amerikanische Mittelschichtsfamilien lieber für die Flasche als fürs Stillen, und von 1946 bis 1972 fielen die Stillraten überall auf 22–25 Prozent. Außerdem unterschied sich die Definition von Mutterschaft der Oberschicht immer mehr von der der Mittelschicht, was die Historikerin Janet Golden als den Wandel der »kulturellen Bedeutung von Mutterschaft« beschreibt: Man war der Meinung, dass wohlhabendere Frauen eher für die Charakterbildung verantwortlich seien als für die bloße Ernährung und das Überleben.[35] Auf den dramatischen Anstieg der Stillraten insgesamt in den 1970er-Jahren folgte in den 1980er-Jahren ein Abschwung. Dieser Einbruch in den 1980er-Jahren war auf die gleichen Faktoren zurückzuführen, die auch heute mitunter die niedrigen Stillraten begünstigen: Armut, Bildungsmangel, Arbeitslosigkeit, »race« und das Hilfsprogramm WIC. Die Sensibilisierung der Öffentlichkeit, medizinische Eingriffe und der Zugang zu technisch besser ausgereiften Milchpumpen haben insgesamt zu einem Anstieg der Stillraten geführt, und zwar besonders innerhalb der sozioökonomisch benachteiligten Gruppen. Die Zunahmen innerhalb dieser benachteiligten Gruppen sind zu einem großen Teil dafür verantwortlich, dass seit Mitte der 1980er-Jahre bis heute mehr gestillt wird (obwohl die Stillraten dieser Gruppen immer noch signifikant niedriger ausfallen als die der gut ausgebildeten Frauen, die unter der »race«-Kategorie »Caucasian« erfasst wurden und über eine höheres Einkommen verfügen, für welche seit den 1970er-Jahren konstante Stillraten verzeichnet wurden).[36] Man vergleiche diesen Trend mit der Entwicklung in Frankreich. Frauen der gehobenen Mittelschicht in Frankreich halten Stillen – anders als dieselbe Gruppe Frauen in Amerika – nicht für *de rigueur* (unerlässlich). Heutzutage stillen in Frankreich gerade einmal noch die Hälfte der Frauen, wenn sie das Krankenhaus ein paar Tage nach der Geburt verlassen, und wenn man nach ein paar Monaten noch stillt, wird das als wirklich seltsam angesehen, vom Stillen in der Öffentlichkeit oder vom Einhalten der 12-Monats-Empfehlung der AAP ist dabei noch gar nicht die Rede.[37] Französische Frauen zeichnen sich nach der Geburt dadurch aus, dass sie schnell abnehmen und wieder attraktiv aussehen. Demgegenüber stehen in Amerika zeltförmige Kleider, deren Wahl damit gerechtfertigt wird, dass man als Mutter mit Stillen und bindungsorientierter Elternschaft beschäftigt sei.

In den Vereinigten Staaten ist die Tatsache, dass Stillen inzwischen unter den der gehobenen Mittelschicht angehörenden gebildeten weißen Frauen außerhalb der »race«-Kategorie »non-Hispanic« gängige Praxis ist, auch noch auf etwas anderes zurückzuführen: Die allgemeine Rückkehr zu der Ansicht, dass die Natur der modernen Wissenschaft überlegen ist, und die auf den Luxus, dass die nötige Zeit für zeitaufwändige Routinen vorhanden ist, mit dieser Grundhaltung einhergehen. Seit den 1960er-Jahren zählten gut gebildete weiße Frauen zu den Anhängerinnen einer natürlichen Geburt bzw. der Bewegung »Natural Childbirth Movement«, und auch der Anstieg bei den Hausgeburten war ihnen zuzuschreiben.[38] Wie wir unsere Kinder zur Welt bringen und erziehen und wie sich unser Verhalten in diesen Punkten entwickelt hat, geht eindeutig auf die kulturelle Revolution der 1960er-Jahre zurück. Inzwischen ist es Standard, dass wohlhabende, gebildete weiße Durchschnittsfrauen Stunden damit verbringen, Babybücher zu lesen, Geburtsvorbereitungskurse zu besuchen, detaillierte Geburtspläne aufzuschreiben, und sich grundsätzlich sehr gut auf das Leben mit Baby vorbereiten. Unter anderem drehen sich ihre Gespräche immer wieder um den Unterschied zwischen einer natürlichen Geburt und einer mit PDA (ein Kaiserschnitt ist für diese Mütter, zumindest in der Theorie, nur im Notfall eine Option). Frauen aus dieser Gruppe glauben nicht selten, dass der extreme Schmerz von Wehen und einer Geburt ohne Schmerzmittel zur vollumfänglichen Geburtserfahrung gehöre, während andere sich sorgen, dass eine Periduralanästhesie (PDA) dem Baby schaden könne (obgleich es für diese Sorge keine medizinischen Belege gibt). In Sachen Geburt stellt die schmerzmittelfreie Geburt schon fast eine Art Übergangsritus dar, und die Hausgeburt ist der Heilige Gral. Doch diese kulturellen und gesellschaftlichen Glaubenssätze sind mächtig und beeinflussen die Entscheidungsfindung der Frauen, und zwar so sehr, dass sie dafür möglicherweise ihre Gesundheit aufs Spiel setzen. Es ist nicht so, dass es noch nie einen Kaiserschnitt nach 30 Stunden Wehen zu Hause gegeben hätte. Manche Mediziner sind der Meinung, dass eine PDA zwar die Wehen verzögern könne, die Schmerzen und der Stress einer natürlichen Geburt aber auch schlecht für das Baby sein können. Neugeborene werden nach der Geburt mit ihren Müttern im selben Raum untergebracht, in »babyfreundlichen« Krankenhäusern wird für ständige Unterstützung beim Stillen und sofortigen »Hautkontakt« gesorgt. In der Tat ist der Druck, als »babyfreundliches« Krankenhaus zu gelten, so groß, dass in Krankenhäusern, die sich um diese Auszeichnung bemühen, sogar während der ersten Tage noch nicht mal ein Tropfen Flaschennahrung angeboten wird, auch nicht, wenn die Frau noch keinen Milcheinschuss hatte und das Baby Hunger leiden könnte. Laut einem Geburtshelfer, mit dem ich gesprochen habe, bedeutet schon ein Tropfen Flaschennahrung, dass das Kind in den ersten sechs Monaten nicht »ausschließlich gestillt« wurde, was wiederum die Statistik des Krankenhauses und somit sein darauf basierendes Ranking beeinträchtigt. Und die Mütter unterstützen dieses »Keine Flaschennahrung«-Mantra. Eine andere Ärztin, mit der ich gesprochen habe, beschrieb das so: »Ein Baby wird mit niedrigem Blutzucker geboren, sodass wir ihm Zuckerwasser verabreichen müssen. Die Mutter wird ausflippen und sagen, dass ihr Baby ausschließlich gestillt werden soll, und dabei komplett ignorieren, dass der Zucker zum Wohle des Babys medizinisch angezeigt ist.«

Bei all diesen neuen Standards wird ein größerer Wert auf Natürlichkeit als auf wissenschaftliche Medizin gelegt, weit entfernt von der Realität des mittleren 20. Jahrhunderts. Weil sie in der luxuriösen Position ist, Zeit dafür zu haben, kann eine Mutter sich über diese Praktiken informieren und ihnen folgen. Für häufiges Stillen, Hausgeburten und Elternkurse benötigt man, wie schon früher bemerkt wurde, Zeit, Informationen und oft auch Geld (oder muss in der luxuriösen Position sein, Geld gegen Zeit tauschen zu können).

Was das Stillen anbelangt, kann es sein, dass es Übung und einer Reihe von Kursen während der Schwangerschaft bedarf und manche auch die Anleitung durch eine Stillberaterin benötigen, um effektives Stillen – insbesondere ohne den zusätzlichen Einsatz von Flaschennahrung – zu lernen. Eine natürliche Geburt ist auch eher mit ausführlichen Kursen zu den Themen Atmung und Muskelentspannung verbunden und nicht einfach damit erledigt, im Krankenhaus anzukommen und sich auf den Arzt zu verlassen. Eine vaginale Geburt dauert ziemlich lange (da heißt es zum Beispiel warten, dass bei der Frau die Wehen einsetzen, sich der Muttermund öffnet und das Baby geboren wird). Und jene, die sich eine natürliche Geburt wünschen und dafür Medikamente ablehnen, die die Wehen in Gang setzen oder beschleunigen, investieren sogar noch mehr Zeit in die Geburt ihres Kindes. Während landesweit die Kaiserschnittrate bei über 30 Prozent liegt, haben weiße Frauen der »race«-Kategorie »non-Hispanic« und »Asians«, und insbesondere weiße, gebildete Frauen der Kategorie »non-Hispanic«, die geringste Wahrscheinlichkeit für einen Kaiserschnitt, was Wissenschaftler zu der Schlussfolgerung veranlasst hat, dass Kaiserschnitte abseits von Notfällen meistens mit einer schlechteren medizinischen Versorgung im Zusammenhang stehen.[39] Vor 25 Jahren wurde im *New England Journal of Medicine* genau das Gegenteil berichtet: Es waren mehrheitlich wohlhabende weiße Frauen, die einen Kaiserschnitt hatten, was nahelegte, dass wohl eher der sozioökonomische Status die Art der Geburt bestimmte, als dass es dafür eine medizinische Indikation gab.[40]

Heute steht bei den Geburtsarten unter wohlhabenden amerikanischen Frauen die Hausgeburt an erster Stelle, was wiederum auf sich ändernde Trends in Sachen Status und Werte rund um die Geburtserfahrung und Mutterschaft hindeutet. Mehr als 2 Prozent der gut gebildeten weißen Frauen der Kategorie »non-Hispanic« (das bedeutet 1 von 49 Frauen) entscheiden sich für eine geplante Hausgeburt. Diese Zahl ist in den letzten zehn Jahren weiter gestiegen, und es gibt keine Anzeichen für einen kommenden Abschwung. Als eine Reportage über die Hebamme Ina May Gaskin und die Hausgeburtsbewegung als Leitartikel in der *New York Times* veröffentlicht wurde, wurde deutlich, dass die Hausgeburt, obwohl sie unter den Reichen und Gebildeten die Statistik zwar (noch) nicht anführt, inzwischen von kulturellem Interesse ist und als echte sowie wünschenswerte Alternative angesehen wird. Zumindest sind Hausgeburten denen, die sich diesen Luxus leisten können, es wert, sich darüber zu unterhalten.[41] Eine Hausgeburt ist tatsächlich ein Privileg jener, die das selbst bezahlen können (die Krankenversicherung übernimmt das nicht).[42]

Ein Blick auf verschiedene Orte und Gesellschaftsgruppen, und es wird klar, dass selbst, wenn wir denken, wir würden eine Entscheidung aus klinischen oder medizinischen Gründen treffen, auch unser soziales und kulturelles Umfeld eine Rolle spielen. Während in den Vereinigten Staaten im frühen 21. Jahrhundert wohlhabende Frauen eine natürliche Geburt oder Hausgeburt in Erwägung zogen, priesen südamerikanische Frauen Kaiserschnitte als Möglichkeit, das Dehnen der Vagina zu umgehen, den Geburtstermin zu bestimmen und alles komplett unter Kontrolle zu haben. Ungefähr 80–90 Prozent aller Geburten in Privatkliniken in Brasilien erfolgen via Kaiserschnitt, in manchen in bis zu 99 Prozent der Fälle. Die Weltgesundheitsorganisation ist der Ansicht, dass eine Kaiserschnittrate von über 15 Prozent zu hoch ist. In einem Beitrag des NPR hieß es dazu kurz und bündig:»Kaiserschnitte als Gütesiegel für reiche Frauen in Brasilien … Status ist von Geburt an wichtig – und Kaiserschnittentbindungen kommen einem Designstück von Louis Vuitton in der Welt der Mütter gleich.«[43] In China liegt die Kaiserschnittrate bei 50 Prozent. (Der wichtigste Grund dafür?»Alle anderen lassen sich auch operieren.«[44])

Die aufstrebende Klasse praktiziert auch noch über die Geburt und das Stillen hinaus demonstrativen Müßiggang. Die Form der Elternschaft ist auch zu einem Symbol für die sozioökonomische Position geworden. Nehmen Sie die bindungsorientierte Elternschaft:

Diese Art von Elternschaft, wie sie von Dr. Sears verfochten wird, verlangt von der Mutter, dass sie ununterbrochen bei ihrem Kind ist, es über ein Jahr lang nach Bedarf stillt, bei ihm schläft, bis es fünf Jahre alt ist (oder wann auch immer es dazu bereit ist, das elterliche Bett zu verlassen), und ihr Baby die meiste Zeit am Tag zu »tragen«. Mit dieser Herangehensweise wird Elternschaft auf die Spitze getrieben, und diese Art von Elternschaft hat zugegebenermaßen auch anthropologisch begründete Vorzüge: Sears hat festgestellt, dass Kinder in weniger entwickelten Ländern, welche rund um die Uhr Zuspruch von ihren Müttern erhielten, in der Regel weniger weinten und langfristig viel gefestigter waren. Der Geograf Jared Diamond kam aufgrund seiner Beobachtungen der Erziehungsgewohnheiten in primitiveren Gesellschaften, wo Familienbett, Langzeitstillen nach Bedarf und Hautkontakt zwischen Mutter und Kind weit bis ins Kleinkindalter allgegenwärtig sind, zu einem ähnlichen Schluss. Den Kindern ginge es viel besser (und sie würden mit geringerer Wahrscheinlichkeit zu Soziopathen). Die in der westlichen Gesellschaft und für arbeitende Mütter immer enger getaktete Zeit habe, so Diamond, gesellschaftliche Konstrukte geschaffen, die wir mit moderner Kindererziehung verbinden, in deren Rahmen nach Plan gegessen und geschlafen wird.[45] Auch wenn die gesellschaftlichen Gepflogenheiten der gehobenen Mittelschicht in Bezug auf die Mutterschaft nicht per se wirtschaftlicher Natur sind, so sind sie doch an und für sich elitär und schließen andere aus. Voraussetzung für die Umsetzung sind kulturelles und soziales Kapital und viel frei verfügbare Zeit, die den meisten Familien im Alltag und Umgang miteinander fehlt. Gleichwohl schaffen Eltern aus der gehobenen Mittelschicht kraft dieser elterlichen Herangehensweisen materielle Dinge an, die letztendlich ihre Elternschaft demonstrativ offenbaren und somit auch ihre eigene gesellschaftliche Position und die ihrer Kinder. Alltägliche Dinge wie Designer-Stilltücher von Bébé au Lait, Babytragen von Ergobaby und BabyBjörn und Stoffwindeln oder kompostierbare Windeln fungieren als wirksame Signale dieser speziellen Art von Mutterschaft. Das Stilltuch selbst ist nicht teuer und fällt gar nicht so sehr auf. Es ist vielmehr ein materielles Zeichen einer häufig teuren und zeitintensiven Form von Elternschaft. Somit signalisieren die zunehmend in Mode kommenden Formen bindungsorientierter Elternschaft, Hausgeburten und Stillen gegenüber den meisten amerikanischen Müttern, die mit Zeit- und Geldknappheit konfrontiert und so von dieser Art von Verhalten ausgeschlossen sind, eine elitäre Position. Ich möchte damit nicht andeuten, dass Frauen diese Sachen um des Status willen tun, aber beim Auseinandernehmen dieser Phänomene muss ich an meine eigenen Erfahrungen denken.

Ich wurde mit Anfang 30 Mutter, und vor der Geburt meines ersten Sohnes hatte ich in meinem ganzen Leben weniger als 10 Stunden auf Kinder aufgepasst. Als ich mitbekam, dass ich schwanger war, hatte ich nur eine vage Vorstellung davon, worin die Vorteile des Stillens lagen. Und doch nahm ich, ohne größeren Anstoß, an einem Stillkurs teil; lernte, wie eine Herzdruckmassage bei Säuglingen funktioniert; recherchierte nach guten Geburtshelfern und Kinderärzten und las Dutzende Bücher und Artikel über Kindererziehung. Während ich so über Mutterschaft schreibe, realisiere ich, dass ich genau eine dieser Frauen bin, über die ich hier schreibe.

Beim Schreiben frage ich mich immer wieder, inwiefern ich meine Entscheidungen bewusst treffe und, *wenn* ich sie bewusst treffe, was meine Motivation dahinter ist. Meine Entscheidungen treffe ich nicht absichtlich aus Statusgründen (da gibt es viel einfachere, weniger zeitaufwändigere Wege, um zu gesellschaftlichem Status zu gelangen). Sie basieren auch nicht auf medizinischen Fakten (ich habe keine große Ahnung von Medizin). Vielmehr werde ich von etwas angetrieben, was auch in den Statistiken durchscheint: von meinen Freunden und all den Müttern in den Mommy&Me-Spielgruppen und auf dem Spielplatz – praktisch das Milieu, in dem ich mich tagein, tagaus bewege. Aber, um ehrlich zu sein, mache ich mir diese

Gepflogenheiten nicht bewusst zu eigen. Dank meines Habitus ist das für mich einfach so, wie man das eben macht – es liegt in der Luft. Es fühlt sich unbewusst und intuitiv richtig an – so wie die eigenen Moralvorstellungen oder das Verlangen danach, etwas zu essen, wenn man Hunger hat. Doch an den landesweiten Statistiken sehe ich, dass ich meine Entscheidungen keineswegs unbewusst treffe. Meine Entscheidungen werden immer davon beeinflusst, wo ich wohne, wie es um meine Finanzen steht, und von den Ressourcen, die ich zur Hand habe, sowie jenen Müttern, die sich ebenso verhalten und mich so in meinen Entscheidungen bestätigen: Ich lebe in Kalifornien; habe bezahlten Mutterschutz; kann mir eine Milchpumpe leisten; weiß, dass es so was wie Stillberaterinnen gibt (und man diese sogar zu Rate ziehen kann); nehme an Kursen zur Mutterschaft teil, in denen diese Dinge befürwortet werden; ich kann meinen Geburtshelfer und Kinderarzt via E-Mail kontaktieren, und sie antworten mir Tag und Nacht auf all meine Fragen. Diese mütterlichen Verhaltensweisen – so wie andere Lebensstile, um Max Webers Begriff zu gebrauchen[46] – sind vielleicht nicht materieller Natur oder uns bewusst, aber ihre Wirkung und ihr Einfluss sind ebenso dramatisch und breit gestreut wie die von besser greifbaren Konsumgütern, welche uns Menschen nach Klasse und Herkunft trennen. Die Soziologin Annette Lareau schreibt in ihrem Buch *Unequal Childhoods*: »Individuen leben ihr Leben innerhalb von gesellschaftlichen Strukturen.«

So taucht dann die Frage auf, warum manche Mütter (und Eltern im Allgemeinen) Herangehensweisen für sich übernehmen, die schwierig, zeitaufwändig und manchmal sogar schmerzhaft sind, statt sich in der Zeit einfach mal zu erholen. Zu Veblens Zeit hätte man sich in seiner Freizeit nicht so angestrengt. Veblen definierte demonstrativen Müßiggang als die *unproduktive* Verwendung von Zeit; Zeit, die nicht irgendwie großartig nützlich verbracht wurde. Kurz gesagt, Freizeit war wirklich noch Freizeit: Die Leute schauten anderen beim Sport zu; besuchten eine Universität, um sich mit

»klassischen Dingen« wie den alten Griechen und Römern zu beschäftigen, einfach nur um des Lernens willen (nicht, weil man das praktisch anwenden wollte); unternahmen sehr lange Reisen und lebten ein faules Leben.[47] Aber nicht nur die Mütter stecken Geld und Zeit in Dinge, die wenig mit Freizeit zu tun haben. Eine Untersuchung aus dem Jahr 2008 zeigt, dass bei allen Eltern mit steigendem Einkommen und Bildung die Freizeit und Hausarbeit abnimmt, sie jedoch gleichzeitig mehr Zeit mit ihren Kindern verbringen. Die Wissenschaftler Garey Ramey und Valerie Ramey vom Think Tank Brookings Institution haben festgestellt, dass dieser Trend seit Mitte der 1990er-Jahre existiert. Sozioökonomisch gut gestellte Frauen verbringen 2–3-mal so viel Zeit mit ihren Vorschulkindern wie die Frauen sozioökonomisch schlechter gestellter Gruppen.[48]

Warum, so fragen Ramey und Ramey, würden Eltern, deren Zeit ökonomisch zunehmend wertvoller wird, mehr davon für »nichts« aufgeben (also um Zeit mit ihren Kindern zu verbringen)? Das Forscherpaar ist der Ansicht, dass der »Kohorteneffekt« ursächlich dafür ist – es ist dieser Tage so schwer, an einem Elite-College angenommen zu werden, dass Eliteeltern mehr Zeit darauf verwenden müssen, ihre Kinder darauf vorzubereiten. Die beiden Ökonomen drücken das so aus: »Wir vertreten die Ansicht, dass der zunehmende Wettbewerb um die Aufnahme an einem College unter Umständen einen wichtigen Grund für diese Entwicklungen darstellt. Die Zahl der Schüler, die Richtung College streben, ist in den letzten Jahren in die Höhe geschnellt. Gleichzeitig gab es einen Anstieg bei der Zeit, die für die Betreuung von Kindern aufgewendet wird. Die resultierenden ›Kohorteneffekte‹ haben dazu geführt, dass Eltern aggressiver um Studienplätze an den Colleges konkurrieren, indem sie mehr Zeit in die Vorbereitung aufs College investieren.«[49] Aus einer Studie in der Fachzeitschrift *Demography* geht hervor, dass wohlhabende, gebildete Eltern nicht nur mehr Zeit mit ihren Kindern verbringen, sondern auch bedeutend mehr Geld für sie ausgeben.

Während diese Aufwendungen in der Vergangenheit mit den Teenagerjahren zusammenfielen, gaben wohlhabende Familien nach den 1990er-Jahren das meiste Geld für die unter 6-jährigen Kinder und für die Mitte-20-Jährigen aus.[50] Kurzum, sein Kind samstagmorgens zu diesen Violinstunden in der Vorschule zu schleppen kann ihm wirklich den Weg nach Princeton ebnen.

Diese Erziehungspraktiken fügen sich in den Rahmen ein, den Annette Lareau als »konzertierte Kultivierung« beschrieben hat. Sei es das Stillen, um den IQ des Babys zu erhöhen, oder der Kunstunterricht im Alter von drei Jahren oder Lacrosse in der Highschool – Eltern der aufstrebenden Klasse sehen ihre Kinder als Entwicklungsarbeit an und beginnen so damit, ihre elterlichen Verhaltensweisen zu strukturieren und kultivieren, um den zukünftigen Erfolg ihrer Kinder zu maximieren. Lareau bemerkt dazu in ihrem Buch *Unequal Childhoods*, dass diese Entscheidungen in Erziehungsfragen sowohl einen Hinweis auf die gegenwärtige soziale Klasse geben, als auch einen Einfluss auf die gesellschaftliche Position, Bildung und Arbeit in der Zukunft haben. Nebst strukturierten Aktivitäten – von Geburt an bis zur Highschool – werden Kinder aus Familien der gehobenen Mittelschicht dazu ermuntert, Autorität zu hinterfragen, sich ständig im Verhandeln mit ihren Eltern zu üben, und erlangen – durch ihre diversen Verpflichtungen – eine gewisse gesellschaftliche Gewandtheit. Dieser Form von Elternschaft steht das »natürliche Aufwachsen« gegenüber, welches laut Lareau der vorherrschende Erziehungsstil unter armen Eltern und Eltern der Arbeiterklasse ist. Unter Anwendung dieses Erziehungsstils wird Wert darauf gelegt, dass Autorität respektiert wird. Die Eltern geben mehr Anweisungen (es heißt zum Beispiel »Wasch dir die Hände!« und es gibt keine ausführliche Diskussion über den Ursprung von Keimen), und es wird viel weniger Zeit mit geplant vorgegebenen Aktivitäten verbracht (zum Beispiel weniger Musikunterricht, Verabredungen zum Spielen und Sport). Die aufstrebende Klasse erzieht ihre Kinder dazu, sich frei und mündig zu fühlen. Diese verfügen in der Regel über ein größeres Vokabular und mehr soziale Kompetenz (aber werden für ihr Anspruchsdenken kritisiert), während die Kinder der Arbeiterklasse, oft ohne großes Zutun, lernen, Befehle zu befolgen, was als wichtig für ihre spätere Arbeit in wenig abwechslungsreichen Jobs gilt (gleichzeitig jedoch ihre Aufwärtsmobilität einschränkt).

Damit die Kinder aus der gehobenen Mittelschicht hochkultivierten Freizeitaktivitäten nachgehen können, benötigen sie räumliche, kulturelle und finanzielle Voraussetzungen. Eltern der aufstrebenden Klasse (sogar die überarbeiteten) nutzen ihre wertvolle Freizeit dazu, diese Struktur zu pflegen: Sie melden ihre Kinder außerhalb des regulären Unterrichts für Extrastunden in den Naturwissenschaften an, zum Kinder- und Jugendfußball bei AYSO, Kunstunterricht und zur SAT-Vorbereitung. Darüber hinaus unterhalten sie sich mit ihren Kindern ausführlich über alle möglichen Themen, über die ihre Kinder reden möchten. Bei dieser Form von Elternschaft ist eine starke Gruppendynamik erkennbar. Eltern auf dieser gesellschaftlichen Stufe tauschen Notizen und Vorschläge aus, konkurrieren auf dem Spielplatz, auf Mailinglisten für Eltern und auf schulischen Veranstaltungen miteinander, während Eltern mit geringem Einkommen nicht über die Zeit, das Wissen oder Kapital verfügen, um sich daran zu beteiligen. Lareau mutmaßt:»Kinder wachsen in einer breitgefächerten und stark geschichteten Gesellschaft auf.«

Der produktive Müßiggang
der aufstrebenden Klasse

Egal, ob es um Elternschaft oder Sport geht, paradoxerweise ist die aufstrebende Klasse des 21. Jahrhunderts im Zuge des demonstrativen Müßiggangs in Wirklichkeit ziemlich produktiv. Dieser Widerspruch beruht auf der Tatsache, dass die heutige»müßige Klasse«

sich nicht wirklich im Müßiggang übt. Demonstrativen Müßiggang gibt es noch, aber es gibt zwei große Veränderungen. Erstens, die heutigen Mitglieder der aufstrebenden Klasse, von denen sich viele ihre Position hart erarbeitet haben, füllen selbst ihre Freizeit noch mit produktiven und »wertvollen« Beschäftigungen. Zweitens, die zentralen Dinge, mit denen man zu Veblens Zeit demonstrativen Müßiggang pflegte – Besuch eines Colleges, sportliche Aktivitäten – sind nun wesentliche Voraussetzungen, um nach oben zu kommen.

Abgesehen von der ein oder anderen immer schon vermögenden Familie und ein paar Oligarchenkindern, verdienen die meisten Leute ihr Geld selbst, und jene, die das meiste Geld verdienen, arbeiten auch am meisten. Der Ökonom Robert Frank behauptet, dass diese Arbeitsmarkteliten tatsächlich die Erfahrung machen, dass die »Freizeit ungleich verteilt ist« (ohne Zweifel durch ihr eigenes Zutun). Die am besten ausgebildeten und wohlhabendsten Leute haben, absolut betrachtet, weniger Freizeit als die weniger gut gestellten. Sie sind durch ihr Arbeitsleben so sehr daran gewöhnt, über die Maßen produktiv zu sein, dass sich das in ihre Freizeit hinein auswirkt. Das betrifft auch den starken und aktiven Fokus, den sie auf die Kindererziehung setzen. Derlei Hingabe entspringt zwar auch der Liebe zu den eigenen Kindern, aber hat auch mit dem elterlichen Glauben zu tun, dass diese Anstrengungen die Erfolgschancen des Nachwuchses in der Zukunft erhöhen und ihm ein besseres Leben ermöglichen. Dieser letzte Punkt macht deutlich, dass die Art der Kindererziehung nicht nur über den Zusammenhang mit demonstrativem Müßiggang auf die gesellschaftliche Position hinweist, sondern dass dadurch faktisch die Klassenzugehörigkeit und sozioökonomische Position reproduziert wird. Seinen Kindern vorzulesen, mit ihnen auf dem Boden sitzend zu spielen sowie Zeit, Geduld und Geld für Sport und Vorbereitungskurse für die einschlägigen Zulassungstests zu stecken erfordert zwar extra viel Zeit im Hier und Jetzt, aber so haben diese Kinder auch die besten Aussichten auf eine erfolgreiche Zukunft.

Egal, ob es ums Bemuttern oder das Chauffieren des Kindes zum Hockeytraining geht – es herrscht ein konstanter Druck, auf der Arbeit und im Leben produktiv zu sein, und diese Beobachtung gilt nicht nur für die Kindererziehung. Der Ökonom Staffan Linder nutzt dafür den Begriff »harried leisure class«, was so viel wie »die gestressten feinen Leute« bedeutet, um den Kreislauf zu beschreiben, der sich ergibt, wenn mehr gearbeitet wird, um mehr zu verdienen – ein Kreislauf, den er »paradoxes of affluence«, also »Wohlstandsparadox«, nennt.[51] Aufgrund der Art und Weise, wie die aktuell kapitalistisch geprägte Wirtschaft funktioniert, muss man Zeit opfern, um Vermögenswerte aufzubauen, und Zeit kann man nicht lagern. Deswegen haben wir in diesem Kreislauf, in dem wir Geld erwirtschaften, um mehr zu konsumieren, letzten Endes weniger Zeit, um einfach die Annehmlichkeiten des Lebens zu genießen. Diese sozioökonomischen Bedingungen werden aus der langjährigen Beobachtung der modernen industriellen und postindustriellen Gesellschaft abgeleitet. Viele Mitglieder der aufstrebenden Klasse sind durch harte Arbeit erfolgreich geworden, und dieses Ethos, im öffentlichen Sprachgebrauch »protestantisches Arbeitsethos«, wird in alle Lebensbereiche hineingetragen. Man kann diese selbstauferlegten Einschränkungen und diese Nur-Arbeit-kein-Vergnügen-Attitüde auf den Puritanismus zurückführen, aber in Wirklichkeit gehen die Entstehung und der Aufstieg einer neuen Klasse von Arbeitern, welche durch harte Arbeit zu Kapital und nach oben gekommen sind und nicht durch adelige Herkunft und Abstammung, auf die industrielle Revolution zurück. Produktivität wird sehr geschätzt und mit wirtschaftlichem Erfolg belohnt und so wiederum mit gesellschaftlicher Position und Status. Heißt man nicht gerade Bill Gates (der im Übrigen sein Studium in Harvard abgebrochen hat), ist es ohne Collegeabschluss schwierig, nach oben zu kommen oder gar wirklich reich zu werden. Der Besuch einer Universität – bei Veblen wahrhaftig eine Institution des Müßiggangs – ist für jedes Mitglied der kapitalistischen Ge-

sellschaft absolut unerlässlich. Die ganz »faulen« Fächer – Literatur
und Philosophie des klassischen Altertums, die Geisteswissenschaf-
ten und die Poesie – sind eine aussterbende Spezies, da Studierende
einem betriebs-, volks- oder finanzwirtschaftlichen Abschluss den
Vorzug geben. [52] Diese Fächerwahl ist sogar noch weiter entfernt von
Veblens Vorstellung von Müßiggang – beim Lernen geht es nicht einfach nur darum, gut erzogen oder belesen zu sein. Es geht darum,
Wissen in Produktivität zu verwandeln. Bei Sport und Geigenunterricht – zu Veblens Zeiten ebenso Aktivitäten des demonstrativen Müßiggangs – handelt es sich nun um produktive und proaktive Maßnahmen, um zum Wunschkandidaten der Universität zu werden. Mit
dieser Art von Aktivitäten schafft man es, am College angenommen
zu werden. Wenn man Football spielt oder auf der Aschenbahn seine
Runden dreht, drei Instrumente oder vier Sprachen lernt, hat man
eine kleine, aber reelle Chance, bei den Universitäten der Ivy League
angenommen zu werden. Mit Sport kann man nun ein Stipendium
erhalten und seine unterschiedlichen Talente und seine Vielseitigkeit
als Bewerber unter Beweis stellen. Im Vereinigten Königreich haben
Studierende im Rahmen eines »Brückenjahrs«, also eines nicht obligatorischen freien Jahrs zwischen Schule und Studium, die Möglichkeit, die Welt zu bereisen, interessante Praktika zu machen und
in Entwicklungsländern zu arbeiten. All das sind lobenswerte Dinge,
aber sie sind auch Teil der Vorbereitung auf das Studium und dienen
dazu, sich interessanter für die Auswahlkommissionen zu machen.

Durch diesen Wandel haben die Eliten neue Wege gefunden, um
ihre gesellschaftliche Position mittels demonstrativen Müßiggangs
zu verdeutlichen. Heute hat sich demonstrativer Müßiggang so weit
vom ursprünglichen Sinn – ein Bollwerk aus Faulheit und Unproduktivität – entfernt, dass die aufstrebende Klasse ihr eigenes Verhalten (und das anderer) moralisch beurteilen kann. Im nächsten Abschnitt wird deutlich, dass die Mitglieder der aufstrebenden Klasse
dafür auch materielle Mittel und Wege finden.

Sporthosen von Lululemon und produktiver demonstrativer Müßiggang

In den 1950er-Jahren musste Lotte Berk als ehemalige Balletttänzerin in London einen Weg finden, um ihre Rechnungen zu bezahlen. Zusammen mit einem Osteopathen (der ihr dabei half, sich von ihren ballettbedingten Verletzungen zu erholen) kreierte sie sportliche Übungen, ähnlich aufgebaut und effektiv wie Pilates und Yoga, mit denen aber, wie sich herausstellte, sogar noch bessere Ergebnisse erzielt werden konnten. Berks Methode, atemberaubend schwierig und anstrengend, konzentrierte sich auf die Stabilität der Körpermitte und sehr spezifische Kräftigungsübungen mit so lustigen und vielsagenden Namen wie »the Prostitute« (»die Prostituierte«) und »the French Lavatory« (»die französische Toilette«) – vermutlich inspiriert von der mit wiederholten Hüftschwüngen gespickten Trainingsroutine. Berk, einmal in einem Porträt als »quirlige deutsche Jüdin, die gerade noch vor den Nazis flüchten konnte«, beschrieben, eröffnete ihr Manchester Street Studio in einem mit Teppich ausgelegten zugigen, dunklen Keller unter dem Salon ihrer Freundin Vidal Sassoon im Londoner West End.[53] Die beiden bauten sich mit der Zeit einen gemeinsamen treuen Stamm aus Kunden auf, allesamt Mitglieder der glamourösen Gesellschaft des »Swinging London« der 1960er. Sassoon frisierte die Haare der Damen, und Berk brachte die Körper der prominenten Kundschaft in Form, zu denen unter anderem Joan Collins und Barbra Streisand zählten. Wie es der *New York Observer* ausdrückte, war diese Fitness-Methode »das Original, der Beginn von allem – die Grand Dame, die deinen Hintern kleiner und höher und nicht ganz so flach machte. Sie gab es schon, bevor es an jeder Ecke Step Aerobic, Spinning, Pilates und Tae-Bo sowie New Yorker Fitnessclubs und Yoga-Studios gab.«[54]

In den 1960er-Jahren tauchte im Manchester Street Studio eine

Frau namens Lydia Bach auf und war begeistert von der verwandlungsgleichen Wirkung der Übungen und der Anhängerschaft, die Berk um sich versammelt hatte. Bach schloss mit Berk einen (für Berk nicht besonders lukrativen) Vertrag und nahm die Fitness-Routine mit über den Großen Teich. 1970 eröffnete Bach das Lotte Berk Method Studio auf der 67. Straße im Herzen der Upper East Side in New York City und später noch ein weiteres Studio in einer alten Kartoffelscheune in den Hamptons, auf Bridgehampton's Butter Lane, sodass ihre Kunden auch noch während ihres Sommerurlaubs zum Training kommen konnten. Die WASPs der oberen Zehntausend, Prominente und New Yorks Schickeria strömten in Scharen zum Unterricht – es waren diese von Tom Wolfe (auch ein Kunde von Bach) beschriebenen »gesellschaftlichen Röntgenbilder«. Bach selbst berichtete: »Bei mir waren alle drei Kennedy-Generationen… in einem Kurs versammelt.« Viele Jahre lang handelte es sich bei den Studios um »ein wohlgehütetes und teures Geheimnis der New Yorker Oberschicht«, wie es der *New York Observer* ausrückte, und Bach lehnte es ab, daraus ein Franchise-Unternehmen zu machen oder anderen vertraglich zu erlauben, weitere Studios in New York oder anderen Städten zu eröffnen (Bach selbst betrieb für kurze Zeit ein Studio in Los Angeles). Bei einem Preis von 30 US-Dollar pro Unterrichtseinheit (das entspricht 183,87 US-Dollar im Jahr 2015) konnten sich in den 1970er-Jahren sowieso nur die Reichen den Studiobesuch leisten. Aber aufgrund des Erfolgs des Studios und seiner begeisterten Fangemeinde war es schwer, andere davon abzuhalten, die Methode zu kopieren. Die Übungen funktionierten wirklich. Weil im Rahmen der Übungen einzelne Muskelgruppen durch gezielte Bewegungen separat trainiert wurden, sah der eigene Körper danach wirklich anders aus – gestrafft und gefestigt in einer Art und Weise, wie man es mit einer gewöhnlichen Laufrunde, einem Tennisspiel oder einem Besuch im Fitnessstudio nicht erreichen konnte. Innerhalb von ein paar Jahrzehnten schossen verteilt über New York City immer mehr Ableger aus dem Boden und schließlich auch in anderen bedeutenden Großstädten im ganzen Land. Bevor Burr Leonard und ihr damaliger Ehemann Carl Diehl 1992 ihr erstes The Bar Method Studio in Greenwich, Connecticut, eröffneten, hatten sie Berk kennengelernt und waren Schüler am Lotte Berk Method Studio gewesen. 1999 eröffneten sie drei weitere Studios in Darien, Westport und New Canaan in Connecticut. Aus sozioökonomischer und demografischer Sicht entsprachen die Standorte der Studios in Connecticut ungefähr der Upper East Side in New York. Ein paar Jahre später verließen zwei von Bachs Vorzeigeschülern, Fred DeVito und Elisabeth Halfpapp, das Lotte Berk Method Studio und entwickelten Core Fusion – ein Ganzkörpertraining, welches in den Exhale-Spas von New York City ein Zuhause fand. Das führte nicht nur dazu, dass die meisten von Bachs Lehrern recht schnell fortgingen, sondern auch dazu, dass aufgrund des glamourösen Hintergrunds (und den Vorteilen, die ein Spa mit sich bringt) des neuen Zuhauses von Core Fusion viele Kunden Bach verließen. Bachs Devise lautete »kein Schnickschnack«, und ihr Studio befand sich in einem alten, zunehmend baufälligen Haus aus braunem Sandstein. Eine Kundin beschrieb es als »Schutthalde« und meinte: »Ich denke da an die Toilette meiner Großmutter«.[55]

Nach diesen frühen Ablegern wurden noch eine ganze Reihe von weiteren verschiedenen Barre-Studios eröffnet, verteilt über das ganze Land – Pop Physique (Los Angeles, New York und San Francisco), The Bar Method (nach Connecticut folgten noch weitere Studios in Dutzenden anderen Orten im Land) und, vielleicht am berühmtesten, Physique 57 (New York City, in den Hamptons – in den Räumen des alten Lotte Berk Studios – und in Beverly Hills). In jedem dieser Studios wird eine Methode gelehrt, die zu unterschiedlichen Anteilen auf Yoga und Pilates sowie Ballettelementen beruht, wobei verschiedene Gewichte sowie eine Ballettstange (die Barre) zum Einsatz kommen.

Egal, wo man hingeht – das Training an der Barre ist das Paradebeispiel für den demonstrativen Müßiggang des 21. Jahrhunderts. Sicher, die Kundschaft unterscheidet sich, also die Bezugsgruppe, mit der man sich im demonstrativen Müßiggang übt, ist eine andere und der Kleidungsstil auch, aber der Effekt ist der gleiche: Diese Trainingsstunden signalisieren stabile Finanzen und freie, für derlei Freizeitaktivitäten verfügbare Zeit. Dieser demonstrative Müßiggang wirkt auf mehreren Ebenen. Streng genommen ist jede Trainingseinheit wirtschaftlich gesehen und gemessen an den weltweit üblichen Preisen (die ungefähr zwischen 10 US-Dollar bis 40 US-Dollar pro Einheit liegen), ein teures Vergnügen, und um den gewünschten Effekt zu erreichen, muss man zwei- bis viermal pro Woche zum Training gehen. Da kommt recht schnell eine stolze Summe zusammen, selbst wenn nicht jede Trainingseinheit 183,87 US-Dollar kostet.

Aber es gibt noch weitere soziale und kulturelle Signale, die durch das Besuchen von Barre-Trainings ausgesendet werden. Da demonstrativer Müßiggang nahelegt, dass man über luxuriös viel Zeit verfügt, offenbart man mit den stundenlangen Trainingseinheiten, dass man zeitlich in der Lage ist, da hinzugehen und seinen Körper zu perfektionieren. Jene, die Montagvormittag um 11 Uhr (oder irgendwann in der Mitte eines Arbeitstages) zum Training gehen, üben sich gegenüber allen anderen Teilnehmern offen im demonstrativen Müßiggang. Für sich genommen deutet man durch sein Verhalten allein somit schon an, dass man im Job eine gewisse Flexibilität genießt oder gut dasteht oder beides oder in manchen Fällen auch, dass man luxuriöserweise gar nicht arbeiten muss. Wie Deric Williams von Pop Physique dazu anmerkte: »Eine alleinstehende Mutter aus Kentucky kann das nicht machen ... Wir haben mal Kinderbetreuung [im Studio] angeboten, aber das Angebot wieder eingestellt, weil die meisten Leute Babysitter und Kindermädchen hatten.«

Zweitens, Leute, die zu solchen Sportkursen gehen, tragen in der Regel beim Training und bei alltäglichen Besorgungen eine bestimmte Art von Kleidung. Jennifer Williams, eine ehemalige Balletttänzerin und Mitbegründerin von Pop Physique, berichtet aus ihrer Zeit als Lehrerin im Studio The Bar Method, dass sie zunächst nicht irgendwelche besonderen Sachen zum Training trug. Doch Anfang der 2000er unterrichtete sie die Barre-Methode in San Francisco, und dort, wie sie sagt, merkte sie: »Jede Frau hatte beim Training so eine Hose mit einem kleinen Symbol an. Mir wurde bewusst: ›Ich brauche auch so eine Hose.‹« Diese Hose, die Groove Pant von Lululemon, ist das »signature piece« beziehungsweise das Markenzeichen der Kollektion des Unternehmens und verkörpert sinnbildlich die neue urbane Form des demonstrativen Müßiggangs. Die Hosen (schwarz mit Schlag und aus dickem Elasthangewebe, was alles nach innen zieht), sind wirklich echte Figurschmeichler. Dennoch muss man auch mit einer Groove Pant tatsächlich trainieren, damit man darin gut aussieht. Zudem muss man ausreichend Geld haben, um sich so eine Hose kaufen zu können (eine Hose kostet 100 US-Dollar, und man braucht vermutlich mehr als eine, wenn man mehrmals in der Woche trainiert). Und schon weist das Tragen dieser Sporthosen schlagartig auf den demonstrativen Müßiggang des Trägers hin. Jedes dieser Sportstudios hat auch eine eigene Bekleidungslinie, bestehend aus T-Shirts, eng anliegenden Stücken aus Elasthan und den üblichen, für das Barre-Training »nötigen« Stopp-Socken (häufig zeigt die Antirutschbeschichtung an der Sohle das Logo oder den Namen des Studios und beugt einem Wegrutschen an der Barre beziehungsweise Ausrutschen auf dem Hartholzboden des Studios vor). In letzter Zeit sind viele Abwandlungen der Groove Pant von Lululemon auf den Markt gekommen, einschließlich Yoga-Hosen mit Mesh-Einsätzen, Leggins mit wilden geometrischen Mustern und Teilen, die Stella McCartney für Adidas entworfen hat und die bei Barneys verkauft werden. Selbst jene, die nicht äußerst gewissenhaft regelmäßig zum Training gehen, können den Anschein demonstrativen Müßiggangs erwecken, indem sie regelmäßig legere Sportkleidung wie die von Athletica oder Lululemon tragen. Designer-Fitnesskleidung ist zum Bestandteil des Mythos der aufstrebenden Klasse geworden.

In Endeffekt ist der springende Punkt: Wenn jemand die Zeit und das Geld hat, mehrmals in der Woche zum Cardio-Barre-Training zu gehen, sieht man das dieser Person auch an. Der *New York Observer* stellte entsprechend ohne große Umschweife fest, dass sich die Figur der Frauen, die zum Barre-Training gehen, von denen unterscheide, die an anderen Sportkursen teilnehmen. So üben sich diejenigen, die im Pop Physique, Physique 57 oder The Bar Method oder irgendwo anders Cardio-Barre-Training praktizieren, schon allein, wenn sie sich auf dem Weg einen Kaffee holen, im Supermarkt einkaufen oder essen gehen, in demonstrativem Müßiggang – einfach nur, indem sie ihr Leben leben. Und sollte man sich mal sorgen, dass die Welt nicht mitbekommt, wie viel Arbeit hinter solch demonstrativem Müßiggang steckt, gibt es immer noch das »Voll-fit-Selfie« – ein Foto, aufgenommen nach dem Training, was sofort auf Facebook oder Instagram oder auf dem eigenen Blog gepostet werden kann.

Dieser Trend zeigt sich auch in anderen Formen des demonstrativen Müßiggangs, und zwar bei allem, wobei Mitglieder der aufstrebenden Klasse materielle Wege finden, um ihren Müßiggang demonstrativ zur Schau zu stellen – mit ihrer Kleidung, den Wasserflaschen, die überallhin mitgeschleppt, und den schmutzig-grünen Säften, die nach dem Workout hinuntergespült werden, sowie der Tatsache, dass man schlicht Mitglied oder regelmäßiger Gast eines ausgewählten Fitnessstudios ist. In ihrem Buch *Fit for Consumption* schaut sich die Soziologin Jennifer Maguire an, wie es ins große Bild passt, dass man seine Freizeit dazu nutzt, Sport zu treiben, und so Freizeit als Gelegenheit wahrgenommen wird, produktiv zu sein und sich persönlich weiterzuentwickeln. Dass man die Gelegenheit hat, seine Zeit mit Sport auszufüllen, ist ein Zeichen von gesellschaftlicher Position und Luxus, und deshalb, wie Maguire angibt, erfanden

Studios und Fitnesscenter sich und ihre Fitnessprogramme schnell entsprechend neu. Maguire stellt fest: »Die Zukunft des Sports wurde neu formuliert. Clubs verkauften Fitness als Lebensweise und Freizeitaktivität… Die Mitgliedschaft in einem Fitnessstudio und das körperliche Erscheinungsbild waren miteinander zusammenhängende, zum allgemeinen Lifestyle gehörende Statuskennzeichen.« Orte wie Equinox und Core Fusion, wo es ursprünglich nur um Sport ging, begannen damit, Luxusdienstleistungen und Annehmlichkeiten anzubieten. So ist schon der Besuch dieser Einrichtungen für sich genommen ein Zeichen für die gesellschaftliche Position. Dazu schreibt der n+1-Mitbegründer Mark Greif: »Moderner Sport lässt dich die Maschine in dir selbst erkennen. Nichts lässt einen so sehr glauben, dass wir nostalgische Gefühle für die Arbeit in der Fabrik hegen, wie ein Fitnessstudio.«[56] So ist Freizeit immer produktiv genutzte Zeit, und die zugehörigen Güter und Dienstleistungen – mit Sicherheit auf irgendeine Weise demonstrativer Konsum – sind ein effizientes Mittel, um der Welt zu zeigen, dass man seine Freizeit dazu nutzen kann, um in Form zu bleiben und seine Bauchmuskeln zu perfektionieren. Im *Economist* wurde neulich berichtet, dass, während die Rezession viele Branchen hart getroffen hätte, die Sportbranche (in Bezug auf Fitnessstudios, Clubs und Trainings) weiterhin mit robustem Wachstum aufwarte. Die Branche verdankt ihre Gesundheit sozusagen der zunehmenden Zahl von Eliten, die Sport treiben. Die Leute im obersten Fünftel treiben zum Beispiel in Minuten sechsmal so viel Sport pro Woche wie jene im untersten Fünftel. Entsprechend wird in dem Artikel festgestellt, dass »absichtliches Schwitzen zu einem Phänomen der Elite wird. Wo ›Erfolg‹ einst ein Synonym für Übergewicht war, ist es nun ein Statuskennzeichen, fit (und entsprechend dünn) zu sein.«[57] Oder wie der Soziologe Harvey Molotch bemerkte: »Freizeit bedeutete einst, richtiggehend bleich zu sein und keine definierten Muskeln zu haben. Heute muss es einem finanziell schon ganz gut gehen, um definierte Muskeln zu *haben.* Die Männer der Arbeiterklassen waren einst die Einzigen mit einem Bizeps. Durchs Arbeiten im Schnellimbiss bekommt man aber keinen Bizeps.«

Diese Beispiele unterscheiden sich in keiner Weise von den gesellschaftlichen Konventionen der privilegierten, modernen Mutterschaft.»[...] dass das Stillen Durchhaltevermögen erfordert, Unannehmlichkeiten und in manchen Fällen körperliche Beschwerden mit sich bringt, macht es erst recht zum Statussymbol«, schreibt Pamela Druckerman.[58] Frauen gehen während ihrer Elternzeit nicht täglich zur Maniküre. Stattdessen verbringen sie ihre Zeit damit zu stillen, eine Bindung zu ihrem Kind aufzubauen, und versuchen, ihm einen sprachlichen Vorsprung zu verschaffen. Bei all dem sind sie produktiv, aber daran zeigt sich auch, dass sie luxuriöserweise Zeit im Überfluss haben, die den meisten Müttern nicht zugestanden wird.

Die Freizeitproduktivität der aufstrebenden Klasse strahlt in alle Lebensbereiche aus. Manche Mitglieder können sich nie einfach nur entspannen. Sogar beim Fernsehen – *Mad Men, Breaking Bad, Game of Thrones* oder die neueste Sendung auf HBO – geht es darum, kulturell auf der Höhe zu bleiben. Wie sonst kann sich ein Mann auf einer Dinner-Party einen informierten (und intellektuellen) Anschein geben, wenn er seine Freizeit nicht damit verbringt, Dinge zu tun, die ihn schlau und kulturell interessiert erscheinen lassen? Und wenn ein Mitglied der aufstrebenden Klasse eigentlich nicht die Zeit hat, fernzusehen oder Bücher zu lesen, haben die über die Maßen produktiven Leute durch Medien, angefangen von Twitter bis hin zu Daily Beast, die Möglichkeit, so zu tun, als ob sie die neusten kulturellen Ereignisse, Fernsehprogramme oder Bucherscheinungen verfolgen. So können sie sich den Anschein geben, mehr Zeit mit dem Lesen der Zeitung und des *New Yorker* zu verbringen, als überhaupt jemand wirklich damit verbringt.»Nun fühlen wir uns alle konstant unter Druck gesetzt, genug zu wissen. Immer. Damit wir bloß nicht als kulturelle Analphabeten enttarnt werden. Damit wir den›Elevator Pitch‹, das Geschäftstreffen, den Besuch in der Büro-kantine und die Cocktailparty überleben können; damit wir posten, tweeten, chatten, kommentieren, schreiben können, als ob wir da gewesen wären, es gelesen, gesehen, gehört hätten.« Karl Taro Green-field schreibt in der *New York Times*: »Was für uns, während wir in Petabytes an Daten ertrinken, zählt, ist nicht, dass wir diese Inhalte tatsächlich direkt konsumiert haben, sondern dass wir einfach nur wissen, dass sie existieren – und wir uns dazu positionieren und in der Lage sind, uns an den Gesprächen *darüber* zu beteiligen. Unsere Informiertheit kommt einem Flickwerk aus Wissen gefährlich nahe. Wir lügen nicht direkt, wenn wir auf einer Cocktailparty oder in Ge-sellschaft beim Trinken wissend nicken, wenn ein Kollege einen Film oder Buch erwähnt, den oder das wir eigentlich nicht gesehen bezie-hungsweise gelesen haben, ja, noch nicht einmal eine Rezension da-von. Die Chancen stehen ziemlich gut dafür, dass unser Gesprächs-partner selbst nur die scharfen Beobachtungen von jemandem aus seiner Timeline oder seinem Feed wiederholt.«[59]

Bei all der Produktivität, die die Mitglieder der aufstrebenden Klasse in ihrer Freizeit an den Tag legen, vergessen sie, was es für ein Luxus ist, auf diese Weise Zeit zu verbringen. Sie sind sehr damit beschäftigt, zu demonstrieren und zu signalisieren, auf welch ein-zigartige Weise sie ihre Zeit mit Dingen verbringen, die sich grund-legend davon unterscheiden, was alle anderen machen. »So, wie sie von ihrer Investition und Menschenfreundlichkeit einen Nutzen haben wollen«, schreibt der Ökonom Robert Frank, »wollen reiche Leute nun auch aus ihrer Freizeit einen Nutzen ziehen.« So wird ein Teil der Zeit auch dazu verwendet, jene zu verurteilen, die ihre Zeit nicht damit verbringen: Flaschennahrung anstelle von Muttermilch? Giftig! Die kulturellen Analphabeten, die ihre Zeit mit dem Gucken von flachen Sitcoms verbringen? Beschämend! Mit anderen Worten gehört zum modernen demonstrativen Müßiggang eine kulturelle und moralische Überlegenheit, die sich gegen diejenigen richtet, die sich nicht so verhalten, und die Annahme, dass diese Nichtbeteiligung immer selbst gewählt ist. In Wahrheit ist es viel komplizierter. Diese so natürlich scheinenden Verhaltensweisen, von denen viele Mitglieder der aufstrebenden Klasse denken, dass ein jeder sich so verhalten sollte, sind tief in den sozialen Normen der gebildeten Elite und deren gesellschaftlichem Umfeld verankert. Stillen und eine natürliche Geburt funktionieren »intuitiv« oder »instinktiv«, so oder so ähnlich wird gedacht. Aber man sollte sich nicht beirren lassen: Es handelt sich um einen Luxus, selbst wenn es sich um ermüdende Tätigkeiten handelt, die sich wie Arbeit anfühlen. So intuitiv sich solche Gepflogenheiten auch anfühlen mögen, für die Mittelschicht und unteren Klassen handelt es sich dabei nicht um eine offensichtliche oder einfache Option. An dieser Stelle lohnt sich der Verweis auf einen der größten Denker des 20. Jahrhunderts. Daniel Bell schrieb 1976 *Die kulturellen Widersprüche des Kapitalismus,* und dabei handelt es sich nach wie vor um eine der beeindruckendsten Charakterisierungen der modernen Gesellschaft. Bell argumentiert, dass die Gesellschaft die wirtschaftlichen Vorteile, die der Kapitalismus und sein Arbeitsethos mit sich bringen, dazu genutzt habe, neue Empfindlichkeiten und massive Freiheiten in unseren gesellschaftlichen Verhaltens- und kulturellen Ausdrucksweisen zu schaffen. Diejenigen, die sich einst mit einem Leben in protestantischer Sparsamkeit und Genügsamkeit hätten abfinden müssen (man denke an *Herr und Opfer der Organisation* von William Whyte), begeistern sich jetzt für die neuen kulturellen Verhaltensweisen – das Leben der Avantgarde (existiert diese überhaupt noch?) – und einen unkonventionellen Lebenswandel. Weil wir wirtschaftlich so produktiv sind, haben wir die Möglichkeit, kulturell offen zu sein. Wir werden zu »kulturellen Allesfressern«, wie die Soziologen diese spezifische grundlegende Eigenart der neuen gesellschaftlichen Elite nennen, und sind fortlaufend sehr produktiv. Das zeichnet die aufstrebende Klasse aus und ist auch kennzeichnend dafür, wie die Mitglieder Teil der Klasse wurden. Doch nach außen hin zeigt sich der so produktiv errungene Erfolg und Status in der damit einhergehenden Lebensweise und den Konsumentscheidungen.[60] Bells großartiger Beitrag in dieser Hinsicht besteht darin festzustellen, dass die Gesellschaft sich kulturell so verlagert hat, dass antibürgerliche Lebensstile (sogar alternative Lebensweisen) zu einem Kennzeichen von höherem wirtschaftlichem Status geworden sind. Oder wie David Brooks anmerkt: Bobos geben sich alle Mühe, Konsumentscheidungen in heilige und moralische Entscheidungen zu verwandeln (Wasserfilter, private Meditationsstunden, Stillberaterinnen und mit Schiefer ausgekleidete Zen-Badezimmer). Diese Entscheidungen, die scheinbar instinktiv getroffen werden oder eine Rückkehr zu einem natürlicheren Lebensstil darzustellen scheinen, sind in Wirklichkeit das Ergebnis des Kapitals, das uns die Freiheit gibt, so zu leben.»Achtsamkeit« mag wie eine tugendhafte Rückkehr zum vordigitalen Zeitalter erscheinen und antikapitalistische Wertvorstellungen vermuten lassen, aber um meditieren zu lernen und zu üben, bedarf es Zeit und Geld. Kochtöpfe aus Kupfer, viel verträglicher für die Umwelt als die Alternative aus Teflon (und natürlich durch die Verwendung eines natürlichen Stoffes auch naturnaher), kosten im Set 1.500 US-Dollar, während Letzteres für 50 US-Dollar zu haben ist. Oder, um nochmals den Historiker Frank Trentmann zu zitieren:»Wie man feststellen wird, ist die Moral tief verwoben in das Gefüge unseres materiellen Lebens.«[61]

Es lässt sich schwer auseinanderhalten, inwiefern Statusentscheidungen das Bedürfnis, sich der Welt zu präsentieren, widerspiegeln oder das grundmenschliche Verlangen nach Akzeptanz. Der Frau, die mit dem Kauf einer Birkin-Handtasche von Hermès versucht dazuzugehören, bringen wir wenig Mitgefühl entgegen (siehe auch *The Primates of Park Avenue*). Für das Verhalten der Frau hingegen, die sich dazu entscheidet zu stillen, ihr Baby zu Hause zur Welt zu bringen oder ihren Job zu kündigen, um mehr Zeit mit ihrem

Kind verbringen zu können, aus gesundheitlichen Gründen Sport zu machen, scheint es hingegen einen echten, tiefergehenden oder zumindest nicht egoistischen Grund zu geben. Die Frauen in diesen Beispielen sind jedoch nur in der Lage, diese scheinbar komplett unterschiedlichen Entscheidungen zu treffen, weil sie derselben sozioökonomischen Klasse angehören und über entsprechendes kulturelles Kapital verfügen. Gleichzeitig ist Amerikas neue Art demonstrativen Müßiggangs demnach mit einem Rückschritt verbunden – es entsteht eine gesellschaftliche Schichtung und Ungleichheit, die sogar noch stärker ist als die, die durch Designer-Handtaschen hervorgerufen wird. Im Falle der Handtasche ist es zumindest klar, dass sich die Leute, die das Geld haben, die Luxus-Version kaufen. Im Falle des demonstrativen Müßiggangs nehmen wir an, dass es sich um eine moralische Entscheidung handelt, wenn jemand etwas nicht tut. Wir ignorieren die sozioökonomischen Einschränkungen (oder die Freiheiten der finanziell gut gestellten Mitglieder der aufstrebenden Klasse), die bestimmen, wie Leute Entscheidungen treffen. Warum ist die eine Person übergewichtig oder warum die andere weniger kulturell interessiert? Vielleicht, weil sie auf Stundenbasis arbeiten und deswegen nicht das Geld haben, um teures, frisches Gemüse zu kaufen oder die »produktive Freizeit«, um abends zum Pilates-Training zu gehen oder den *New Yorker* zu lesen. Was Mutterschaft anbelangt, wird Frauen in der Gesellschaft der aufstrebenden Klasse ein schlechtes Gewissen gemacht, wenn sie letztendlich doch Flaschennahrung verwenden oder einen Kaiserschnitt haben. Die Mütter sind gegen Schnuller, während sie gleichzeitig ihren eigenen Finger benutzen, um ihre Babys zu beruhigen.

Für die Eltern der aufstrebenden Klasse kommen gesüßte Getränke und Tortilla-Chips von Doritos dem Rauchen gleich. In einer aktuellen Studie der Soziologin Caitlin Daniel wird berichtet, dass es nicht so sei, dass sich Eltern mit geringem Einkommen nicht der Vorteile bewusst sind, die eine gemüselastige und »gesunde« Ernährung für Kinder hat. Es sei nur so, dass sie es sich nicht leisten könnten, etwas wegzuschmeißen, wenn ihre Kinder etwas nicht essen wollen oder es auf den Boden werfen. Wenn es sich nicht gerade um fettige, schmackhafte Dinge wie Chicken Nuggets oder Pommes handelt, benötigen die meisten kleinen Kinder bei Sachen wie Brokkoli, Lachs oder anderen gesunden Nahrungsmitteln 8 bis 12 Versuche, bevor sie es richtig essen. Jedes Mal, wenn eine arme Mutter ihr geringes Einkommen für Rosenkohl ausgibt, der auf dem Boden landet, verschwendet sie also nicht nur Geld, sondern gibt so auch die Möglichkeit auf, etwas zu kaufen, was ihr Kind tatsächlich essen wird. Daniel merkte hierzu an: »Arme Eltern müssen nicht nur ausrechnen, wie viel ihr Essen kostet, sie müssen auch noch abwägen, was passiert, wenn es keiner isst.« Daniel hat auch das Verhalten von Gutverdiener-Eltern untersucht. Als sie eine Mutter fragte, wie sie zu der damit einhergehenden Essens- und Geldverschwendung stehe, wenn ihr Kleinkind das Essen verweigert, bemerkte die Mutter: »Ehrlich gesagt habe ich darüber noch nie nachgedacht.«[62] Und trotzdem wird so eine zur aufstrebenden Klasse gehörende Mutter nach Luft schnappen, wenn sie eine andere Mutter sieht, die ihrem kleinen Kind zum Mittag ein Happy Meal bei McDonald's kauft. Sie zweifelt nicht an der Richtigkeit ihrer eigenen Entscheidung, ihrem Kleinkind perfekt gegrilltes Hühnchen und eine Gemüseauswahl in allen Regenbogenfarben in die teure Bento-Box zu packen. Diese Mutter der aufstrebenden Klasse tut das in der allerbesten Absicht, ihrem Kind gesundes Essen anzubieten, aber sie vergisst, dass das für erstere Mutter fast nie eine Option ist.

Man schaue sich das Hamsterrad an, in welches Eltern der aufstrebenden Klasse geraten: die private Elite-Vorschule. Die Gebühren liegen zwischen 10 000 und 40 000 US-Dollar pro Jahr, und die Kinder werden auf die Warteliste gesetzt, da sind sie noch nicht einmal geboren. 45 Jahre alte Väter hetzen von der Arbeit weg, um ihre Kinder bis 17:00 Uhr abgeholt zu haben (nur um später noch, wenn die

Kinder im Bett liegen, bis in die frühen Morgenstunden zu arbeiten). Manche Väter arbeiten im weitgefassten Feld der »kreativen Klasse« und haben so durch ihre flexiblen Arbeitszeiten die Möglichkeit, mit ihren Kindern Mittag zu essen. Die Vollzeitmütter, von denen manche einen Ivy-League-Abschluss haben, kaufen Biogemüse und kümmern sich um Verabredungen zum Spielen und den Musikunterricht, während ihre Kinder in der Schule sind. Das sind die Eltern, die, ganz im Sinne von Lareaus konzertierter Kultivierung, den Großteil ihrer Freizeit damit verbringen, darüber nachzudenken, wie sie ihren Kindern ein besseres Leben ermöglichen können. Doch standardmäßig verurteilen sie bei vielen dieser Entscheidungen diejenigen, die andere Entscheidungen treffen. Sie vergessen dabei völlig, dass jede Entscheidung letztendlich von der wirtschaftlichen und gesellschaftlichen Freiheit abhängt, die eine Mutter genießt oder nicht, und dass diese Freiheit sich in einer kapitalistischen Gesellschaft fast vollständig aus deren gesellschaftlicher Position ableitet.

Weder geht es bei jedweder Art demonstrativen Müßiggangs um Status, noch schauen alle stillenden Alpha-Mütter auf den Rest herab. Vielmehr tun viele Mitglieder der aufstrebenden Klasse, die Sport machen, aufmerksame Eltern sind und sich kulturelles Wissen aneignen, das alles in guter Absicht. Der springende Punkt ist und bleibt jedoch, dass die Mythen, die den demonstrativen Müßiggang des 21. Jahrhunderts umgeben, die Mythen einer herrschenden Gesellschaftsklasse sind, die luxuriöserweise über die Zeit und das Wissen verfügt, daran teilzuhaben. Im nächsten Kapitel wird sich zeigen, dass dieser aus Wohlstand und Informiertheit bestehende Luxus auch dazu führen kann, dass sehr wichtige gesellschaftliche Bewegungen angestoßen werden, und auch dazu, dass sich nicht nur Widerstand gegen demonstrativen Konsum regt, sondern auch gegen genau jene Produktionsmittel, durch die Kapital, Konsum und Status überhaupt erst verändert wurden.

KAPITEL 5

Demonstrative Herstellung

Für die meisten Verbraucher sieht der Bio-Baby-Rucola von Earthbound Farm bei Whole Foods nicht danach aus, als könne man damit die Infrastrukturen der modernen Welt auflösen. Angerichtet mit ein bisschen Olivenöl extra vergine aus der Toskana, einem Spritzer Sherryessig, ein wenig geraspeltem Parmigiano Reggiano und Fleur de sel aus der Camargue ergibt der Salat eine sehr feine Vorspeise. Darauf zu bestehen, dass wir nicht nur den Salat verspeisen, sondern auch eine Vision der Gesellschaft, ist nicht falsch, aber für die meisten Leute ist das etwas schwer zu verdauen.

Steven Shapin, »Paradise Sold,« *New Yorker*, 15. Mai 2006

Lässt man die sanierten industriellen Lofts in Downtown Los Angeles hinter sich und durchquert dann das schnell zunehmend gentrifizierte Viertel Echo Park sowie den schon jetzt hippen Stadtteil Silver Lake, gelangt man schließlich nach Glassell Park. Während sich im Osten von L. A. vieles in die Richtung von Silver Lake und Los Feliz entwickelt, wird Glassell Park in der Gentrifizierungsdebatte kaum erwähnt. Das liegt zum Teil an den schwelenden Gangaktivtäten und daran, dass der Stadtteil nach wie vor mit Straftaten in Verbindung gebracht wird (egal, ob das stimmt oder nicht). Glassell

Park hat zudem nur wenige Parks, Cafés, Buchläden und ähnliche Annehmlichkeiten zu bieten, die die jungen Kreativen der Stadt ansprechend finden. Aus baulicher Sicht fehlt dem Viertel die interessante Architektur von Downtown, die natürliche Schönheit der am Meer gelegenen West Side und die Hügel und alternative Kunstszene der East Side. Anders als an den meisten anderen Orten in Los Angeles gibt es hier scheinbar noch sehr viele brachliegende Flächen. Im Gewerbegebiet entlang der San Fernando Road herrscht immer viel Betrieb. Große LKWs parken vor Lagerhallen und Fabriken und donnern die Straße entlang Richtung Interstate 5. Da ist zum einen das glamouröse »Noir« der Hollywood Hills, wie man es aus den Romanen von Raymond Chandler kennt, und zum anderen ist da Glassell Park, wo das »Noir« etwas von *Flucht aus L. A.* mit Kurt Russell hat, der in dem Film in einer vor Hitze glühenden, städtebaulichen Wüste herumwütet.

Möglicherweise sind jedoch diese Abstriche der Grund dafür, dass Glassell Park die Heimat der Industrie und ihre Spielwiese für Aktivitäten ist, die in Amerika sehr gut demnächst groß im Trend sein könnten. Denn in Glassell Park gibt es große, alte Lagerhallen, die genau für die Zwecke genutzt werden, für die sie entworfen wurden – nicht als Nachtclubs, Künstlerateliers oder als große Ausstellungsräume (obgleich es davon dort bestimmt auch einige gibt) –, sondern um Sachen herzustellen. Diese Lagerhallen befinden sich nicht irgendwo in der Mitte von Minnesota, sondern so ziemlich im Herzen von einem der größten Ballungsräume in Amerika. Und bei dem, was hier passiert, handelt es sich sowohl um ein in Amerika neuartiges Konzept als auch eine Rückkehr zu schon Dagewesenem. Hier werden handgefertigte Produkte auf fast vorindustrielle Weise in kleiner Stückzahl produziert, die im selben Land hergestellt, verpackt und verkauft werden – mit einer klaren Geschichte und einer Beschreibung des kompletten Wegs des Produkts, von der Idee über die Produktion bis hin zum Verbraucher. Hier in Glassell Park konnte ich wirklich sehen, was da gerade passiert und wie dieses Phänomen Amerika radikal verändern könnte. Während zu Veblens Zeit das Prestige noch dem Produkt als solchem entsprang, wird im 21. Jahrhundert Prestige daraus abgeleitet, wo und wie das Produkt erzeugt wurde. Heute erlangen Güter nicht durch demonstrativen Konsum ein gewisses Prestige, sondern durch ihre demonstrative Herstellung.

Die Geschichte dazu beginnt gegen Ende der 1990er-Jahre mit der Gründung eines der ersten erfolgreichen Kaffeeunternehmen der Post-Starbucks-Ära namens Intelligentsia in Chicago. Im Gegensatz zu Starbucks, welches im ganzen Land mit 13 000 Läden vertreten ist, gibt es nur neun Intelligentsia-Filialen – ein paar in Chicago, eine in San Francisco, zwei in Los Angeles und einen gerade neu eröffneten Shop in Manhattan in der Nähe der High Line in Chelsea. Spricht man mit einem der Mitarbeiter von Intelligentsia, ist es wichtig, nicht zu vergessen, dass Intelligentsia in keiner Weise wie Starbucks ist – abgesehen von dem Fakt, dass es beide Unternehmen geschafft haben, ihre Kunden davon zu überzeugen, fünf Dollar für eine Tasse Kaffee auszugeben. Doch im Gegensatz zu Starbucks, wo der Kaffee mit einem Klecks Karamellsoße und ein oder zwei Tassen Milch abgerundet wird, damit der Kunde was für sein Geld bekommt und es sich so im Grunde genommen um ein flüssiges Dessert handelt, hat es Intelligentsia geschafft, seine Kunden dazu zu bringen, genau so viel für eine einfache Tasse Kaffee zu zahlen – Milch und Sirup nicht inbegriffen. Die Leute in der Schlange, die sich vom Silver Lake Shop rund um den Block zieht, stehen vielmehr für langsam aufgebrühte, unbekannte Kaffeesorten aus weit entfernten Ecken der Welt an. Nicht für Cappuccinos und erst recht nicht für einen dekadenten Pumpkin Spice Latte mit 510 Kalorien, für dessen Bestellung sie das Geschäft unter Gelächter Richtung Sunset Boulevard verlassen müssten. Während Starbucks ein Vermögen damit gemacht hat, Luxus breit verfügbar zu machen, macht Intelligentsia ein (kleineres) Vermögen damit, Raritäten anzupreisen.

Intelligentsia gehört zu einer neuartigen Gruppe von Unternehmen, die den Fokus auf »Kaffeespezialitäten« setzen. Für die meisten Leute wäre Starbucks das erste Unternehmen, woran sie bei dieser Art von Kaffee denken würden. Doch Starbucks ist vielleicht einen Deut besser als Maxwell House und Nescafé, aber bewegt sich hauptsächlich in einem Bereich, in dem es um die Herstellung von koffeinhaltigen Getränken geht, im Ganzen jedoch nicht unbedingt um den Kaffee als solchen. Zur besseren Einordnung: Starbucks ist in den Vereinigten Staaten einer der größten Einkäufer von Milchprodukten. Unternehmen mit dem Fokus auf Kaffeespezialitäten ticken komplett anders. Intelligentsia rühmt sich damit, dass sich alles um die Kaffeebohnen dreht – wie sie geröstet werden, wie der Kaffee gebrüht wird und vor allem darum, wo der Kaffee überhaupt herkommt.

Ich kam an einem Mittwochmorgen an der Rösterei und dem Lager von Intelligentsia in Glassell Park an, wo mich Mark Zambito, der Leiter des Cafés in Silver Lake, Los Angeles, begrüßte. Mark und ich hatten uns ein paar Wochen zuvor getroffen, um uns über Intelligentsia als Verbrauchsgut zu unterhalten. Im Zuge seiner Erläuterungen zum »handwerklichen Können« (»craftsmanship«), zu den »verlesenen Ernten« (»select harvesting«), »grünen Käufern« (»green buyers«) und innerbetrieblichen »Ausbildern« (»educators«), die die Baristas (fast täglich) darin unterrichten, wie ausgewählte Kaffeebohnen aufgebrüht werden sollten, war mir klar geworden, dass da noch etwas anderes vor sich ging. Die meisten von uns brühen seit ihren Teenagertagen irgendeine Art von Kaffee auf, aber Spitzenkaffee hat mehr mit Wein gemein als mit Tee oder Coca-Cola, und für die Beschaffung und das Rösten der Bohnen (ganz zu schweigen von der eigentlichen Zubereitung einer Tasse Kaffee) werden so viele Ressourcen und Zeit benötigt, dass ich überrascht war, dass eine Tasse Kaffee bei Intelligentsia nicht noch mehr kostet.

Zambito entspricht dem typischen Klischee von Silver Lake oder

Williamsburg oder jedweder anderen Hipsterhochburg. Zambito ist dünn, klein, trägt Schlips und Weste. Er spricht mit sanfter Stimme, aber wenn er redet, wird klar, dass er unglaublich viel über alles, was mit Kaffee zu tun hat, weiß und dafür entsprechend (oder sogar umso mehr) brennt. Zambito hält sich nicht lange damit auf, vom Geschmack von Intelligentsias Kaffee zu schwärmen. Er konzentriert sich bei seinen Ausführungen vielmehr auf den Herstellungsprozess von gutem Kaffee, beginnend bei der Frage, woher das Unternehmen seinen Kaffee bezieht. So wie er es erklärt, reifen Kaffeekirschen (so nennt man die Früchte, bevor sie geerntet und durchs Rösten zu Kaffeebohnen werden) nicht gleichmäßig in einem Bündel heran. Damit man also die reifen Kirschen erwischt, muss man sie von Hand pflücken und dann in Wasser legen, um zu sehen, welche Kirschen untergehen und welche nicht. Die oben schwimmenden Kirschen werden dann für die weitere Produktion abgeschöpft. Im Falle von Starbucks mit seinen 13 000 Läden wären schon die bloßen Arbeitskosten für den ganzen handverlesenen Kaffee nicht tragbar, für Intelligentsia schon.

Um die richtigen Kaffeekirschen in so großen Mengen von Hand zu pflücken, dass damit diverse Ballungsgebiete in Amerika versorgt werden können, benötigt Intelligentsia natürlich trotzdem noch eine etwas größere Unternehmensstruktur und gute, vertrauensvolle Beziehungen zu Kaffeebauern, von denen die meisten in Ostafrika und Mittelamerika leben und dort ihren Kaffee anbauen. Intelligentsia bringt die Bauern dazu, mit größter Sorgfalt perfekt gereifte Kirschen zu pflücken – einfach nur, indem Intelligentsia sie besser bezahlt. Starbucks, berühmt für seinen »Fair Trade«-Kaffee (was als etwas irreführende Bezeichnung kritisiert worden ist), kann mit der Praxis des »direkten Handels« nicht mithalten, durch die Intelligentsia mit den Bauern selbst zusammenarbeitet, sodass der Mittelsmann entfällt.[1] Laut den Leuten, mit denen ich bei Intelligentsia gesprochen habe, bekommen die Bauern auf diese Weise 25 Prozent mehr Geld als durch »Fair Trade«, und Intelligentsia kann so nicht nur die Ernte überwachen, sondern auch für faire Arbeitsbedingungen und ökologische Nachhaltigkeit sorgen – beides wichtige Punkte seiner Unternehmenspolitik. Intelligentisa entsendet sein Personal an über die ganze Welt verstreute Orte, um vertrauensvolle Handelsbeziehungen zu den Bauern aufzubauen und anschließend die Höfe und die Ernten zu überwachen. Dieser Teil des Unternehmens bildet einen eigenen Geschäftsbereich, gänzlich getrennt von der Kaffeerösterei, der Zubereitung und dem Verkauf. Dieser Bereich wird von Geoff Watts geleitet, einem der Eigentümer von Intelligentsia, der für das Unternehmen auch als Einkäufer von grünem Kaffee fungiert. Seine Aufgabe ist es, ungeröstete, unreife grüne Kaffeebohnen zu beschaffen – im Wesentlichen der Beginn des ganzen Herstellungsprozesses. Watts ist das Gegenteil von Zambito: Er sieht überhaupt nicht wie einer dieser Silver-Lake-Bewohner aus, die er beschäftigt, oder jene, die regelmäßig bei Intelligentsia einkehren. An dem Tag, an dem ich ihn kennenlernte, trug er, ohne jede Ironie, ein kariertes Flanell-Shirt. Er hat schönes, dickes, lässig gewelltes Haar und schaut aus, als ob er sich in Humboldt County wohler fühlen würde als im Herzen von Los Angeles. Watts' Sinn für unternehmerische Belange und seine Art zu sprechen haben mich so beeindruckt, dass ich ihn gefragt habe, wo er seinen MBA herhat. Er antwortete, dass er einen Bachelorabschluss in Philosophie habe und sein Wissen hauptsächlich »on the job« erworben habe. Watts hat sich im Auftrag des Unternehmens in der Vergangenheit um den gesamten Kaffeeeinkauf gekümmert, aber mit zunehmender Größe von Intelligentsia benötigten sie mehr Einkäufer, und jetzt ist er nur noch für 20 Prozent des Einkaufs verantwortlich. Diese 20 Prozent verlangen jedoch viel Aufmerksamkeit und erfordern ausgiebige Recherchen. »Wir sehen die Kaffeebauern als unsere Partner an, und wir brauchen ein Team. Wir könnten in Röster und Baristas investieren, aber wie der Kaffee angebaut wird, bestimmt zu 60 bis 80 Prozent die Qualität des Kaffees, also heißt das für uns, dass sie gute Arbeit leisten müssen. Wir sind dort runtergereist [nach Mittelamerika] und haben gesehen, wie hoffnungslos arm die [Bauern] sind und dass sie schlechten Kaffee produzierten. Aber nicht, weil sie es nicht besser können, sondern weil sie nicht die Mittel dazu hatten.« Watts erzählte weiter und machte dazu eine bekräftigende Handbewegung. »Man muss den richtigen Kaffee anbauen und selektiv ernten. Wir bezahlen sie dafür, dass sie nur die reifen Früchte pflücken und diese geschützt in luftdicht verschlossene Beutel einpacken. Tun sie das, zahlen wir ihnen einen wirklich guten Preis. Wir bezahlen sie auch auf Grundlage ihrer wirklichen Produktionskosten und nicht in Abhängigkeit vom Preis an der Terminbörse [wie andere Kaffeekäufer]. Wir investieren in viele dieser Bauern, sodass sie über Geld, Betriebsmittel und Wissen verfügen. Wir zeigen ihnen unsere Geschäfte, bringen sie alle zusammen, damit sie die anderen Bauern kennenlernen. Wir holen uns Wissenschaftler, die in der Forschung zur Kaffeequalität ganz vorne mitspielen, sodass sie dazulernen [und] voneinander lernen können. Ein Bauer aus Kenya zeigt den Bauern aus El Salvador die Techniken aus seinem Land und andersherum.« Das Unternehmen hat in Los Angeles und Chicago Röstmaschinen stehen und ist so in der Lage, all seine Bohnen selbst zu rösten. Diese werden überwiegend in den eigenen Geschäften, aber auch an andere kleine Kaffeespezialitätenläden verkauft und in letzter Zeit auch über Whole Foods und andere, noblere Lebensmittelgeschäfte vertrieben. Dies ist ein weiterer interessanter Aspekt des Herstellungsprozesses. Intelligentsia ist es gelungen, einige der letzten schnellen Röstmaschinen von Gothot Ideal zu erwerben – sehr begehrte Röster aus den 1940er- und 1950er-Jahren, die so nicht mehr hergestellt werden. Stumptown Coffee Roasters, ein weiterer Hersteller von Spitzenkaffee mit acht Standorten im Land, nutzt ebenfalls Röster von Probat (also Röster von dem Unternehmen, welches Gothot aufgekauft hat) aus der Zeit der 1950er, und auch Stumptown nutzt dies als Verkaufsargument für sich. Als ich neben einer dieser Maschinen stand, während die Kaffeebohnen langsam und systematisch umgewälzt wurden, habe ich den Röster gefragt, warum diese Maschinen besser seien als technologisch etwas weiterentwickelte Maschinen. Die Flammen beim Rösten, so erklärte er, würden eher weiter oben und nicht in der Nähe des Bodens der Rösttrommel erzeugt werden, was eine schonendere und präzisere Röstung ermögliche. Obgleich ich immer noch nicht dahintergekommen bin, warum Probat nicht einfach noch mehr solcher Maschinen herstellt, macht die Seltenheit und diese Reise in eine vergangene Zeit ohne Frage zum Teil auch Intelligentsias Reiz aus (zusammen mit dem besonderen Geschmack der Kaffeebohnen). Alle Schritte des Produktionsprozesses liegen offen. Wenn man ein Pfund von Intelligentsias Kaffee kauft, sieht man den Anbaubetrieb, das Herkunftsland, den Röster – jeder Schritt ist auf der Packung vermerkt.

Nach dieser eingehenden Prüfung kann man schwerlich sagen, dass die fünf US-Dollar für einen Kaffee bei Intelligentsia Abzocke sind. Dieses Unternehmen kümmert sich wirklich und verbringt erschreckend viel Zeit damit, alles richtig zu machen. Der Einsatz des Unternehmens von der allerersten grünen Kaffeekirsche bis hin zu der kleinen Tasse Kaffee, die im High Line Hotel, einem ehemaligen Priesterseminar in Chelsea, New York City, verkauft wird, ist bemerkenswert. Intelligentsias Mitarbeiter, egal, ob es sich um die Baristas oder die Gründer des Unternehmens handelt, wissen in jeder Hinsicht über den Herstellungsprozess Bescheid und sind auch am gesamten Prozess beteiligt, und dieser Prozess ist untrennbar mit der Identität des Unternehmens und seinen einzigartigen Verkaufsargumenten sowie dem eigentlichen Produkt verbunden. All dies lässt den Kaffee sowohl im eigentlichen als auch übertragenen Sinne gut schmecken. Leute wie Watts und Zambito hätte es zwar als Mitarbeiter zu Intelligentsia gezogen, aber es wäre kein nachhaltig erfolgreiches Geschäftsmodell mit bis auf die Straße reichender Schlange in den Herzen von Los Angeles und Manhattan, wenn da nicht die Kunden wären, denen genau dieselben Dinge wichtig sind. Das Verlangen der Kunden nach weniger auffälligen Konsumformen ist wichtig für den Erfolg demonstrativer Herstellung.

Das habe ich an dem Morgen herausgefunden, als ich in der Rösterei von Intelligentsia, den Intelligentsia Roasting Works, gerade genau im richtigen Moment ankam. Nämlich zum »Cupping«. So nennen Kaffeehersteller von Spitzenkaffee, Käufer und Baristas die Verkostung von ausgewählten Röstungen und Kaffeebohnen, bei der bestimmt wird, in welchem Verhältnis Wasser und der gemahlene Kaffee stehen sollten, und wie lange und auf welche Art der Kaffee zubereitet werden sollte, um den bestmöglichen Geschmack zu erzielen. Die Verkostung beginnt, nachdem der gemahlene Kaffee für 15 Minuten stehen gelassen wurde – wobei zu Beginn heißes Wasser über den gemahlenen Kaffee gegeben wird und das Kaffeemehl dann an die Wasseroberfläche steigt. Nach Ablauf der 15 Minuten »brechen« die Prüfer »die Kruste« und schöpfen das Kaffeemehl von der Oberfläche ab. Dann werden, in weiteren 45 Minuten, in insgesamt drei »Runden« zwei Tassen von jedem Kaffee verkostet (zwecks Qualitätskontrolle). Gleich einem religiösen Ritual ist das »Cupping« eine fast völlig stille Angelegenheit, abgesehen von den Schlürf- und Spuckgeräuschen der Verkoster, die sich um den Tisch bewegen und die mit unterschiedlich temperiertem Wasser aufgebrühten Kaffees bewerten. Bei jeder Runde macht sich jeder Verkoster schnell Notizen zum Säuregehalt, zur Süße und etwaig entfalteten Aromen des Kaffees – ob schokoladig, Toffee oder beerig –, die zusammen eine Punktzahl von maximal 100 ergeben. Bei der ersten Runde liegt der Fokus auf der Süße und dem Säuregehalt, bei der zweiten auf dem Aroma und Nachgeschmack, und die dritte Runde wird für kleine Anpassungen der früheren Bewertungen genutzt. Watts hat das so erklärt: »Nehmen wir an, du hast gedacht, du hättest schwarze Johannisbeere geschmeckt, aber eigentlich schmeckt es doch nach

Himbeere.« Erst nachdem jeder Kaffee von jedem Verkoster bewertet worden ist und die Anmerkungen und Punktzahlen besprochen worden sind, werden der Anbaubetrieb, die Bohnensorte, das Herkunftsland und die Röstung bekannt gegeben.

Bei jenem Cupping haben die Verkoster 13 verschiedene Kaffeesorten begutachtet, und trotz des scheinbar subjektiven Bewertungsvorgangs (»Erinnert mich an karamellisierten Apfel«, bemerkte ein Verkoster.»Ich habe schwarze Johannisbeere geschmeckt, als er noch recht heiß war.«»Ich war versucht, ›dunkle Schokolade‹ zu sagen, aber eigentlich schmeckt er modrig«, sagte einer der jungen Männer.) sind sie im Allgemeinen zu den gleichen Schlüssen gekommen und haben beim Cupping an diesem Tag die höchste Punktzahl an eine kenianische, in Portland geröstete Bohnensorte (90/100) vergeben.

Das Verfahren bei der Verkostung von Spitzenkaffee ist der Verkostung von Bordeauxweinen des aktuellen Jahres nicht unähnlich. Die Kaffeeverkoster sind vielleicht nicht so versiert wie Sommeliers, aber sie arbeiten innerhalb desselben Feldes. Für die Beurteilung von Spitzenkaffee erfolgt die Verkostung in mehreren Stufen und mit unterschiedlich temperiertem Wasser, wodurch der scheinbar subjektive Geschmack des Produkts quantitativ bewertet wird. Und die Kaffeekirschen, also wie und wann sie geerntet wurden, sowie saisonale Schwankungen entscheiden über die abschließende Punktzahl, genau wie die für Wein verwendeten Trauben. Das ist der wesentliche Punkt, in dem sich Intelligentsia und Starbucks unterscheiden, und das schlägt sich im Geschmack nieder. Oder besser ausgedrückt, Intelligentsia unterscheidet sich von Starbucks grundlegend darin, dass seinen Gründern, Produzenten und Kunden allen wirklich wichtig ist, wo der Kaffee herkommt. Starbucks druckt vielleicht»Fair Trade« auf seine Kaffeepackungen, aber Intelligentsias Einkäufer freunden sich richtiggehend mit ihren Kaffeebauern an und lassen sie nach Los Angeles einfliegen, damit sie das restliche Team (und einige ihrer Kunden) kennenlernen.

Der Aufstieg der demonstrativen Herstellung

Dieser letzte Punkt ist nicht nur wichtig, um Intelligentsias Erfolg zu verstehen. Es ist auch der Schlüssel, um zu verstehen, was hinter der Herausbildung eines Bewusstseins für und der wachsenden Aufgeklärtheit über soziale und wirtschaftliche Belange in der ganzen westlichen Welt mit all ihren neuartigen, postindustriellen Kulturgütern steht. Hinter der zunehmenden Verbreitung von Spitzenkaffee verbirgt sich in Wirklichkeit die Geschichte der demonstrativen Herstellung, und diese kann man in der ganzen Welt in Supermärkten, Kleidungsgeschäften, Restaurants und auf Bauernmärkten sehen. Demonstrativ produzierte Güter gehören zu der wichtigsten Sorte von Gütern, die die aufstrebende Klasse konsumiert. Für die aufstrebende Klasse sind wir, was wir essen, trinken beziehungsweise ganz allgemein konsumieren. Und aus diesem Grund wurde im Falle von manchen Gütern jeder Schritt des undurchsichtigen Herstellungsprozesses offengelegt. Mit dieser Transparenz wurde nicht einfach nur ein Wertzuwachs erzielt: Sie macht *den* Wert – vieler Kulturgüter – aus. Wir essen die kleineren, trauriger aussehenden Äpfel vom Bauernmarkt, weil wir den Bauern kennengelernt haben und wissen, dass er seine Früchte nicht mit irgendwelchen gemeinen Chemikalien behandelt hat. Wir geben dreimal so viel wie sonst für ein Leinenshirt aus, weil wir wissen, dass es in einem kleinen Laden irgendwo an der Amalfiküste eingekauft wurde und wir die Geschäftsinhaberin getroffen haben, die diese Reise persönlich unternommen und den Schneider (und seine Kinder) getroffen hat. Wir reiben uns dick mit Kokosnussöl in Bioqualität statt mit Retin-A ein und essen in Restaurants, wo »Mac & Cheese« 20 US-Dollar kostet, weil vorne mit Kreide auf einem rustikalen Schild der Name des Hofes geschrieben steht, von dem die Milch stammt. Mark Greif beschreibt das in seinem Buch *Essays*

Against Everything so: »Isst man eine Tomate aus dem Supermarkt, die schlecht schmeckt, ist sie ›schlecht‹. Beißt man in eine Tomate einer alten Sorte, und diese schmeckt nach nichts beziehungsweise wässrig, so passt man seine Bewertung dahingehend an, dass das der ›echte‹ Geschmack sei.«[2] Die Herstellung, mehr als der Konsum, wird zum wichtigsten demonstrativen Statussignal, das im Rahmen dieses neuartigen Wirtschafts- *und* Kultursystems aufgegriffen wird. Deswegen treffen wir im selben Café arbeitslose Hipster ebenso wie erfolgreiche Autoren von Drehbüchern für Hollywood-Streifen an. Nachdem sie lange Zeit in diametralem Gegensatz zueinander standen, haben sich diese zwei Gruppen nun endlich in der »aspirational class« zusammengeschlossen. Sie wollen und schätzen die gleichen Sachen.[3] Die Herausbildung der demonstrativen Herstellung im 21. Jahrhundert wurde durch drei Sachen vorangetrieben: durch die Abkehr von der Globalisierung, die Zunahme an Informationen sowie die durch transparente Informationen erzielbare Aufwertung und durch die Tatsache, dass man in einer postmodernen Gesellschaft nach einer Zeit des Mangels nun in der luxuriösen Lage ist, sich darum sorgen zu können und damit einhergehende Werte zu pflegen. Wir sehen diese Transformation daran, wo wir unsere Lebensmittel kaufen, an den Restaurants, in die wir gehen, daran, was wir tragen, und sogar an unserer Zahnpaste. Der Kapitalismus, der in der Vergangenheit die Kapitalisten vom Proletariat trennte, wurde auf den Kopf gestellt.

Mehr als nur Rucola: Nahrungsmittel aus demonstrativer Produktion

Auf Starbucks geht vielleicht die Idee zurück, kenianischen Fair-Trade-Kaffee für 5 US-Dollar die Tasse zu verkaufen, aber Whole Foods verkörpert das große, serienmäßig hergestellte Leitmotiv der

Bewegung der demonstrativen Produktion. Whole Foods, gegründet im Jahr 1980, trat in die unkonventionellen Fußstapfen von Trader Joe's und Berkeley Bowl, eine für ihre riesige Auswahl an knackigem Obst und Gemüse bekannte Supermarktkette, und so begann Whole Foods irgendwann damit, Rucola und Mangold für jeweils 5 US-Dollar zu verkaufen. Im Laufe der letzten Jahrzehnte hat der Whole-Foods-Gründer, John Mackey, seinen Bioladen, der sich zu Beginn in seiner Wohnung in Austin befand, in ein Unternehmen mit einem Wert von über 9 Milliarden US-Dollar und mehr als 300 Niederlassungen verwandelt.

Es ist nicht so, dass die Leute, die bei Whole Foods einkaufen, sich nicht des widersprüchlichen Kapitalismus der Kette bewusst sind. Der Supermarkt, dank der Preise auch liebevoll »Whole Paycheck« genannt (Endsumme an der Kasse entspricht dem, was man verdient), strahlt Reinheit, Wohlwollen und eine Rückkehr zur Natur aus – aber das alles zu erschreckend hohen Preisen, die sich der Großteil der Gesellschaft nicht leisten kann. Whole-Foods-Kunden wissen, dass sie die Biotomaten für die Hälfte bei Trader Joe's oder sogar im örtlichen Supermarkt bekommen können, aber im Whole-Foods-Markt ist der Einkauf ein regelrechtes Erlebnis, was vielen die Preise wert sind. Sogar Leute, die wahrscheinlich nicht so viel verdienen, dass sie sich luxuriöses Essen leisten könnten (genau dieselben arbeitslosen Stückeschreiber und Künstler, die sich Kaffee für 5 US-Dollar die Tasse kaufen), kaufen letztlich den süßen, sommerlichen Grünkohlsalat aus der Feinkostabteilung des Marktes für 11,99 US-Dollar. Weil die regionalen Niederlassungen ein gutes Stück weit autonom agieren können, gibt es regionale Unterschiede. In der Niederlassung am Columbus Circle in New York City wird leiser Jazz gespielt, während an anderen Orten wie in der Filiale in Orlando, Florida, Chair-Massagen (kurze Massagen auf mobilen Massagestühlen) angeboten werden. Im kalifornischen Whole-Foods-Markt in Glendale werden zwar keine Massagen angeboten, aber im Hin-

tergrund dudelt Indie-Musik, und am Eingang gibt es frisch gepressten Saft und eine Kaffee-Bar. Obwohl der Einkauf bei Whole Foods
nicht nur etwas, sondern deutlich teurer ist als bei Trader Joe's (wo es
ähnliche Lebensmittel gibt) oder bei Albertson's oder Giant (wo man
eher Lebensmittel der üblichen Markenhersteller findet), wandern
viele immer noch jede Woche zu Whole Foods und reden sich ein,
dass sie dort bessere Nahrungsmittel bekommen als in den anderen,
besser erreichbaren Supermärkten.

Doch die Kunden reden sich das vielleicht selbst nur ein, weil
sie es glauben möchten. Ich selbst bin keine Feinschmeckerin und
bekomme diese minimalen Geschmacksunterschiede nicht mit,
aber gehe letztendlich auch dort einkaufen. Ehrlich gesagt gehe ich
hauptsächlich wegen des für Whole Foods typischen Einkaufser-
lebnisses zu Whole Foods, ebenso wie viele andere Kunden auch.
Die Märkte sind in der Regel relativ groß, nicht sehr überlaufen (beziehungsweise wird dort sehr effizient abkassiert, selbst im Herzen
von Manhattan), es läuft ganz vernünftige Musik, und der Einkauf
wird einem durch das Angebot von Kaffee, Saftständen und diversen anderen Annehmlichkeiten versüßt. Und dann gibt es da noch
Hühnchen aus artgerechter Haltung, unbehandelte Erdbeeren und
Gemüse in verrückten Farben. Dinge also, die dem Kunden das Gefühl geben, ganz vorbildlich zu handeln, und die das Gegengewicht
zu den Schokoladenriegeln und dem Kuchen bilden, die sich unter
Umständen schon im Einkaufswagen stapeln. Bei all diesen Dingen ist die Geschichte der Orte und Leute, wo beziehungsweise von
denen sie hergestellt werden, Bestandteil des Brandings. »Zen Muf-
fins« aus einer kleinen Nachbarschaft in Los Angeles, Vollmilch mit
dem kleinen Bild eines Bauernhofes, wo die Kühe frei und glücklich grasen, Marys freilaufende Truthähne vom denkmalgeschützten
Bauernhof aus dem San Joaquin Valley in Kalifornien und ja, auch
Kaffee von Intelligentsia.

Dieses Storytelling ist so effektiv, dass dadurch sogar Schokolade und Kuchen weniger ungesund erscheinen, ja vielleicht sogar im Gegensatz zu ähnlichen Dingen, die man in anderen Supermärkten findet, ganz gesund – obwohl sie das mit Sicherheit nicht sind.

Whole Foods lässt einen glauben, dass man ein besserer Weltbürger und gesünderer Mensch ist, indem man da einkauft, selbst wenn die Kalorienzahl, Nährstoffangaben und das Preisschild einem zahlenmäßig und beharrlich etwas anderes erzählen. Ein breit angelegtes Forschungsprojekt der Stanford-Universität, bei dem es um die Bedeutung von Bionahrungsmitteln im Vergleich zu konventionell angebautem Obst und Gemüse ging, hat gezeigt, dass Erstere in keiner für uns bedeutenden Weise besser wären. Als ich mich mit dem Kinderarzt meines Sohnes über den Biopfirsichbrei von Plums unterhielt, erwiderte er schlicht:»Haben Sie als Kind Bio gegessen? Ich nicht. Und uns geht es gut, oder etwa nicht?«

Doch der Erfolg von Whole Foods hat nichts mit Bioprodukten oder besser schmeckendem Essen zu tun. Whole Foods' Geheimnis besteht darin, dass in den Märkten effektiv eine Art Identität und Geschichte angeboten werden, an der die Leute gerne teilhaben möchten. Um Whole Foods' Erfolg und den der ganzen Bewegung zur demonstrativen Produktion als solche zu verstehen, muss man erkennen, dass es mehr um den Herstellungsprozess und dessen Folgen geht als um das eigentliche Produkt: Mit dem Lebensmitteleinkauf bei Whole Foods signalisiert man als Kunde Aufgeklärtheit, ein ethisches Bewusstsein für die Rechte von Tieren und die Umwelt und auch, im weiteren Sinne und vielleicht am wichtigsten, dass man ein informiertes und gewissenhaftes Mitglied der Gesellschaft ist. Also genau das, was man auch mit dem Einkauf bei Intelligentsia in viel kleinerem Rahmen signalisiert. Derlei Eigenschaften erwirbt man nicht beim örtlichen Safeway oder Giant. Man kann durchaus sagen, dass der Einkauf dort für die meisten kein außergewöhnliches Einkaufserlebnis darstellt. Um die Macht der durch Whole Foods generierten Verbraucheridentität zu verstehen, muss man sich nur darüber klar werden, dass es eine der wenigen Supermarktketten ist, die überhaupt eine Art Identität schafft.

Fragt man Mackey, wie bei Whole Foods neue Standorte ausgewählt werden, erklärt er selbst:»Nun, es gibt keine wichtigere Entscheidung als die, wo man ein Geschäft eröffnet. Wenn wir investieren – abhängig von der Größe des neuen Marktes irgendwas zwischen 8 und 20 oder mehr Millionen US-Dollar als Kapitaleinlage – und gewöhnlich einen Mietvertrag für 20 Jahre oder länger unterschreiben, gehen wir eine langfristige Verpflichtung ein und stecken viel Geld rein.« Mackey fährt fort:

»Also stecken wir viel Zeit und Energie in die Auswahl. Wir analysieren den Standort. Wir analysieren die Konkurrenz im Umkreis. Wir schauen uns die demografischen Merkmale derjenigen an, die dort leben. Wir sehen uns den Bildungsgrad und das Einkommen an. Da gibt es eine Vielzahl von Einflussfaktoren, aber ich glaube, der bei weitem wichtigste Faktor ist die Zahl der Collegeabsolventen, die maximal 16 Autominuten vom Standort entfernt wohnen... Ich kann Ihnen sagen, dass ungefähr 80 Prozent unserer Kunden einen Collegeabschluss haben. Ich kann vermuten, dass unsere Kunden, im Durchschnitt, besser gebildet und besser informiert sind. Und ob jemand einen Collegeabschluss hat – auch wenn das nicht der perfekte Gradmesser ist –, ist auf Grundlage der demografischen Daten, die wir haben, das beste demografische Merkmal, um das ablesen zu können. Wenn Leute beabsichtigen, ihre Ernährung umzustellen und gesundheitsbewusster leben wollen, müssen sie im Großen und Ganzen besser informiert sein.«[4]

Mackey hat recht. Der Bildungsgrad korreliert mit einem höheren Wissensstand und höherem Einkommen, was wiederum häufig mit einem größeren Interesse für das Wohlergehen von Tieren, Fair Trade und Umweltschutz verbunden ist. Es ist wahrscheinlicher, dass wir Tierschützer eher unter der städtischen Elite finden als im Gebiet der schießfreudigen nationalen Schusswaffenvereinigung NRA im ländlichen Pennsylvania. Deswegen sehen wir Whole-Foods-Märkte hauptsächlich im urbanen Raum und den zugehörigen Einzugsgebieten. Noch wichtiger aber ist, dass Whole Foods zur gemeinschaftlichen Identifikation mit Eigenschaften anregt, die die Mitglieder der aufstrebenden Klasse befürworten und anstreben. Schon allein, dass man in den Markt reingeht, deutet darauf hin, dass die eigenen Werte richtig sind oder während des Einkaufs garantiert in die richtige Richtung geleitet werden. Selbst wenn man wöchentlich in dem Markt einkauft, wird es da immer einen gesellschaftlichen, politischen und geistigen Ort geben, der für einen nicht erreichbar ist, und frisch gepresster Saft von Whole Foods könnte einen da hinbringen. Ich komme mir wie ein Idiot vor, wenn ich ohne wiederverwendbaren Beutel an der Kasse stehe, und werde schlagartig zu einem besseren Menschen, wenn ich ein Pfund Rindfleisch der Stufe 4, also aus artgerechter Haltung, zum Preis von 15,99 US-Dollar kaufe. Whole Foods erlaubt es uns, uns durch unseren Konsum zu einer bestimmten Art Mensch zu entwickeln, und die wiederverwendbaren Beutel von Whole Foods, die 365-Produktlinie und der lokal erzeugte rotstielige Mangold sind die demonstrativen Statusgüter, die unsere Identität hochhalten. Also ist es in der Tat so, dass Babyrucola von Earthbound Farms mehr als nur ein Salat ist.[5]

Whole Foods bietet die Geschichte der demonstrativen Herstellung Millionen von Leuten als schickes, hochgradig kommerzialisiertes Paket zum Kauf an. Doch dieselbe Idee kommt weniger ausdrücklich auch durch Bauernmärkte, kuratierte Kleidungsgeschäfte und Vom-Erzeuger-zum-Vebraucher-Restaurants, die in gutsituierten Kleinstädten und Metropolen überall in der westlichen Welt auftauchen, zum Vorschein. Diese in den Reisespalten von Zeitungen und den Sonderbeilagen über Käse aus Umbrien als »lokale Besonderheiten« bezeichneten unternehmerischen Wagnisse überzeugen die Kunden davon, dass sie damit, dass sie sich selbst etwas kaufen, den Geschäftsinhabern in der Kleinstadt auch etwas Gutes tun. Umgangssprachlich wird mit »lokale Besonderheit« die Herstellung von insbesondere künstlerisch oder handwerklich gefertigten sowie kulinarischen Produkten beschrieben, welche mit einer für eine örtlich begrenzte Region typischen Kunstfertigkeit und aus regionalspezifischen Zutaten hergestellt und in dieser Region verkauft werden. Die Kunden fühlen sich dadurch, als ob sie Teil der Tausch- und Agrargesellschaft des vorindustriellen Zeitalters wären. Früher war der Glaubwürdigkeit mit dem Kauf von Schuhen aus Italien oder Parfüm aus Frankreich Genüge getan.[6] Heute verlangen die Kunden mehr: Sie wollen wissen, wo das Produkt hergestellt wurde und wie und dass die Herstellung unter fairen, nicht ausbeuterischen Bedingungen und umweltbewusst erfolgt – all das ist wichtig. Die Angaben dazu rechtfertigen sowohl die Produkte selbst als auch, für uns Kunden, die Entscheidung, sie zu kaufen.

Auf Bauernmärkten ist die Vermischung von »lokalen Besonderheiten« und demonstrativer Herstellung vielleicht am besten sichtbar. Überall in den USA existieren solche Märkte erfolgreich in den Herzen von eindeutig nicht landwirtschaftlich geprägten Städten. In Los Angeles, New York City, San Francisco und Notting Hill findet jedes Wochenende an den Nachmittagen ein halbes Dutzend solcher Märkte mit frischen Hoferzeugnissen statt und kündet von den Weiden und Feldern hinter der Stadt. Auf Bauernmärkten haben Bauern die Möglichkeit, ihre Erzeugnisse direkt zu verkaufen, wodurch im Grunde Karl Marx' Konzept der entfremdeten Arbeit auf den Kopf gestellt wird. Elizabeth Bowman, die den Altadena Farmers Market am Rand von Los Angeles organisiert, erklärt das so: »Bei Bauernmärkten geht es darum, das Vertrauen zwischen den Herstellern und Käufern eines Gutes wiederherzustellen, [es geht um] eine direkte Beziehung ... [Aber] was den Zeitaufwand betrifft und was man im Gegenzug dafür bekommt, machen es der Aufwand für Zelte, Versicherung und der Benzinverbrauch letztendlich viel schwerer, Leute zu finden, die bereit sind, einen Stand zu betreiben. Man verkauft seine Sachen aufgrund von Überlegungen, die im Zusammenhang mit dem gerechten Zugang zu Lebensmitteln stehen, unter dem Marktwert [unter Berücksichtigung der eben genannten Faktoren].« Unter Berücksichtigung von Verbundvorteilen und Skaleneffekten sind Bauernmärkte wirklich nicht wirtschaftlich – für die Bauern und Kunden, die anderenfalls bei Whole Foods einkaufen und dort vielleicht lange Schlangen und den Parkplatz meiden würden, ergeben sich da keine nennenswerten Vorteile. Die Leute gehen nicht auf Bauernmärkte, um ein Schnäppchen zu machen – das meiste Obst und Gemüse ist genauso teuer wie in hochpreisigen Supermärkten –, und auch nicht, um eine große Auswahl zu haben. Denn schließlich verkaufen die Bauern nur das, was gerade Saison hat, und nicht die Unmengen von eingeflogenem exotischem, nicht saisonalem Obst, das man in einem durchschnittlichen Supermarkt auch im tiefsten Winter bekommt.

Doch trotz der fehlenden Profitabilität und dieser geschäftlichen Einschränkungen nimmt die Zahl der Bauernmärkte rasant zu: Nach Angaben des amerikanischen Landwirtschaftsministeriums USDA hat sich die Zahl der Bauernmärkte in den Vereinigten Staaten in den letzten fünf Jahren fast verdoppelt und ist von 4685 im ganzen Land auf mehr als 8000 Märkte gestiegen. Seit 1994 (Jahr der ersten Erhebungen) hat sich die Zahl fast verfünffacht.[7] Gleichzeitig ist Whole Foods (mit Sicherheit ein sehr profitables Unternehmen unter denselben ethischen Vorzeichen) in den letzten 15 Jahren um 350 Prozent gewachsen und betreibt 365, überwiegend in den USA gelegene, Märkte. Das Angebot dieser ganzen alten Tomatensorten und pestizidfreien Brombeeren wird von einem überraschenden Trend begleitet: Es ist das erste Mal seit dem 2. Weltkrieg, dass die Zahl der landwirtschaftlichen Betriebe in Amerika wächst.[8] Im Vereinigten Königreich ist der auf Bauernmärkten erzielte Umsatz von 2002 bis 2011 um 32 Prozent gewachsen.[9]

Diese Zahlen haben auch sehr viel mit einer Reihe von anderen, unvorhergesehenen Entwicklungen innerhalb der Nahrungsmittelindustrie zu tun. Magazine zum Thema Landwirtschaft haben Zulauf (und sogar heute werden noch neue Zeitschriften aufgelegt), Vom-Erzeuger-zum-Verbraucher-Restaurants werden zum Standard, und solidarische Landwirtschaft ist auf in Städten gelegenen Höfen die Norm, und zwar von Brooklyn über den Hof »The Mission« bis hin nach Santa Monica. Die berühmteste Vertreterin dieser »Schule« ist wohl Alice Waters, die Pionierin der Slow-Food-Bewegung und Gründerin von Chez Panisse, einem Restaurant, in dem man nur mit Mühe und Not einen Platz reservieren kann. Das Chez Panisse wurde 1971 eröffnet, und der ganzheitliche Fokus der Küche liegt auf regionalem, auf die Artenvielfalt bedachtem Bioessen. Es ist auch heute noch ein teures und exklusives Restaurant (nicht unbedingt wegen Waters' Konzept, aber mit Sicherheit aufgrund der anhaltenden Nachfrage nach Slow Food am Standort des Restaurants in Berkeley, Kalifornien). Slow Food steht für eine Bewegung, in deren Mittelpunkt die Erhaltung regionaler Ökosysteme steht. So liegt der Fokus auf einer regionalen Küche, die mit saisonalen Zutaten aus dem regionalen Umfeld der Hersteller und Verbraucher arbeitet. In den letzten Jahren haben andere Restaurants und Einrichtungen in der Region Waters' Idee aufgeschnappt und machen ebenso an vielen Orten am Eingang mit Erzeugnissen von Bauernmärkten auf sich aufmerksam. Das Forage, ein Vom-Erzeuger-zum-Verbraucher-Restaurant in Los Angeles, arbeitet direkt mit Selbstversorgern aus der Stadt zusammen (also mit Leuten, die nicht im großen Stil in der Landwirtschaft tätig sind, sondern nur kleine Mengen von Gemüse und Obst anbauen – oft bei sich im Hinterhof). Auf der Website des Forage gibt es Bilder von den Landwirten und den ausgewählten Erzeugnissen, die im Restaurant serviert werden – von Malika beigesteuerte Feigen aus Pasadena, Aprikosen aus Lewis' Hinterhof in Santa Monica und so weiter. Das Forage verweist auch auf die Blogs der Selbsterzeuger, auf denen sie die Lebensweise als solche und den Anbau erklären. (Der Koch vom Forage, Jason Kim, war ehemals Souschef im preisgekrönten Lucques und ist Waters' persönlicher Protegé.) Eugene Ahn, PR-Chef vom Forage, erklärte dazu: »Jason hatte die Werte [von Waters] vollständig übernommen ... In der kulinarischen Welt ist es sehr wichtig, diese mit anderen Menschen zu teilen, wenn du authentisch sein willst. Dazu gehört es auch, seine Herangehensweise anderen zugänglich zu machen.« Aber Kim wollte etwas tun, was Waters nicht tun konnte. Obgleich das Forage im Großen und Ganzen den gleichen Prinzipien folgt wie das Chez Panisse, ist es viel egalitärer. »[Jason wollte] exklusives Essen anbieten, aber zu erschwinglichen Preisen. Er wollte das kulinarische Erlebnis im Wert von 50 US-Dollar für 15 US-Dollar anbieten – etwas, was man täglich erleben kann.«

Das ist in der Tat genau das, was man im Forage erlebt – ein kleines Restaurant, das man in der Hektik und dem nicht enden wollenden Verkehr am Sunset Boulevard kaum bemerkt. Doch drinnen tummeln sich beim Essen alternative Leute aus der Gegend, ironische Hipster, Drehbuchautoren und gutsituierte, gebildete Vollzeitmütter mit ihren Kindern. Weltweit, von Hongkong bis London, berichten Zeitungen über die Küche des Forage und seine Herangehensweise. Das Essen schmeckt wirklich gut, und wie im Fall von Intelligentsia rätsle ich, wie sie das machen und warum sie für all diesen Aufwand so wenig verlangen. Gleiches könnte man auch über Bareburger erzählen. Eine Kette mit Läden in Los Angeles und New York, wo Burger aus 100 Prozent Biofleisch von auf der Weide aufgezogenen Rindern angeboten werden. Oder über Shake Shack, eine amerikanische Fast-Food-Kette, die für die Herstellung von Hot Dogs und Burgern Fleisch verwendet, das frei von Antibiotika und Hormonen ist, sowie Fleisch von Hühnern, die nicht in Käfigen gehalten wurden. Beiden Restaurantketten gelingt es, umweltbewusstes Essen zu erschwinglichen Preisen anzubieten. Demonstrative Produzenten werden eher von ihren Werten angetrieben als von Gewinn. Sie könnten mehr verdienen, indem sie höhere Preise ansetzen oder ihre Ansprüche senken würden, aber mit einem solchen Vorgehen würden sie ihre grundlegende Überzeugung davon, wie die Dinge gemacht und verkauft werden sollten, infrage stellen.

Im Kleinen und im Großen ist die Bewegung hin zu Bioessen, Slow Food und Farm to Table ein wesentlicher Bestandteil der demonstrativen Produktion des 21. Jahrhunderts. Die Bewegung greift so sehr um sich und ist so erfolgreich, weil sie in der Lage ist, Leute von den entgegengesetzten Enden des kapitalistischen Spektrums zusammenzubringen. Oder wie es ein Beobachter in Bezug auf die Zeitschrift *Modern Farmer* ausdrückte: »Das bedeutet, dass die Zeitschrift eine Leserschaft hat, zu der ein Landwirt aus der Gemeinde der Amish People und der Gemüselieferant von Whole Foods gehören ebenso wie Leute, die auf den Dächern über Brooklyn Grünkohl und Broccoli ernten, sowie unzählige junge Landwirte, die zurück aufs Land ziehen.«[10]

Das Bewusstsein für soziale und ökologische Belange, das bei Whole Foods und auf Bauernmärkten propagiert wird, ist das, was viele engagierte Konsumenten inspirierend finden. Die Soziologin Josée Johnston bezeichnet uns als »Bürger-Verbraucher-Hybriden« (»citizen-consumer hybrid«) des ethischen Konsums, weil wir unsere Konsumentscheidungen als eine Art gesellschaftliche Praxis ansehen. Indem sie bei Whole Foods einkaufen gehen, benutzen Verbraucher »ihr Geld als Stimmzettel« und signalisieren ihre Überzeugungen in puncto Tierschutz, nachhaltiger Landwirtschaft und Fair Trade, womit sie im Grunde genommen ihren Einkauf zum Politikum machen – warum sonst würde irgendjemand so viel Geld für Brot, Fleisch und Gemüse bezahlen, das er ebenso woanders viel günstiger kaufen könnte? Alison Alkons Studie zu Bauernmärkten zeigt, dass sowohl die Landwirte als auch Verbraucher bereit dazu sind, aktiv Opfer für etwas zu bringen, von dem sie glauben, dass es ein moralisch besserer, nachhaltiger Weg zum Essen ist. Die Verbraucher realisieren, dass sie für den Einkauf auf dem Bauernmarkt mehr bezahlen, aber sie sehen das als »Preis« an, den sie für die Unterstützung der Region und den ethischen Umgang mit Essen zahlen, während die Landwirte bewusst finanziell lukrativere Gelegenheiten aufgeben, um zum gesellschaftlichen Wohlergehen aller beizutragen.[11]

Doch Johnston würde argumentieren, dass dies trotzdem eine naive und eigennützige Herangehensweise ist, vor allem auf der Seite der Verbraucher. Wie sie ausführt, geht es beim Bewusstsein für ökologische und gesellschaftliche Belange, für die bei Whole Foods (und auf Bauernmärkten) mehr gezahlt wird, eher darum, dass man seinen persönlichen identitätsstiftenden Ansprüchen gerecht werden möchte, als unbedingt darum, durch gemeinsames Handeln größere gesellschaftliche Probleme zu lösen. Johnston postuliert, dass es einfach sei, ein ethischer und »guter Bürger« bei Whole Foods zu sein, wo Verbraucher in einer von Jazzmusik, Cappuccinos und Leichtigkeit geprägten Atmosphäre eine Reihe von Entscheidungsmöglichkeiten haben (nicht unbedingt mit dem zu vergleichen, was man als Freiwilliger des Friedenskorps erlebt).[12] Aus Johnstons Sicht gibt das Einkaufen bei Whole Foods Verbrauchern ein gutes Gefühl, aber die Welt wird dadurch nicht wirklich zu einem besseren Ort. Ebenso handelt es sich bei der idyllischen Beschreibung der Bauernmärkte und dem Trend zum regionalen Essen im Allgemeinen um das Phänomen, das Wissenschaftler als die »Fiktion der weißen Landwirtschaft« (»white farm imaginary«) bezeichnet haben, womit gemeint ist, dass weiße Landwirte und Anbieter landwirtschaftlicher Erzeugnisse über die Maßen aufgewertet werden und hinter ihnen die unterrepräsentierten Minderheiten, die die eigentliche harte Arbeit erledigen, verborgen bleiben. Die Stammkunden der Bauernmärkte verstehen sich selbst als ethische Unterstützer von regionalen, familiengeführten Landwirtschaftsbetrieben, und diese Praxis selbst wird zu einem Kennzeichen des Status. Die »fiktive Gemeinschaft«

(»community imaginary«) des Bauernmarkts (man geht mit seinem Korb dorthin, um die Verkäufer der nahegelegenen Höfe zu treffen) vermittelt den Kunden ein gutes Gefühl, ohne Minderheiten oder ärmere Schichten bedeutend einzubeziehen, welche von diesen hauptsächlich weißen, privilegierten Einkaufserfahrungen ausgeschlossen bleiben. In den Augen dieser Kritiker fungieren Whole Foods und Bauernmärkte als Enklaven für weiße, finanziell gut gestellte Menschen, wo diese sich in ihrem »Kulturgeschmack der Allesfresser« bestätigt fühlen können und auf ihresgleichen stoßen, ohne der Welt wirklich zu helfen.[13] In seiner Besprechung von Michael Pollans Buch *Das Omnivoren-Dilemma* stellt Mark Greif, der für die Literaturzeitschrift n+1 schreibt, fest, dass dieser »Handel mit Luxuslebensmitteln« (»luxury food trade«) im Grunde genommen die Wünsche der Eliten erfülle, während es sie gleichzeitig tiefsinniger und in Bezug auf Gesundheit und Umwelt gerechtfertigt erscheinen lasse. Greif nimmt vor allem an Pollans Abneigung gegenüber dem breiten Erfolg von Bioessen Anstoß. Er kritisiert implizit, dass Pollan biologische Landwirtschaft nicht mehr länger unterstütze, eben weil nun die breite Masse dazu Zugang habe und Pollan aus diesem Grund nach noch elitäreren Essensgewohnheiten suche. »Durch seinen [Pollans] Einsatz [für grünere Bauernhöfe und kleinere Betriebe] etabliert er eine Art von Lokalpatriotismus, die von der Stammkundschaft ein paar weniger Käufer aus der obersten Einkommensschicht, der Pollan anzugehören scheint, abhängig bleibt.«[14]

Die Kritik an dieser Art von demonstrativer Herstellung ist nicht ganz unberechtigt, aber sie ignoriert auch die Vorteile, die die neue Gewichtung von artgerechter Haltung und ein gesellschaftlich verantwortungsvoller Umgang mit Nahrungsmittel haben. Durch ihre Haltung zum Essen und einer Kultur, in der nachhaltige Werte und Umweltbewusstsein befürwortet werden, könnte diese kleine Gruppe von Verbrauchern mit der Zeit unter Umständen größere soziale Normen verändern, indem sie die Landwirte unterstützt, welche aufgrund der stärkeren Nachfrage nach ihren Gütern im Umkehrschluss ihre Erzeugnisse einer breiteren Käuferschaft zu geringeren Preisen anbieten können. Aus der Sicht von Experten für Lebensmittelpolitik wie Paula Daniels passiert der Wandel der Ideologie und der Kaufgewohnheiten der Elite, was Essen anbelangt, vielleicht zuerst aus einer privilegierten Position heraus, aber mit der Zeit besteht die Hoffnung, dass letztendlich durch die wachsende Unterstützung der Branche mehr Leute Zugang zu einer regionalen, artgerechten und nachhaltigeren Form von Landwirtschaft haben werden, was wiederum allen zugutekäme. Daniels, Gründerin des LA Food Policy Council, einer Organisation für Nahrungsmittelsicherheit in L. A., und Gründungsvorstand von Good Food Purchasing, einer Organisation, die sich für transparente Lieferketten im Handel mit Nahrungsmitteln einsetzt, glaubt, dass gesellschaftlicher Wandel oft durch Marktbewegungen hervorgerufen werde, selbst wenn zu Beginn nur wenige mitmachen. Daniels erklärte mir das so: »Die Marktkräfte haben großen Einfluss; ökologische und regionale Wertvorstellungen führen zu einem mittleren Volumen umweltbewusster Nahrungsmittel. Kalifornien ist [beispielsweise] gemessen am Umsatz in Dollar und Erträgen die größte Agrarwirtschaft, weil in Kalifornien die größte Menge ausgewählter hochwertiger Nutzpflanzen angebaut wird. [Der Staat ist auch der] Spitzenreiter in Sachen ökologische Landwirtschaft, ungefähr um die 22 Prozent der gesamten ökologischen Agrarproduktion in den Vereinigten Staaten ist dort angesiedelt.« Daniels fährt fort und fragt: »Was bedeutet das? Das bedeutet, dass wir mehr pestizidfreie Ackerflächen für den Anbau zur Verfügung haben, keine Hormone und viel umweltfreundlichere Methoden anwenden. Dadurch, dass auf dem Markt Bioerzeugnisse nachgefragt werden, beginnen wir, das Potenzial [für nachhaltigere Anbaumethoden] zu vergrößern.«

In Daniels' Augen entstehen dadurch ein größerer Markt und somit auch mehr Möglichkeiten für die Landwirte. Angesprochen auf Whole Foods erzählt Daniels von der Erfahrung, die der Lebensmittelhändler auf Hawaii machte. Daniels, die ursprünglich aus Hawaii stammt, erinnert sich, dass das Angebot in den Supermärkten in Bezug auf die Auswahl und Qualität begrenzt war, als sie dort lebte. Aber als Whole Foods auf Hawaii Märkte eröffnete, unterstützte es sofort die Landwirte aus der Region. Sie erzählte: »Whole Foods schloss Verträge mit Nahrungsmittelerzeugern aus der Region... und steigerte die regionale Lebensmittelproduktion. Ich habe das selbst miterlebt. In der Abteilung mit Produkten aus der Region in den Whole-Foods-Märkten auf Hawaii hat man sogar eine bessere Auswahl als in vielen der anderen Märkte, in denen ich in L. A. einkaufe. Sie haben bewirkt, dass die Landwirte, die in ärmeren Gemeinden wie Waimanalo ihren Unterhalt sonst als Subsistenzbauern bestreiten, nun von der stetigen Nachfrage bei Whole Foods profitieren.« Experten für nachhaltige Lebensmittel haben das Ziel, dass die ökologische, artgerechte und transparente Produktion von Lebensmitteln zum Standard wird. Daniels, die qua Ausbildung Anwältin ist, erzählte weiter: »Ich erinnere mich noch an die Zeit, als Recycling-Papier eingeführt wurde. Es war teuer und nicht [gleich] verfügbar. Damals arbeitete ich als Anwältin, und wir benutzten viel mehr Papier als heute. Ich war Mitglied eines staatlichen Prüfungsausschusses, der Vorschriften für den Bundesstaat überprüfte, und uns wurde der Vorschlag vorgelegt, die Nutzung von Recycling-Papier zu fordern. Ich war damals der Ansicht, dass wir die Menschen dazu auffordern müssen und der Markt sich dann daran anpassen wird. Jetzt weiß man, dass [das] so ist: Man kann zu Staples gehen und dort Papier aus 100 Prozent Altpapier kaufen, das man zum Drucken nutzen kann, und es ist billiger [als normales Papier]. Ich bin ziemlich überzeugt davon, dass wir das auch im Bereich der Lebensmittelproduktion schaffen können. Dieses System ist komplexer... [Aber wenn wir] mehr Spielraum schaffen und regionales Wirtschaften und Landwirte stärker unterstützen, können wir so die größere Verbreitung von nachhaltigeren Produktionsmethoden fördern.«[15]

Mode und die
Nicht-in-China-hergestellt-Bewegung

1919 kommentierte John Maynard Keynes in seiner Abhandlung *Krieg und Frieden: Die wirtschaftlichen Folgen des Vertrags von Versailles* die Vielfalt der ihm zur Verfügung stehenden Konsumentscheidungen und bemerkte in diesem Zusammenhang: »Der Bewohner Londons konnte, seinen Morgentee im Bette trinkend, durch den Fernsprecher die verschiedenen Erzeugnisse der ganzen Erde in jeder beliebigen Menge bestellen [...].«[16] Diese Beobachtung stammt aus der Zeit vor dem Zweiten Weltkrieg und vor Beginn der Globalisierung, so wie wir sie kennen. Doch in vielerlei Hinsicht hat sich die Modewelt wieder den Standards einer Welt, wo es noch keine Massenproduktion gab, angenähert, sodass es eine Rolle spielt, wo etwas seinen Ursprung hat, so wie das bei indischem Tee und persischer Seide der Fall war. Schnell wechselnde Damenmode der Art, wie sie von den Fast-Fashion-Ketten H&M und Forever 21 angeboten wird, und die standardisierten Güter, die massenweise und anonym in China, Vietnam und Mexiko produziert werden, haben dazu geführt, dass sich westliche Verbraucher immer weniger für die großen, globalen Marken interessieren. Vor allem nicht mehr so sehr für jene, die an weit entfernten Orten am anderen Ende der Welt hergestellt und mit einem amerikanischen Label versehen werden. Diese Arten von Konsumgütern werden zunehmend für ihre billige Herstellung und schlechte Verarbeitung kritisiert, und daraus speist sich auch zum Teil die allgemeine Sorge, dass wir schlicht zu viele Sachen kaufen.

Die Geschichte der demonstrativen Herstellung wird wirklich von den Verbrauchern vorangetrieben, die nach etwas anderem und Authentischem verlangen. Diese neue Nachfrage, eine scheinbare Randerscheinung, spielt in die Entstehung von lokalen Geschäften mit rein, die nur in kleiner Stückzahl produzierte Designer-Sachen verkaufen sowie Stücke aus Raw-Denim-Jeansstoff, dessen Webart mit einer einzigartigen Geschichte und einem besonderen Herkunftsort daherkommt. Die seltenen Stücke in den Regalen solcher Läden wurden im Grunde genommen in China hergestellt und mit einem neuen Label »Designed in Scandinavia« (oder Frankreich oder einem anderen respektablen Herkunftsort) versehen sowie mit einer unscheinbaren zweiten Zeile darunter, wo steht »Made in the People's Republic of China« – als ob sich dieser Ort in irgendeiner Art und Weise von China selbst unterscheiden würde.

Ein solcher Laden und bildliches Beispiel für die Rückkehr zur Wichtigkeit des Ortes ist Urban Rustic in Brooklyns Caroll Gardens.[17] In diesem kleinen Laden mit dem abgewetzten, naturbelassenen Holzboden und den von John Landis Mason patentierten Einmachgläsern, bekannt als Mason Jars, werden nur Getränke und Gerichte verkauft, die aus New York stammen – und das gilt sowohl für die Zubereitung als auch für die Zutaten. Ein Geschäftsmodell, das langfristig wie ein hoffnungsloses Unterfangen scheint, aber das bisher ein voller Erfolg ist. Die Regale sind gefüllt mit Zuckerstangen aus vergangenen Zeiten, frischen, schlichten Blumen, die so aussehen, als ob sie auch im Hinterhof des Eigentümers gepflückt worden sein könnten, und Bier und Gurken, stolz gebraut beziehungsweise eingelegt in New York. Für all diese Beispiele gilt, dass die Produkte und die Geschäfte, in denen sie verkauft werden, eine bestimmte Geschichte aufweisen, die ihnen Authentizität und Wert verleiht. Es reicht nicht mehr, einen italienischen Anzug oder ein Pariser Parfüm zu kaufen. Der ganze Herstellungsprozess und die verwendeten Materialien stehen viel stärker im Fokus und werden erklärt – bis hin zu Informationen über die Gegend, aus der sie stammen, und darüber, welcher Kunsthandwerker an der Herstellung beteiligt war. Derlei Geschäfte sind plötzlich überall im urbanen Raum in Amerika und den gut situierten angrenzenden Speckgürtelregionen aus dem Boden geschossen. Die Produkte, die in diesen Geschäften verkauft werden, sind kunsthandwerklicher Natur und eng mit ihrem Produktionsort verbunden. Da wäre zum Beispiel Broome Street General Store, ein Luxusladen mit Sachen des täglichen Bedarfs und zwei Niederlassungen in Silverlake sowie einem Online-Shop, der Wachsmäntel von Barbour aus England, gestreifte Baumwoll-T-Shirts von St. James (das Unternehmen, welches seit Beginn des 19. Jahrhunderts das französische Militär einkleidet) und Schokolade von den Mast Brothers aus Brooklyn im Angebot hat.

Ein weiteres Beispiel ist Bucks & Does in Los Angeles – im vorderen Teil des Ladens befindet sich eine Boutique mit handverlesenen, teuren Dingen aus der ganzen Welt. Den hinteren Teil füllen Nähmaschinen, Stoffe und ein gutes Dutzend Näherinnen und Designer aus, die dort auch Kleidung anfertigen, die in dem Laden und anderen Geschäften in der Stadt verkauft wird. Vom Forage geht man einfach nur die Straße runter und landet bei Bucks & Does (und dem Mohawk General Store, ein weiterer Laden ein paar Geschäfte weiter), einem Abbild demonstrativer Herstellung in Sachen Mode. Dort erwartet einen eine bewusste Zusammenstellung von Kleidung, Schuhen und Accessoires aus ausgewählten Städten und Regionen, die für die Herstellung dieser Dinge und Materialien bekannt sind. Angestachelt vom Anblick der Tafel vor dem Geschäft, auf der mit Kreide diverse Designer vermerkt waren, von denen ich noch nie gehört hatte, entschied ich mich dazu, einen Blick hineinzuwerfen. Kaum hatte ich den Laden betreten, zeigte mir der junge Verkäufer sofort einige wunderschöne graue Kaschmirpullover, welche »gerade erst von den Ladeninhabern in Irland eingekauft worden waren« – das war das einzige Verkaufsargument, welches der junge Mann vorbrachte, um mich zum Kauf des Pullovers zu bewegen.

Industry of All Nations (IOAN) ist ein weiteres Unternehmen, welches diese Art von vorindustrieller Produktion verfolgt. IOAN befindet sich in Culver City, einem designierten Gewerbegebiet von Los Angeles, und arbeitet weltweit mit kleinen und mittelgroßen Herstellern zusammen, um Artikel des Grundbedarfs aus aller Welt in der althergebrachten, regionalspezifischen Art und Weise zu produzieren und zu entwerfen. Wie im Fall von Intelligentsia basiert das Geschäftsmodell von IOAN auf dem direkten Austausch mit den Herstellern, was bedeutet, dass die Gründer um die Welt fliegen, um Blaufärber in Indien, Sportschuhhersteller in Kenia, Seidenproduzenten in China und so weiter zu treffen.

Juan Diego Gerscovich ist der Gründer, welcher IOAN 2010 ins Leben gerufen hat. Gerscovich ist von Haus aus weder Modedesigner noch Geschäftsmann. Ursprünglich war er als Architekt aus Argentinien gekommen und hatte Mode als Ventil für sein gesellschaftliches Engagement entdeckt. Er drückte das so aus: »Wir wollen nicht, dass unsere Arbeit negative Konsequenzen für andere hat. Wir wollen ein gutes Leben führen und Gutes tun. In dem Moment, in dem du etwas machst, was anderen Schaden zufügt, ist das nicht gut. Es gibt viele großartige junge Leute, die wie wir denken. Also ist das die Zukunft der Welt.«

Als Architekt weiß Gerscovich schöne Dinge und die Geschichte darüber, wo und wie sie entstanden sind, zu schätzen. Mode ist der Inbegriff von all dem, zumindest in der Theorie. Doch in der Mode, erklärte er, sei man immer mehr davon abgekommen, Dinge rechtschaffen und am wirklichen Ursprungsort herzustellen. Dazu ergänzte er: »Seit drei oder vier Jahren wird sogar ein Mantel von Burberry in China hergestellt, einfach nur enttäuschend. Stell dir vor, du kämst aus England, wo seit 200 Jahren Regenmäntel hergestellt werden, und dann kriegst du einen in China hergestellten Regenmantel. Wir kaufen Sachen in China ein, aber die richtigen – in Sachen Kunststoffrecycling ist China beispielsweise sehr weit fortgeschritten.« Es ist IOANs Vision, mit Herstellern vor Ort zusammenzuarbeiten, die Dinge mit einer echten Geschichte und aus Material einer bestimmten Qualität produzieren und auf eine Art, die in dieser Kombination aus Ort und Produkt einzigartig ist. Am Anfang hat Gerscovich Hunderte Stunden damit verbracht, Websites von Herstellern aus der ganzen Welt zu durchkämmen, um für die Ausgangsmaterialien die besten Hersteller ausfindig zu machen, mit ihnen in Kontakt zu treten, Besuche zu organisieren und so weiter. Das Ziel einer seiner Suchen war es, ein Unternehmen zu finden, das noch natürliche Farben herstellte. Gerscovich drückte das so aus: »Diese Kunst [als Geschäft] ist fast tot, aber es gibt noch ein paar kleine Orte in Indien, wo sie das machen. Die Unternehmen dort haben vor 25 Jahren damit angefangen, T-Shirts aus Biobaumwolle und ökologischen Farben herzustellen! Sie waren in Indien ansässig, nicht in Paris oder New York. Und bis jetzt, bis wir kamen, hat ihnen niemand eine Chance gegeben [ihre Sachen in großer Zahl an westliche Kundschaft zu verkaufen].«

Gerscovich ist viel herumgereist, um potenzielle Hersteller zu treffen und diese einfachen Güter produzieren zu lassen. Praktisch gedacht wäre es einfacher, effizienter und billiger, die Sachen in China zu produzieren. Doch mit so einer Herangehensweise würde Gerscovich kein Geschäft machen. Wie er sagt, möchte niemand einfach nur noch ein weißes T-Shirt. »Ich möchte nicht nur das Produkt sehen. Ich möchte die Beschreibung sehen. Es ist wie mit dem Gesicht eines Politikers. Wir müssen mehr darüber wissen, was sich dahinter verbirgt – wir benötigen erklärende Informationen.«

Ein Beispiel dafür ist ein kleiner Hersteller von Baumwoll-Sneakern aus Kenia. Bevor das Unternehmen mit IOAN zusammengearbeitet hat, hat es seine Schuhe nur auf den staubigen Straßen von Mombasa verkauft. Gerscovich stieß im Internet auf das Unternehmen, reiste nach Kenia, um den Inhaber zu treffen, und entschied, dass die Sneaker genau das waren, was er verkaufen wollte. Unter den Schuhen namens »Kenyatas« steht in der Katalogbeschreibung von IOAN, dass das Material 100 Prozent afrikanischen Ursprungs sei und dass sie in den 40 Jahren, seit denen das Unternehmen besteht, zum ersten Mal außerhalb Afrikas verkauft würden. »Bevor wir kamen, verkauften sie ihre Sneaker auf Straßenmärkten auf unbefestigten Straßen. Sie hatten nicht mal eine Größeneinteilung. Und innerhalb von nicht mehr als sechs Monaten haben die Schuhe eine Größe und werden in Tokyo, Paris (bei Merci) und anderswo auf der Welt verkauft. Sie verkaufen ihre Schule trotzdem noch auf den Straßen von Kenia – das ist natürlich immer noch ihr Hauptgeschäft.« Vor ein paar Jahren wurde Gerscovich eine Ladung Schuhe geschickt. Sie kamen in einem mit rotem Staub beschmierten und mit Fingerabdrücken übersäten Beutel an. Er stellte fest, dass es sich um Fingerabdrücke der Angestellten handelte und um den Staub von Kenias Straßen. »Als Erstes dachten wir ›O Gott!‹, dann aber ›Wow, die bringen den Schmutz der Straßen von den Fingerspitzen der Angestellten mit.... Die sind echt.‹«

Neben der Außenstelle in Culver City betreibt IOAN noch einen sehr erfolgreichen Online-Shop, über den der Großteil des Geschäftes läuft. Der Erfolg von IOAN hat mehr mit der Verpflichtung zu einer seiner Philosophie entsprechenden Güterproduktion zu tun als mit den Gütern selbst – schließlich produzieren diese ganzen Hersteller immer noch einfache T-Shirts und Baumwoll-Sneaker, welche bei flüchtigem Hinsehen mit den Artikeln von Fruit of the Loom verwechselt werden könnten. Stammkunden von IOAN wenden sich gegen die wirtschaftlichen und ökologischen Folgen konventioneller Fertigung. IOAN sagt von sich selbst, dass es »inspiriert davon ist, wie an die Dinge herangegangen wird. Wir kreieren nicht eine neue Marke, um einfach nur die Regale zu füllen. In der heutigen Zeit ist es so einfach, fast alles zu tun, und jeder kann fast alles machen, also sollte es am wichtigsten sein, wie wir an die Dinge herangehen.«[18] Im Herbst 2013 schickte J.Crew Gerscovich eine Fanmail, in der das Unternehmen schrieb, wie sehr sie mochten, was IOAN macht. Im März 2014 produzierte IOAN seine erste Kollektion für J.Crews Kinderkleiderlinie Crew Cuts und ein paar Basic-Teile für Männer. Dazu sagte Gerscovich explizit: »Wir produzieren für J.Crew die gleichen Sachen, aber ohne auch nur einen Millimeter von unseren Standards abzuweichen.« Heute kann man auf J.Crews Website speziell gefärbte Madras-T-Shirts für Kinder und Fleece-Pullover aus biologischer Baumwolle aus Indien finden und dazu ein Interview mit Gerscovich, in dem er erläutert, wie wichtig Nachhaltigkeit in der Produktion von Kleidungsstücken ist.

»Etsys industrielle Revolution«

Genauso wie durch Whole Foods Biolebensmittel zu einem weltweiten Massenphänomen wurden, wurde es durch Etsy möglich, dass kunsthandwerkliche Produkte den Massenmarkt erobern konnten. Bei Etsy handelt es sich um eine Art Ebay für Kunsthandwerker, die darüber handgemachte Stiefel, Kerzen, Schmuck, Gürtel, Papierwaren und so ziemlich alles Mögliche verkaufen können, solange es den Produktionsstandards des Unternehmens entspricht. Etsy, im Jahr 2005 gegründet in Brooklyn (wie könnte es anders sein), ist das, was man ein Peer-to-Peer E-Commerce-Unternehmen nennt, wo Mitglieder von Hand gefertigte Sachen, Bastelmaterialien und künstlerische Produkte auf ihrem »Marktplatz«, sortiert in eine Vielzahl von Kategorien wie Hochzeit, Geburtstage, Männer, Frauen und Schmuck, kaufen und verkaufen können. Auch mit Vintagesachen wird dort gehandelt (diese müssen aber mindestens 20 Jahre alt sein). Überaus produktive und geschäftstüchtige Verkäufer können ihren eigenen »Shop« aufmachen und darüber eine Auswahl von verschiedenen handgefertigten Dingen und Vintagesachen verkaufen, wobei Etsy für jedes gelistete Stück 20 Cent zuzüglich 3,5 Prozent vom Verkaufspreis erhält (die meisten Dinge werden für 15 bis 20 US-Dollar verkauft). Im Durchschnitt handelt es sich bei den

Händlern um Frauen mit Collegebildung zwischen 20 und 40 Jahren. Ursprünglich war auf Etsy nur der Verkauf von handgefertigten Dinge erlaubt, aber in letzter Zeit (und trotz Kritik von den Hardlinern) hat das Unternehmen Herstellern auch erlaubt, mit einigen kleinen Erzeugern von handgefertigten Produkten zusammenzuarbeiten. Bedingung dabei ist, dass es sich um eine direkte Lieferantenbeziehung handelt und es trotzdem noch eher Menschen als Unternehmen sind, die Dinge verkaufen. Diese Änderung der Regel hat eine praktische Bewandtnis: Etsy hat als Marktplatz mehr Erfolg gehabt, als seine Produzenten händeln können, und um mit den Bestellungen der Kunden noch wirklich hinterherzukommen, werden mehr Hände (oder, wie es aussieht, Maschinen) gebraucht. Die Zahlen beweisen es. 2010 hat Easy einen Umsatz von 180 Millionen US-Dollar gemacht; im folgenden Jahren ist der Umsatz sprunghaft auf 314 Millionen angestiegen.[19] 2012 lag Etsys Umsatz bei 895 Millionen US-Dollar und 2013 bei 1 Milliarde US-Dollar. 2014 hat das Unternehmen die 2-Milliarden-US-Dollar-Umsatzmarke geknackt. Im April 2015 ist Etsy mit einem Einstiegspreis von 16 US-Dollar pro Aktie an die Börse gegangen, der tatsächliche Aktienpreis lag dann aber bei 31 US-Dollar. Doch trotz dieser klar kapitalistischen Schritte strebt das Unternehmen danach, seine Philosophie und seinen *raison d'être* am Leben zu erhalten. Bei Etsy geht es immer noch um die »Lebensgeschichte seiner Händler«, wie es *The Economist* in einem Porträt über das Unternehmen ausgedrückt hat. Etsys Erfolg liegt in den Händen der Verbraucher und nicht der Hersteller, wobei Erstere sich verdammt viele Gedanken darüber machen, wo die Dinge herkommen und von wem sie hergestellt wurden.[20] Abgesehen von seinem Umsatz in Milliardenhöhe kann Etsy heute über 50 Millionen registrierte Nutzer vorweisen, die freudig handgefertigte Sachen aus aller Welt sowie Mainstreamgüter in einzigartigem Look herstellen beziehungsweise kaufen.

Demonstrative Herstellung
wird massentauglich

Diese höher spezialisierten Unternehmen sind nicht die Einzigen, die in die demonstrative Herstellung einsteigen. Unternehmen, die eher dem Mainstream zuzuordnen sind, reisen für auf einzigartige Art und Weise gefärbte Kleidungsstücke vielleicht nicht um die Welt, aber auch sie sind dabei, die Bedeutung zu erkennen, die »made in USA« auf dem Label (anstelle von China, Indien oder Bangladesch) als Symbol guter Qualität und Authentizität hat. Infolgedessen suchen sie nach Wegen, um zumindest einen Anflug von Authentizität aufzubauen, die Verbraucher als ein Zeichen von Qualität und gesellschaftlichem Bewusstsein sehen. Die Unternehmen haben mitgekriegt, was passiert ist, als die Globalisierung die verarbeitende Industrie in den Vereinigten Staaten mit voller Wucht getroffen hat. Seit dem Zusammenbruch der verarbeitenden Industrie in der Mitte der 1970er-Jahre über Verringerung der Einfuhrsteuern durch die NAFTA 1994 bis hin zu Chinas Mitgliedschaft in der Welthandelsorganisation im Jahr 2001 ist die amerikanische Bekleidungsindustrie im Laufe der letzten 20 Jahre erschreckend geschrumpft, während Arbeitsplätze nach Mexiko, Indien und China verlagert wurden. Von 1990 bis 2012 ist der Textil- und Bekleidungssektor um 76,5 Prozent geschrumpft, was bedeutet, dass 1,2 Millionen Arbeitsplätze verloren gegangen sind. 1991 wurden 56,2 Prozent aller Kleidungsstücke, die in den Vereinigten Staaten gekauft wurden, in Amerika produziert; bis 2012 ist diese Zahl auf 2,5 Prozent gesunken.[21] Der Dachverband der amerikanischen Gewerkschaften AFL-CIO hat den Verlust von 700 000 Arbeitsplätzen auf das NAFTA-Freihandelsabkommen zurückgeführt. Die Technik hat da auch nicht geholfen – durch maschinelle Weiterentwicklung wurden viele Tätigkeiten, für die es einst menschlicher Arbeit bedurfte, automatisiert. In der Konsequenz wurden weltweit Städte Zeuge davon, wie sich ihre Fabriken leerten und ein kompletter Teil der Arbeitsplätze im urbanen Raum verschwand, was zu einer Krise in unseren Innenstädten führte und zum Anstieg der permanenten »Arbeitslosigkeit«, was wiederum Jahrzehnt um Jahrzehnt zu generationenübergreifender Armut führte.

Der durch die globale Umstrukturierung der Wirtschaft hervorgerufene Schock hatte eine Reihe real spürbarer Auswirkungen. Amerikanische Verbraucher und Unternehmen wurden sich der gesellschaftlichen Folgen der weitverbreiteten amerikanischen Arbeitslosigkeit und der gleichzeitigen Ausbeutung von Arbeitern in den Entwicklungsländern bewusst. Ungeachtet des Preisverfalls ließen sich die menschlichen Kosten so unmöglich ignorieren. In der neueren Forschung wird als Beweis dafür auf den aktuellen Aufschwung des produzierenden Gewerbes in Amerika und die sich wandelnden Vorlieben von Verbrauchern und Unternehmen verwiesen. In einer aktuellen Studie der Boston Consulting Group wurde herausgefunden, dass mehr als 70 Prozent der Verbraucher etwas, auf dem »Made in China« steht, lieber nicht kaufen würden,[22] und laut einer Studie der New York Times würden 60 Prozent mehr bezahlen, wenn »Made in the USA« draufstünde.[23] In einer weiteren Studie gaben 30 Prozent der Hersteller an, dass sie es in Erwägung zögen, ihre Produktion zurück in die Staaten zu verlagern, während ungefähr 15 Prozent dies schon getan hatten. Insgesamt hat die amerikanische Bekleidungsindustrie nach der Globalisierung und NAFTA eine drastische Trendwende durchlebt, und das Auslagern der Produktion hat zu einem jahrzehntelangen Stillstand geführt.[24] Ein Großteil des Aufschwungs in der Herstellung geht auf kleine Unternehmen zurück: In über 75 Prozent der amerikanischen Gewerbebetriebe sind 20 oder weniger Arbeiter beschäftigt.[25] Obgleich diese kleinen Betriebe nur 9 Prozent des Sektors ausmachen, sind die Kunsthandwerksbetriebe doch zu großen Teilen für die wachsende Zahl von Arbeitsplätzen nach der Rezession verantwortlich.[26] In dem Zuge, wie Textilfabriken im ganzen Land aufgemacht werden, hagelt es Jobangebote.

Das Problem dabei ist, dass die Rückkehr zu »Made in the USA« richtig Geld kostet. Nanette Lapore, eine erfolgreiche Designerin aus New York City, die Luxuskleidung verkauft, hat sich gerade erst mit J. C. Penney zusammengetan. Doch um jedes der 150 Kleidungsstücke mit einem »Made in the USA«-Label versehen zu können, müssten sie die Preise erhöhen, und zwar so sehr, dass Penneys Kunden dadurch wahrscheinlich abgeschreckt würden. Lepore bringt es auf den Punkt: »Diese [vergleichsweise niedrigen] Preise sind hier [in den Vereinigten Staaten] nicht machbar.«[27] Das Problem ist, dass billige Güter in Amerika schlicht nicht hergestellt werden können. Kunden mit sozialem Bewusstsein, die ein »Made in the USA« (oder genauso gut »Made in France/Italy/England«) wollen, sind bereit, mehr zu zahlen. Doch es ist so, wie die Wirtschaftsjournalistin Stephanie Clifford, die den neuen Herstellungstrend in den USA dokumentiert hat, in Bezug auf jene, die nach billigen Preisen Ausschau halten, feststellte: »Selbst wenn Verbraucher mit den menschlichen Kosten der billigen Herstellung konfrontiert werden ... zeigen sie kaum Bereitschaft, mehr für die Sachen zu bezahlen.«[28] Wenn ein durchschnittliches Kleidungsstück in den USA für 13,49 US-Dollar verkauft wird, ist es ziemlich schwer, den Durchschnittsverbraucher davon zu überzeugen, das Doppelte für ein Label auszugeben, das kein anderer sehen wird. Darin liegt der Widerspruch der demonstrativen Herstellung. Das Produkt wird nicht durch den Markennamen zu einem auffälligen Statussymbol. Verbraucher werden durch ihre inneren Werte und Vorlieben motiviert, und diese subtileren Statusmarker werden zum Maßstab für ihre Urteile und die ihrer Bezugsgruppe. Das Fehlen des offensichtlichen Prestiges schmälert den Antrieb etwas, der Leute überhaupt erst dazu bringt zu konsumieren.

Doch in manchen Teilen von Amerika findet eine Veränderung statt, und zwar nicht nur entlang der Straßen von Mission, Venice und der Lower East Side, wo sich Boutiquen aneinanderreihen. Die Löhne in der amerikanischen Bekleidungsindustrie sind seit 2007 um 13,2 Prozent gestiegen (im Vergleich zu nur 1,4 Prozent in der Privatwirtschaft)[29], und amerikanische Textilexporte haben seit 2010 um 37 Prozent zugenommen.[30] Zum Teil hängt der Wandel in der Herstellung mit den Vorlieben der Verbraucher zusammen. Selbst wenn die Durchschnittsamerikanerin nicht vollständig von demonstrativer Herstellung und zugehörigen Begleiterscheinungen wie Bauernmärkten, gepressten Säften und handgefertigten Latschen überzeugt ist, achten amerikanische Verbraucher doch zunehmend darauf und denken darüber nach, wo Sachen herkommen. Nachrichten über das Feuer in Bangladesch durch das mehr als 100 Textilarbeiter starben,[31] und über den Einsturz einer Textilfabrik in Bangladesch, bei dem mehr als 1000 Arbeiter ums Leben kamen,[32] und ganz allgemein die gefährlichen Arbeitsbedingungen und Kinderarbeit, die man mit Ausbeutungsbetrieben assoziiert, lassen die billige Kleidung aus Asien und ihresgleichen weniger ansprechend erscheinen.[33] Kurz gesagt, Verbraucher nehmen die unschönen Seiten der Globalisierung wahr und stellen sich langsam dagegen. Die Globalisierung hat ihnen vielleicht T-Shirts zum Preis von 5 US-Dollar beschert, aber Verbraucher sind zunehmend bereit, mehr zu zahlen, um sicherzustellen, dass es den Arbeitern gut geht. Laut Perception Research Services nehmen 80 Prozent der Verbraucher das »Made in the USA«-Label zur Kenntnis, und 75 Prozent kaufen ein Produkt mit diesem Label mit größerer Wahrscheinlichkeit.[34] Für einige ist die Motivation dahinter, Arbeitsplätze in Amerika zu erhalten, aber Insider aus dem Sektor sagen, dass es den Konsumenten hauptsächlich um Qualität und Sicherheit geht. Aktuelle Berichte aus dem Ausland wiederum stellen beides in Bezug auf die Fremdbeschaffung von Gütern infrage. »Wir haben in den Vereinigten Staaten keine Massenwarenmentalität mehr«, stellt Jeffrey Cornwall fest, seines Zeichens Professor für Unternehmertum an der Belmont-Universität.[35]

Wie sind wir hierhergelangt? Globalisierung, Information und postmoderne Werte

Den Ursprung der demonstrativen Herstellung bilden das stärkere Bewusstsein für ökologische und die sozialen Probleme in der breiten Gesellschaft – und vor allem die Bewegungen dahingehend, etwas gegen diese Probleme zu tun. Mit den Pandas fing alles an. In der Mitte der 1990er-Jahre hatte der World Wildlife Fund (WWF) eine Naturschutzkampagne gestartet, die sogar die gewöhnliche Mittelschicht in Amerika zum Nachdenken brachte. Ich erinnere mich noch an meine Schulzeit in einer Kleinstadt in Pennsylvania und daran, dass ich mir plötzlich Gedanken um den Regenwald in Südamerika machte. Ich habe mir das T-Shirt und den Heckaufkleber besorgt und konnte die Statistiken herunterbeten (die heutige Abholzung erfolgt mit einer Geschwindigkeit von 20 Football-Feldern pro Minute).[36] Die Kampagne des WWF ist ansprechend gestaltet. Die schlichte Pandagrafik, die 1961 entwickelt und deren Design durch die Ankunft der Pandabärin Chi-Chi im Londoner Zoo im selben Jahr inspiriert wurde, wird weltweit mit dem WWF in Verbindung gebracht.

Aber der WWF hat weit mehr erreicht als nur die Verbreitung von Heckaufklebern, die einen Pandabären zeigen. Seit seinen Bemühungen in den 1960er-Jahren, wo es darum ging, das Leben auf den Galapagosinseln zu bewahren, bis hin zu der fortlaufenden internationalen Regenwaldkampagne (insbesondere in Bezug auf das Gebiet um den Amazonas), hat der WWF Umwelt- und Naturschutz weltweit zu einem wirklichen und relevanten Thema gemacht. Durch die Arbeit der Organisation wurden Naturschutzabkommen geschlossen, ein Moratorium über den kommerziellen Walfang verhängt und Verluste der Artenvielfalt nachgewiesen und dokumentiert. Der WWF hat sich der Abholzung im Kongo entgegengestellt, erste Bemühungen unternommen, CO2-Emissionen einzuschränken, und hat die Zerstörung des Regenwalds überall ins Gespräch gebracht.[37] Auch wenn die Mission des WWF überzeugend und seine Arbeit wichtig ist, hängt das Wirken der Organisation doch von Menschen, Geldgebern und anderen Organisationen ab, die bereit sind, auf die aktuellen Anliegen zu reagieren und diese zu unterstützen. Kurz gesagt, viele verschiedene Akteure und Institutionen müssen zusammenarbeiten, um große Ziele rund um den Natur- und Umweltschutz zu erreichen. Umweltschutz gibt es schließlich schon seit Jahrhunderten, aber dass wir unser Verhalten ändern, ist ein viel neueres Phänomen. 1845 äußerte sich Friedrich Engels zur heruntergewirtschafteten und zerstörten Umwelt der industrialisierten Städte in England.[38] Henry David Thoreau schrieb 1854 *Walden*. In den 1960er- und 1970er-Jahren entstand ein großes Umweltbewusstsein, worauf in den Vereinigten Staaten auch Taten folgten: Rachel Carsons Buch *Der stumme Frühling* (1962), der Clean Air Act (1963) – ein Gesetz zur Reinhaltung der Luft, der Water Quality Act (1965) – ein Gesetz zur Erhaltung und Verbesserung der Wasserqualität, das Buch *Der Lorax* von Dr. Seuss (1971) und der Clean Water Act (1972) – ein Gesetz zur Reinhaltung des Wassers.[39] Diese denkwürdigen Momente in Sachen Umweltschutz haben vielleicht das Rad auf der Makroebene gedreht, aber heute praktizieren viele von uns eine Art alltäglichen Umweltschutz, was teilweise den Anstieg der demonstrativen Herstellung erklärt.

Wann zum Beispiel haben die Amerikaner damit angefangen, im Supermarkt Stoffbeutel zu benutzen? Und wann wurden verschiedenfarbige Mülltonen fürs Recycling aufgestellt? Früher dachte ich, dass es sich um eine Eigentümlichkeit der Städte handle. So lange, bis ich meine Mutter, die im ländlichen Raum lebt, dabei beobachtete, wie sie all ihre Flaschen und Dosen sortierte und *mit diesen* zum

Recyclinghof *fuhr*. Sie nutzt auch Stoffbeutel und ärgert sich über sich selbst, wenn sie an der Kasse feststellt, dass sie die Beutel vergessen hat. Wann ist dieses Umweltbewusstsein zum Bestandteil des alltäglichen Lebens geworden, wann wurde es Teil des breiten öffentlichen Bewusstseins in der westlichen Welt? Ich habe in der Mitte der 1990er-Jahre damit angefangen, mein WWF-T-Shirt zu tragen, und mit 20 Jahren habe ich mit der Umweltschutzorganisation Ocean Conservancy Aufräumaktionen am Fluss organisiert. Warum fing ich, zusammen mit all meinen Freunden und Tausenden anderen Leuten aus der Mittelschicht auf der Welt, damit an, mich so sehr um die Umwelt zu sorgen? Wenn wir verstehen, wie Umweltschutz massentauglich geworden ist, hilft uns das zu begreifen, warum Menschen überhaupt erst demonstrativ konsumieren.

Das Phänomen, das viele dieser Veränderungen erklärt, wird unter dem Stichwort »postmoderne Werteorientierungen« zusammengefasst – ein Begriff, der vom Politikwissenschaftler Ronald Inglehart von der University of Michigan geprägt wurde. In seinem Aufsatz im Journal *Washington Quarterly* aus dem Jahr 2000 zu diesem Thema erklärt Inglehart, dass wir in der Lage seien, uns um Umweltschutz, Feminismus und eine ganze Reihe von wertebasierten Themen Gedanken zu machen, weil wir, nachdem es uns an nichts mehr mangele, in der luxuriösen Lage seien, dies zu tun. Mit anderen Worten, wir brauchen uns nicht länger zu sorgen, genug zu essen oder Licht zu haben und so weiter. Wir können uns nun, ganz im Sinne von Maslows Bedürfnispyramide, selbst verwirklichen. Ausgehend von einer Umfrage, an der Tausende Menschen weltweit teilgenommen haben, stellt Inglehart fest, dass materielle Güter für die Generationen der vor dem Zweiten Weltkrieg Geborenen immer noch eine große Bedeutung haben, aber für die Kinder der Nachkriegszeit, die in relativem Wohlstand aufgewachsen sind, seien die nicht materiellen Güter am wichtigsten, so etwas wie die eigene Entfaltung und ein gewisses Zugehörigkeitsgefühl. Und die zwei Gruppen unterscheiden sich dahingehend nicht nur ein bisschen voneinander. Inglehart stellt fest, dass das Verhältnis, in dem sich die Altersgruppen der Älteren mehr um materielle Güter als um ihre Selbstentfaltung und nicht materielle Werte kümmerten, 14 zu 1 betrug. Inglehart glaubt, dass sich Werte und Prioritäten nach langen Zeiten steigender wirtschaftlicher und physischer Sicherheit veränderten und die jüngeren Generationen sich deswegen mehr um Umweltschutz als um Materialismus sorgten – und dieser Trend halte ihr ganzes Leben an. Er glaubt außerdem, dass diese Verschiebung von »modernen zu postmodernen Werteorientierungen«»innerhalb der gesamten weitentwickelten industriellen Gesellschaft« stattfinde. »Wenn man mit dem Gefühl aufwächst, dass das Überleben gesichert ist, anstelle des Gefühls, dass das Überleben nicht sicher ist«, schreibt Inglehart, »so beeinflusst das fast jede Facette der eigenen Weltsicht.«[40]

Der Wandel, den Inglehart beobachtet, dreht sich im Kern um zwei Hypothesen: die *Mangelhypothese* und die *Sozialisationshypothese*. Die Mangelhypothese besagt, dass der sozioökonomische Kontext, in dem eine Person aufwächst, sich langfristig in ihren Werten widerspiegelt. Jene, die mit weniger Mitteln aufwuchsen, messen Dingen, die knapp sind, eine extragroße Bedeutung bei. Für die Vorkriegsgenerationen hat immer noch Unsicherheit darüber geherrscht, was die Verfügbarkeit von Essen, Wasser, Unterkunft und die Deckung vieler materieller Grundbedürfnisse anbelangte. Den Nachkriegsgenerationen (bis hin zu den heutigen Teenagern), die größtenteils ein sehr gutes Leben gehabt haben und deren Grundbedürfnisse gedeckt sind, fehlt es stattdessen an Bedeutung und Sinn. Die Sozialisationshypothese besagt schlicht, dass Wandel Zeit braucht. So führen die Vorkriegsgenerationen inzwischen vielleicht ein Leben im Überfluss, aber Sparsamkeit als Wert sowie die Notwendigkeit, etwas in Reserve zu haben, bestehen weiter. Anders gesagt, es braucht Zeit, bis die Gesellschaft sich an ein Leben ohne Mangel nach einer Zeit des Mangels gewöhnt hat und bis sie über ein Wertesystem verfügt, das dies widerspiegelt. Tatsächlich haben die meisten von uns ein Wertesystem, in dem sich die sozioökonomischen Bedingungen unserer Kindheit widerspiegen.[41]

Da die meisten Kunden von Whole Foods, Bauernmärkten und »Made in the USA« in einer von Wohlstand und Frieden geprägten Zeit aufgewachsen sind, sind sie in der Lage, postmoderne Werte zu entwickeln, in deren Rahmen Wert auf faire Arbeitsbedingungen und Umweltschutz gelegt wird. Paradoxerweise sind diejenigen von uns, die die mit den ausbeuterischen Arbeitsbedingungen zusammenhängenden Grausamkeiten, eine Gefährdung des Zugangs zu Nahrungsquellen oder die tragischen Folgen von Krieg nie erlebt haben, genau die Leute, die sich so sehr darum sorgen, diese Probleme zu beseitigen, und diejenigen, die für sozialen und wirtschaftlichen Wandel plädieren. Viele der Dinge, die dem Erhalt der Umwelt dienen und die Rechte der Arbeiter und Fair Trade in den Vordergrund rücken, verlangsamen in der Tat Herstellung und wirtschaftliche Prozesse. Und im Falle von Umweltschutz können sie sie auch ganz zum Erliegen bringen. Die Postmoderne und die demonstrative Herstellung passen im Grunde genommen nicht mit der Globalisierung und dem dadurch hervorgerufenen Wirtschaftswachstum zusammen.

Wir wären uns des negativen Einflusses, den die Globalisierung auf die Umwelt und die Arbeiterbewegung hat, nicht mal bewusst, würden wir nicht im Informationszeitalter leben, welches Daten und Details zu allen Bereichen der menschlichen Gesellschaft nahezu durchschaubar macht. Mit einem schnellen Tastendruck können wir Hintergründe zu einem Thema im Internet recherchieren und Informationen über Unternehmenspreise, das Handeln von Regierungen und die für unsere Kleidung verwendeten Materialien und Chemikalien ausgraben. Das Informationszeitalter hat nicht nur Transparenz geschaffen – es hat Transparenz zu einem Schlüsselwert unserer Gesellschaft gemacht. Sei es *Das Omnivoren-Dilemma* von Michael

Pollan, eine Polemik gegen die industrielle Lebensmittelherstellung und Fast Food, oder die für Empörung sorgende Dokumentation über die Lebensmittelverarbeitung bei McDonald's in *Fast-Food-Gesellschaft* von Eric Schlosser oder Formaldehyde in Dessous von Victoria's Secret[42] – Konsumenten enthüllen Insiderinformationen und werden damit konfrontiert, wie Produkte hergestellt werden, und dabei stellt sich heraus, dass diese Dinge nicht unter besonders schönen Bedingungen produziert werden.

Aus diesem Grunde legen Verbraucher nun auf Informationen über die Herstellung fast so viel wert wie auf das Produkt selbst. Vertrauen zwischen Verbrauchern und Herstellern ist unverzichtbar. Kevin Carney, Eigentümer einer kleinen, der demonstrativen Herstellung gewidmeten Boutique namens Mohawk, erklärte:»Man sieht viel mehr Leute, die wirklich an der Geschichte von jedem Stück interessiert sind – ungiftig, keine Abflüsse in die Umwelt.« Oder wie es Eugene Ahn vom Forage-Restaurant lapidar zusammenfasst:»Die Leute wollen wissen, wo das Essen herkommt. Eine ganze Zeit lang wussten wir nicht, wo die Dinge herkamen, und jetzt kennen wir die Folgen von diesem Nichtwissen: Wir haben regionale Versorgungsstrukturen und natürliche Ressourcen aufs Spiel gesetzt und Nahrungsmittel produziert, über die wir unserem Körper keine Nährstoffe, sondern Gifte zuführen. Wüssten wir mehr darüber, was wir konsumieren, könnten wir bessere Entscheidungen treffen. Weiß man über den Prozess Bescheid, erhöht das den Wert.«

Elizabeth Bowman vom Altadena Farmers Market illustrierte das mit einer Anekdote:»Wir unterhielten uns darüber mit unserem Eierverkäufer. Er hat so um die 50 Hühner und 50 Enten, und er suchte nach einer weiteren Möglichkeit, um Eier zu verkaufen. Und er kalkulierte alles durch, rief mich an und sagte: ›Ich muss für jedes Ei einen Dollar verlangen, um etwas zu verdienen, und selbst mit diesem Preis mache ich nur 10 Cent Gewinn pro Ei.‹ Dabei hat er noch nicht mal seine Arbeitszeit und seinen Benzinverbrauch einkalkuliert, sondern nur das Futter für die Hühner. Wir haben darüber stundenlange Gespräche geführt, aber weißt du was? Die Leute haben die Eier gekauft! Weil das seine Geschichte war. Deswegen haben sie sie gekauft.«

»Freiwillige Einfachheit«

Viele Ausgaben dieser Art zählen zu dem, was als alternativer Konsum bezeichnet wird – nicht traditionelle, weniger materialistische Wege, Geld auszugeben, als Reaktion auf den modernen Mainstreamkapitalismus. Wenn Geld ausgegeben wird, geschieht das auf unauffällige Weise, und Verbrauchergüter sollen bescheiden wirken und nicht auffallen. Die Anhänger dieser Lebensweise gehören zu der Kategorie Mensch, die nach »freiwilliger Einfachheit« strebt, wobei es, wie der Name schon sagt, um die *freiwillige* Einschränkung der Ausgaben und Zeichen materiellen Konsums geht. Dieser Verbrauchertyp lässt sich von einer Reihe nicht materieller Weltanschauungen inspirieren, einschließlich der Ideen der Quaker, Buddhas und Henry David Thoreaus.[43] Diejenigen, die Teil der Bewegung sind, deren Fokus auf »freiwilliger Einfachheit« liegt, neigen dazu, Geld für Freizeit zu opfern, oder dazu, nicht materialistische und umweltbewusste Konsumformen aufzuspüren.[44] Anhänger dieser Bewegung praktizieren drei Verhaltensformen: »Downshifting«, sie üben sich also darin, mit weniger Einkommen auszukommen, »strenge Vereinfachung«, sie üben sich in einem gehobenen Lebensstil, um wichtigeren Aktivitäten nachzugehen (vieles davon fällt unter unauffälligen Konsum), und das »einfache Leben«, was sich auf die Ablehnung von urbanem, demonstrativem Geltungskonsum bezieht.[45]

Das Ethos hinter der Bewegung zur freiwilligen Einfachheit steht in enger Verbindung mit der Sorge um die Umwelt, sozioökonomischer Verteilungsgerechtigkeit und einer generellen Abneigung gegenüber dem modernen Massenmarktkonsum. Obwohl es somit prinzipiell darum geht, seinen Konsum herunterzuschrauben, finden Mitglieder der Bewegung trotzdem noch Wege, die ihre Entscheidung für diesen Lebensstil signalisieren, zum Beispiel durch ihren Kleidungsstil (absichtlich einfach, keine Label), den Besuch von Yogaklassen oder die Einkäufe auf dem Bauernmarkt. Aber wie bei postmodernen Werten allgemein üblich, baut die Bewegung zur freiwilligen Einfachheit auf Wohlstand beziehungsweise dem Luxus eines Lebens in Wohlstand auf, das sprichwörtliche Anathema zu der Erfahrung, arm und dadurch dazu gezwungen zu sein, seinen Konsum einzuschränken.

Obgleich es da die »Downshifter« der Mittelschicht gibt, die sich dafür entschieden haben, weniger Geld auszugeben und in Teilzeit zu arbeiten, um wieder mehr Freizeit zu haben, können viele Anhänger der Bewegung diese Entscheidung, so zu leben, treffen, eben weil sie von schon angehäuftem Vermögen leben können.[46] Kurz gesagt, man muss reich genug sein, um sich ein einfaches Leben leisten zu können. Des Weiteren sind die Güter, mit denen man signalisiert, dass man weniger konsumorientiert lebt, auch teuer – diese Eier vom Bauernmarkt für je 1 US-Dollar mögen sehr dem Ethos der freiwilligen Einfachheit entsprechen und sind kaum ein protziges Statusgut, aber sie sind 4- bis 5-mal teurer als die Eier, die die meisten Leute im Supermarkt kaufen. Das, was demonstrative Herstellung ausmacht (Kaffeebereiter von Chemex, handgestrickte Pullover, die Slow-Food-Bewegung), hat sich seit der Begeisterung der 1980er-Jahre für bequem nutzbare Gebrauchsgüter (Mr. Coffee, McDonald's) hin zu einer Wertschätzung des eigentlichen Herstellungsprozesses entwickelt, aber das hat seinen Preis.[47]

Die Kunst, das Handwerk
und die postindustrielle Revolution

Der geschichtliche Ursprung der demonstrativen Herstellung liegt in der britischen Reformbewegung, welche in der zweiten Hälfte des 19. Jahrhunderts als Arts and Crafts Movement bekannt wurde – unter völlig anderen Umständen als der gegenwärtig herrschenden Weltgewandtheit. Die Bewegung, die im ländlichen England mit ihrem Vorreiter William Morris ihren Anfang nahm, entstand in Reaktion auf die Technisierung (man denke an den Luddismus) und Massenproduktion sowie die Aushöhlung künstlerischer Wertarbeit infolge der industriellen Revolution und setzte sich dagegen zur Wehr. Während die Bewegung in Sachen Ästhetik ein voller Erfolg war – man denke nur an den Morris Chair, die Holzmöbel von Stickley und filigrane Blumenmotive –, war Arts and Crafts letzten Endes wirtschaftlich kein großer Erfolg beschieden. Es war in keiner Weise möglich, die industrielle Revolution zu verlangsamen, und sie zu bekämpfen war von vornherein ein vergebliches Unterfangen.[48]

Das zentrale Dogma der Bewegung war es, gegen den Kapitalismus und die industrielle Produktion zu sein, und diese ihr zugrunde liegende Haltung war der Grund, warum sie letztendlich wirtschaftlich scheiterte. Arts and Crafts verwies auf eine eher idealisierte als der Realität entsprechende Vorstellung einer künstlerischen Zeit vor dem Kapitalismus.[49] Elizabeth Wayland Barber, emeritierte Professorin für Linguistik und Archäologie, drückte es so aus: »Die Wahrheit ist, dass fast keins der Dinge, an die wir denken, wirklich handgemacht ist. Und das ist schon seit Tausenden Jahren so«, erklärt sie und verweist auf ein Stück ägyptisches Leinentuch von 2000 v. Christus als ein solch seltenes, gänzlich in Handarbeit hergestelltes Stück.[50]

Auch wenn es sich bei Arts and Crafts um eine gezielte, gegen den

Kapitalismus gerichtete Reaktion handelte, so wurden ihre Inhalte (ohne so genannt zu werden) schon überall im ländlichen England von Lancashire bis Yorkshire als eine Art des Seins praktiziert. Für den ländlich lebenden Teil der englischen Bevölkerung war die zunehmende Hinwendung zum Handwerk, zu künstlerischem Schaffen und Gütern aus der Region (sowie die Nutzung von Scheunen und vor Ort vorhandenen Ressourcen, um diese Dinge herzustellen) schlicht ein Weg, das Überleben der Höfe zu sichern, die allein durch landwirtschaftlichen Betrieb nicht mehr nachhaltig zu bewirtschaften waren. Auch wenn es sich bei Lokalpatriotismus nicht um eine politisch motivierte Form demonstrativer Herstellung handelt, so hat Lokalpatriotismus doch schon seit geraumer Zeit eine praktische Bewandtnis und ist eine Überlebensstrategie für ländliche Gemeinden, welche sich breiter aufgestellt haben und ihre Agrarflächen und Infrastruktur[51] für andere, profitablere Zwecke genutzt haben.

Heute wird die Ausweitung der demonstrativen Herstellung von einer ähnlichen, gegen die industrielle Produktion gerichteten Einstellung vorangetrieben, aber auch durch eine Reihe sozialer, wirtschaftlicher und kultureller Entwicklungen, die erst im 20. und 21. Jahrhundert eingesetzt haben. Umweltschutz und postmoderne Werte sind die treibenden Kräfte, durch die sich unser Konsum gewandelt hat. Demonstrative Herstellung, ebenso wie freiwillige Einfachheit, ist eine Reaktion, die sich gegen den konventionellen Mainstreamkapitalismus richtet. Paradoxerweise hat Transparenz im Informationszeitalter Priorität, während der Herstellungsprozess von Gütern durch die Globalisierung an Identität verliert. Und, ebenso wie die Arts-and-Crafts-Bewegung, ist die heutige demonstrative Herstellung das Scheinbild einer früheren, besseren Zeit. Die rustikalen Tafeln im Whole Foods, auf denen Schweizer Mangold und frisch eingetroffener, handgefertigter Käse angepriesen werden, rufen Erinnerungen an eine längst vergangene, landwirtschaftlich geprägte Zeit wach, obwohl man im Herzen von Chicago oder

San Francisco lebt, wo Taxis vorbeirasen und man von vibrierenden Handys umgeben ist, während man den in der Region hergestellten Büffel-Mozzarella einpackt. Es gehört zur demonstrativen Herstellung dazu, dass eine Zeit romantisiert wird, in der man von moderner industrieller Herstellung und Massenproduktion noch weit entfernt war und, wie die mit Kreide hingekritzelten Angebote frischer Erzeugnisse andeuten, man auch gegen den Einsatz von Technik war.

Zurück zu Karl Marx

Anders als frühere Bewegungen ist die demonstrative Herstellung jedoch nicht antikapitalistisch. Sie macht sich den Kapitalismus vielmehr vollständig zunutze, aber interpretiert ihn neu. Darin liegt die grundlegende Einzigartigkeit dieser Bewegung. Anders als Morris und seine Anhänger, die letztendlich versuchten, Kapitalismus abzuschaffen, statt mit ihm zu arbeiten, agieren demonstrative Hersteller innerhalb des Systems und nicht dagegen. Jene, die sich der demonstrativen Herstellung widmen, operieren innerhalb der Marktwirtschaft, aber aus anderen Beweggründen und mit anderen Regeln. Geld wird gegen Ware getauscht, Seltenheit hat ihren Preis, und doch wird ein paar anderen für den Kapitalismus typischen Dingen, nämlich Ausbeutung, entfremdeter Arbeit nach Marx und der neoklassischen Theorie der Gewinnmaximierung aus dem Weg gegangen. Und zwar um einen ganz neuen Wirtschaftsethos zu kreieren, das im kapitalistischen Gefüge funktioniert. Auf der Website von Industry of All Nations selbst wird das so definiert:»IOAN ist Kapitalismus in Reinform. Wir suchen nicht nach Menschen in Not; wir suchen produktive Menschen. Leid zu erdulden ist nichts Ehrenhaftes, Armut ist in keiner Weise heldenhaft. Aber Fleiß, sich für ein besseres Leben ins Zeug legen – das ist das Mutigste, was man in dieser Welt machen kann. Das ist das, was wir anstreben. Eine Industrie der

Menschen, die Industry of All Nations.« Es steht außer Frage und liegt auf der Hand, dass demonstrative Hersteller Vorreiter in Sachen Transparenz sind und ihren Herstellungsprozess so geradlinig wie möglich gestalten. Viele dieser Bemühungen werden aufgrund eines gesellschaftlichen und wirtschaftlichen Bewusstseins unternommen, welches sich gegen die Globalisierung und die daraus resultierende Ausbeutung von Menschen und der Umwelt richtet. Dabei wird jedoch auch gegen das angekämpft, was Karl Marx als »entfremdete Arbeit« bezeichnete.

In seinem Buch *Ökonomisch-Philosophische Manuskripte* aus dem Jahre 1844 beschrieb Karl Marx – weil er so entsetzt über die Bedingungen der industriellen Revolution war – vier Grundarten der Entfremdung, welche durch den Kapitalismus hervorgerufen wurden: die Entfremdung des Arbeiters von dem Produkt, das er herstellt; die Entfremdung des Arbeiters vom Herstellungsprozess; die Entfremdung des Arbeiters von seiner selbst als Mensch (oder als »Gattungswesen«, wie es Marx nannte) und die Entfremdung des Arbeiters von der Menschheit beziehungsweise den anderen, mit denen er zusammenarbeitete.[52] In Marx' Augen haben Arbeiter keine Kontrolle über das Design der Güter, zu deren Herstellung sie (durch die Kapitalisten) angewiesen werden. Sie führen wiederkehrende Vorgänge aus, statt irgendwie handwerklich tätig zu sein. Sie kennen die Menschen nicht, die ihre Produkte kaufen, und sie ziehen keinerlei emotionale Befriedigung aus ihrer Arbeit, da sich diese auf streng geregelte Aufgaben beschränkt. Weil es beim Kapitalismus schlussendlich um Individualität und prinzipiell um Profit geht, nicht um das kollektive Wohlergehen, streben Kapitalisten danach, ihren Arbeitern die beste Arbeit für den geringsten Lohn abzuringen. Daher rührt der ständige Kampf um höhere Gehälter, der die Arbeiter untereinander zu Konkurrenten werden lässt. Der Blick auf die industrielle Massenproduktion des 20. Jahrhunderts würde in der Tat vermuten lassen, dass Marx' Beobachtungen den Nagel auf den Kopf trafen. Die Arbeiter wären die Zahnräder im Getriebe, durch welches dasselbe Produkt immer und immer wieder hergestellt wurde, um anschließend zu den Tausende Meilen entfernten Verbrauchern gebracht zu werden, die so wenig von den Herstellern wissen wie die Hersteller von ihnen. Gerscovich äußert sich zu solchen Produkten wie folgt:»Wir haben einen Begriff – nämlich ›Waisenprodukte‹ (›orphan products‹) – für Dinge, die von Arbeitern hergestellt werden, die keine Ahnung haben, was sie da herstellen. Einen Tag stellen sie Geldbörsen her und dann wieder Regenmäntel für Burberry. Wir wollen keine Waisenprodukte, so wird nur Müll produziert. [Was wir machen] ist so ungefähr das Gegenteil von entfremdeter Arbeit.« Einfach ausgedrückt, die neue Art demonstrativer Hersteller hatte – egal, wen ich interviewte oder was diejenigen produzierten – denselben Beweggrund: Das fundamentale Ethos der demonstrativen Herstellung ist es, entfremdete Arbeit zu bekämpfen und eine starke Verbindung zwischen dem Hersteller und dem Verbraucher zu schaffen. Bowman von Altadena Farmer Market drückte das so aus:»Wir stellen Karl Marx auf den Kopf. Der Bauer oder Handwerker sind jetzt mit ihrer Arbeit verbunden. Wir sind mit dem Produkt verbunden.«

Indem sie die entfremdete Arbeit bekämpfen (auch wenn keiner der demonstrativen Hersteller, die ich interviewt habe, das so genannt oder Karl Marx erwähnt hat), geben demonstrative Hersteller einen weiteren Grundsatz des modernen Kapitalismus auf: die Gewinnmaximierung. Die allgemeine Theorie der neoklassischen Wirtschaftslehre besagt, dass Unternehmen primär darauf hinarbeiten, ihren Gewinn zu maximieren. Doch jeder einzelne der demonstrativen Hersteller, die ich interviewt habe, egal ob es um Essen, Mode oder Bauernmärkte ging, gab zu, sehr wenig (wenn überhaupt) Gewinn zu machen oder die Chance, wirklich Geld damit zu verdienen, verworfen zu haben, angesichts der Ausgaben und der Zeit, die sie für die Herstellung ihrer sozial nachhaltigen Güter aufwenden müssen. Gerscovich von IOAN hat freimütig zugegeben: »Wir als Unternehmen machen kaum Gewinn.« Oder wie Bowman allgemein in Bezug auf die Bewegung zugunsten demonstrativer Herstellung anmerkte: »Niemand macht das, um reich zu werden.« Die Leute von Intelligentsia erklärten, dass ihr Geschäftsmodell selbst sie davon abhält, einen so großen Gewinn zu machen wie Starbucks oder Peet's Coffee.

Durch die demonstrative Herstellung wurde die Marktwirtschaft mit postmodernen Werten gefüllt, und diese Werte haben Vorrang vor Gewinn und wirtschaftlichem Wachstum. Einfach gesagt, sind diese Werte mehr wert als Geld.

»Verkauft euch nicht«

Aber was passiert, wenn Geld anfängt, wichtig zu werden? Im Jahr 1999 hatte Garret John LoPorto den Plan, mit Eis von Ben & Jerry's die Welt zu retten.[53] Als herauskam, dass die Gründer Ben Cohen und Jerry Greenfield kurz davor waren, vom internationalen Großkonzern Unilever übernommen zu werden, entschied sich LoPorto, damals ein 23 Jahre alter Überflieger aus der Tech-Branche, zurückzuschlagen. Seine »Save Ben & Jerry's«-Grassroot-Kampagne, in die auch Howard Dean, der Gouverneur von Vermont, Kongressmitglied Bernie Sanders und noch Tausende weitere Aktivisten involviert waren, hatte das Motto »Verkauft euch nicht« (»Don't Sell Out«). Der Protest der Kampagne richtete sich gegen den Druck, der durch die Globalisierung und den Kapitalismus auf ein kleines, in Vermont ansässiges Unternehmen ausgeübt wurde, welches (zumindest aus Sicht der Kampagnenunterstützer) bleiben sollte, wie es war.[54]

Cohen und Greenfield wollten nicht verkaufen. 1978 in Burlington im Bundesstaat Vermont gegründet, operierte das Eiscremeunternehmen Ben & Jerry's lokal und mit einer breitangelegten Philosophie, die auf gesellschaftlicher Verantwortung, Umweltbewusstsein und einem Gefühl für alternative Belange basierte. Ben & Jerry's war weithin dafür bekannt, Stellung gegen Praktiken zu beziehen, die nach Gefühl des Unternehmens gegen dessen Verhaltenskodex verstießen. 2005 nahm das Unternehmen gut 400 Kilogramm seiner Baked-Alaska-Eiscreme und lud das schmelzende Zeug am Capitol Hill ab, um seiner Kritik an der Abstimmung, durch welche Bohrungen im Naturschutzgebiet Alaskan Wildlife Refuge erlaubt wurden, Ausdruck zu verleihen.[55] Das Unternehmen hat die Verwendung von gentechnisch veränderten Erzeugnissen und Molkereiprodukten von mit rBST-behandelten Kühen weitgehend ausgeschlossen und eine Zeit lang all seine Eiscremesorten nur in »ökologische Becher« aus ungebleichtem Pappkarton abgefüllt.

Diese öffentlichen Stellungnahmen gegen die Globalisierung und deren negative Auswirkungen auf die Umwelt und nicht zu vergessen die dem Unternehmen eigene Vorliebe für seltsame, aber sehr gut schmeckende Geschmacksrichtungen (von denen viele auch eine gesellschaftliche Botschaft transportieren) haben Ben & Jerry's viele Fans beschert. Es überrascht nicht, dass opportunistische, internationale Großunternehmen dieses regionale Unternehmen aus Vermont sehr attraktiv fanden – so sehr, dass die Gründer, trotz der Grassroots-Kampagne, kaum Nein sagen konnten, als Unilever anbot, Ben & Jerry's zu kaufen. Unilever bot an, einen bedeutend größeren Betrag zu zahlen, als Ben & Jerry's an der Börse (Nasdaq) wert war. Mit der Ablehnung des Angebots des Großkonzerns hätten Cohen und Greenfield den Shareholdern des Eiscremeherstellers tatsächlich einen Bärendienst erwiesen, und sie hätten möglicherweise einen Rechtsstreit riskiert. Ben Cohen bezeichnete den Tag, als der Kauf besiegelt wurde, als »so ziemlich den schlimmsten Tag meines Lebens«.[56] Jerry Greenfield bemerkte, dass es immer noch ein »ständiger Kampf« sei, die Werte des Unternehmens zu bewahren, da das Ethos des kleinen Unternehmens in Burlington dem seines globalen, riesenhaften Mutterunternehmens fast völlig zuwiderläuft. Oder, wie es Cohen noch ehrlicher formulierte: »Wir haben uns sehr darum bemüht, eine Übernahmevereinbarung auszuhandeln, die die Einhaltung der Werte von Ben & Jerry's gewährleistet. Dabei lernen wir gerade, dass es, wenn dein Unternehmen einem anderen gehört, welches – trotz dessen, was irgendwo geschrieben steht – diese Werte nicht teilt, unglaublich schwierig ist, diese Werte aufrechtzuerhalten.«[57]

Ben & Jerry's ist nicht das einzige kleine, sozial verantwortlich handelnde Unternehmen, das aufgekauft worden ist. Burt's Bees, der Hersteller von natürlicher, umweltfreundlicher Kosmetik, gegründet 1984 in Maine, hat sich »dem Wohle aller« beziehungsweise »The Great Good« verschrieben. Ebenso wie bei Ben & Jerry's gehören soziale Verantwortung, Respekt für die Umwelt und die Verpflichtung, natürliche Zutaten zu verwenden, zum Credo von Burt's Bees. 2004 hat die Private-Equity-Gesellschaft AEA für 173 Millionen US-Dollar Burt's Bees zu 80 Prozent aufgekauft. 2006 wurde John Replogle von Unilever der CEO von AEA. 2007, den Markt für natürliche Pflegeprodukte im Auge, machte Clorox, ein amerikanisches Haushaltswaren- und Chemieunternehmen, das schon da einen Jahresumsatz von 6 Milliarden US-Dollar und eine jährliche Wachstumsrate von 9 Prozent vorzuweisen hatte, Burt's Bees ein Kaufangebot in Höhe von 925 Millionen US-Dollar – in bar.[58] AEAs große Macht über die Zukunft von Burt's Bees sowie die Tatsache, dass sich das kleinstädtische Unternehmen schon etwas von seinen Gründern gelöst hatte, machte den Verkauf an Clorox um einiges einfacher.

2006 erwarb Colgate-Palmolive, für 100 Millionen US-Dollar, einen Anteil von 84 Prozent an Tom's of Maine, einem kleinen Hersteller von Korperpflegeprodukten. Ein Unternehmen, welches mithilfe eines Kredites in Höhe von 5000 US-Dollar 1970 gegründet worden war. Soweit das überhaupt möglich ist, ist Tom's of Maine ein Unternehmen, das sogar noch mehr Biss und Umweltbewusstsein hat als Burt's Bees oder Ben & Jerry's. Mit einem Logo, was aussieht, als wäre es von früher, und der Hauptzutat Fenchel, den es als das wirksamste Mittel gegen Zahnbelag anpreist. Kate Chappell, Teil des miteinander verheirateten Gründerteams, sitzt im Aufsichtsrat und stellt sicher, dass die hippiehafte Unternehmenskultur erhalten bleibt und die ursprünglichen Prinzipien befolgt werden.[59] Zur Bekräftigung, dass sich nichts geändert hat, scheint zum Beispiel beizutragen, dass trotz der Übernahme durch Colgate-Palmolive auf den Verpackungen von Tom's of Maine nicht darauf hingewiesen wird, dass es sich um ein Tochterunternehmen von Colgate handelt. Das ist wahrscheinlich ganz gut so, denn alternativ eingestellte Verbraucher, die bei Trader Joe's an den Regalen entlangschlendern, um die natürliche Zahnpaste oder das Deo von Tom's of Maine zu kaufen, wären aller Wahrscheinlichkeit wenig erfreut darüber festzustellen, dass es eine Verbindung zu Colgate gibt. Die Ironie besteht darin, dass Tom's of Maine dafür bekannt ist, ein Hersteller von Pflegeprodukten mit ausschließlich natürlichen Inhaltsstoffen »ohne Tierversuche« zu sein, während bei Colgate-Palmolive Tierversuche und die Massenproduktion von Geschirrspülmittel und anderen Produkten voller Chemikalien zum Geschäft gehören.[60]

Diese Beispiele führen uns zu einem Problem, vor dem zweifellos auch andere demonstrative Hersteller bald stehen dürften. Heute findet man Burt's Bees, Tom's of Maine und Ben & Jerry's bei Whole Foods und bei manch anderen kleinen Händlern von natürlichen Pflegeprodukten, aber auch bei Target, Walmart und großen Handelsketten. Vielleicht ist die Demokratisierung der umweltbewussten Naturprodukte eine gute Sache, aber inwieweit haben die Gründer es in der Hand, ob ihre Produkte in Geschäften verkauft werden, die mit ihren Grundwerten übereinstimmen – ganz zu schweigen von einem Mitspracherecht bei den großen multinationalen Konzernen, von welchen sie zunächst gekauft werden? Genauso, wie die weitreichende Beliebtheit von natürlichen Pflegeprodukten zu den erwähnten Übernahmen geführt hat, führt eine wachsende Zahl von vielen verschiedenen Verbrauchern, die die Produkte begehren, unter Umständen zu einer Situation, in der Unternehmen wie Intelligentsia und IOAN vielleicht keine andere Wahl mehr haben, als an größere Konzerne zu verkaufen (insbesondere wenn sie an die Börse gehen). Selbst wenn die Gründer persönlich weniger an Gewinn als an sozialen Werten interessiert sind, werden sie vielleicht letztendlich vom Markt, ihren Shareholdern, ihrem Aufsichtsrat und blankem Kapitalismus in die globalisierte Weltwirtschaft mit all ihren aus der Massenproduktion resultierenden, Missständen hineingezogen. So, wie sie durch multinationale Unternehmen indoktriniert werden, werden die Produkte zu verrosteten Überbleibseln des demonstrativen Herstellungsprozesses, aus dem sie ursprünglich hervorgegangen sind.

Quo vadis, Industrie?

Und zu guter Letzt liegt die Ironie der demonstrativen Herstellung darin verborgen, dass vielfach der eigentliche Konsum entsprechender Güter überhaupt nicht auffällt. Klar, man kann mit seinem Jutebeutel von Whole Foods herumlaufen oder sich auf dem Bauernmarkt fühlen, als gehöre man zu den Insidern. Doch in Wahrheit weiß niemand, dass man Tomaten einer alten Sorte gekauft hat, wenn man sie zu Hause isst – und ebenso gut weiß keiner, dass es Biotomaten sind. Und dieser reizende graue, handgestrickte Kaschmirpullover aus Irland sieht vielleicht fantastisch aus, aber keiner denkt bei seinem Anblick an die Frau, die ihn gestrickt hat. Ungeachtet der Status- und Klassenproblematik, die den Konsum solcher Dinge umgibt, fällt derlei Konsum tatsächlich kaum auf. Anders als im Falle der konventionellen Versionen demonstrativ konsumierter Güter, wo die Herstellung anonym erfolgt, aber dem Verbraucher durch das Gut ein gewisser Status verliehen wird, speist sich das Prestige der demonstrativ hergestellten Güter daraus, wie sie hergestellt werden und wo sie herkommen, was auch die hauptsächliche Motivation darstellt, für sie Geld auszugeben. Vielleicht ist das der Punkt.

Bei all dem Guten, was diese Bewegung in Form von Fair Trade, Lokalpatriotismus, dem Keine-Ausbeutung-Gedanken und den edlen Werten bewirkt, die dem ganzen Produktionsprozess zugrunde liegen, ist das gegen die industrielle Produktion und gegen die Globalisierung gerichtete Ethos dahinter auch irgendwie leicht naiv. Die Globalisierung und freier Handel haben vielleicht so manchen Arbeiter verdrängt, aber es sind auch in vielen Teilen der Welt Arbeitsplätze entstanden, wo wirtschaftliches Wachstum bitter nötig ist. Was auch immer sich über die Probleme rund um die Ausbeutung von Arbeitskräften sagen lässt (und da gibt es viel zu sagen), es ist gewissermaßen auch wichtig, Ländern, die sonst am kapitalistischen Marktgeschehen nicht hätten teilhaben können, wirtschaftliche Ressourcen zu bieten und dort Chancen zu schaffen. Und die durch Freihandelsabkommen ermöglichten günstigen Preise für Kleidung und der Anstieg der Massenwaren haben Mittelschichtsfamilien dabei geholfen, ihre Kinder einzukleiden (was wiederum nicht bedeutet, dass Verbraucher ihre Schränke nicht auch mit Nichtigkeiten füllen). Die Industrie, die Massenproduktion mit ihren Folgen sind zum großen Teil die Motivation hinter der Bewegung zur demonstrativen Herstellung und außerdem ein guter Sündenbock. Doch während ein Mitglied der aufstrebenden Klasse in seinem in Brooklyn hergestellten T-Shirt Grünkohlsalat isst, sollten wir nicht aus dem Blick verlieren, dass es die industrielle Produktion war, die das Verbraucherethos der aktuellen Elite durch wirtschaftliches Wachstum und damit einhergehenden Wohlstand geschaffen und die luxuriösen postmodernen Wertvorstellungen überhaupt erst möglich gemacht hat.

Die in Brooklyn hergestellten T-Shirts haben vielleicht keine wirkliche Bedeutung, außer die, ein gewisses Ethos zu signalisieren – zumindest den Eingeweihten und den anderen Mitgliedern der aufstrebenden Klasse. Auch die T-Shirts, zusammen mit den rustikalen Tafeln, auf denen in Kreideschrift für englischen Cheddar geworben wird, werden zu rostigen Überbleibseln der demonstrativen Herstellung und innerhalb der aufstrebenden Klasse zu Symbolen für die eigene Zugehörigkeit. Aber der Konsum dieser unauffälligen Dinge sagt nicht nur etwas über unsere Freunde, unser Einkommen oder unseren Bildungsgrad aus. Unsere Werte bestimmen inzwischen, wie wir konsumieren. Konsum deutet auf Werte hin, und diese Werte bestimmen unseren Konsum. Doch wie wir zu diesen Werten kommen und sie verinnerlichen, ist genauso ein Teil der Geschichte. Der Standort der Herstellung spielt eine Rolle, aber unser eigener Standort spielt ebenso eine wichtige Rolle für unseren Konsum. Wo wir wohnen, hat einen großen Einfluss auf unsere demonstrativen wie auch auf unsere nicht demonstrativen Konsumentscheidungen und darauf, wie wir uns selbst sehen. Inwieweit treten die Phänomene, über die ich in diesem Buch schreibe, nur an bestimmten Orten auf? Also nur an jenen ausgewählten Orten, wo die meisten Mitglieder der aufstrebenden Klasse leben und konsumieren und somit gegenseitig ihre Werte und ihren Status aufeinander übertragen? Inwieweit trifft die Geschichte der aufstrebenden Klasse auf ganz Amerika zu, und inwieweit handelt es sich dabei tatsächlich um die Geschichte des Teils der Bevölkerung, die in und im Umkreis von amerikanischen Großstädten lebt? Im nächsten Kapitel wird sich zeigen, dass Städte zunehmend eine zentrale Rolle eingenommen haben, wenn es darum geht, wie viele dieser Entscheidungen, Werte und Geschmäcker zustande kommen. Städte sind das Habitat der aufstrebenden Klasse und ihres Konsumverhaltens.

KAPITEL 6

Konsumlandschaften

Über die Großstädte des 21. Jahrhunderts lässt sich grundsätzlich sagen, dass sie sich sozusagen in »Konsumlandschaften« (»landscapes of consumption«) verwandelt haben, wie es die Soziologin Sharon Zukin genannt hat.[1] Städte sind die geografischen Vergrößerungsgläser, durch die wir die Konsumgewohnheiten der neuen Eliten beobachten können. Durch die von ihren Bewohnern geteilten Werte, Ideologien und Konsumgewohnheiten sind die Städte des 21. Jahrhunderts miteinander enger verbunden als mit den unter Umständen geografisch näher gelegenen kleineren Städten und Vororten. Die Großstädte sind für die aufstrebende Klasse zur ultimativen Konsumzone geworden, wo viele der Verhaltensweisen und Gepflogenheiten, die ich bis hierher geschildert habe, zum Tragen kommen. Dieser Anstieg des städtischen Konsums resultiert aus dem Zustrom von Eliten, die zurück in die Städte ziehen – insbesondere wohlhabende Mitglieder der aufstrebenden Klasse –, und Städten, die wiederum ihrerseits deren Bedürfnissen und Wünschen entgegenkommen.

Dazu muss klar gesagt werden, dass Ballungsgebiete nicht nur Anziehungspunkte für die Mitglieder der aufstrebenden Klasse mit hohem Einkommen sind – Städte sind für sämtliche Wirtschaftseliten der Welt äußerst attraktiv. Wo man auch hinschaut, sei es New York, London oder Paris: In den Schlagzeilen der Zeitungen ist von rekordbrechenden Wohnungsverkäufen und der schnellen Gentrifizierung von ehemals düsteren Vierteln die Rede. Die Verdrängung von Kneipen und bezahlbarem Wohnraum zugunsten einer Welle von neuen Wohneinheiten und Luxusläden gehört in den Metropolen des 21. Jahrhunderts zum Standardrepertoire. Bei der Errichtung dieser elitären Utopie sind die kapitalistischen Städte des Westens selbst zu ganz eigenen kulturellen und wirtschaftlichen Universen geworden. Für jeden preiswerten Caffè Latte mit Mandelmilch, den ein aufsteigendes Mitglied der aufstrebende Klasse in Brooklyn kauft, wird an der Upper East Side ein Apartment für mehrere Millionen Dollar an einen Investor verkauft. Diese zwei elitären Welten treffen in den kapitalistischen Städten des Westens von heute aufeinander. Um die wichtige Rolle der Städte, die sie im Zusammenhang mit der aufstrebenden Klasse spielen, zu verstehen, ist es deshalb erforderlich, die Rolle des Lebens in der Stadt zu untersuchen. Denn ein Großteil der Ungleichheit und der Aufstieg der globalen Wirtschaftselite, die das Fundament der Weltwirtschaft bildet, werden dort räumlich sichtbar. Versteht man, was die heutigen (größeren) Städte ausmacht, so versteht man auch, warum die Eliten der Welt – die aufstrebenden und sonstigen Eliten – sie so attraktiv finden. Ein Großteil ihrer Anziehungskraft zeigt sich an den Dingen, die die Leute konsumieren.

Die Stadt als Ort war bei den Eliten der Welt nicht immer begehrt. Städte sind als Orte des lokalen Handels entstanden, dann kam das Exportgeschäft, und danach wurden Städte im Zuge der industriellen Revolution zu Produktionsstandorten.[2] Die industrielle Revolution und das verarbeitende Gewerbe machten Konsum massentauglich, und sein geografisches Zuhause waren die urbanen Ballungsräume. Von Friedrich Engels über Jacob Riis bis hin zu Georg Simmel haben Soziologen und Ökonomen sich zu den prekären materiellen und gesellschaftlichen Zuständen geäußert, die die Fabriken, die Mietskasernen, in denen die Arbeiter lebten, und andere Bestandteile der Massenproduktion mit sich brachten.[3] Die Städte des frühen 20. Jahrhunderts wurden so schnell so dicht besiedelt, wie es vorher in westlichen Metropolen noch nie zu beobachten gewesen war. Die dichte Besiedlung war die Konsequenz aus dem Anstieg der Produktion – das verarbeitende Gewerbe machte es möglich, dass materielle Güter in Masse produziert und anschließend nachgefragt werden konnten, was einen weiteren Zuzug von Arbeitern und den Bau von weiteren Mietskasernen zur Folge hatte. Durch diese Expansion wurden Städte auch zu einem rauen Pflaster. Das Leben in den Städten wurde zur Mitte des 20. Jahrhunderts (mit den zunehmenden gesundheitlichen Problemen in der Bevölkerung, der Überfüllung und Verschmutzung) unhaltbar. So ist es nicht überraschend, dass die, die konnten, aus den städtischen Ballungsgebieten flohen, als die amerikanische Regierung niedrig verzinste Darlehen für den Erwerb von Wohneigentum in den Vororten anbot.[4] Die folgende Deindustrialisierung der Städte, die in den 1960er-Jahren einsetzte und bis Ende der 1980er-Jahre anhielt, ließ die Städte ohne Mittelschicht und Arbeitsplätze zurück.

Jene, die Städte untersuchen – Ökonomen, Soziologen, Stadtplaner –, dachten, der Untergang würde sich fortsetzen und dass die Stadt, wie wir sie kannten, sich nie erholen würde. Damit hatten sie tatsächlich teilweise recht. Städte sind nicht mehr die Zentren der Produktion, und die Fabriken, die nach Südamerika und Asien verlagert wurden, wurden nicht wieder aufgemacht. Sehr viele der ungelernten Arbeiter ethnischer Minderheiten, die einst gut bezahlte Jobs in der Industrie hatten, sind nach wie vor arbeitslos. Aber der Verfall hörte auf. Schon in den 1980er-Jahren nahm eine fortschrittliche Dienstleistungsgesellschaft die großen städtischen Ballungsgebiete für sich ein. Während die eigentliche Produktion aus den Städten verschwand, siedelten sich dort immer mehr Unternehmen an, die die Verteilung von Gütern und Dienstleistungen organisierten. So kam auch das Geld in die Städte. Unternehmen verlegten ihren Hauptsitz und ihre Verwaltung in die Städte.[5] Während die Güterproduktion an billigere Standorte in Entwicklungsländern verlagert wurde, wurden die Entscheidungen darüber, was produziert wird und wo und zu welchem Preis es verkauft wird – ob an der Börse oder im Warenhaus –, in den großen Städten getroffen. Im Grunde genommen erlebten genau die Städte, welche von der Deindustrialisierung betroffen gewesen waren – Boston, New York, Chicago –, einen Aufschwung, weil sich die Schaltzentralen der Unternehmen, Finanzdienstleister, Anwaltskanzleien und andere hochqualifizierte Dienstleister dort vermehrt niederließen. Diese Wiederbelebung der Städte ist nicht das Ergebnis einer Wiedergeburt der Industriewirtschaft. Wie der Geograf Michael Storper von der London School of Economics in seinem Buch *Keys to the City* feststellt: »Die Dezentralisierung der Herstellung beendete im Grunde die zentrale Rolle, die die Städte spielten. Aber [das] bedeutete nicht das Ende der städtischen Ballungsgebiete.«[6]

Im Grunde genommen lässt es sich schwer sagen, welche konkret greifbaren Dinge die gebildeten Bewohner der Städte überhaupt herstellen. Viele von ihnen sind Kopfarbeiter und bedürfen dafür in starkem Maße einer fachlichen Hochschulausbildung. In ihrem Buch *Metropolen des Weltmarkts* dokumentiert die Soziologin Saskia Sassen die Vorgänge, wie die Städte, jene ehemaligen Zentren der industriellen Herstellung, zu Hauptstandorten von Wissen und finanziellem, immateriellem Kapital geworden sind. Diverse wirtschaftliche Veränderungen kamen zusammen. Zuerst waren alle Geschäftsbereiche von der Globalisierung betroffen – die Verlagerung der Produktion in Entwicklungsländer mit niedrigeren Lohn- und Materialkosten sowie die von den Städten aus abgewickelten globalen Geschäfte und der geschäftliche Austausch. Ein Teil dieser Geschäfte war mit dem Aufstieg der Finanzmärkte verknüpft.

Finanzgeschäfte wurden immer wichtiger für die Erwirtschaftung von Gewinnen, und dieser Geschäftsbereich ließ sich konzentriert in Großstädten nieder. Diese wirtschaftlichen Wechselbeziehungen zeichnete ein unmittelbar stattfindender Austausch zwischen Leuten und Unternehmen aus, wozu es Zentralität und großer Nähe bedurfte. In ein paar der großen Metropolen, einschließlich New York, London, Hongkong und Tokio, wurde der Kontakt immer enger. Schließlich war der Finanzsektor darauf angewiesen, dass erforderliche Dienstleistungen (Buchhaltung, Rechtsberatung und Öffentlichkeitsarbeit) in nächster Nähe vorhanden waren. Während die Städte durch die Finanzgeschäfte eine Wiedergeburt erlebten und die zugehörigen »hochentwickelten Dienstleistungen« (»high level producer services«), wie Sassen sie nennt, ursprünglich in den bereits erwähnten Zentren erbracht wurden, durchlebten auch andere Städte die Abwanderung der Produktion und die Zuwanderung von wissens- und innovationsbasierten Branchen, wozu auch der technische Sektor (Boston, San Francisco) und die Kultur- und Kreativwirtschaft (Los Angeles, New York) zählten.[7] Mit Beginn der 2000er waren Städte wieder angesagt. Zum Teil ist dieses Phänomen dadurch zu erklären, dass die Städte zum Gerüst der neuen globalen Wirtschaftsstruktur geworden sind, in der nicht greifbare Fähigkeiten, Bildung, Innovation und Kreativität von hohem Wert sind – Sassens »hochentwickelte Dienstleistungen« sind die Pfeiler dessen, was andere als »Wissenswirtschaft« (»knowledge economy«), »Symbol-Analytiker« (»symbolic analysts«) oder »Kreative Klasse« (»creative class«) bezeichnet haben.[8] Die Umstrukturierung der Weltwirtschaft von Gerätschaften und Fabriken hin zu Menschen und Ideen hat einen deutlichen Einfluss auf die Städte gehabt.[9] Das Bedürfnis nach Nähe, um Ideen auszutauschen, und der Wunsch nach einem unmittelbarem Zugang zu einer Fülle von immateriellen Ressourcen machte den dicht besiedelten Raum der Städte extra attraktiv. Und mit steigendem Bedarf der Städte (besonders der dort ansässigen

Unternehmen) nach besser ausgebildeten Arbeitern steigt das Gehalt dieser Arbeitsmarkteliten relativ zum Gehalt anderer Berufsgruppen aufgrund ihrer Ausbildung und Fähigkeiten, und es bildet sich ein Muster von gut erkennbaren Clustern heraus – Ansammlungen von finanziell gut gestellten, gebildeten Arbeitsmarkteliten. Überall auf der Welt erleben Städte gerade eine Renaissance, während sowohl die Unternehmen als auch die für sie arbeitenden Menschen in Scharen zurück in die Städte strömen. Es hat ein schneller und tiefgreifender Wandel stattgefunden. Die Stanford-Ökonomin Rebecca Diamond hat festgestellt, dass sich der Bevölkerungsanteil der New Yorker, die ein College besucht haben, zwischen 1980 und 2000 um 73 Prozent erhöht hat, während der Anteil der Einwohner ohne College-Abschluss um 15 Prozent gesunken ist. Dieser Trend ist überall im Land in den hochspezialisierten Metropolen erkennbar, wo die Zahl der Gebildeten schnell zunimmt und dies mit einer Abnahme schlecht ausgebildeter Arbeitskräfte einhergeht.[10] Storper hat festgestellt, dass seit den 1990er-Jahren bis zu den frühen 2000er-Jahren Städte im Allgemeinen – ob alt, kalt, weitläufig oder sonnig – infolge der Ansiedlung von Unternehmen und den gut ausgebildeten Arbeitskräften, die ihnen folgten, gewachsen sind. So unterschiedliche Städte wie Atlanta, New York, Los Angeles und Chicago haben alle ein signifikantes Bevölkerungswachstum zu verzeichnen gehabt. Das deutet darauf hin, dass es nicht an den spezifischen Eigenschaften der Städte liegt, sondern eher an den Eigenschaften, die das urbane Leben generell ausmachen – Dichte und Vielfalt –, und die im 21. Jahrhundert essentiell sind, um maximale Gewinne zu erzielen und möglichst viele Arbeitsplätze zu schaffen. Außerdem sind die Arbeitsmarkteliten in der luxuriösen Position, sich für einen Arbeitsplatz in der Nähe ihres Wohnortes entscheiden zu können, und viele entscheiden sich dafür, die Pendelzeit, die die Lebensqualität beeinflusst, zu minimieren. Und wieder ist es so, dass die Eigenschaften der Stadt vor allem den Vorlieben der neuen Eliten entgegenkommen.[11] Paul Krugman beschreibt dieses Phänomen kurz und knapp wie folgt:»Im Allgemeinen bekommen diese einkommensstarken Eliten, was sie wollen, und seit 2000 wollen sie nah an den Zentren der Großstädte leben.«[12]

So ist die Stadt zum Lebensraum der aufstrebenden Klasse des 21. Jahrhunderts mit dem ihr eigenen charakteristischen Lebensstil geworden. Das Verlangen dieser Eliten, nah an ihren Arbeitsplätzen zu wohnen, hat eine katalysatorische Wirkung auf die Städte und dort ansässige Unternehmer gehabt, die entsprechend mit mehr Restaurants, Läden, Cafés und Unterhaltung aufwarten, die die Werte und die Konsumvorlieben der Eliten widerspiegeln. In der heutigen Zeit leben die Leute nicht aus schlicht finanziellen oder praktischen Gründen in der Stadt, sondern aus Gründen, die eher damit zusammenhängen, was die Stadt im Großen und Ganzen zu bieten hat. Inspiriert von der erfolgreichen Wiederbelebung der großen Metropolen, haben andere, kleinere Städte wie Boulder, Pittsburgh und St. Louis auch eine Renaissance durchlebt – industrielle Lofts wurden für Wohnzwecke umgerüstet, es wurde mehr fürs angenehme Leben in der Stadt getan und es wurden gepflasterte Radwege sowie fußgängerfreundliche Gehwege angelegt, um Mitglieder der kreativen Klasse anzuziehen (die man für das Herzstück der neuen Wirtschaft hält).[13] Lokalpolitiker und Stadtplaner setzen sich für belebte Straßen, Coffee Shops und Livemusik als Teil der neuen Urbanität ein. Landesweit bieten unzählige in Städten und Vororten neu umgesetzte Bauvorhaben den Verbrauchern ein kombiniertes Gesamtpaket aus Wohnen, Shopping und Restaurants. Während sich einige dieser Objekte in der Innenstadt befinden (zum Beispiel das Las Vegas Downtown Project von Tony Hsieh, dem Gründer von Zappos; Chicagos New City oder das Staples Center in Los Angeles), ahmen viele einfach das Downtownleben nach – mit Gehwegen, Straßenmusik, Cafés und Apartments, aus denen man auf das Leben auf der Straße schaut (zum Beispiel das Geschäfts- und Wohnviertel Santana Row im Silicon Valley, der Einkaufs- und Unterhaltungskomplex The Grove in Los Angeles oder das High-End-Dorf Bal Harbour mit seinen Luxusboutiquen in Florida). Etwa 150 Jahre nachdem die industrielle Revolution die Metropolen erfasst hat –, lange nachdem die letzte Fabrik ihre Tore geschlossen hat –, ist die Stadt nunmehr zum Zentrum des Konsums von materiellen Gütern geworden und ist nicht mehr Zentrum der Produktion.

Der Harvard-Ökonom Ed Glaeser hat die letzten paar Jahrzehnte versucht zu verstehen, wie Konsum und städtisches Wachstum zusammenhängen. Früher war man der Ansicht gewesen, dass es sich in Städten zwar gut produzieren, aber schlecht konsumieren lasse. Im Zuge der vollständigen Ausbreitung der industriellen Revolution in den westlichen Städten mit all ihren Folgen platzten die Ballungsgebiete aus allen Nähten und wurden verschmutzt (wodurch sich Krankheiten stärker verbreiteten). Im Grunde genommen wurden sie vom Handel und den Produktionsprozessen in Beschlag genommen. Um es kurz zu machen, das Leben in den Städten wurde immer unerträglicher. Man muss sich nur Friedrich Engels' Studie über Manchester anschauen oder *Crabgrass Frontier* von Kenneth Jackson lesen, um ein Gefühl für die Schrecken der industriellen Metropole zu bekommen. Diejenigen, die fortgehen konnten, taten das. Der Bestand an Wohnraum ging zurück, da die Ressourcen und Menschen, die es gebraucht hätte, um den Bestand zu erhalten, nicht mehr da waren. In den Vereinigten Staaten wirkten die durch die Federal Housing Administration gesicherten Hypothekendarlehen der amerikanischen Regierung und das Bundesgesetz zur Wiedereingliederung von Veteranen des Zweiten Weltkriegs (G. I. Bill), womit der Erwerb von Wohneigentum in den Suburbs unterstützt wurde, als Katalysatoren für den Exodus. Diese Bemühungen waren aufgrund von diskriminierenden Praktiken und rechtlichen Einschränkungen bei der Kreditvergabe implizit rassistisch. Minderheiten waren von der Vergabe zum großen Teil ausgeschlossen und saßen so im

Grunde genommen in den Kernstädten fest, deren Zustand sich immer mehr verschlechterte.[14] Über mehrere Jahrzehnte hinweg, beginnend in der Mitte des 20. Jahrhunderts, lösten die Vororte die Städte als begehrte Wohnorte ab.[15]

Diese Dynamik hielt jahrzehntelang an. Aber Glaesers Arbeit legt nahe, dass heute das Gegenteil der Fall ist. Zurzeit sind die Weltwirtschaft und ihre Arbeitsmarkteliten in den großen Metropolen zu Hause. Die neuen Eliten wünschen sich ein dicht besiedeltes, kulturell reiches Umfeld – Nachbarschaften mit einer sehr guten lokalen Infrastruktur und vielen Einkaufsmöglichkeiten. Die Städte, wo es sich am besten einkaufen lässt, florieren. In der Stadtökonomik ist die vorherrschende theoretische Sichtweise, die unter dem Begriff »New Neo-Classical Urban Economics« (NNUE) zusammengefasst wird, dass die Standortwahl der Unternehmen und Arbeitsmarkteliten durch die den »Annehmlichkeitswert« (»amenity value«) oder die Lebensqualität betreffenden Präferenzen des Unternehmens oder des Individuums erklärt werden können. Beispielsweise waren die vorhandenen Konsummöglichkeiten und das für hochqualifizierte Arbeitskräfte attraktive gesellschaftliche Miteinander einer der Gründe dafür, dass ältere Industriestädte eine Wiedergeburt erlebten.[16] Die Städte des 21. Jahrhunderts haben diese Theorie empirisch bestätigt: In Zusammenarbeit mit seinen Kollegen, den Ökonomen Jed Kolko und Albert Saiz, hat Glaeser festgestellt, dass Städte mit vielen Annehmlichkeiten – jene, wo es Parks, Opernhäuser, eine Vielzahl von Restaurants und Einkaufsmöglichkeiten gibt – viel schneller gewachsen sind als Städte mit wenig Annehmlichkeiten. Tatsächlich ließ sich aufgrund der Konzentration der Annehmlichkeiten im Jahr 1980 das Bevölkerungswachstum für das darauffolgende Jahrzehnt vorhersagen. Sie haben auch festgestellt, dass die Mieten in der Stadt viel höher sind als die Gehälter, was darauf hindeutet, dass die Nachfrage nach Wohnraum in den Städten nicht einfach dadurch erklärt werden kann, dass dort praktischerweise höhere Gehälter gezahlt würden. Aber der durchschnittliche Stadtbewohner ist bereit, eine höhere Miete für das zu zahlen, was das Leben in der Stadt zu bieten hat. Das Ausmaß der Konsummöglichkeiten, die sich den Einwohnern in einer Stadt bieten, bestimmt den Erfolg der Stadt – und die globale Hierarchie der Städte.[17] In dem Maße, wie Städte zu einem wichtigen Quell qualifizierten Humankapitals werden, schaffen jene, die Städte und dort ansässige Unternehmen führen, Annehmlichkeiten, die die Stadt zu einem lebenswerten und interessanten Ort für diese stark gefragten Arbeitskräfte machen.[18] Die Verwandlung hin zu einem zentralen Schauplatz der Weltwirtschaft und zu einer wichtigen Konsumzone für die neuen Eliten greifen somit ineinander.

Glaeser und seine Kollegen teilen die Annehmlichkeiten in vier verschiedene Arten ein: lokale Güter (local goods), das äußere Erscheinungsbild (aesthetics), die öffentliche Versorgung (public services) und Geschwindigkeit (speed). Die letzteren drei Arten von Annehmlichkeiten sind schnell beschrieben: Die Leute schätzen gute Schulen, eine niedrige Kriminalitätsrate, schöne Architektur, annehmbares Wetter und Parks. Die Leute möchten eine gute Anbindung haben, beispielsweise an die U-Bahn und Fahrradwege, und möchten es nicht weit zum Geschäftsviertel im Zentrum haben. So ist es, oberflächlich betrachtet, keine Überraschung, dass Manhattan oder London mit ihrem großen Platzangebot im öffentlichen Raum, ihrem effizienten U-Bahn-System, ihrer niedrigen Kriminalitätsrate und ihren guten Schulen (wenn man sich im richtigen Viertel befindet) so begehrte Orte sind. Doch wenn es um die vor Ort vorhandenen Konsummöglichkeiten und, noch wichtiger, den zusammengewürfelten Mix geht, den eine Stadt im Vergleich zu einer anderen zu bieten hat, wird es komplizierter.

Seit der Zeit nach dem Mittelalter haben wir beobachtet, wie die realen Einkommen gestiegen sind und sich eine Gesellschaft, der es an nichts mangelt, herausgebildet hat.[19] Das bedeutet, dass, trotz zunehmender Ungleichheit, die allgemeine Bevölkerung in den westlichen Industrieländern über mehr Geld verfügt und dass sie vor allem mehr für zweit- und drittrangige Bedürfnisse aufwenden kann, nachdem die Grundbedürfnisse gedeckt sind. Also kaufen, weltweit gesehen, die meisten Leute mehr Güter. Aus einer räumlichen Perspektive bedeutet dies, dass die attraktivsten Wohnorte häufig über mehr begehrenswerte Konsumgelegenheiten verfügen. Große Alpha-Städte wie New York, London, Hongkong, San Francisco, Los Angeles oder Paris bieten alle in vielfacher Abwandlung erstklassige Konsummöglichkeiten: einen perfekten Cappuccino, ein Essen in einem guten Restaurant oder ein Designer-Kleid. Die Städte unterscheiden sich aufgrund lokaler Einflüsse – gute indische Restaurants in London, großartige Pizza in Chicago, Baguettes in Paris – darin, was dort hergestellt wird, und anhand dessen, was sie neben der endlosen Reihe von Cafés und Boutiquen noch zu bieten haben. Die indischen Restaurants florieren aufgrund dessen, dass hier so viele verschiedene Menschen aufeinandertreffen – so viele Menschen, die in der Lage sind, ein bestimmtes Gut herzustellen, und so viele, die es konsumieren möchten.[20]

Die Menschen selbst werden zu lokalen Gütern, mit denen sich andere Menschen umgeben wollen, und ihre Besonderheit und Einzigartigkeit in den verschiedenen Städten macht bestimmte Orte auf unterschiedliche Weise begehrenswert. Wir möchten von Leuten umgeben sein, mit denen wir Gedanken, Kultur und Geschichten teilen können, von Leuten, die die gleichen Bücher lesen und die gleichen Filme schauen wie wir. Letztendlich sind wir soziale Wesen und treten über eine Reihe von Normen und gemeinsamen Identitäten miteinander in Verbindung. Zum Teil ist diese Verbundenheit eine Folge der Industrie: Jene, die Country-Musik machen, leben tendenziell in Nashville und werden durch das Arbeiten in nächster Nähe zueinander nicht nur produktiver und tauschen ihre Gedanken zu Kompositionsskizzen oder Liedtexten aus, sondern erfreuen sich tendenziell auch auf Dinnerpartys und in Bars an den gleichen Themen. Durch die arbeitsbedingte räumliche Häufung von Menschen, sei es im Finanz- oder Verlagswesen oder beim Film, entstehen kohäsive gesellschaftliche Gruppen, was eine gemeinsame Identität ermöglicht. Also suchen sich Leute, neben der eigentlichen Jobsuche, Orte heraus, wo sie den Konsum in Hinblick auf ihr gesellschaftliches und privates Leben maximieren können.[21]

Durch die soziale Komponente des Konsums, zum Beispiel beim Einkauf, lernen die Leute letztlich auch die Personen kennen, mit denen sie zusammen sein, die sie heiraten und mit denen sie eine Familie gründen wollen, und jene, mit denen sie eine lebenslange Freundschaft aufbauen. Wenn Sie Drehbuchautor und ledig sind, sind die Aussichten für Ihr Liebesleben in Los Angeles weitaus besser als in Miami. In der ersteren Stadt werden Sie wahrscheinlich mehr potentielle Partner finden, mit denen Sie etwas gemeinsam haben. Da Städte eher Orte geistiger (Finanzwesen, Technik, die Künste) als industrieller Produktion sind, sind sie zunehmend auch der Knotenpunkt, wo sich die Hochqualifizierten kennenlernen und Kinder bekommen und so zu ultimativen Powerpaaren werden. Anschließend ziehen sie Kinder groß, die zu genau der gleichen Sorte Mensch heranwachsen.[22] Viele der Sorgen rund um die Ungleichheit gelten der gesellschaftlichen und wirtschaftlichen Spaltung zwischen den Qualifizierten und den weniger Qualifizierten und den Möglichkeiten, die sie und zukünftige Generationen haben. Die Wurzeln dieses Phänomens können bis hin zum »Heiratsmarkt« der städtischen Ballungszentren verfolgt werden (insbesondere da die Leute lieber ihresgleichen heiraten statt nach »unten« oder »oben« – ein Phänomen des 21. Jahrhunderts, das Ökonomen als »assortative mating« beziehungsweise als »assortative Partnerwahl« bezeichnen[23]). Schlaue Leute wollen nicht nur auf der Arbeit mit anderen schlauen Leuten zusammen sein, sondern bevorzugen diese auch, wenn es um freundschaftliche und romantische Beziehungen geht. So entstehen mit der Zeit Orte mit hochgradig stratifizierten Gesellschaftsgruppe von extrem gut ausgebildeten, wohlhabenden Leuten – der Ökonom Tyler Cowen bemerkte dazu:»Geld und Talent sammelt sich in den leistungsstarken Doppelverdienerfamilien an, die entschlossen sind, alles nur Mögliche zu tun, um die Interessen ihrer Kinder zu fördern.«[24]

Das gesellschaftliche und wirtschaftliche Zusammenspiel der Stadtbewohner lässt Städte zu ultimativen Schauplätzen des Konsums werden und ist förderlich für ihre Entwicklung als Orte des Konsums. Eine beträchtliche Zahl der Leute in den heutigen Metropolen ist noch besser qualifiziert und infolgedessen noch besser bezahlt als die meisten anderen, und sie verlangen nach luxuriösen Konsummöglichkeiten – seien es Kunstgalerien, prestigeträchtige Schulen oder Cocktailbars. Nischen bedienende Unternehmer und multinationale Unternehmen wie Chanel und Cartier reagieren auf dieses Verlangen entsprechend. Neben der Möglichkeit, ihr Geld in Luxushandtaschen und noble Uhren zu stecken, haben die Leute auch die Wahl, ihr zusätzliches Geld in die zunehmende Zahl städtischer Restaurants, Bars und sogar Nagelstudios zu tragen, die das Leben in den Städten noch umso attraktiver werden lassen. Glaeser hat herausgefunden, dass zwischen 1998 und 2008 die Zahl der Beschäftigten in Restaurants um mehr als 50 Prozent gestiegen ist, was darauf schließen lässt, dass auf die Nachfrage nach Konsummöglichkeiten durch entsprechendes Angebot reagiert wird.[25]

Ironischerweise sind das Leben in der Stadt und all die dort unzählig vorhandenen Konsummöglichkeiten für die Reichen vergleichsweise ein Schnäppchen (auch wenn alle anderen Mühe haben, die Miete zu bezahlen; mehr dazu später). Wir wissen, dass sich der Geschmack in Abhängigkeit vom Einkommen ändert. Zum Teil liegt das einfach daran, dass reiche Leute mehr Geld haben und aus diesem Grund auch über mehr Einkommen verfügen, welches sie ausgeben können. Doch die Tatsache, dass reiche Leute, ganz allgemein betrachtet, nach ähnlichen Dingen des täglichen Bedarfs Ausschau halten dürften – freilaufende Hühner, Biomilch, schöne Restaurants und Massagen –, bedeutet, dass die Städte als Heimat der Wohlhabenden tendenziell deren Konsumbedürfnissen besonders entgegenkommen. Man muss nur einen kurzen Spaziergang in Santa Monica machen, um wahrhaftig auf unzählige Spas, Biotee-Häuser, vegane Restaurants und weitere, besonders bei den Reichen beliebte Dinge zu stoßen. Jessie Handbury, Juniorprofessorin an der Wharton School in Pennsylvania, nennt dieses Phänomen »einkommensspezifische Geschmäcker« (»income specific tastes«). Handbury hat festgestellt, dass reiche Leute nicht nur zwischen verschiedenen Luxusgütern gleicher Art wählen können wollen (zum Beispiel mögen vielleicht viele besonders guten Käse aus der Feinkostabteilung, aber schätzen zudem die Auswahl an Käse aus verschiedenen Ländern), sondern sich auch wenig um Preisschwankungen kümmern. Sie schenken Berichten über einen Anstieg der Preise für Rindfleisch oder Milch in den Abendnachrichten keine Beachtung. Aber schon allein dadurch, dass sie in der Stadt leben, geben die reichen Leute sowieso schon weniger für diese schönen Dinge aus. Bei der Untersuchung von 40 000 amerikanischen Haushalten und 500 Lebensmitteln ist Handbury darauf gestoßen, dass die Reichen (diejenigen, die mehr als 100 000 US-Dollar pro Jahr verdienen) in Städten mit einem hohen Pro-Kopf-Einkommen (New York, San Francisco) 20 Prozent weniger für Lebensmittel ausgeben, als sie ausgeben müssten, wenn sie in scheinbar günstigeren Städten (wie Detroit oder Atlanta) leben würden.[26] In den Städten sind Maniküren günstiger: New Yorker geben in ihrer Stadt drei US-Dollar weniger für eine Maniküre aus, als sie als Einwohner in jeder anderen Stadt der Top Ten der größten Städte ausgeben müssten.[27] Hinsichtlich des Luxuskonsums, zu dem man in den Städten die Möglichkeit hat, kristallisiert sich eine Schieflage heraus: Stadtbewohner haben nicht nur mehr Konsummöglichkeiten, sie bezahlen auch noch weniger dafür.

Diese Ergebnisse fußen auf zwei Grundprinzipien der Mikroökonomie: auf Skalen- und Verbundeffekten. Oder, einfach ausgedrückt, darauf, dass es in Ballungsgebieten Unmengen von Leuten gibt, die dieselben Arten von Dingen konsumieren (Skaleneffekte), sodass sich Annehmlichkeiten wie Baseball-Stadien, Opernhäuser und Theater halten und die Fixkosten für Ausgaben wie Massagen, Bioessen und Happy-Hour-Drinks heruntergedrückt werden. Gleichzeitig gibt es dort genug Leute, sodass der »Long Tail« des Konsums (Verbundeffekte), also Dinge, für die anderweitig eher selten ein Bedarf besteht und die deswegen sonst kein lohnendes Geschäft wären – wie Restaurants mit internationaler Küche, Luxusboutiquen und Avantgarde-Theater –, auch nachgefragt werden. Dieses Zusammenspiel von einer signifikant hohen Nachfrage nach den gleichen Dingen und der großen Summe an Eigenheiten, die sich daraus ergeben, dass so viele Leute mit unterschiedlichen Hintergründen und Vorlieben am gleichen Ort leben, ist es, was eine so große Auswahl in den Ballungsgebieten ermöglicht. Die bloße Anzahl und Vielfalt der Einwohner führen sowohl dazu, dass in der Stadt eine Vielzahl von Annehmlichkeiten angeboten werden, als auch zu den endlos langen Schlangen, die sich vor jedem Nudel-/Cupcake-/Cronut-Shop in der Stadt bilden. Kurz gesagt, die Nachfrage entspricht dem Angebot, egal um welches Produkt oder welche Dienstleistung es sich handelt. Die einfache Tatsache, dass viele Frauen in der Stadt Maniküren nachfragen, bedeutet, dass Nagelstudios eröffnet werden, um auf diese Nachfrage zu reagieren, und ebendiese Studios konkurrieren miteinander und passen deswegen ihre Preise entsprechend an. Das Gleiche gilt für die Bioversion alter Tomatensorten – die nicht nur in einem Supermarkt verkauft werden, so, wie das in einer Kleinstadt in Kansas der Fall sein dürfte. Stattdessen muss man nur ein paar Blöcke weit laufen, um auf fünf verschiedene Lebensmittelgeschäfte zu stoßen, die das Verlangen danach befriedigen. Die schiere Menge an Anbietern und Nachfragern ist das, was den Luxus in wohlsituierten Städten so viel billiger werden lässt – eine komplett unfaire Realität der Konsumstadt des 21. Jahrhunderts.

Wenn Städter sich über die Lebenshaltungskosten in New York oder Los Angeles beklagen, zeigen sie im Grunde genommen, wie losgelöst ihre Lebensrealität von der der restlichen Amerikaner ist. Fünf Dollar ist ein stolzer Preis für einen Kaffee, ja, aber im kleinstädtisch geprägten West Virginia oder in Pennsylvania würde es keiner auch nur in Erwägung ziehen, diesen Kaffee zu kaufen, von Schuhen für 500 US-Dollar das Paar ganz zu schweigen – weder das eine noch das andere sind für Städter ungewöhnliche Einkäufe. Handbury erklärt, dass es nicht so sehr so ist, dass in den Großstädten die Dinge des täglichen Bedarfs mehr kosten (laut ihr sind Sachen wie Milch in Städten günstiger), sondern es ist eher so, dass der Geschmack der Leute teurer wird, wenn sie in einer Großstadt leben. Und Städte bieten, wie Rebecca Diamond festgestellt und was sie als »hidden amenities«, also »versteckte Annehmlichkeiten«, bezeichnet hat, Kontakt zu (anderen) Eliten, reizende Parks zum Spazieren, sichere Straßen, diverse Möglichkeiten, Essen unterwegs zu kaufen – all die Dinge, die das Wohlbefinden um 30 Prozent mehr steigern, als durch jeglichen Lebensstandardindex erfasst wird. Die kleinen unscheinbaren Dinge, nicht unbedingt die Designerschuhe und teure Menüs, machen den sozialen Aufsteigern und Hochqualifizierten das Leben angenehmer.[28] Im Großen und im Kleinen sind Städte die für die globale Elite wichtigen Konsumzonen.

Kulissen des Konsums

Reiche Stadtbewohner mögen vielleicht generell die gleichen Luxusdinge, aber natürlich in etwas abgeänderter Form. Wenn man bei Starbucks ansteht und dabei hört, wie ein schlanker »half-caf«-Latte mit extra Schaum und zwei Spritzern zuckerfreiem Karamell bestellt wird, treten diese bizarren städtischen Auswüchse deutlich hervor. Je nach Stadtviertel wird jeweils sogar eine ganz eigene Art von städti-

schem Luxuskonsum kultiviert – ob es sich um den Stadtteil Venice in
Los Angeles und die dort verbreitete Vorliebe für waschbare Kaschmir-Shirts
handelt oder den Hang zu Luxus im Stile von Hermès in
Beverly Hills. Das Gleiche lässt sich über das Künstlerviertel Wicker
Park im Vergleich zum historischen Viertel Gold Coast in Chicago
sagen. Der Geschmack der Gutbetuchten im historischen Stadtteil
Beacon Hill in Boston und der der Intellektuellen im benachbarten
Cambridge mag sich komplett voneinander unterscheiden, aber an
beiden Orten gibt es reichlich Konsumgelegenheiten, die genau auf
die Geschmäcker ihrer jeweiligen Bewohner abgestimmt sind. Der
Soziologe Terry Clark von der University of Chicago glaubt, dass
diese unterschiedlichen Verschmelzungen der »Kulissen« des Konsums
(consumption »scenes«) die Stadt als »Unterhaltungsmaschine«
(»city as entertainment machine«) auszeichnen. »Die Lebensqualität
ist nicht nur ein Nebenerzeugnis der Herstellung«, schreiben Clark
und sein Kollege, der Soziologe Richard Lloyd, »sie bestimmt und
kurbelt die neuen Herstellungsprozesse an.«[29] Die Stadt ist der Ort,
wo die nicht greifbare, vage Vorstellung von Lebensqualität in Form
von spezifischen Gütern und Dienstleistungen, die den verschiedenen
Vorlieben der Stadtbewohner entsprechen, Gestalt annimmt.
Durch seine Forschung versucht Clark herauszufinden, zu welchen
Ergebnissen diese allgemeinen Dynamiken des Stadtlebens an bestimmten
Orten führen. Statt sich dazu bestimmte Sorten von Menschen
oder bestimmte Standorte anzuschauen, sieht sich Clark an,
was und wie die Leute konsumieren, um zu verstehen, was städtische
Identitäten auszeichnet: glamouröse Gegenden wie Beverly Hills und
Madison Avenue, wo exzessiv demonstrativem Konsum und Luxusgütern
gefrönt wird; der künstlerische Touch von Notting Hill, Soho
oder Venice; oder das eher konventionelle Konsumverhalten der Mittelschicht,
wie man es an der Upper West Side oder in Pasadena vorfindet.
Aber ein und derselbe Ort kann für unterschiedliche Leute
unterschiedliche Zwecke erfüllen – Beverly Hills ist zugleich die Hei-

mat einer reichen Person, für eine andere Person ein Ort, wo sie sich von Zeit zu Zeit in Geltungskonsum übt, und für noch eine weitere Person ein Quell der Unterhaltung und Vergnügen.[30]

Städte sind gleich, Städte sind verschieden

Konsum mag im Allgemeinen das Leben in der Stadt definieren, aber Los Angeles und San Francisco könnten, obwohl sich beide in Kalifornien befinden, nicht unterschiedlicher sein. Nicht nur in Bezug auf die jeweiligen Eigenheiten ihrer glamourösen beziehungsweise schroffen Kulisse auf der Mikro-, sondern auch auf der Makroebene. Diese Städte sind natürlich beide große Mekka des Stadtlebens mit allem Drumherum – es gibt dort Luxuskaffee zu kaufen, großartige Restaurants, Museen und große Sportstadien. Aber wenn man einen Einwohner aus San Francisco für einen Einwohner aus Los Angeles halten würde, wäre Ersterer zutiefst beleidigt, denn er bildet sich etwas auf seinen künstlerischen Intellekt ein, der Letzterem mit Sicherheit fehlt. Die Menschen aus Los Angeles halten die New Yorker für neurotisch, New Yorker finden, dass die Leute aus Chicago sehr dem Klischeebild der Leute aus dem Mittleren Westen entsprechen, und so weiter. Darin liegt die einfache, aber wichtige Gemeinsamkeit der Städte und des dort herrschenden Konsums: So wie New York als Sitz des Finanzwesens und der Mode bekannt ist, San Francisco für technologische Entwicklungen, Detroit für Autos und Los Angeles für den Film und Videospiele, sind die in diesen Städten gebotenen Konsummöglichkeiten doch gleichermaßen wichtig für die Bildung der ihnen eigenen städtischen Identität.

Vergleicht man Städte anhand der dortigen Konsummuster, so ergeben sich nicht mehr Ähnlichkeiten als im Vergleich zu einer durchschnittlichen Kleinstadt. Tatsächlich haben die meisten kleinen Städte mehr miteinander gemein als zwei zufällig ausgewählte

Metropolen. Auf den ersten Blick scheint das auf der Hand zu liegen, aber die meiste Forschung zu Städten war darauf ausgerichtet, Urbanität als größeres Muster zu verstehen – die Städte wurden also als eine Einheit betrachtet. In seinem berühmten Aufsatz aus dem Jahr 1938, *Urbanität als Lebensform*, war der Soziologe Louis Wirth von der University of Chicago bestrebt, die Großstadt anhand von drei Kriterien zu charakterisieren: Größe, Heterogenität und Bevölkerungsdichte.[31] Viele folgten seinem Beispiel: Henri Lefebvre, der französisch-marxistische Philosoph, war der Meinung, dass wir eine »Revolution der Städte« erlebten (tatsächlich leben 82 Prozent der US-amerikanischen Bevölkerung und mehr als die Hälfte der Weltbevölkerung in Städten) und dass die Großstadt ein eigenes Forschungsfeld bilden müsste, ganz so wie die Biologie oder die Physik. In neuerer Zeit hat der Physiker Geoffrey West vom Santa Fe Institute komplizierte Gleichungen konzipiert und riesige Datenmengen erhoben, um festzustellen, dass es unabhängig von der Größe, Bevölkerungsdichte oder der Heterogenität sehr gut berechenbare Strukturen gibt, die kennzeichnend für die Stadt und urbane Muster sind. West glaubt, dass wir die städtischen Funktionen und Muster durch Gleichungen mit einer Genauigkeit von 85 Prozent erklären können.[32] Zum Beispiel können die Kriminalitätsrate einer Großstadt, die Menge des Abfalls, die Anzahl der Supermärkte und so weiter schlicht anhand der Größe einer Stadt bestimmt werden. In einer anderen Arbeit haben Marta Gonzalez vom Massachusetts Institute of Technology und ihre Kollegen festgestellt, dass es unter Menschen ein verallgemeinerbares Bewegungsmuster gibt. Bei der Suche nach Mustern anhand der geografischen Standorte, die über die Mobiltelefone von 100 000 Personen aus einer sechs Millionen großen Stichprobe ermittelt wurden, haben Gonzalez und ihre Kollegen festgestellt, dass die Mehrheit der Leute sich den Großteil der Zeit an vier unterschiedlichen Orten aufhielt. Selbst wenn die meisten von uns an verschiedenen Orten leben und arbeiten, lässt sich unsere räumliche Bewegung grob vorhersehen. Tatsächlich fuhren die Forscher und Forscherinnen damit fort, die Gesamtheit der Individuen in drei Gruppen aufzuteilen, um zu sehen, ob dadurch Unterschiede zum Vorschein kämen, und stellten fest, dass sich exakt dasselbe Verhalten zeigte. Die Gruppen waren voneinander »größtenteils kaum unterscheidbar«.[33] Die komplette untersuchte Grundgesamtheit tendierte dazu, hauptsächlich immer die vier gleichen Orte aufzusuchen, und zwar täglich. Das bedeutet, dass das Verhaltensmuster unabhängig davon, wo man lebt, und unabhängig von »race«, Beruf oder anderen demografischen oder wirtschaftlichen Merkmalen dasselbe ist, obwohl verschiedene Orte aufgesucht wurden. Gonzalez und ihr Team kamen deswegen zu dem Schluss, dass es möglich sei, mit großer Genauigkeit zu berechnen, wo sich Leute zu einem bestimmten Zeitpunkt aufhalten, und ihre Bewegungsmuster zu verstehen, egal, wo in einer Stadt sie sich aufhalten oder in welcher Stadt sie wohnen.

So beeindruckend solche Forschungsvorhaben in puncto Aufbau, Ausführung und Ergebnissen auch sind: Diese neue Forschungswelle erzählt uns nichts von Bedeutung darüber, was es wirklich heißt, ein Mensch zu sein, in einer Stadt zu leben und was die qualitativen Unterschiede zwischen diesen vier verschiedenen Orten der einen Person und denen einer anderen sind. Bei den vier Orten, die ein Mann aufsucht, der in Chicago lebt, könnte das zum Beispiel so aussehen, dass er morgens sein Vier-Zimmer-Haus im wohlsituierten Viertel Gold Coast verlässt, um joggen zu gehen, er dann dabei Halt an einem Café macht, um sich einen Kaffee zu holen, sich anschließend auf den Weg zur Arbeit – er ist in der Finanzbranche tätig – nach Downtown-Chicago macht und sich nach der Arbeit noch bei irgendeinem Biocafé etwas zum Abendessen – Wildlachs mit Biobroccoli – holt. Diese vier Orte unterscheiden sich von denen, die eine auf Stundenbasis beschäftigte alleinerziehende Mutter anfährt, die sich vielleicht durch den Verkehr auf dem Autobahnring

D.C. Beltway um Washington kämpft, um eins ihrer Kinder zur Tagespflege zu bringen und das andere an der Grundschule abzusetzen, und die dann noch viele Meilen weiter zu einer Arbeit fährt, mit der sie nicht mal die Rechnung bezahlen kann, nach der Arbeit wieder gehetzt ihre Kinder einsammelt, um anschließend zu einem viel weniger gesunden Supermarkteinkauf mit einer begrenzten Obst- und Gemüseauswahl aufzubrechen, bevor sie vielleicht zum Schluss wieder zu ihrer viel weniger sicheren, kleineren Wohnung fährt. Beide Tage können anhand der vier Haltepunkte beschrieben werden. Doch die beschriebenen Leben unterscheiden sich unglaublich stark voneinander, und die Daten verraten uns nichts über diese sehr unterschiedlichen Erfahrungen der Leute und ihr Leben in der Stadt oder gar über die Erfahrungen der anderen Millionen Menschen, die auch in einer Stadt leben.

Anhand dieser Daten lassen sich die Leute, die dort leben, nicht wirklich beschreiben. Es lässt sich keine Aussage darüber treffen, was für ein Leben sie eigentlich führen. Verallgemeinerbare Muster des städtischen Lebens erlauben nur oberflächliche Aussagen. Sogar Geoffrey West selbst konnte sich, nachdem er sich die ganzen Modelle und Daten angesehen hatte, immer noch keinen Reim auf das Leben in der Stadt machen – warum tun wir uns das an, und was macht es (den hohen Mieten, Kakerlaken und der überbordenden, mörderischen Konkurrenz zum Trotz) so reizvoll?[34]

Klar ist, dass Städte im Ganzen oft nur in groben Zügen zu verstehen sind – maßgeblich sind noch immer die Kriterien, die Wirth vor ungefähr 75 Jahren aufgestellt hat und die wir im Zuge der neueren Forschung nur geringfügig ergänzt haben. Ja, Städte sind groß, dicht bevölkert und vielschichtig, genau so, wie Dörfer eben klein sind, mit den ganzen landwirtschaftlichen und großzügigen Gärten hinter den Häusern mehr Platz zum Leben bieten und ihre Einwohner oft der gleichen »race«-Kategorie angehören. Doch was sagt Ihnen das über das Aufwachsen in einer Kleinstadt in Missouri im Vergleich zu einer in Mississippi? Ja, Städte haben mehr Annehmlichkeiten zu bieten, aber jemand, der es mag, täglich mit dem Fahrrad zu fahren und draußen aktiv zu sein, wird die Kaffeespezialitäten mit Sahne der Straßenhändler und den Ausverkauf in den Warenhäusern von Barneys nicht unbedingt schätzen und dürfte diese Grundpfeiler der Identität von New York City stattdessen eher für eine Plage halten. Was das Leben in der Stadt ausmacht, sind die kleinen Dinge, die letztendlich das Lebensgefühl in San Francisco, Paris, Hongkong oder Chicago definieren und sich erheblich voneinander unterscheiden.

Die Summe des städtischen Lebens

Es ist mit Sicherheit schwer, das Leben in der Stadt bis ins kleinste Detail zu verstehen. Manche Details wie die architektonischen Besonderheiten, die Geschichte der Stadt, die Art der Bücher, die die Leute lesen und über die sie sich beim Abendessen oder in Buchclubs unterhalten, können auf der Makroebene gar nicht so genau abgebildet werden. Das ist nahezu unmöglich. Doch wie wir konsumieren gibt auch Aufschluss über unsere speziellen Werte und Vorlieben und so wiederum auch darüber, worüber wir uns beim Abendessen in den verschiedenen Städten vielleicht unterhalten. Und das ist etwas, das wir nachverfolgen können. Als mein Doktorand Hyojung Lee und ich uns die Consumer Expenditure Survey zur Hand nahmen, um uns die Tausenden Dinge anzusehen, die die Amerikaner konsumieren, und die Daten Stadt für Stadt filterten und analysierten, stellten wir fest, dass sich die qualitativen Unterschiede zwischen den Städten zum Teil verstehen lassen, wenn man sich anschaut, was die Leute in der jeweiligen Stadt konsumieren.

Schaut man sich das Konsumverhalten im Detail an, scheinen die Städte, abgesehen von den großen Verallgemeinerungen, sehr wenig miteinander gemein zu haben. Mit dieser Beobachtung lässt sich erklären, warum uns – egal, ob es um die Fans der Dodgers (Baseballteam aus Los Angeles) vs. Fans der Giants (Baseballteam aus San Francisco) geht oder Pizza in Chicago vs. Pizza in New York – bestimmte Metropolen und ihre Bewohner so gegensätzlich erscheinen und warum wir uns auf das, was wir in den Städten sehen, wenn wir sie zusammengenommen als Einheit betrachten, keinen Reim machen können und uns jede Stadt einzeln anschauen müssen. Es ist eher so, dass es sich bei den Stadtbewohnern um eine Ansammlung von Menschen handelt, die genauso verschieden sind wie die Länder oder Dörfer, aus denen sie kommen. Wenn wir uns die Konsumdaten ansehen, sieht es wirklich so aus, als ob die Einwohner von Los Angeles von einem ganz anderen Planeten kommen als die von Miami oder Dallas. Im nächsten Abschnitt werde ich diese Unterschiede dahingehend herunterbrechen, wie die Art, wie wir essen, wie wir unseren Kaffee oder Alkohol zu uns nehmen, wie wir unsere vier Wände dekorieren und uns bei der Partnersuche verhalten, unter anderem unser alltägliches Leben in der Stadt prägt.[35]

Was wir essen

In gewisser Weise können wir sehen, dass die Leute in manchen Städten gesünder leben als in anderen, und die Daten zeigen auch, dass in Los Angeles, New York, Miami und San Francisco die Leute beheimatet sind, die das meiste Obst und Gemüse konsumieren. Die Leute in Los Angeles geben durchweg von ihren Gesamtausgaben 30 bis 40 Prozent mehr für frisches Gemüse und zwischen 10 und 40 Prozent mehr für Obst aus als in jeder anderen Stadt, mit Ausnahme von San Francisco.

Miami macht Los Angeles in Sachen Obstkonsum Konkurrenz. Die New Yorker und die Leute in San Francisco sind nicht ganz so sehr auf ihre Gesundheit bedacht, aber auch sie geben signifikant mehr Geld für Obst und Gemüse aus. Auf der einen Seite sind manche dieser Beobachtungen logisch zu erklären. Miami und Los Angeles befinden sich in zwei der landwirtschaftlich stärksten Bundesstaaten im Land, und dort – das ist wenig überraschend – schmecken die Erzeugnisse besser und kosten infolge der reichlichen Verfügbarkeit weniger als in anderen Städten. Doch auch in diesem Fall sind kulturelle Dynamiken am Werk: In diesen Städten sind Leute zu Hause, die sehr auf ihre Gesundheit und ihr Äußeres bedacht sind. New York City ist schon seit langem die Hauptstadt der »gesellschaftlichen Röntgenbilder«, hier wohnen die extrem dünnen Frauen aus Tom Wolfes *Fegefeuer der Eitelkeiten*. Und in Los Angeles und Miami genießt man typischerweise die Sonne und das Strandleben, wodurch alle gezwungen sind, sich zumindest ein bisschen darum zu kümmern, auch ohne viel anzuhaben, eine gute Figur zu machen.

Andersherum sollte es keine Überraschung sein, dass in Dallas, Houston, Philadelphia und Baltimore frisches Obst und Gemüse am seltensten konsumiert wird. Man könnte anführen, dass frische Erzeugnisse geografisch einfach weitere Wege zurücklegen müssen, um dorthin zu gelangen, aber das gilt auch für New York City. Es gibt auch Städte, die für Steaks, Grillpartys, Bier und »comfort foods«bekannt sind. In Philadelphia werden vielleicht nicht täglich Cheesesteak-Sandwiches gegessen, aber sie stehen für eine Kultur, in der Fleisch wichtiger ist als Grünkohl. Die Rinderfarmen in Texas liefern gutes Fleisch im Überfluss. Die Kultur dieser Städte und das, womit sie angebotstechnisch glänzen, bestimmen die Konsumgewohnheiten. Doch manche Unterschiede zwischen den Städten lassen sich auch wirtschaftlich erklären: In Baltimore und Philadelphia wohnen anteilig mehr Menschen mit einem geringen Einkommen. Wie schon seit langem belegt ist, haben die Supermärkte in ärmeren Gegenden oft kein frisches Obst und Gemüse im Angebot, und es entstehen Orte, die von Soziologen und Stadtplanern als »Nahrungsmittelwüsten« bezeichnet werden. Einwohner mit geringen Einkommen müssen oft auf industriell verarbeitete und fettreiche Lebensmittel zurückgreifen, um ihre Familien zu ernähren. Süßigkeiten, Kaugummi, Cola und künstliche Süßstoffe sind im Mittleren Westen beliebt, werden in den Küstenstädten aber zum größten Teil gemieden. In den Städten im Nordosten wird für diese Dinge durchgängig wesentlich weniger ausgegeben als im landesweiten Durchschnitt. 2010 wurde in New York zum Beispiel ungefähr halb so viel für künstliche Süßstoffe ausgegeben wie in den meisten anderen Städten und 55 Prozent weniger für Süßigkeiten und Kaugummi. (Die einzige Ausnahme davon ist Boston, wo die Ausgaben für künstliche Süßstoffe ungefähr 60 Prozent und für Süßigkeiten und Kaugummi ungefähr 15 Prozent über dem nationalen Durchschnitt liegen.) Im Allgemeinen werden diese Dinge in der Stadt nicht so sehr konsumiert wie im restlichen Land.

In den Gebieten abseits der Metropolen werden viel mehr künstliche Süßstoffe, Cola, Fette, Öle sowie Frischmilch und Sahne verbraucht – genau die Dinge also, die Stadtbewohner nicht kaufen. Dort wird auch Gemüse und Obst lieber tiefgekühlt oder in Dosen als frisch gekauft. Das sind durch die Bank weg Dinge, die in Städten selten gekauft werden. Dieser Unterschied mag schlicht eine praktische Ursache haben: Die meisten Menschen, die in der Stadt wohnen, haben keine großen Tiefkühlschränke und Vorratskammern, und in den wohlhabenden Stadtteilen sind frische Erzeugnisse leicht zu bekommen. Jene, die außerhalb der Städte und Vororte wohnen, essen auch viel weniger außer Haus als die Leute in der Stadt, die sonstige Nahrungsmittel (wie Butter und Sahne) beim Essen im Restaurant oder wenn sie Essen zum Mitnehmen bestellen, konsumieren.

Was wir trinken

Bei Kaffee denken wir häufig, es sei ein typisch städtisches Getränk – wir denken an hektisch herumwuselnde, neurotische Städter, die das Zeug literweise trinken. Doch interessanterweise trinken die Leute in der Stadt, von ein paar Städten abgesehen, nicht mehr Kaffee als der Rest der Bevölkerung und geben auch nicht mehr Geld für Kaffee aus. Tatsächlich liegt der Kaffeeverbrauch in New York City, Heimstadt der, wie wir dachten, verrückten, kaffeesüchtigen Städter, ungefähr 30 Prozent unter dem landesweiten Durchschnitt. Die wirkliche Heimat der städtischen Kaffeetrinker sind auch nicht Städte wie Seattle oder San Francisco, sondern Boston, Detroit, Philadelphia und die Vororte von Los Angeles, wo für Kaffee gemessen an den Gesamtausgaben bis zu 20 Prozent mehr ausgegeben wird als im landesweiten Durchschnitt. Wobei in Seattle das meiste Geld für Röstkaffee ausgegeben wird – was natürlich zur Kultur der Stadt gehört und einen Teil ihres Exportgeschäfts ausmacht. Insofern es beim Konsum von Heißgetränken einen Trend zu verzeichnen gibt, verbrauchen die Einwohner der Städte generell mehr Tee als der Rest ihrer Landsleute, insbesondere in New York City und Philadelphia im Nordosten. Könnte es sich dabei um ein Überbleibsel aus der Zeit Edith Whartons handeln? Möglich ist das, wenngleich es mit New Yorks Ruf, kulturell den Ton anzugeben, genauso gut sein könnte, dass das der nächste große Trend wird, der in den anderen Orten nur noch nicht angekommen ist. Was in Flaschen abgefülltes Wasser betrifft, geben die Einwohner von Los Angeles bis zu 75 Prozent mehr aus als der Rest des Landes. Dabei scheint es sich um eines der für die Stadt typischen Verbrauchsgüter zu handeln, denn keine andere Stadt weist auch nur einen annähernd so hohen Verbrauch auf.

Im Ganzen gesehen haben die Leute in der Stadt etwas gemeinsam, was den Genuss von alkoholfreiem Bier, Restaurantbesuche und ihren Weinkonsum anbelangt. Sie haben keinen Anteil am landesweiten Verbrauch von alkoholfreiem Bier (und ich meine wirklich gar keinen Anteil) und geben durchgängig mehr Geld für Restaurantbesuche und Wein aus – zwei Dinge, die gesellschaftlich Hand in Hand gehen. San Francisco, San Diego, New York und Boston sind bekannt dafür, dass dort für Wein insgesamt mehr als doppelt so viel ausgegeben wird wie im nationalen Durchschnitt. Und was die Städte angeht, in denen wahrscheinlich weniger Wein getrunken wird – Philadelphia und Detroit: Dort gleicht man das durch den Konsum von Bier und Cocktails aus. Allgemein gesagt trinkt man in den Städten weniger Bier als Wein oder Cocktails, auch wenn die Leute in Boston und Minneapolis in Sachen Alkoholkonsum in allen Bereichen zu den Strebern gehören. Nur Miami ist in allen Bereichen die Stadt der Nichttrinker, wo die Leute ungefähr 40 Prozent weniger für alkoholische Getränke ausgeben als im Rest des Landes.

Zu Hause ist man da, wo das Geld ist

In Städten werden Waren vielleicht zu günstigeren Preisen angeboten, aber was Wohneigentum und Haushaltsführung anbelangt, geben Städter bedeutend mehr Geld aus, um das Privileg zu genießen, dort zu leben. Parks und Museen im Überfluss, an jeder Ecke ein Café und reichlich Gelegenheiten zum Shoppen – all diese »versteckten Annehmlichkeiten« und Konsummöglichkeiten werden bei der Berechnung der Kosten für Wohneigentum und der Mieten in den Städten einkalkuliert. In den meisten Großstädten geben die Einwohner im Vergleich zum landesweiten Durchschnitt gemessen an ihren Gesamtausgaben bedeutend mehr Geld für Wohnraum aus. Damit meine ich, dass von den Ausgaben, die ein Haushalt hat, prozentual (beziehungsweise anteilig) der größte Teil für Wohnraum ausgegeben wird. Wenn man das als Maßstab nimmt, wird in New

York City das meiste Geld ausgegeben – der Anteil der Ausgaben ist ungefähr 50 Prozent größer als im landesweiten Durchschnitt. Diese Angaben beziehen sich auf das Wohnen zur Miete und im Eigentum (eine wichtige Unterscheidung, die ich nachfolgend erklären werde). Am teuersten ist das Wohnen im Durchschnitt aufs Jahr gesehen in San Francisco. In den wirtschaftlich gebeutelten Städten Detroit und Cleveland liegen die Ausgaben für Wohnraum unter dem landesweiten Durchschnitt. Der Immobilienmarkt in diesen Städten hat sich nicht erholt, was zu den günstigen Immobilienpreisen und der insgesamt schlechten wirtschaftlichen Lage in diesen Städten beitragen dürfte (weniger Arbeitsplätze bedeuten, dass es sich weniger Leute leisten können, ein Haus zu kaufen, was wiederum die Nachfrage herunterfährt und so die Immobilienpreise beeinflusst) – beides mindert die Attraktivität dieser Städte und ihre Wettbewerbsfähigkeit auf dem Immobilienmarkt. Doch Wohnraum wird auch günstiger, wenn viel Bauland vorhanden ist. In Houston und Dallas, zwei Städte mit einem großzügigeren Bebauungsplan und einem Hang zur Zersiedelung, sind diejenigen zu Hause, die von ihren Gesamtausgaben einen signifikant kleineren Teil für den Erwerb von Eigentum ausgeben, als im landesweiten Durchschnitt (einschließlich weniger teurer ländlicher Gebiete) üblicherweise ausgegeben wird. Kurz gesagt, mietet oder besitzt man ein Haus/eine Wohnung an einem Ort, wo der Immobilienmarkt am Boden ist oder mehr Land und dadurch auch mehr Wohnraum zur Verfügung steht, bedeutet das, dass dort das Wohnen günstiger ist und Haushalte an diesen Orten generell einen geringeren Teil ihrer Gesamtausgaben für die Abzahlung von Hypotheken aufwenden müssen.

Trotz dessen, dass die Häuser in ihrer Stadt mit Preisschildern in Millionenhöhe versehen sind, regt es die Einwohner von San Francisco und New York vielleicht zum Nachdenken an, dass sie einen bemerkenswert kleinen Betrag und Teil ihrer Gesamtausgaben für *Wohneigentum* ausgeben (das Gegenteil gilt für die Höhe der Mieten, wo es einen ganz anderen Trend gibt, wie wir gleich sehen werden). In San Francisco, auf dem wohl am stärksten umkämpften Immobilienmarkt im Land, liegen die anteiligen Ausgaben für Eigentum nur 20 Prozent über dem landesweiten Durchschnitt. 2012 haben die Einwohner von San Francisco im Verhältnis zu ihren Gesamtausgaben weniger für den Erwerb von Wohneigentum ausgegeben, als durchschnittlich im Land dafür aufgewendet wurde (landesweit belief sich der Anteil im Durchschnitt auf 11,8 Prozent der Gesamtausgaben; in San Francisco hingegen auf 11,5 Prozent). Die Ausgaben der New Yorker (also jene, die in einem der fünf Stadtbezirke wohnen) liegen durchweg 20 bis 25 Prozent unter dem nationalen Durchschnitt, und im Jahre 2009 gaben sie ein Drittel weniger aus als alle anderen. Diese letzten zwei Zahlen überraschen vielleicht sowohl jene, die in diesen Städten leben, als auch jeden, der weiß, wie teuer es ist, dort zu wohnen. Aber denken Sie daran: Hier ging es um die Höhe der Kosten in Relation zu den Gesamtausgaben und nicht um die absoluten Dollarbeträge. Haus- und Wohnungseigentümer in San Francisco oder New York gehören zu denen, die wesentlich besser verdienen und hohe Preise um einiges besser stemmen können. Also selbst wenn in New York oder San Francisco Häuser oder Wohnungen für Millionenbeträge verkauft werden, verdienen diejenigen, die sich diese Preise leisten können, so viel mehr als alle anderen, dass die Wohnkosten im Verhältnis zu ihren Gesamtausgaben weniger ins Gewicht fallen, als es bei nicht so wohlhabenden Haus- und Wohnungskäufern (in Orlando, Florida, oder Atlanta, Georgia, zum Beispiel) der Fall wäre. Außerdem mietet man in New York eher, als dass man kauft, was den Durchschnitt insgesamt herunterdrücken dürfte. Berücksichtigt man, wie viel Dollar die New Yorker in absoluten Zahlen in den Erwerb von Eigentum stecken, geben sie aufs Jahr gesehen im Durchschnitt für Eigentumswohnungen immer noch weniger aus als alle anderen, während der Immobilienmarkt in San Francisco, hinter Washington, D. C., einer der teuersten im

Land ist (2007 wurde in San Francisco in absoluten Zahlen mehr als doppelt so viel Geld ausgegeben wie in New York City). Doch auch hier wird, gemessen an den Gesamtausgaben, nicht der größte Teil des Geldes fürs Wohnen ausgegeben, was bestätigt, dass die Leute in San Francisco in der Regel über ein ausreichend hohes Einkommen verfügen, sodass für jene, die lieber kaufen als mieten, die mit dem Eigentumserwerb verbundenen Kosten als Ausgaben nicht so sehr ins Gewicht fallen.

Um zu verstehen, welchen Einfluss die Wohnkosten in diesen Städten auf das Leben des durchschnittlichen Stadtbewohners haben, muss man sich die Wohnausgaben der Leute ansehen, die zur *Miete* wohnen, wofür die Haushalte in New York City und San Francisco einen Großteil ihres Geldes ausgeben. Es ist egal, wie gut es um den regionalen Immobilienmarkt bestellt ist – für die meisten Leute macht das Abzahlen einer Hypothek einen gewaltigen Teil ihrer Ausgaben aus. Sogar in einem Markt mit angemessenen Preisen kann es sein, dass Eigentumserwerb monatlich mit Tausenden Dollars für das Abbezahlen der Hypothek zu Buche schlägt. Die Höhe der monatlichen Mieten schwankt jedoch stark – von 500 US-Dollar für ein ungefähr 55,5 m² großes Ein-Zimmer-Luxusapartment in Cleveland bis hin zu mehr als 2 500 US-Dollar für das gleiche Appartement in Manhattan. Weil in der Stadt die Leute überwiegend eher mieten als kaufen, sind die Mieten ein gutes Indiz dafür, was im Leben der meisten Stadtbewohner wirklich gerade passiert. Die Mieten in den Großstädten sind sowohl im Verhältnis zu den Gesamtausgaben als auch in absoluten Zahlen sehr hoch. New Yorker geben für Mieten im Durchschnitt rund dreimal so viel aus wie im landesweiten Durchschnitt (durchschnittlich mehr als 8 000 US-Dollar pro Jahr – fast das Vierfache von dem, was in Minneapolis, und das Doppelte von dem, was in Washington, D. C., und mehr als doppelt so viel, wie in Chicago, Boston, Seattle oder Phoenix ausgegeben wird). Laut StreetEasy wurde für New York City für 2015 eine Durchschnittsmiete in Höhe von 2700 US-Dollar berechnet – das entspricht fast 60 Prozent des Medianeinkommens in der Stadt (als Richtwert gilt, dass ein Haushalt vor Abzug der Steuern 30 Prozent seines Einkommens oder weniger fürs Wohnen ausgeben sollte). Zwischen 2000 und 2013 sind die Mieten in New York City fast doppelt so schnell gestiegen wie die Einkommen, wobei von diesem Trend vor allem die einkommensschwächeren Stadtteile betroffen sind.[36]

Der zweitteuerste Ort für Mieter ist San Francisco, wo der Durchschnittshaushalt im Vergleich zum Landesschnitt ungefähr 50 bis 80 Prozent mehr (aber doppelt so viel wie in kleineren, weniger teuren Städten wie Phoenix, Houston, Dallas oder Philadelphia) bezahlt. Relativ zu ihren Gesamtausgaben geben Haushalte in Los Angeles und San Diego mehr als das Doppelte des landesweiten Durchschnittswertes fürs Mieten aus. Man kann diese Zahlen aus mehreren Blickwinkeln betrachten. Erstens, bei den genannten Orten handelt es sich um einige der begehrtesten Wohnorte, aber viele Menschen können es sich nicht leisten, sich eine Wohnung oder ein Haus zu kaufen, sodass der Mietmarkt völlig überlaufen ist und Mietwohnungen und -häuser knapp sind. Zweitens, in manchen Städten verfügen diejenigen, die lieber zur Miete wohnen als kaufen, über ein geringeres Gesamteinkommen und verwenden deswegen einen größeren Teil ihres Einkommens beziehungsweise ihrer Ausgaben für Mietzahlungen sowie Essen und Kleidung. Und zu guter Letzt werden manche dieser Städte – New York, San Francisco und Washington, D.C., zum Beispiel – mit superluxuriösen Apartmentkomplexen übersät, welche wirklich nur für die Superreichen eine Option sind. Mit dieser Art von Gebäuden wird im Grunde genommen ein »zweistufiger« Mietmarkt kreiert, bestehend aus den Superreichen und allen anderen.[37] Da mit diesen Luxusapartments nur der Wohnraumbedarf der Superreichen gedeckt wird und Menschen, die gern Eigentum erwerben würden, im Mietmarkt bleiben, könnte es den Anschein haben, dass die relativen Ausgaben für Wohnraum in

New York und San Francisco niedriger seien als erwartet (was auch die Erklärung dafür sein dürfte, warum der Anteil der Ausgaben für Miete im Verhältnis zu den Gesamtausgaben in San Francisco niedriger ist als in San Diego – in ersterer Stadt leben schlicht mehr wohlhabendere Mieter, welche den Durchschnitt des für Miete aufgewendeten Anteils am Gesamteinkommen herunterziehen). Andere übers ganze Land verteilte Städte erleben genau den umgekehrten Trend: In Minneapolis, Chicago und Baltimore liegt der Teil der Gesamtausgaben, den die Leute für den Erwerb von Eigentum ausgeben, etwas über dem landesweiten Durchschnitt, aber sie zahlen wesentlich weniger Miete.

Ein weiterer einzigartiger Aspekt des städtischen Immobilienmarkts ist das Geschäft mit Ferienhäusern und -wohnungen – die meisten Amerikaner ziehen den Kauf eines solchen Objekts nie in Erwägung. Ferienhäuser und -wohnungen sind das Wahrzeichen der Ausgaben der Städter und spiegeln so wiederum den allgemeinen Wohlstand der Stadtbevölkerung im Vergleich zur restlichen Bevölkerung außerhalb der Städte wider. New York, Philadelphia, San Francisco und Chicago liegen hier vorne: Im Durchschnitt belaufen sich die Ausgaben der New Yorker für Ferienhäuser und -wohnungen auf 242 Prozent des landesweiten Durchschnittsbetrags. Die Einwohner von Philadelphia geben 175 Prozent, die von San Francisco 164 Prozent und die von Chicago 152 Prozent des landesweiten Durchschnitts dafür aus. Im Jahr 2008 lagen die anteiligen Ausgaben für Ferienhäuser und -wohnungen der New Yorker bei bis zu 436 Prozent des landesweiten Durchschnitts.

(Nebenbei bemerkt zügelten sich die New Yorker nach der Großen Rezession in diesem Bereich und gaben 2012 »lediglich« 213 Prozent des landesweiten Durchschnittsbetrags aus, während die Ausgaben für Ferienhäuser und -wohnungen sowohl in Washington, D.C., als auch Boston auf 205 Prozent des landesweiten Durchschnittsbetrags anstiegen. In Philadelphia, San Francisco und

Chicago nahmen die Ausgaben für Ferienhäuser und -wohnungen signifikant ab; in diesen Städten gaben Haushalte nur 14 bis 41 Prozent mehr als der amerikanische Durchschnittshaushalt aus.) Man könnte denken, dass die New Yorker, angesichts der Tatsache, dass sie prozentual mehr für Ferienhäuser und -wohnungen ausgeben, als das anderswo im Land der Fall ist, teure Ferienunterkünfte kaufen (von 2007 bis 2012 belief sich der Anteil der Ausgaben, den sie im Schnitt für Ferienhäuser und -wohnungen aufwendeten, auf 1,3 Prozent, der nationale Durchschnitt lag im Vergleich dazu bei 0,6 Prozent), und das könnte stimmen. Ferienhäuser und -wohnungen in den Hamptons kosten viele Millionen Dollar. Es ist jedoch auch so, dass New Yorker so viel mehr als alle anderen dafür auszugeben scheinen, weil nur ein sehr kleiner Teil der Bevölkerung überhaupt Ferienhäuser und -wohnungen kauft, was für sich genommen schon eine Art Luxuskonsum darstellt und eine ganz andere Hausnummer ist als der standardmäßige Konsum von Milch und Eiern sowie der Besitz *eines* eigenen Hauses.

Nannys, Haushaltshilfen und der Preis der Zeit

Ebenso handelt es sich bei der Anstellung einer Nanny für die Kinderbetreuung um eine Form von urbanem Luxuskonsum, der vor allem in Washington, D. C., und den Vororten von Connecticut und New Jersey vorkommt.[38] Es steht außer Frage, dass die Betreuung durch Nannys in den Städten mehr kostet, aber die Leute in der Stadt neigen auch dazu, mehr zu arbeiten, und diese Arbeitsmarkteliten haben tendenziell entsprechend auch das Geld, um sich eine Nanny zu leisten, anstatt ihr Kind in einer Kita betreuen zu lassen. Doch wieder kommt es im Falle von New York zu einer Verzerrung durch Selbstselektion: Jene, die sich eine Nanny leisten können, verdienen tendenziell so viel Geld, dass die Ausgaben dafür die Höhe ihrer Gesamtausgaben kaum beeinflussen.

Haushaltsnahe Dienstleistungen sind ebenso ein auffallend urbanes Phänomen, wofür in New York, Los Angeles und San Francisco fast doppelt so viel wie im Rest des Landes ausgegeben wird (wohingegen Hilfsmittel für die Erledigung des Haushalts überproportional in Gebieten abseits der Metropolen gekauft werden). Die meisten städtischen Haushalte geben mehr für haushaltsnahe Dienstleistungen aus, als im landesweiten Durchschnitt dafür aufgewendet wird, worin sich sowohl das reichliche Angebot solcher Dienstleistungen in den Städten widerspiegelt (was es einfach macht, eine feste Haushaltshilfe zu finden), aber auch der Bedarf der arbeitenden Stadtbevölkerung, derlei Tätigkeiten aufgrund ihrer Arbeitszeiten auszulagern. So wie im Fall von Nannys und Kindertagesstätten wird durch haushaltsnahe Dienstleistungen Zeit zurückgekauft, was es den Leuten ermöglicht, so viele Stunden zu arbeiten, wie es ihre Hochleistungsberufe erfordern, aber auch, ihre Freizeit mit anderweitigen Dingen als dem Abwasch und Staubsaugen zu verbringen.

Mithalten mit den Nachbarn – koste es, was es wolle

Während meines weiterführenden Studiums in New York City habe ich in einer etwa 37 m² großen Ein-Zimmer-Wohnung gewohnt und in einem Einzelbett geschlafen. Mein Frühstück, bestehend aus einem Muffin und einem Kaffee, nahm ich auf dem Weg zur Bibliothek zu mir. Meine Dissertation und mein erstes Buch habe ich an einem kleinen Schreibtisch in Holz-Optik geschrieben, den ich bei Target erstanden hatte. Dieser stand eingequetscht neben einem Bücherregal, in das ich meine Bücher von Marx, Lehrbücher über Mikroökonomik und die meisten Bücher meiner Belletristik-Sammlung gestopft hatte, und auf den Büchern selbst stapelten sich dazu noch Artikel aus Fachzeitschriften. Der Schreibtisch stand gerade einmal einen reichlichen halben Meter von meinem Bett weg. Ich weiß noch, wie mich an einem Wintertag in der Endphase meines Studiums meine beste Freundin in meiner Wohnung an der Upper West Side besucht hat. Sie hat sich umgeschaut und gesagt: »Besser, du bringst deine Doktorarbeit bald hinter dich. Deine Wohnung schaut aus, als ob hier ein Serienkiller wohnen würde.« Im Mai desselben Jahres schloss ich mein Studium ab.

In meinen vollgestopften Schränken (ich hatte zwei, die so klein waren, dass selbst ein Wintermantel kaum reinpasste) und unter meinem kleinen Bett lagen im wahrsten Sinne Berge teurer Kleidung, die ich mir eigentlich gar nicht leisten konnte. Bei den Sachen, die da über meinem Couchtisch verstreut lagen oder in eines der winzigen Schränkchen gestopft waren, handelte es sich um ganze Kollektionen von Intermix und Barney's Co-op, und trotzdem ernährte ich mich an den meisten Abenden von kaltem Essen vom China-Imbiss oder von Pizza und aß im Stehen über der Spüle, bevor ich die Wohnung verließ, um mich mit meinen Freunden ins Nachtleben zu stürzen.

Das Paradoxe dabei war, dass ich wenigstens etwas Geld für ein paar vernünftige IKEA-Möbel hätte ausgeben oder vielleicht etwas weniger Zeit mit Shoppen und auswärts mit Freunden hätte verbringen können und mehr Zeit mit dem Aufräumen meiner Wohnung, aber dazu gab es keinen Anlass. Es kam sowieso niemand zu Besuch. Niemand lud groß zum Abendessen oder auf einen Kaffee zu sich nach Hause ein. Das soziale Leben fand komplett außerhalb des eigenen Zuhauses in Cafés und Bars statt, die es in der Stadt an jeder Ecke gab. Ich kann mich noch daran erinnern, dass ich, während ich an meinem ersten Buch schrieb, ein Hintergrundgespräch mit Ingrid Sichy, zu der Zeit Redakteurin der Zeitschrift *Interview,* geführt habe und dass sie ohne mein Zutun das Gleiche sagte – nämlich, dass die Stadt das Esszimmer, Wohnzimmer und erweiterte Zuhause von einem sei und nicht die Wohnung, in die man nur nachts zum Schlafen ging. Sichy, eine Freundin von Andy Warhol und glamouröse Kulturikone in der New Yorker Szene, bezahlte ihre Miete – genauso wie wir anderen – an sich nur, um im Großen und Ganzen in der Stadt zu wohnen und sich dort zu amüsieren.

Deswegen ist es (für mich) überhaupt nicht überraschend zu sehen, dass viele urbane Haushalte ähnliche Prioritäten zu haben scheinen. In durchweg allen Städten zeigt sich, dass die anteiligen Ausgaben der Stadtbewohner für Haushaltstextilien, Handtücher, Badvorleger und Bettwäsche sowie Möbel und silberne Küchenutensilien – die ganzen äußeren Zeichen eines aufgeräumten, schön hergerichteten Zuhauses – auffallend weit unter dem nationalen Durchschnitt liegen. Im Ganzen geben sie für Fernseher im Verhältnis zu ihren Gesamtausgaben weniger aus, als die Haushalte landesweit oder auch in den Gebieten außerhalb der Städte im Durchschnitt ausgeben. In New York City, Philadelphia, Detroit, Washington, D.C., und Atlanta wird für Fernseher am wenigsten ausgegeben. Es gibt natürlich auch Ausnahmen. In New York City mag man Zierkissen, in Houston und Dallas Textilien und Möbel, und in Chicago liegen die Ausgaben der Leute für Fernseher durchweg gerade so über dem Durchschnitt. Doch bei all dem ist ein klarer Trend erkennbar. Die Leute in der Stadt geben ihr Geld für andere Dinge aus und nicht so sehr für materielle Sachen für ihr Zuhause. Sie geben vielleicht Arbeit an andere ab, um sich das Leben zu Hause angenehmer zu machen, aber sie geben in Bezug auf ihr Zuhause kein Geld für materielle Dinge aus. Diese Entscheidung treffen sie zum Teil, weil sie auswärts essen und Gäste ebenso auswärts verköstigen. Es könnte auch daran liegen, dass für viele Leute das Leben in der Stadt nur einen Zwischenstopp darstellt: Die Leute leben zeitweise in der Stadt, dann heiraten sie, bekommen Kinder und ziehen in die Vororte, wo sie dann beginnen, sich für Sofas und Handtücher fürs Badezimmer zu interessieren.

Doch es gibt noch einen weiteren wichtigen Aspekt in Bezug auf dieses Verhaltensmuster: Die Städter verbringen so viel Zeit außerhalb ihres Zuhauses, dass sie sich lieber im Zusammenhang mit ihrem äußeren Erscheinungsbild in materiellem Konsum ergehen, als dass sie sich materiell um das Aussehen ihrer eigenen vier Wände kümmern. So verkörpern sie die exzentrischen Städter, die Georg Simmel im frühen 20. Jahrhundert beobachtet hat und die Kleidung als schnelles Symbol für ihre Identität und Individualität nutzen.[39] Wenn wir uns die Ausgaben in der Kategorie »Damenschuhe« und in den beiden Kategorien »Herrenbekleidung« und »Damenbekleidung« anschauen, sehen wir folgenden, dazu passenden Trend: In den Städten geben die Leute mehr für Schuhe und Kleidung aus. In bestimmten Städten ist dieser Trend ganz akut zu sehen. Im Verhältnis zu ihren sonstigen Ausgaben geben Frauen in New York City doppelt so viel für Schuhe aus wie alle anderen. Was Damenbekleidung anbelangt, sind in Dallas und New York City diejenigen zu Hause, die in dieser Kategorie das meiste Geld ausgeben. Angesichts der großtuerischen Man-muss-gesehen-werden-Kultur dieser beiden Städte ist das keine Überraschung. In New York City und Washington, D. C., sind auch diejenigen zu Hause, die das meiste Geld für Herrenschuhe ausgeben – wahrscheinlich eine Folge dessen, dass diese Städte die Epizentren von zwei männerdominierten Branchen sind: des Finanzwesens und der Politik. Während in den meisten Städten ein durchschnittlicher Betrag für Armbanduhren ausgegeben wird, greifen die Leute in New York City und Los Angeles dafür viel tiefer in die Tasche. In der Tat gaben New Yorker im Jahr 2010 im Verhältnis zu ihren Gesamtausgaben ungefähr 27-mal so viel wie alle anderen für Armbanduhren aus. In keiner Stadt waren die Ausgaben dafür auch nur annähernd so hoch. In absoluten Dollarbeträgen haben New Yorker im Durchschnitt für eine Uhr 2010 mehr als 1300 US-Dollar bezahlt, in Los Angeles hingegen wurden weitaus bescheidenere Beträge von um die 105 US-Dollar ausgegeben. Obgleich es Armbanduhren gibt, die viele Zehntausende Dollars kosten und 105 US-Dollar ein gar nicht so unangemessener Preis ist, rufe man sich in Erinnerung, dass es sich hier um einen Durchschnittsbetrag handelt. Also geben viele der Haushalte an, gar nichts für Uhren auszugeben, und trotzdem übersteigen die Beträge, die ein New Yorker Haushalt durchschnittlich für Armbanduhren ausgibt, den landesweiten Durchschnitt um Tausende von Dollar. Obwohl L. A. in Bezug auf die anteiligen Ausgaben bei den Uhrenkäufen an zweiter Stelle rangiert, wird dort nur ein Zehntel von dem ausgegeben, was in New York für Uhren ausgegeben wird.

Bei diesen Uhrenpreisen dürften die meisten Leute außen vor sein, sogar die Leute in der Stadt, aber günstige Maniküren (ebenso wie Massagen und kosmetische Gesichtsbehandlungen) stellen durchweg für alle Stadtbewohner eine Verlockung dar. Innerhalb der Kategorie »Dienstleistungen im Bereich der Körperpflege« geben die New Yorker und die Leute in Miami und Washington, D. C., das meiste Geld aus. Dabei handelt es sich jedoch um einen Trend, der so ziemlich überall zu beobachten ist, außer unter den verlotterten Hipstern in Seattle. Doch bei all dem Geld, was sie für Massagen, Trainer, Fitness-Kurse und Friseurbesuche ausgeben, geben Städter von ihrem Gesamteinkommen tatsächlich sehr wenig für Schönheitsartikel wie Haarspray, Make-up und weiteres Zubehör aus (in Boston wird am allerwenigsten dafür ausgegeben). Eine einfache Erklärung dafür könnte sein, dass sie so viel Energie und Geld darein stecken, sich um sich selbst zu kümmern – Sport, Haut- und Haarpflege –, dass sie für Produkte wie Mascara keinen so großen Bedarf mehr haben. Stadtbewohner machen aus sich selbst so etwas wie eine perfekte Vision ihres natürlichen Erscheinungsbilds. Dabei sollte man jedoch nicht vergessen, dass Fitness-Kurse und hübsche Frisuren wesentlich mehr kosten als eine Mascara. Eine weitere Erklärung für die Unterschiede in den Kategorien der Schönheits- und Körperpflege zwischen städtischen und nicht städtischen Gebieten liefern die vorhandenen Möglichkeiten. Viele der Dienstleistungen, die der Selbstfürsorge dienen, gibt es außerhalb von Großstädten schlicht nicht. Sofern Massagen, Pilates- oder Meditationskurse in einer kleinen Stadt angeboten werden, gibt es wahrscheinlich nicht viele konkurrierende Angebote, sodass die Inanspruchnahme dieser Dienstleistungen dort viel mehr kostet (man denke an die bereits erwähnten Skaleneffekte im Zusammenhang mit städtischen Luxusgütern). Während es unwahrscheinlich ist, dass Haushalte außerhalb von Ballungsgebieten viel Geld für Pilates-Lehrer oder wöchentliche Maniküren ausgeben, kann man in der Stadt kaum einen Block weit laufen, ohne an einem Fitness- oder Nagelstudio vorbeizukommen.

So geben die Haushalte außerhalb der Ballungsgebiete im Verhältnis zu den städtischen Haushalten für Dienstleistungen viel weniger, aber für Produkte, welche viel besser zugänglich und in ihrer Nähe verfügbar sind, mehr Geld aus. So ziemlich jeder hat die Möglichkeit, sich eine gute Mascara zu kaufen. Es ist hingegen recht schwierig, außerhalb einer Großstadt einen regelmäßig stattfindenden Yoga- oder Zumbakurs zu finden. Zu guter Letzt könnte es auch einfach am in den Städten zelebrierten Schönheitskult liegen: So herausgeputzt, wie sie in mancher Hinsicht auch daherkommen, so zeichnet die Schönheitsroutinen vieler Stadtbewohner doch eine gewisse feine Unmerklichkeit aus. Sie sind selten auffällig geschminkt, und ihre Nägel lackieren sie oft durchsichtig oder in einem zarten Rosa. Houston und Dallas (und ausgerechnet Seattle) bilden in Bezug auf diesen Trend eine Ausnahme. Dort neigen die Leute eher dazu, mehr für Schönheitsprodukte, einschließlich Perücken und Haarteilen, auszugeben.

Die versteckten und nicht ganz so versteckten Annehmlichkeiten der Städte

Unabhängig von diesen Unterschieden zwischen den Städten gibt es spezifische städtische Eigenschaften, die die Städte miteinander verbinden. Weiter vorne habe ich schon erwähnt, dass Städte Erlebnisse bieten, die nicht völlig materieller Art sind und doch oft die Anziehungskraft des Lebens in der Stadt ausmachen. Diese Dinge, die Rebecca Diamond als »versteckte Annehmlichkeiten« (»hidden amenities«) bezeichnete,[40] liefern die Erklärung für die Frage, warum so viele Menschen bereit sind, das allgemein chaotische Stadtleben in Kauf zu nehmen. Edward Glaeser ist der Meinung, dass die Leute in der Stadt durch die sozialen Begegnungen und das Zusammenleben auf engem Raum ein produktiveres Arbeitsleben führen und ihre Chancen auf dem Heiratsmarkt maximieren können.[41] Privat und beruflich schöpfen Menschen aus den Vollen, wenn sie eng zusammenleben und sie viele Möglichkeiten und Ressourcen zur Verfügung haben. Ganz ähnlich wie Wissenschaftler auf dem Feld der Biotechnologien oder Künstler am kreativsten sind, wenn sie mit ihresgleichen an einem Ort zusammenkommen und sich miteinander austauschen können. Die meisten von uns mögen es, andere Menschen um uns zu haben: Wir schließen mehr Freundschaften, erfahren mehr über aktuelle Entwicklungen, wir lernen unseren zukünftigen Partner kennen und so weiter. Und natürlich gibt es bei einer höheren Konzentration von Leuten an einem Ort auch mehr Gelegenheiten, bei denen man sich begegnen kann. Wir können die Bedeutung von diesem sozialen Kapital der Städte messbar machen, indem wir untersuchen, auf welche Art und Weise die Leute Geld ausgeben, um an soziales Kapital zu gelangen. Sind wir auf der Suche nach Freunden, sind Country Clubs und sonstige Arten von Clubs ein guter Weg, um schnell Teil einer bestimmten Gruppe von

Leuten zu werden. Möchten wir Machthaber beeinflussen, ist politisches Engagement der direkte Weg, und falls wir einen Freund oder Freundin beziehungsweise (Ehe-)Mann oder eine (Ehe-)Frau kennenlernen möchten, haben wir über Single-Börsen die Möglichkeit, mit vielen anderen alleinstehenden Menschen in Kontakt zu kommen. Bei all diesen Möglichkeiten handelt es sich im Wesentlichen um monetarisierte Mechanismen, durch die Menschen mit anderen Menschen interagieren können. Innerhalb eines sonst verworrenen sozialen Umfelds bieten sie einen effektiv und effizient funktionierenden Rahmen für zwischenmenschliche Interaktionen. All das kostet Geld, und in diesem Bereich geben die Leute in der Stadt bedeutend weniger aus als ihre Mitmenschen in den Vororten.

Das Gleiche gilt für Partnervermittlungsdienste, für welche die Leute in der Stadt, gemessen an ihren Gesamtausgaben im Vergleich zu ihren ländlichen Gegenparts signifikant unterdurchschnittlich viel Geld ausgeben. In Boston, Cleveland, San Diego und den Randgebieten von Connecticut und New Jersey stoßen derlei Angebote auf das geringste Interesse. Vielleicht weil die Leute, die dort wohnen, das Gefühl haben, dass die Stadt ihnen alles bietet, was sie für ihr Beziehungsleben brauchen – oder sie gar nicht auf Partnersuche sind. (Aktuelle Daten zeigen, dass in vielen Städten von den Einwohnern 40 bis fast 50 Prozent Single sind.[42]) Allgemeiner ausgedrückt, egal, ob nach Beziehungen platonischer oder romantischer Art gesucht wird: Die kostenlosen Varianten sozialer Netzwerke wie MeetUp, OkCupid und dergleichen funktionieren in großen Städten so effizient, dass für die Suche nicht unbedingt kostspielige Dienste in Anspruch genommen werden müssen. Die einzigen zwei Ausnahmen zu diesem Trend bilden New York City und Detroit, wo die Ausgaben der Einwohner für Partnersuchdienste bis zu 150 Prozent über dem landesweiten Durchschnitt liegen. Obwohl es sich kaum sagen lässt, wer da genau Geld ausgibt, um seinen Seelenverwandten zu finden, könnte man in Bezug auf New York City vermuten, dass die wohlhabenden

New Yorker möglicherweise Premiumdienste wie Kelleher International für ihre Suche nach dem idealen Partner nutzen. Diese Art von Partnervermittlungen (welche in ihrer Funktionsweise altmodischer sind als Online-Dating) erfordern Beitrittsgebühren in Höhe von 15 000 US-Dollar. Manche Leute zahlen 150 000 US-Dollar, um auf der ganzen Welt nach einem Seelenverwandten für sich suchen zu lassen.[43] In Detroit gestaltet sich die Sache etwas schwieriger: Im Jahr 2010 wurde in Detroit ungefähr das Neunfache des nationalen Durchschnittsbetrags für die Partnersuche ausgegeben, was dem Neunfachen dessen entspricht, was im Verhältnis zu den Gesamtausgaben im Land durchschnittlich in die Partnersuche investiert wird. Die Vorliebe der Einwohner von Detroit für Match.com und ähnliche Online-Dienste könnte auf den allgemeinen Rückgang der Bevölkerung und das Ausbluten der städtischen Wirtschaft zurückzuführen sein. Viele der »kostenlosen« gesellschaftlichen Vorteile, die das Leben in einer dicht besiedelten Stadt mit sich bringt, könnten dadurch ausgehöhlt worden sein.

Obgleich die meisten Städter kein Geld in die Partnersuche investieren, verbringen sie doch viel Zeit auf kostenlosen Dating-Portalen wie Grindr und Tinder. Dabei handelt es sich um Apps zum sozialen Netzwerken, die es ihren Nutzern im Wesentlichen ermöglichen, einen geografischen Anhaltspunkt dafür zu bekommen, wo sich weitere potentielle Partner aufhalten. Als ich einmal mit meinem Freund Eric (ein begeisterter Nutzer von Grindr, wenn auch nur passiv, um so ein bisschen Ausschau zu halten) in einem mexikanischen Restaurant in Pasadena beim Essen saß, führte das zu einer etwas befremdlichen Art von Begegnung. Während ich meine Tacos aß, ließ er die Grindr-Suche laufen. Der Standortknopf in seiner App blinkte unablässig, und es stellte sich heraus, dass an einem bloß drei Meter entfernten Tisch ein potentieller Partner saß. Weil die Grindr-App an sein muss, damit der Standort ermittelt werden kann, musste dieser Typ auch seine App geöffnet haben und somit über Erics Anwesenheit Bescheid wissen, was es zu einer recht peinlichen Situation werden ließ, als keiner von beiden Anstalten machte, den anderen anzusprechen (oder wäre es andersherum schlimmer gewesen?). Apps wie Grindr und Tinder funktionieren im dicht besiedelten städtischen Umfeld sehr gut, weil ihre Effektivität (und die Auswahl möglicher Partner) von der räumlichen Nähe zu anderen abhängt, damit man die Möglichkeit hat, kurzentschlossen aufeinander zugehen zu können: Hier zeigen sich wieder die versteckten Annehmlichkeiten des Lebens in der Stadt.

Im Jahr 1956 schrieb der Soziologe C. Wright Mills in seinem Buch *Die Machtelite* über eine Gesellschaftsschicht, die er »die oberen 400 der Metropolen« nannte. Dabei handelte es sich um eine Gruppe ausgewählter Individuen aus altehrwürdigen, hoch angesehenen Familien.[44] Die Angehörigen dieser Gruppe, von denen Mills glaubte, dass sie mit der politischen, militärischen und unternehmerischen Elite verflochten seien, wären, so Mills, (unbewusst oder bewusst) Teil einer größeren Verschwörung, bei der es darum ginge, ihre Positionen als Hauptentscheider in allen Bereichen der Gesellschaft zu festigen und sich dabei von denen, die man nur als »Habenichtse« bezeichnen könne, abzuschotten. Das wiederum habe fatale Folgen für jene, die nicht Teil der Gruppe seien. Obgleich Mills viel Zeit darauf verwendet, die Eliten in allen Bereichen der Gesellschaft zu beschreiben, definierten sich die »oberen 400 der Metropolen« ihm zufolge über ihre städtische Adresse und ihre Eintragung im »Gesellschaftsregister«, einer Liste, die ausgewählte Großstädte in den USA umfasste und auf der die dort weilenden lokalen Eliten vermerkt waren. Die »oberen 400 der Metropolen« waren ein Konstrukt von Mills, basierend auf spitzzüngigen Beschreibungen der Anzüge des Herrenausstatters Brooks Brothers, den mit Ivy-League-Absolventen gefüllten Stammbäumen und diversen Clubmitgliedschaften. Mills behauptete, die amerikanische Aristokratie beziehungsweise »die alten vermögenden Familien« suchten, verstört durch die Zunahme des demokratischen Reichtums, nach Wegen, um sich von den »nur« Reichen abzugrenzen, und ein solcher Weg führte über das »Gesellschaftsregister« und die zugehörigen gesellschaftlichen Gepflogenheiten und Mitgliedschaften.

Etwa 60 Jahre später existiert das »Gesellschaftsregister« immer noch, und Clubs sind immer noch das Mittel der Wahl, um eine Art inneren Kreis zu schaffen (wobei die Mitgliedschaft vorrangig durch den wirtschaftlichen Status bestimmt wird). In Boston, San Francisco, Washington, D. C., und den wohlhabenden New Yorker Vororten von Connecticut und New Jersey liegen die Ausgaben für Clubmitgliedschaften gut 40 Prozent oder mehr über dem nationalen Durchschnitt. Doch es zeigen sich auch Änderungen in der Verteilung. In manchen Städten wie Detroit, Cleveland, Dallas und überraschenderweise auch in New York ist man von diesen elitären Praktiken komplett abgerückt. Ein Teil dieser Unterschiede kann durch den eigentlichen Zweck der Clubs erklärt werden: Die Formalisierung (und Monetarisierung) der Mitgliedschaft in bestimmten Gruppen ist genau das, was Mills problematisch fand. Seien es die WASP-Oberschicht in Boston, Connecticuts Geldgeber aus der Oberschicht oder die inneren Kreise der Politik in Washington: Anschluss zu finden ist immer noch schwierig, aber in diesen gehobenen Kreisen kommt man mit Schecks schneller zum Ziel. Obgleich es in allen Städten Eliten gibt, so gibt es doch in manchen jüngeren Städten keine alten vermögenden Familien der Oberschicht. Dort geht es allgemein egalitärer zu: in Los Angeles, Miami und Atlanta zum Beispiel, wo jeweils weniger oder nur ungefähr genauso viel für Mitgliedschaften in gesellschaftlichen Clubs ausgegeben wird wie im Durchschnitt im Rest des Landes.

Demonstrativer Geltungskonsum
in den Städten

Mills war, wie sein Zeitgenosse John Kenneth Galbraith und zuvor Thorstein Veblen, besorgt über die gesellschaftlichen Auswirkungen von konzentriertem Reichtum und den diversen Erkennungszeichen der Reichen. Die verhängnisvollen und weniger offensichtlichen Beispiele dafür sind die geheimen Gesellschaftsclubs, ein bestimmter Akzent, der offenbart, wo man studiert hat oder aufgewachsen ist, und die feinen unterschwelligen Zeichen von Prestige. Derlei Verhaltensweisen und Praktiken waren ganz besonders exklusiv, weil offensichtliche Statussymbole so immer mehr zum Allgemeingut wurden: Viele Leute begannen Geld für demonstrativen Konsum auszugeben. Wenn es sich aber jeder leisten konnte, etwas von Ralph Lauren zu tragen oder ein Auto zu kaufen (sogar das Luxusmodell), und dadurch den Eindruck erwecken konnte, reich zu sein, waren die klassischen materiellen Wohlstandssymbole nicht mehr so gut dazu geeignet, um eine Abgrenzung zwischen den Reichen und dem Rest vorzunehmen. Es kümmerte sich niemand mehr darum, wer ein schönes Auto hatte oder Golfhemden trug. Diese Wohlstandssymbole entwickelten sich zu Symbolen des amerikanischen Traums von Gleichheit. Die wirkliche Elite fiel viel weniger auf und griff auf symbolisches Kapital und gesellschaftliche Zeichen zurück, die in einem exklusiveren Umfeld erworben wurden: in den Strandhäusern von Cap Cod oder den Hamptons, durch Besuch einer der Universitäten der Ivy League oder Mitgliedschaft in gesellschaftlichen Clubs.

Dieses Phänomen ist nirgends so offensichtlich wie in den Metropolen Amerikas. Bei der Untersuchung der Statusgüter, welche einen Teil des demonstrativen Konsums ausmachen – Uhren, Schmuck, Schuhe, Kleidung und so weiter, also Dinge, die man als »gesellschaftlich sichtbare Güter« bezeichnen könnte –, ist es augenscheinlich so, dass die Leute in den Städten mehr für demonstrativen Konsum ausgeben als alle anderen, sogar unter Kontrolle der anderen Einflussfaktoren wie Alter, Einkommenshöhe, Bildung,»race«, Beruf und Familienstand.[45] Bestimmte Städte – New York City, Dallas, Los Angeles und San Francisco – haben einen größeren Einfluss auf das Ausgabeverhalten ihrer Einwohnerschaft als andere. Damit meine ich, dass man allein durch das Wohnen in einer dieser Städte mehr Geld für demonstrativen Geltungskonsum ausgeben würde, als wenn man woanders wohnen würde. Die Stadt selbst wird zum Einflussfaktor für das Ausgabeverhalten. Zum Beispiel geben New Yorker – egal wie alt sie sind, wie viel sie verdienen und ob sie schwarz oder weiß, verheiratet oder Single sind – 50 Prozent mehr für demonstrative Konsumgüter aus als jene, die außerhalb der Städte wohnen, und 40 Prozent mehr als die amerikanische Bevölkerung im Ganzen. Das Leben in den drei anderen der genannten Städte veranlasst ihre Bewohner dazu, knapp 20 Prozent mehr für Prestigezwecke auszugeben als jene, die nicht in einer Stadt wohnen. Man könnte denken, dass die Höhe dieser Ausgaben davon abhängt, ob man in einer teuren Region wohnt, aber ein Blick auf die Gesamtausgaben in diesen Städten offenbart, dass dort im Grunde genommen für andere, alltäglichere Konsumgüter genauso viel Geld ausgegeben wird wie im restlichen Land.

Wie lassen sich diese Muster im Ausgabeverhalten, die wir sehen, erklären? Hier schließt sich der Kreis zu frühen Stadtsoziologen wie Louis Wirth und Georg Simmel. Die Bevölkerungsdichte, Heterogenität und hohe Sichtbarkeit sind die Dinge, die den Kauf von Statusgütern umso lohnenswerter machen (schließlich sieht sie jeder) – also genau die Dinge, die mit dem Stadtleben einhergehen. Sehen wir in der U-Bahn, im Museum oder auf dem Gehweg andere Leute, die hübschen Schmuck tragen, tolle Schuhe an- oder eine Designerhandtasche dabeihaben, veranlasst uns eine Art Gruppenzwang dazu, es ihnen gleichtun zu wollen. Doch ebenso kaufen wir auch auffällige, prestigeträchtige Güter, um unsere Andersartigkeit hervorzuheben. Schuhe von Christian Louboutin mit rund 13 cm hohen Absätzen zeigen, dass man zur modebewussten Elite gehört, während ihre knallroten Sohlen gleichzeitig »Schaut mich an!« schreien. Die Schuhe – ebenso wie eine Rolex, eine Handtasche von Chanel oder ein Porsche – werden als Mittel genutzt, um sowohl dazuzugehören als auch hervorzustechen. Wie der Soziologe Georg Simmel vor rund 90 Jahren in seinem Aufsatz »Die Großstädte und das Geistesleben« anmerkte, werden Menschen, wenn sie in die Stadt ziehen, exzentrischer und im Aussehen individualistischer, um sich selbst von der Masse der anderen Menschen, die dort leben, abzuheben.[46] Derlei Individualität und Abgrenzung muss in dem Augenblick zum Ausdruck kommen, in dem wir aneinander auf der Straße vorbeigehen, und so nutzen wir Kleidung als eines der wirksamsten Mittel für diesen Zweck.

Ein Großteil des demonstrativen Konsums beruht auf unserem Verhältnis zu unseren Nachbarn und unserem Umfeld. Folglich spielt das Leben in der Stadt eine wichtige Rolle in Bezug darauf, wie wir konsumieren. In einem 2006 im *Quarterly Journal of Economics* erschienenen Artikel stellte Erzo Luttmer, Professor am Darthmouth College, fest, dass der Wohlstand unserer Nachbarn unser Wohlbefinden in umgekehrter Richtung beeinflusse. Es ist in der Tat so, dass es uns unglücklich macht, neben reichen Leuten zu wohnen, und noch schlimmer ist es, mit ihnen befreundet zu sein.[47] Daher ist es keine Überraschung, dass sich die Einwohner von New York City, wo man mit einem Jahresverdienst von 500 000 US-Dollar zur »Mittelschicht« gehört,[48] unter Druck gesetzt fühlen, mit ihren Freunden mitzuhalten, die 5 Millionen US-Dollar im Jahr verdienen, oder sie zumindest den Eindruck erwecken wollen, ihnen ebenbürtig zu sein. In New York City, ebenso wie in San Francisco, hat jeder das Gefühl, arm zu sein (sogar diejenigen, die ein gutes Auskommen haben),

weil man durch das enge Zusammenleben in der Stadt gezwunge-
nermaßen häufig und noch dazu in engen Kontakt mit anderen
Menschen kommt, auch mit den sehr reichen. Durch dieses enge
Zusammenleben wird den Einwohnern ihr Status noch stärker bewusst. Es erinnert sie daran, wo sie gesellschaftlich und wirtschaftlich im Vergleich zu allen anderen stehen. Das ist die Wirkung, die
Städte im Allgemeinen auf uns haben. Durch demonstrativen, sta-
tusorientierten Konsum werden wir sowohl unter Druck gesetzt als
auch belohnt.

Ein Bereich des demonstrativen Konsums, in dem Städter weniger
das Gefühl haben, Eindruck machen zu müssen, ist der Autokauf.
Infolge des in Städten gut ausgebauten öffentlichen Nahverkehrs und
der kurzen, zu Fuß erlaufbaren Wege (sogar in Los Angeles) liegen
die Ausgaben der Stadtbewohner – außer in Detroit, Minneapolis
und Seattle – unter dem nationalen Durchschnitt. Außerdem reagieren wir durch die Nutzung der Gehwege und der U-Bahn noch mehr
mit dem Rest der Stadt. Doch der erhöhte Druck, jene anderen gesellschaftlich sichtbaren Güter wie Schuhe und Uhren zu erwerben,
hängt eng damit zusammen, dass Autos als Statussymbole fehlen.

Städte sind die Zentren der menschlichen Zivilisation. Daraus
speist sich ihre Daseinsberechtigung – sei es als Mittelpunkt der
Produktion, so wie zu Zeiten der industriellen Revolution, oder,
wie in der heutigen Zeit, als Mittelpunkt des Konsums von Kleidung, Restaurant- und Museumsbesuchen sowie des Nachtlebens.
Sie waren schon immer die großen Mittelpunkte des menschlichen
Lebens, und damit einher gehen die äußeren Zeichen, die es uns
erlauben, uns sowohl von anderen abzuheben als auch an andere
anzupassen.

Das Leben in der Stadt, mit allem, was es ausmacht, ist ursächlich
dafür, dass die Leute in den Städten mehr für demonstrativen Konsum ausgeben. Die Stadt ist ein Ort, wo dichtes Gedränge und Hektik herrschen und wir gleichzeitig versuchen, uns einzufügen und

unser eigenes Ding zu machen. Am faszinierendsten jedoch ist die regionale Interpretation von Status und Konsum sowie die Aneignung und Wiederaneignung der Bedeutung, die bestimmte Dinge durchzieht, von denen ich manche herausgefiltert habe und versucht habe, sie in Zahlen zu fassen.

In seinem Buch *Die feinen Unterschiede* schrieb der französische Soziologe Pierre Bourdieu darüber, mit welchen Mitteln man in den verschiedenen Schichten zu Status kam. Bourdieu argumentierte, dass die Arbeiterklasse nicht einfach nur haben wollte, was die Reichen schon hatten, sondern dass die Werte jeder Klasse vielmehr ihre jeweilige gesellschaftliche Position widerspiegelten. Im Kern wollten sie ganz unterschiedliche Dinge. Die Arbeiterklasse maß Neuem einen höheren Wert bei als Antikem oder Vintagesachen, schätzte American Football mehr als Tennis und prunkvolle Hochzeiten mehr als Feiern im kleinen Rahmen.[49] Um Max Webers Begriff zu verwenden: Die Reichen, die Mittelschicht und die Arbeiterklasse führen und priorisieren eine unterschiedliche Art von Leben.[50] Das Konsumverhalten wird zu einem der entscheidenden Elemente für die Demonstration von Status. Und so zeigen sich in den unterschiedlichen Städten mit ihren in Bezug auf die Variablen »race«, Einkommen, Branchen, Ausbildungsgrad ganz unterschiedlich zusammengesetzten Einwohnerschaften erhebliche Unterschiede im Konsumverhalten. Das soziale Leben der Menschen und die Umgebung, in der sich ihre Geschmäcker herausbilden – oder, wie es Bourdieu nannte, ihr »Habitus«, spiegelt sich in ihrem unterschiedlichen Konsumverhalten wider.[51] Die alltägliche Struktur des Lebens spielt in die Konsumentscheidungen hinein.

Empirisch können wir sehen, in welchem Ausmaß die einzigartigen Merkmale einer Stadt das Konsumverhalten beeinflussen können, und entsprechend auch, warum sich in unterschiedlichen Städten das Ausmaß des demonstrativen Konsums unterscheidet. Mein Kollege Gary Painter, mein Doktorand Hyojung Lee und ich haben beziffert und gemessen, wie sehr das Leben in der Stadt die Konsumgewohnheiten prägt. Unter sonst gleichen Voraussetzungen (zum Beispiel Alter, Einkommensniveau, Bildung und »race«) haben bestimmte städtische Merkmale einen Einfluss darauf, wie viel und für welche Statusgüter Einwohner Geld ausgeben. Wie zu erwarten war, fällt der demonstrative Konsum umso höher aus, je dichter besiedelt eine Stadt ist (wobei die Dichte sich daraus bestimmt, wie viel tausend Menschen auf einer Quadratmeile leben). Wenn man von mehr Leuten umgeben ist, steigt der Druck, seinen Status zu zeigen, und die mit demonstrativem Konsum erzielbare gesellschaftliche Resonanz ist auch größer. Weil junge Leute in anderen Lebensbereichen für gewöhnlich weniger Verpflichtungen haben und ein sozial sehr aktives Leben führen, ist das Ausmaß an demonstrativem Konsum auch umso größer, je jünger die Bevölkerung ist. In Anbetracht dessen, dass man in Bars, Kneipen und Restaurants auch mehr Gelegenheit hat, seinen Status zu zeigen, steht eine höhere Zahl davon auch in Verbindung mit einem höheren demonstrativen Geltungskonsum.[52]

Umgekehrt ist es so, dass Immobilienmärkte mit einem höheren Mietniveau (wodurch weniger frei verfügbares Einkommen übrig bleibt) mit weniger demonstrativem Konsum verbunden sind, ebenso wie Regentage, unter der Annahme, dass wir bei schlechtem Wetter mit größerer Wahrscheinlichkeit zu Hause bleiben. Entgegen aller Intuition wird in Städten, wo mehr Leute zur Gruppe der oberen 1 Prozent mit den höchsten Einkommen zählen, auch weniger für demonstrativen Geltungskonsum ausgegeben. Obgleich Letzteres vielleicht widersprüchlich erscheinen mag, muss man bedenken, dass sich viel mehr Leute in demonstrativem Konsum üben können, wenn es viele Leute gibt, die viel Geld haben. Und dass deswegen entsprechende Konsumgüter, wenn es um die Zurschaustellung von Status innerhalb einer Gruppe von Leuten geht, die schon zur Elite zählen, an Wirkung verlieren. Wie die großen Soziologen des frühen 20. Jahrhunderts und Veblen selbst haben wir festgestellt, dass

Menschen durch ihr Verhalten auf ihren Status anspielen, wenn sie sich in einem sozialen Umfeld und in der Gesellschaft vieler anderer Leute befinden, wo es sich für sie lohnt, es also einen Anreiz gibt, ihre Position abzustecken. Nun betrachten wir die geografische Verteilung des demonstrativen Konsums im Vergleich zur Verteilung der »unauffälligen« Ausgaben für Geltungskonsum (definiert als Gesamtausgaben abzüglich der Ausgaben für demonstrativen Geltungskonsum). Dabei sehen wir, dass die Spanne zwischen den Ausgaben für demonstrativen Konsum in der Stadt mit den höchsten Ausgaben (Detroit) und der mit den wenigsten Ausgaben (Boston) satte 32 Prozent beträgt. In Bezug auf die unauffälligen Ausgaben vermindert sich der Abstand zwischen San Diego und Detroit auf nur 4,4 Prozent. Dieser starke Unterschied deutet darauf hin, dass unauffälliger Konsum kein gesellschafts- oder ortsabhängiges Phänomen ist. Vielmehr zeigen die Verbraucher ein allgemein zutreffendes Muster beim Kauf grundlegender Güter und Dienstleistungen. Das Ausmaß des demonstrativen Konsums auf der anderen Seite scheint sehr stark von bestimmten Variablen und bestimmten Orten abzuhängen. Insgesamt scheint demonstrativer Konsum ausgesprochen »typisch für Städte« zu sein.[53]

Beim Nachsinnen darüber, wie sich Städte unterscheiden, muss ich oft an ein recht skurriles Beispiel aus neuerer Zeit denken – an die Surfer-Menora. Wie der Name schon sagt, handelt es sich dabei um einen siebenarmigen Leuchter, dessen Ständer zwischen dem Fuß und den Armen des Leuchters die Form eines Surfbretts hat. Der Soziologe Harvey Molotch von der New York University hat in aller Ausführlichkeit beschrieben, welcher Beliebtheit sich dieser Leuchter an den Stränden der Laguna Niguel in Südkalifornien erfreut, und darüber, dass es unmöglich wäre, diese Menora irgendwo anders zu verkaufen. Die für Südkalifornien typische hybride Mischkultur macht es erst möglich, dass solch ein Gegenstand eher als ironische Anspielung (oder von manchen sogar als Abbild der Wirklichkeit) und nicht als Beleidigung aufgefasst wird. Diesen Gegenstand gibt es jedoch nur aufgrund der breiten und zum Surfen gut geeigneten Strände und der Automobildesignbranche vor Ort, deren Wachstum dazu geführt hat, dass viele neue Acrylate und Stoffe entwickelt wurden, was wiederum eine günstige Voraussetzung für die Entwicklung von Surfbrettern nebst einer liberalen jüdischen Bevölkerung war. Zusammen mit den Surfbrettern hielt eine »ausgelassene« Surfkultur Einzug, welche die respektlose Kunstszene der 1960er inspirierte und die wiederum viele Jahrzehnte später Einfluss auf die Herstellung ebendieser Surfer-Menora hatte. Ohne Meer und Strand wäre Surfen nicht möglich, aber diese Surfbretter wurden letztlich aus Materialien hergestellt, die die Raumfahrt- und Autoindustrie hervorgebracht hatten. So wurde die Surfer-Menora aufgrund des Zusammenspiels von künstlerischen Materialien, Kultur und Demografie, wie man sie nur in den eigentümlichen Ecken von Südkalifornien findet, zu einem regionaltypischen Objekt.[54] Allgemeiner ausgedrückt, die kleinen Dinge haben Einfluss darauf, wie Menschen in bestimmten Städten ihren Alltag gestalten. Diese kleinen Dinge machen die großen Unterschiede aus, die Boston und San Francisco und alles dazwischen zu solch unverwechselbaren Wohnorten machen, über die man sich definiert und was wir in vielerlei Hinsicht auch durch unseren Konsum tun.

In unterschiedlichen Städten (und in der ihnen eigenen Kultur) werden jedoch auch unterschiedliche Mittel für ähnliche Zwecke eingesetzt. Nachdem ich von New York nach Kalifornien gezogen war, stellte ich zum Beispiel fest, dass ich innerhalb von fünf oder sechs Jahren weniger Schwarz trug, mehr Gemüse aß und lernte, wie man Quinoa zubereitet (obwohl mir immer noch ein Rätsel ist, warum Quinoa so beliebt ist) – das alles stand in totalem Gegensatz zu meinem Leben in New York City und meiner New Yorker Identität. Vielleicht lassen sich diese Unterschiede auf das kalte Wetter von New York, seine Position als Hauptstadt der Modeindustrie und die damit zusammenhängende Vorliebe für schwarze Kleidung zurückführen. Im direkten Vergleich dazu stelle man sich das schöne Leben, das gute Wetter und dieses gewisse Wohlgefühl vor, womit sich Los Angeles seit jeher rühmt. In der Vergangenheit wurde im Fernsehen im Zusammenhang mit Los Angeles hauptsächlich der Typ Frauen gezeigt, der eher der breiten Masse der Amerikanerinnen entsprach als dem avantgardistischen Schönheitsideal der Laufsteg-Models. Aber in beiden Fällen reagierte ich (wie viele Frauen vor und nach mir) auf das vorherrschende Schönheitsideal. Dafür gibt es zahlreiche Beispiele. Unser Konsumverhalten spiegelt häufig die vorherrschende Kultur wider, die uns umgibt: New Yorks Mode und die »gesellschaftlichen Röntgenbilder« der Oberschicht, Los Angeles' Film- und Fernsehstars, Portlands künstlerisch angehauchte Intellektuelle oder San Franciscos modefeindliche Technikunternehmer (oder »das vom Stil übergangene Land«, wie es der Modejournalist Guy Trebay von der *New York Times* nannte).[55] Die meisten von uns gehören in keine der genannten Kategorien, aber wenn wir irgendwo leben, neigen wir dazu, das, was uns an diesem Ort umgibt, irgendwie durch unser Aussehen und dadurch, was wir konsumieren, um so auszusehen, widerzuspiegeln. Durch das Zusammentreffen von Geschichte, Lage, Industrie und ja, sogar Wetter werden in Städten ganz bestimmte und eigenwillige Dinge zum Konsum angeboten, welche aufeinander aufbauen und sich gegenseitig beeinflussen: ein Überangebot von Yogahosen in Los Angeles, pinke Chinohosen in Boston, Gemüsegärten in den Hinterhöfen in Portland, korallenfarbener Nagellack in Orlando oder der gewollt unmodische Kleidungsstil in San Francisco. Molly Young vom *New York Magazine* schreibt dazu: »Wenn Kultur zum Teil daraus entspringt, wen es in eine bestimmte Region zieht, ergibt es Sinn, dass jene, die das gemäßigte Klima nach San Francisco gelockt hat, auch über Schweiß transportierende Reißverschlussjacken entzückt sind.«[56]

Doch trotz dieser kleinen Unterschiede sind Städte in ihrer Eigenschaft als Konsum- und Lebensmittelpunkte der Eliten des 21. Jahrhunderts grundlegend miteinander verbunden. In den Städten des 21. Jahrhunderts leben vielleicht nicht die »oberen 400«, aber aufgrund der in die Höhe schnellenden Mieten, teuren Schulen, die auf den weiteren Bildungsweg vorbereiten, und den exorbitant hohen Lebenshaltungskosten sind Städte sinnbildlich und buchstäblich die Festungen des elitären Lebens. Die »oberen 400« waren zu Zeiten C. Wright Mills auf eine exklusive, aber kleine Auswahl von Personen beschränkt, die selbst gegenüber anderen Stadtbewohnern eine wirtschaftlich und gesellschaftlich seltene Stellung innehatten. In den heutigen Städten wohnt eine viel größere Elite. Diese setzt sich aus Menschen zusammen, die ihre Position nicht nur allein durch ihre Zugehörigkeit zur Oberschicht festigen, sondern durch das ganze Drumherum ihres alltäglichen Lebens. Als ein Mensch unter vielen sind die Mitglieder der Elite in der Lage, die große Ungleichheit zu ignorieren, die sogar schon zwischen ihrem Leben in der städtischen Gesellschaftsutopie und dem Leben in den nahegelegenen Suburbs besteht, vom Leben im Rest der Welt ganz zu schweigen. Ross Douthat bemerkte hierzu:

»[Die globalen Eliten] haben ihre ganz eigene Weltsicht … eine eigene, ihnen gemeine Bildungserfahrung, eigene, ihnen gemeine Werte und Annahmen (Gesellschaftspsychologen nennen das WEIRD, also verrückt, was für ›Western‹ – westlich, ›Educated‹ – gebildet, ›Industrialized‹ – industrialisiert, ›Rich‹ – reich und ›Democratic‹ – demokratisch steht) … wie jede andere Stammeskohorte auch suchen sie nach Zuspruch und Vertrautheit: Von London über Paris bis New York werden die westlichen ›Weltstädte‹ alle (ebenso wie die einzelnen ›Weltuniversitäten‹) zunehmend austauschbar. So fühlt sich der Bürger von Welt, egal wohin die Reise geht, gleich überall zu Hause … sie können nicht verstehen, dass das, was sie von innen als so vielfältig wahrnehmen, denen, die außen vor sind, trotzdem noch als nobles Leben erscheint.«[57]

Aufgrund der unsichtbaren Weltgewandtheit, die sie als »invisible tissue of urbanity« umgibt, sind Großstädte in der Lage, denen, die sich via Selbstselektion lieber für ein Leben in der einen als in der anderen Metropole entscheiden und entsprechend konsumieren, viele Versionen ihrer selbst anzubieten.[58] Wir reagieren auf diese uns gebotenen Möglichkeiten und werden im Zuge unserer Reaktion von ihnen geformt. Doch ebenso, wie uns unsere Städte formen, formen wir gleichzeitig auch sie und auch die Welt im Großen. Die Städte sind im Begriff, zu Zentren einer »elitären Stammesgesellschaft« (»elite tribalism«) zu werden, wie es Douthat genannt hat, was bedeutet, dass sie trotz der vielen Möglichkeiten und scheinbaren Vielfalt, die sie bieten, auch die Ungleichheit und die Klassenunterschiede des 21. Jahrhunderts verfestigen.

»Es ist herrlich, reich zu sein«? Wie es um den Konsum und die Klassen in Amerika bestellt ist

Ist eine Familie arm, wenn sie ein Auto in der Einfahrt stehen hat und über einen Flachbildfernseher sowie einen Computer mit Internetverbindung verfügt?

Annie Lowrey, »Changed Life of the Poor: Better Off, but Far Behind«, *New York Times*, Wirtschaftsteil (30. April 2014)

Das Bild, das die amerikanische Gesellschaft bietet, ist [...] von einer demokratischen Farbschicht bedeckt, unter der man hin und wieder die alten aristokratischen Farben durchschimmern sieht.

Alexis de Tocqueville, *Über die Demokratie in Amerika* (1835)

Geld allein macht nicht glücklich: Das weiß man nicht erst, seit Edith Wharton *Das Haus der Freude* oder Charles Dickens *Eine Weihnachtsgeschichte* geschrieben haben. Doch mit diesem Allgemeinsatz macht man es sich allzu einfach, denn mit derlei Aussagen lässt man Forschungsergebnisse außer Acht, die darauf hindeuten, dass Geld bis zu einem jährlichen Einkommen von 75 000 US-Dollar durchaus glücklich machen kann. Der mit dem Nobelpreis ausgezeichnete Psychologe Daniel Kahneman und sein Kollege Angus Deaton haben Folgendes herausgefunden: Wenn man geschieden ist und weniger als 1 000 US-Dollar im Monat verdient, hat man eine mehr als doppelt so hohe Wahrscheinlichkeit, unglücklich zu sein, als wenn man geschieden ist und mehr als 3 000 US-Dollar im Monat verdient. Gleichermaßen haben die zwei Wissenschaftler festgestellt, dass man, wenn man Asthma hat, eine doppelt so hohe Wahrscheinlichkeit hat, unglücklich zu sein, wenn man der ärmeren Einkommensgruppe angehört.

Kahneman und Deaton fassen das so auf, dass wohlhabendere Leute die Erfahrung gemacht haben, etwas erreicht zu haben und sich an der richtigen Stelle in ihrem Leben zu befinden. Mit anderen Worten, finanzieller Wohlstand korreliert mit Genugtuung, wobei man aber nicht unbedingt jene wahre Zufriedenheit oder Freude empfindet, die mit Glücksgefühlen einhergeht.[1] Warum? Wohlstand und die Konsummöglichkeiten, die dieser eröffnet, werden effektiv dazu genutzt, sich anhand des eigenen Erfolgs und der eigenen Leistung mit anderen zu vergleichen, aber diese zwei Dinge für sich genommen sind jeweils nicht unbedingt ein Quell des Glücks.

Ebenso fand ein Team aus Wissenschaftlern im Rahmen von Langzeitstudien in Industrie- und Entwicklungsländern heraus, dass Erhöhungen des Pro-Kopf-Einkommens und Bruttoinlandsprodukts sich nicht dauerhaft in der Lebenszufriedenheit niederschlagen. In manchen Fällen führen Wohlstandsgewinne tatsächlich zu einer Verringerung des Lebensglücks. In Übereinstimmung mit dem sogenannten »happiness-income paradox« beziehungsweise »Easterlin-Paradox« (benannt nach dem Ökonomen Richard Easterlin, der dieses Phänomen entdeckt hat) schlussfolgern die Wissenschaftler, dass, auch wenn wirtschaftliche Zugewinne kurzfristig zu mehr Zufriedenheit führen, es doch langfristig keinen signifikanten Zusammenhang gibt.[2]

Amerikanische Verbraucher kennen die Ironie davon nur allzu gut. In Amerika haben die Menschen das, was Larry Summers als die »besorgte Mittelschicht« (»anxious middle«)[3] bezeichnet hat oder was Juliet Schor als »Kreislauf aus Arbeit und Konsum« (»cycle of work and spend«) beschreibt[4], in Form eines von Konsum getriebenen Lebens kultiviert und sich infolgedessen immer mehr abverlangt, um genau so ein Leben zu erreichen. Viele Amerikaner setzen Konsum mit dem amerikanischen Traum gleich, folgen mittellos weiter diesem Weg. Wie durch unzählige Zeitungsartikel dokumentiert ist, haben, außer den oberen Einkommensschichten, alle zu kämpfen und sind nicht in der Lage, den amerikanischen Traum – was auch immer darunter dieser Tage verstanden wird – zu erreichen, ohne sich massiv zu verschulden. Und doch glaubt der Durchschnittsbürger noch immer an die Ideen von Horatio Alger (vielleicht ohne zu realisieren, dass Algers Helden fiktiv waren).

Wie in diesem Buch schon gezeigt wurde, verdeckt Amerikas Konsum – insbesondere der demonstrative Geltungskonsum – die innerhalb dieses neuen Amerikas herrschende enorme Ungleichheit. Im 21. Jahrhundert hat Amerikas aufstrebende Klasse viele der materiellen Dinge, die in der Vergangenheit genutzt wurden, um Status zu offenbaren, verworfen. Sie meiden Materialismus, um nach einem, wie sie glauben, höheren sozialen und kulturellen Niveau zu streben. Bei all ihren Bemühungen diesbezüglich nutzt die aufstrebende Klasse neue Mittel, um ihre Position in der Gesellschaft zu demonstrieren. Statt sich einfach nur in demonstrativem Konsum zu üben, zieht es diese herrschende kulturelle Elite vor, sich der demonstrativen Herstellung, demonstrativem Müßiggang und unauffälligem Geltungskonsum zu widmen, wobei all diese Sachen viel mehr zur gesellschaftlichen Schichtenbildung beitragen als der Erwerb von materiellen Gütern.

Thorstein Veblen glaubte, dass der demonstrative Müßiggang abnehmen und indes der demonstrative Konsum unter den Reichen und Neureichen mit raschem Tempo zunehmen würde. Er hat nicht erahnen können, dass das verarbeitende Gewerbe signifikant wachsen würde oder dass die Mittelschicht nicht nur viel Geld ausgeben, sondern auch Zugang zu materiellen Gütern wie Autos, Schränken voller Kleidung, Fernsehern und einfach zu erlangenden Krediten haben würde – zu Dingen also, die einst nicht einmal für die Reichen erreichbar waren. Gemessen am materiellen Standard stehen heutzutage sogar die Armen besser da als die Reichen zu Veblens Lebzeiten. Demonstrativer Geltungskonsum ist inzwischen allgegenwärtig, aber, wie durch die Daten über unser Konsumverhalten klar wird, anders, als Veblen es vorausgesagt hätte. Veblens müßige Klasse der feinen Leute existiert nicht mehr. Soziale Mobilität resultiert aus Wissen; das Geburtsrecht gilt nicht mehr. Die kulturelle Hegemonie liegt heute überwiegend bei der aufstrebenden Klasse, deren Mitglieder nicht faul herumsitzen, sondern aktiv physische und metaphysische Vorteile für sich selbst und ihre Nachkommen erlangen. Im Grunde genommen hat sich ihr Verhalten nur dahingehend gewandelt, dass sie ihren Konsum von materiellen Statusgütern hin zum Konsum von Dingen verlagert haben, die indirekt und weniger auffällig auf ihre gesellschaftliche und wirtschaftliche Position hinweisen und mit dem sie ihren Wohlstand innerhalb der nachfolgenden Generationen reproduzieren. Die aufstrebende Klasse verachtet materielle Massenware, und auch die Verdrängung kleiner Einzelhändler durch große Warenketten – bekannt als »Walmart-Effekt« der Demokratisierung des Konsums – stößt bei ihren Mitgliedern auf Missbilligung. Sie können sich den Luxus leisten, so zu empfinden, womit sie sich noch mehr von allen anderen abgrenzen. Die fallenden Preise für industriell gefertigte Konsumgüter haben diese über alle Klassen hinweg besser zugänglich gemacht und gleichzeitig offengelegt, womit Mensch und Umwelt diese günstigen Preise erkaufen: mit ausbeuterischen Arbeitsbedingungen, gefährlichen Chemikalien und der Zerstörung der Regenwälder.

Als Antwort darauf hat die demonstrative Herstellung ihren Siegeszug angetreten. Wo ein Produkt herkommt und wie es hergestellt wird, ist viel wichtiger als sein Aussehen. In jüngerer Zeit haben die Mitglieder der aufstrebenden Klasse subtilere Statussymbole für sich entdeckt: T-Shirts »made in L. A.«, Bioessen, gewebte Ledertaschen ohne Label und Kaffeemaschinen, mit denen die Zubereitung von Kaffee recht aufwändig ist. Ryan Raffaelli, Professor an der Harvard Business School, hat am Beispiel der Schweizer Uhrenindustrie, welche für die Herstellung mechanischer Uhrwerke bekannt ist, illustriert, wie das »Wiederauftauchen von Technologien« (»re-emergence in technologies«) die Nachfrage nach Gütern wiederbelebt, von denen man einst dachte, dass sie dem Tod geweiht wären. In ähnlicher Weise erleben auch andere kunsthandwerklich oder auf Bestellung gefertigte Dinge gerade eine Art Renaissance.[5] Laut dem *Economist* ist die Zahl der unabhängigen Buchhandlungen das erste Mal seit Jahrzehnten dabei zu wachsen; Füllfederhalter, die in den 1950ern zugunsten von BIC-Kugelschreibern und dergleichen ausgemustert wurden, sind wieder in Mode; und Schweizer Armbanduhren sind so gefragt wie nie zuvor. Die neue Beliebtheit dieser Dinge speist sich daraus, dass das Augenmerk auf Handwerkskunst, Tradition und Geschichte liegt. »Die Leute kaufen etwas nicht nur, weil sie damit ein Problem am effizientesten lösen können«, ist in der Schumpeter-Kolumne des *Economist* zu lesen. »Sie kaufen es, weil es ihre ästhetischen Ansprüche befriedigt – ein schönes Buch zum Beispiel, oder ein top verarbeitetes T-Shirt – oder weil der Kauf ihnen ein gutes Gefühl verschafft.«[6] In diesen neuartigen Konsumentscheidungen spiegelt sich die Abscheu gegenüber standardisierten und gut verfügbaren Massengütern wider.

Die Konsumgewohnheiten der neuen Elite sind nicht nur einfach eine Reaktion auf den demonstrativen Geltungskonsum der Mittelschicht (und dienen nicht nur der weiteren Abgrenzung gegenüber dem gewöhnlichen Amerika). In manchen Fällen, wie zum Beispiel im Falle eines Collegestudiums oder von einer Vollzeit-Nanny, kosten diese Dinge auch ein ganzes Stück mehr als ein schönes Auto oder eine Handtasche von Coach, und der Konsum dieser Dinge hat größere Auswirkungen als der Konsum von Sachen, die lediglich als materielle Statussymbole dienen. Doch diese Konsumentscheidungen sind auch mit gesellschaftlichen Kosten verbunden. Die Mitglieder der aufstrebenden Klasse treffen Entscheidungen und etablieren Normen, welche weitaus gefährlichere Folgen für die Gesellschaft haben als der frühere Konsum der feinen Leute. Anstatt Silberlöffel zu kaufen und lange Reisen zu unternehmen, sorgen sie mit ihren Investitionen in Bildung, Gesundheit, Altersvorsorge und Kindererziehung dafür, dass ihr Status (und oft auch ihr Wohlstand) für ihre Nachkommen erhalten bleibt – und zwar so, wie es mit Investitionen in materielle Güter nicht möglich wäre. Durch diese Reproduktion von kulturellem Kapital und seinen äußeren Zeichen sehen wir die von Charles Murray als »neue Oberschicht« und »neue Unterschicht« bezeichneten Schichten hervortreten. Wir sehen nicht einfach nur eine wirtschaftliche, sondern eine tiefe kulturelle Spaltung, die es in der heutigen Ausprägung so zuvor noch nie gegeben hat.[7] Sogar die kulturellen Unterschiede, die in Bezug auf die weniger eindeutigen Normen rund um Mutterschaft, Wissen und Umweltbewusstsein bestehen, werden durch die wirtschaftliche Position untermauert, und diese symbolischen Grenzen sind weit davon entfernt, nichts zu kosten.

Was in diesem Zusammenhang den größten Anlass zur Sorge gibt, ist, dass die Verhaltensformen der heutigen Eliten, die tief in der sozioökonomischen Position verankert sind, so wirken, als handele es sich um moralische Entscheidungen oder Werturteile, und dass diese Entscheidungen häufig eher ganz alltägliche Dinge betreffen und nicht Dinge von großartig materieller Bedeutung. Die Tatsache, dass in den Medien so viel über die vermögenden Eliten, Oligarchen und das extravagante Leben der Plutokraten berichtet wird, lenkt von so manchen Problemen ab, die für uns von viel größerer Bedeutung sind und mit der Formung von kulturellen, sozialen und wirtschaftlichen Schichten einhergehen. Das Leben der Superreichen mag interessant sein, aber diese Sorte Mensch hat es schon immer gegeben, und sie spielen im Leben der meisten von uns keine entscheidende Rolle. Aber die aufstrebende Klasse, von denen viele den oberen 1 Prozent, 5 Prozent und 10 Prozent der Einkommensschichten angehören, umfasst viel mehr Menschen. Mit ihren Entscheidungen und Investitionen, welche zunehmend unauffälliger Natur sind, reproduzieren sie Wohlstand und Aufstiegsmöglichkeiten auf eine solche Art und Weise, dass die Mittelschicht das Nachsehen hat. Um den Begriff des Soziologen William Julius Wilson zu verwenden: Was den demonstrativen Müßiggang und unauffälligen Konsum anbelangt – also Investitionen in Bildung, Gesundheit, Kinderbetreuung und Zeit, die man mit seiner Familie verbringt –, hat die finanzielle Freiheit, diese Investitionen tätigen zu können, einen wirklichen Einfluss auf die relativen »Lebenschancen« der aufstrebenden Klasse im Vergleich zu allen anderen. In der Lage zu sein, in die sekundäre Schulausbildung des Kindes zu investieren und sich Obst, Gemüse sowie regelmäßige Gesundheits-Check-ups leisten zu können und sogar die Zeit zu haben zu stillen – das sind alles Dinge, die der nächsten Generation einen Vorteil verschaffen. »Es geschafft zu haben« war früher gleichbedeutend mit Großraumlimousine und einem Haus am Stadtrand. Doch diese Dinge helfen einem nicht dabei, seine Kinder an einer guten Universität unterzubekommen. Es ist aber der Besuch dieser Universität (und die Fähigkeit, einen Scheck für die Studiengebühren ausstellen zu können), der die Reichen zunehmend von allen anderen trennt. Die aufstrebende Klasse mögen nicht die 0,01 Prozent sein, aber sie leben in einer ganz anderen, kulturell privilegierteren Welt als beinahe alle anderen. Passend dazu wurde an einer Stelle angemerkt: »Ist es möglich, dass diejenigen, die genügend Einkommen zur freien Verfügung haben, so beschäftigt mit Fitness- und Essenstrends – Zumba und Grünkohl, CrossFit und Zubereitung von kaltgepressten Obst- und Gemüsesäften – [sind], dass sie gegenüber den tiefergehenden, allgegenwärtigen Problemen, die das allgemeine Befinden der weniger Reichen betreffen, abgestumpft sind?«[8]

An dieser Stelle würde ich mich gern auf einige der allgemeinen Bedenken rund um das wirtschaftliche Ungleichgewicht konzentrieren, welche nicht ausschließlich der aufstrebenden Klasse gelten, sondern den größeren Problemen, mit denen die amerikanische Gesellschaft dadurch, dass die verschiedenen Schichten sich kulturell, sozial und ökonomisch immer mehr voneinander entfremden, im gleichen Zuge konfrontiert ist. Die aktuelle Verfassung der Mittelschicht bildet den Kontrapunkt der aufstrebenden Klasse. Obwohl es in diesem Buch um die herrschende Elite und deren Konsumgewohnheiten geht, wäre es nachlässig, die andere Seite der Geschichte nicht anzusprechen. In dem Maße, wie die oberen Einkommensgruppen signifikant immer mehr Geld für die Bildung ihrer Kinder ausgeben, gibt die Mittelschicht alarmierenderweise immer weniger aus. Wie durch dieses Buch und andere Forschungsarbeiten gezeigt wurde, beruht ein erfülltes Leben für die Mittelschicht nicht auf dem unauffälligen Konsum, den die aufstrebende Klasse so sehr preist. Die Mittelschicht kann sich diesen Konsum schlicht nicht leisten. Stattdessen geht es bei der gesellschaftlichen Mobilität der Mittelschicht inzwischen eher um Zeug und weniger um ihr Leben selbst, was bedeutet, dass ihre Mitglieder mehr arbeiten müssen, weniger Freizeit haben und weniger Zeit mit der Familie verbringen, um sich materielle Güter kaufen zu können, die auf ihre gesellschaftliche Position hinweisen.[9] Vor dem Hintergrund, dass der Mittelschicht viele Arbeitsplätze weggebrochen sind, ihre Häuser an Wert verloren haben, die Gehälter stagnieren, ist es für sie nicht so einfach wie vorher, sich diese materielle Version eines schönen Lebens zu leisten.

Die Paradoxie all dieser Waren zu so günstigen, für die Mittelschicht erschwinglichen Preisen ist, dass sie auf Kosten der guten Arbeitsplätze der Mittelschicht kreiert werden. Arbeitsplätze, die sowohl in Entwicklungsländer mit billigeren Arbeitskräften verlagert als auch durch Computer ersetzt werden. Durch die Globalisierung und Standardisierung – die Wahrzeichen moderner Konsumgüter – wurden die verbleibenden Fabrikjobs der Mittelschicht nach Brasilien und Indien verlagert.

Der Zusammenbruch des Immobilienmarkts im Jahr 2008 hat fast alle Wohlstandsgewinne der Mittelschicht zunichtegemacht – das Pew Research Center spricht vom »verlorenen Jahrzehnt der Mittelschicht«. Obwohl viele die Finanzbranche und ihre Titanen für den wirtschaftlichen Zusammenbruch verantwortlich machen, war es die Mittelschicht, die von der Rezession am stärksten getroffen wurde. Arbeitsplätze der Mittelschicht und Gehälter gingen verloren, wovon sich die Mittelschicht nie erholen sollte. Der Immobilienmarkt hat im für die Mittelschicht interessanten Bereich wieder an Fahrt aufgenommen, aber kommt nicht an die Höchststände zu Mitte der 2000er ran, wohingegen die Immobilien in der Königsklasse teurer sind als jemals zuvor. 85 Prozent der Haushalte der Mittelschicht sagen, dass es für sie heute schwieriger sei, ihren Lebensstandard zu halten als im Jahr 2000.[10]

Gleichzeitig sind die Reichen bedeutend reicher geworden. Die Große Rezession, unter Umständen maßgeblich verursacht durch die Titanen innerhalb der oberen 1 Prozent, hat an und für sich die unteren 90 Prozent am stärksten getroffen.[11] Der Wert ihrer Häuser kommt nicht mehr an die Werte der Vergangenheit heran, ihre Gehälter (die schon vor der Rezession stagnierten) haben sich nicht verbessert, und ihre Arbeitsplätze sind verloren gegangen. Während alle im Großen und Ganzen der Ansicht sind, dass Ungleichheit ein Problem darstellt, gibt es eine Vielzahl von Erklärungen dafür, was »die Abwicklung« der Mittelschicht und der Aufstiegsmöglichkeiten in Amerika verursacht hat. Und viele dieser Erklärungen werden an der allgemeinen Beobachtung festgemacht, dass wir zu viel kaufen und wir unser Lebensglück zu sehr auf materielle Güter (und die gesellschaftliche Position, die mit ihnen implizit angezeigt werden soll) stützen.

In einem atemberaubenden und schonungslosen Portrait des neuen Amerikas zeichnet der Reporter Edward Luce der *Financial Times* das Leben von Amerikanern nach und wie sie die Aufweichung der Mittelschicht und begleitend die Auflösung deren schönen Lebens erleben. In seinem Aufsatz mit dem Titel »Die Krise des Amerikas der Mittelschicht« (»The Crisis of Middle Class America«) schildert Luce das Leben der Freemans, einer von Grund auf amerikanischen Familie, die in Minneapolis lebt. Sie haben nur eine kleine Hypothek abzuzahlen, verdienen gemeinsam 70 000 US-Dollar im Jahr, haben eine Klimaanlage, Bier und reichlich zu essen und verbringen ihre Abende damit, auf der Veranda zu sitzen. Mark Freeman arbeitet in einer Lagerhalle, Connie als anästhesietechnische Assistentin. Das meiste Geld geben sie für ihren Sohn Andy aus, der Autist ist und für den sie eine große Summe aufbringen mussten, damit er bei ihnen versichert werden konnte (zudem schlagen Leihgebühren für Marks Schlafapnoegerät ordentlich zu Buche). Dazu kommt noch, dass ihr Haus, das sie 1989 für 53 000 US-Dollar gekauft haben und das einst 105 000 US-Dollar wert war, nun nur noch 73 000 US-Dollar wert ist und vor ein paar Jahren fast gepfändet wurde. Materiell gesehen scheint es ihnen auf den ersten Blick gut zu gehen, aber das tut es nicht. Mark hat noch zwei zusätzliche Jobs. Mittwochs richtet er Karaokeabende aus, und samstags steht er im örtlichen Spirituosenladen. Mark erklärt: »Wir brauchen alle vier Jobs, um uns über Wasser zu halten.«[12]

Mit dem Schrumpfen der Mittelschicht sind auch die sozialen Strukturen geschrumpft, durch die für gesellschaftliche Aufstiegsmöglichkeiten gesorgt war. George Packer behauptet in *Die Abwicklung*, dass das das »neue Amerika« sei.[13] Das Verschwinden der Mittelschicht und ihres impliziten Gesellschaftsvertrags bestimmt das Leben in Amerika seit dem späten 20. Jahrhundert bis heute. Sogar vor noch 30 Jahren konnte man ein gut verdienendes Mitglied der Mittelschicht werden, und Konsumgüter wie Fernseher, Auto und Wohneigentum waren eng verbunden mit dem gesellschaftlichen Aufstieg. Heute sagen materielle Güter sehr wenig über den wirtschaftlichen Erfolg eines Haushalts aus, weil Konsumgüter so billig (und Kredite ebenfalls leicht zu haben) sind. Packer selbst erklärte während eines Fernsehinterviews mit Jeffrey Brown von PBS NewsHours, dass es um die »Abwicklung« von Amerikas Gesellschaftsvertrag ginge – dem »Vertrag, demzufolge du – wenn du hart arbeitest, im Wesentlichen ein guter Bürger bist – einen Platz [in der Gesellschaft] haben wirst, und zwar nicht nur wirtschaftlich gesehen. Dein Leben wird abgesichert sein, und deine Kinder werden die Chance auf ein besseres Leben haben, aber du wirst gewissermaßen auch als ein Teil des Stoffes, aus dem die Nation besteht, anerkannt werden.«[14]

Trotzdem sie scheinbar ein gutes Einkommen haben und ein Haus in den beschaulichen Suburbs, sind viele Amerikaner Opfer der »Stagnierung der mittleren Gehälter«: In den vergangenen 40 Jahren sind die Gehälter aller, mit Ausnahme jener der oberen 10 Prozent, nicht gestiegen. Umgerechnet in reale Dollarbeträge haben sich die Gehälter gegenüber dem Jahr 1973 kein Stück verbessert. Luce schreibt darüber: »Das bedeutet, dass die meisten Amerikaner seit mehr als einer Generation auf der Stelle treten.«[15] Noch beunruhigender ist, dass der Ökonom Thomas Piketty von der École d'Économie de Paris in seinem internationalen Bestseller *Das Kapital im 21. Jahrhundert* von 2014 die Meinung vertritt, dass es sich bei der Periode relativer Gleichheit zwischen dem Ersten Weltkrieg und den frühen 1970er-Jahren um eine für den Kapitalismus ungewöhnliche Periode gehandelt habe. Anhand detaillierter Daten aus aller Welt, die sich über einen Zeitraum von 200 Jahren erstrecken, legt Piketty überzeugend dar, dass die Lücke zwischen den Reichen und Armen in den Jahren zwischen 1914 und 1973 durch eine Reihe politischer Maßnahmen und weltweiter Krisen zusammengehalten wurde und die Reichen so gehindert wurden, größere Renditen auf ihr Kapitalvermögen zu erzielen. Piketty zufolge liegt das drastische Ausmaß der Ungleichheit in der heutigen Zeit also an der dem Kapitalismus eigenen Struktur. Ein über sechs Jahrzehnte andauernder Zeitabschnitt verhältnismäßig geringer Einkommensungleichheit, wie sie in der Mitte des 20. Jahrhunderts beobachtet wurde, werde nicht wieder auftreten.[16] Diese Zahlen bedeuten übersetzt, dass die meisten Amerikaner sich den demonstrativen Konsum, auf dem ihr »Lebensglück« beruhte, nicht mehr leisten können. Dem typischen Mittelschichtsamerikaner wurde sein Zuhause gepfändet, seine Kreditwürdigkeit wurde deutlich gesenkt, und seine Fähigkeit, seine Identität auf Konsum zu begründen, wurde fast gänzlich ausgemerzt. Wir müssen mit unserem Leben einen neuen Weg einschlagen.

Diese Feststellungen zum Leben in Amerika fallen mit dem Phänomen zusammen, das bei Ökonomen und politischen Entscheidungsträgern als die Große Stagnation bekannt ist – die alarmierende Erkenntnis, dass die mittleren Gehälter seit 1973 nicht beziehungsweise real über die letzten 37 Jahre hinweg nur um 10 Prozent gewachsen sind. Kurz gesagt, 90 Prozent der Amerikaner haben in den letzten vier Jahrzehnten keinen Pfennig mehr verdient.

So sehen die Zahlen aus: Das mittlere Einkommen der Mittelschicht ist von 73 000 US-Dollar im Jahr 2000 auf 69 500 US-Dollar im Jahr 2011 gefallen, während das mittlere Reinvermögen dieser Haushalte, also ihr Vermögen nach Abzug aller Verbindlichkeiten, auf 93 150 US-Dollar abgestürzt ist – von fast 130 000 US-Dollar im Jahr 2000 und einem Höchstwert von 152 000 US-Dollar im Jahr 2008 (inflationsbereinigt, Basisjahr = 2011).[17] Güter mögen billiger sein, aber das heißt nicht viel, wenn man nicht das Geld hat, sie zu bezahlen (und stattdessen auf die Kreditkarte zurückgreifen muss).

In ihrer Parallelwelt haben sich die Reichen erholt – sogar mehr als das. In ihrem Buch *Die Superreichen* stellt Crystia Freeland fest, dass der Abstand zwischen den Superreichen und dem Rest nun sogar noch größer ist als vor dem Zusammenbruch der Finanzmärkte.[18] Die Century Foundation spricht von »A Tale of Two Recoveries«: Jeder Dollar und etwaige Wohlfahrtsgewinne, die die Haushalte nach der Rezession (2009–2011) insgesamt zu verzeichnen hatten, gingen an die oberen 7 Prozent der Haushalte – und sogar noch mehr. Das Reinvermögen dieser Spitzengruppe ist in diesem Zeitraum um fast 30 Prozent gewachsen, während das Reinvermögen von allen anderen um 4 Prozent abnahm.[19]

Gleichzeitig kosten die Dinge, die wirklich einen Einfluss auf Lebensqualität und die Aufstiegsmöglichkeiten haben, mehr als ein Flachbildfernseher oder eine Großraumlimousine. Es ist der unauffällige Geltungskonsum – Bildung, medizinische Leistungen, Kinderbetreuung und Collegegebühren –, der sich wirklich auf Aufstiegsmöglichkeiten auswirkt, und das sind auch die Dinge, für welche die Reichen Geld ausgeben und wodurch sie immer mehr eine eigene, sich von allen anderen abhebende Schicht bilden. Wie in diesem Buch gezeigt wurde, wird unauffälliger Geltungskonsum immer teurer und stellt eine Art von Konsum dar, die den reichsten Mitgliedern der aufstrebenden Klasse vorbehalten ist.[20] Der Abbau der klassischen Arbeitsplätze der Mittelschicht und der Preis von unauffälligem Geltungskonsum vergrößert den Abstand zwischen den Reichen und dem Rest der Gesellschaft so sehr, dass es sein kann, dass zukünftige Generationen die Reichen von heute und ihre Kinder nie wieder einholen werden. Auf gesellschaftlicher und kultureller Ebene verstärkt diese Kluft noch die Entfremdung und Ungleichheit zwischen Arm und Reich. Die Probleme gehen über die materiellen Güter hinaus, die einst eindeutige Zeichen von Status waren. Heute erfolgt die Trennung der aufstrebenden Klasse vom Rest über Collegeabschlüsse, Sterberaten und darüber, wie es um die Gesundheit und das Wohlbefinden der Leute bestellt ist und wie viel Zeit sie mit ihren Kindern verbringen. Für die kulturellen Eliten (ganz zu schweigen von der wirtschaftlichen Elite) in diesem Land sind die alltäglichen Nöte der mittleren und unteren Einkommensklassen so weit weg, dass sie unter Umständen nicht mehr in der Lage sein werden, sich die allgegenwärtigen Probleme ihrer ärmeren Mitbürger auch nur vorzustellen (oder gar zu lösen). Diese neuen wirtschaftlichen Verhältnisse stellen Amerika in vielerlei Hinsicht vor immense Probleme. Zu der Erosion der Mittelschicht und der steigenden Ungleichheit kommt noch eine weitere, für die Gesellschaft heftige Auswirkung hinzu: die zunehmende Ausdünnung des Heiratsmarktes für jene, die nicht hochqualifiziert sind oder gut bezahlt, was die Professorin Stephanie Coontz vom Evergreen State College als »the new instability«, also »die neue Unbeständigkeit«, bezeichnet. So weist sie darauf hin, dass 1970 bei der Zahl der Eheschließungen im Großen und Ganzen anhand des Bildungsgrads kein Unterschied erkennbar war (das galt eine Zeit lang auch für die Scheidungsraten). Gebildet und reich zu sein bedeutet heute, dass man im Vergleich zu jemandem, der weder das eine noch andere ist, mit größerer Wahrscheinlichkeit heiratet und sich auch mit niedrigerer Wahrscheinlichkeit wieder scheiden lässt. Während 60 Prozent der oberen Einkommensgruppe im Alter von 40 Jahren noch in erster Ehe verheiratet sind, sind im selben Alter fast 60 Prozent der Personen ohne Bachelorabschluss schon einmal geschieden. Während die oberen Klassen ihre Kinder auf Privatschulen und -universitäten schicken, sind 25 Prozent der 30- bis 35-jährigen Männer kaum in der Lage, mit einer vierköpfigen Familie über dem Existenzminimum zu leben (1969 befanden sich nur 10 Prozent der 30- bis 35-jährigen Männer in diesem Dilemma). 1969 waren 75 Prozent der Männer im Alter von 25 Jahren in der Lage, eine ebensolche Familie zu ernähren. 2004 war die Altersschwelle für die Männer, die in der Lage waren, eine Familie zu ernähren, auf 30 Jahre nach oben gerückt. Während zu Zeiten der »Mad Men«, sprich in den 1950ern und 1960ern, für Männer das Geheimnis einer glücklichen Ehe darin zu bestehen schien, ihre Sekretärin zu heiraten, besteht es heute darin, eine erwerbsfähige Frau zu heiraten, die sogar noch besser ausgebildet ist als ihr Ehemann.[21] Der Niedergang von Amerikas Mittelschicht hat auch für die Weltwirtschaft schwerwiegende Folgen. Wir Amerikaner haben nie gespart, und doch stehen wir jetzt schlechter da als vor 30 Jahren – die privaten Ersparnisse sind von 10 Prozent in den frühen 1980ern auf praktisch 0 im Jahr 2014 gefallen.[22] Das Geld, das chinesische Arbeiter unter ihre Matratzen legen (das tun sie tatsächlich im wahrsten Sinne des Wortes), stecken Amerikaner in Konsumgüter.[23] Heutzutage haben jedoch nicht nur amerikanische Haushalte weniger Geld zur Verfügung und sparen weniger. Reiche Haushalte stecken das Geld, was sie haben, nun in Bildung, Gesundheit und die Altersvorsorge.

Die Mittelschicht verbreitet sich um die Welt

Die Globalisierung ist in den Gesprächen über den Massenkonsum und den Abstieg der amerikanischen Mittelschicht oft als das Böse hingestellt worden. Doch da ist noch etwas anderes im Gange. In dem Maße, in dem die Reichen der Welt die oberen Sphären der westlichen Märkte infiltrieren (wie es Bücher wie *Die Superreichen* und die verrückten Zustände, die auf den Wohnungsmärkten in New York, San Francisco und London herrschen, nahelegen), gewinnt für die Weltwirtschaft auch noch eine größere Gruppe zunehmend an Bedeutung. Diese Fabrikjobs, die in den USA weggefallen sind, kommen der »globalen Mittelschicht«, wie Ökonomen sie nennen, zugute.[24] Ebenso wie die industrielle Revolution in den Vereinigten Staaten und im Vereinigten Königreich eine neue Klasse von angemessen bezahlten Arbeitern hervorgebracht hat, über die das verdiente Geld dann wieder in die Konsumwirtschaft gelangt ist, gibt es nun eine wachsende Bevölkerungsgruppe, die infolge der Industrialisierung der Entwicklungsländer und der Globalisierung aus der Armut herausgekommen ist und nun ein mittelständisches Leben führt. Aber was verstehen wir unter einer globalen Mittelschicht? Sogar den Armen in Amerika geht es materiell und finanziell besser als vielen einigermaßen gut gestellten Menschen in den Entwicklungsländern. Handelt es sich bei »globale Mittelschicht« also um einen absoluten Begriff (es gibt eine feste Einkommensober- und untergrenze) oder einen relativen (es wird der individuelle Medianwert des jeweiligen Landes zugrunde gelegt)? Hierzu gibt es viele unterschiedliche Ansichten, und jede Herangehensweise hat Nachteile. Zum Beispiel nutzen einige den Begriff mit relativem Bezug (wie zum Beispiel der Ökonom William Easterly von der New York University), der die Mittelschicht in den USA als die Gruppe definiert, deren Einkommen sich im mittleren Bereich (20–80 Prozent) zwischen den 20 Prozent der Gesellschaft mit dem niedrigsten Einkommen und den 20 Prozent mit dem höchsten Einkommen bewegt. Mit einem für amerikanische Verhältnisse mittelmäßigen Einkommen gilt man an den meisten anderen Orten jedoch als reich: Die drei mittleren Quintile in den Vereinigten Staaten würden zum Beispiel mit Sicherheit in Indien oder Venezuela zu den oberen Einkommensgruppen zählen. Weitere akzeptierte Definitionen des Begriffs »globale Mittelschicht« stellen das absolute Kriterium in den Mittelpunkt. Die Denkfabrik Brookings Institution, die Vereinten Nationen und die Organisation für wirtschaftliche Zusammenarbeit und Entwicklung definieren als Mitglied der globalen Mittelschicht jemanden, der 10 bis 100 US-Dollar pro Tag verdient oder ausgibt beziehungsweise dessen Kaufkraft sich in diesem Bereich bewegt.[25] Dieses Vorgehen ist weitgehend akzeptiert, da es bedeutet, dass das Individuum nicht nur in der Lage ist, seine Grundbedürfnisse zu decken, sondern sich auch mal ein zusätzliches Kleidungsstück kaufen, vielleicht mal essen gehen oder sich ein Auto leisten kann. Mit anderen Worten, die »globale Mittelschicht« wird hier zum Teil über ihre Beteiligung am globalen Konsum definiert. Die Kaufkraft ist ein wichtiges Indiz für große internationale Unternehmen, die alles Mögliche, angefangen von Markenartikeln aus dem Lebensmittelbereich bis hin zu Autos, verkaufen. Das bedeutet auch, dass die amerikanische Mittelschicht, die durch ihre Konsumgewohnheiten die Weltwirtschaft lange Zeit unterstützt hat, eine nicht mehr so wichtige Rolle spielt.

Schauen wir uns die Zahlen an. Laut den Wissenschaftlern Homi Kharas und Geoffrey Gertz von der Brookings Institution hat die globale Mittelschicht gerade erst damit begonnen, Einfluss auf die Weltwirtschaft zu nehmen. Bis 2021 wird die Zahl der Konsumenten aus der asiatischen Mittelschicht, die auf 2 Milliarden geschätzt wird, die Zahl ihrer westlichen Gegenparts bei weitem übertreffen. Kharas und Gertz haben für ihre Analyse der sich herausbildenden globalen Mittelschicht die Kaufkraftspanne von 10 bis 100 US-Dollar genutzt und 145 Länder untersucht, wodurch 98 Prozent der Weltbevölkerung abgebildet werden. Ihre Prognosen deuten darauf hin, dass bis 2020 54 Prozent der weltweiten Mittelschicht aus dem asiatisch-pazifischen Raum kommen wird, während Nordamerikas und Europas Anteil global gesehen auf nur 10 Prozent beziehungsweise 22 Prozent sinken wird (von 18 Prozent beziehungsweise 36 Prozent im Jahr 2009). Kharas und Gertz glauben, dass sich die asiatische Mittelschicht von 2009 bis 2030 versechsfachen könnte, während sich der relative Anteil der globalen Mittelschicht aus Nordamerika und Europa signifikant verringern wird (und Nordamerikas Anteil auch in der absoluten Anzahl von Leuten sinken wird). Bis 2020 werden mehr Leute auf der Welt der Mittelschicht angehören als arm sein, glauben Kharas und Gertz.[26]

Was ihren Anteil am globalen Konsum anbelangt, wird die neue globale Mittelschicht die Rolle spielen, die momentan nordamerikanische und europäische Verbraucher ausfüllen. 2009 belief sich Nordamerikas Anteil am Konsum der Mittelschicht auf 26 Prozent (ungefähr 5,6 Milliarden US-Dollar) und Europas Anteil auf 38 Prozent (rund 8 Milliarden US-Dollar).[27] Kharas und Gertz glauben, dass bis 2020 42 Prozent des globalen Konsums der Mittelschicht auf den asiatisch-pazifischen Markt entfallen werden (und auf Nordamerika 17 Prozent und auf Europa 29 Prozent). Wenngleich es sich bei den Vereinigten Staaten aktuell um die größte von der Mittelschicht getriebene Konsumwirtschaft handelt (gefolgt von Japan und Deutschland), sagen sie voraus, dass bis 2020 China den ersten Platz und bis 2030 Indien und China die zwei obersten Plätze einnehmen werden (und 23 Prozent beziehungsweise 18 Prozent der Nachfrage generieren werden) und die Vereinigten Staaten stark zurück auf den dritten Platz fallen werden, mit einem Anteil von 7 Prozent am globalen Konsum der Mittelschicht. Im Verlauf einer Generation könnte sich fast die Hälfte des Konsums der globalen Mittelschicht auf einen ganz anderen Teil der Welt verlagern, einen Teil mit einem völlig anderen Schönheitsempfinden, einer anderen Kultur und anderen gesellschaftlichen Dynamiken.

Schon jetzt werden in China mehr Autos und Mobiltelefone als in den Vereinigten Staaten verkauft. Im Jahr 2000 entfielen 37 Prozent der weltweiten Autoverkäufe auf den amerikanischen Markt, während China auf nur 1 Prozent kam. 15 Jahre später ist China der größte Autoabsatzmarkt der Welt, auf dem 2009 fast 14 Millionen Fahrzeuge verkauft wurden. In den Vereinigten Staaten hingegen wurden im selben Jahr 10,4 Millionen Fahrzeuge verkauft. Schon 2008 generierte der Mobiltelefonhersteller Nokia in China mehr als dreimal so viel Umsatz wie in den Vereinigten Staaten.[28]

Dabei sollte beachtet werden, dass die massive Einkommensungleichheit, der Zugang zu Bildung und größere politische und kulturelle Unterschiede zwischen der städtischen und ländlichen Bevölkerung in China auf diese Werte einen Einfluss haben könnten. Doch schon allein aufgrund der Größe der Bevölkerung scheint es nahezu unumgänglich zu sein, dass der Mittelschichtsverbraucher aus dem asiatisch-pazifischen Raum die Führung übernehmen wird, wo einst westliche Einflüsse und Macht regierten. »Wenn das passiert, wird die Welt eine neue globale Mittelschicht sehen – eine asiatische Mittelschicht«, schreiben Kharas und Gertz. »Bei den für die Mittelschicht bestimmten Produkten, Mode, Geschmäckern und Design wird eine Umorientierung von West nach Ost stattfinden.«[29]

Eine andere, vielleicht einfachere Möglichkeit, um zu bestimmen, was die globale Mittelschicht ausmacht, besteht unter Umständen darin, sich die Autokäufe anzusehen. In der Zeitschrift *Foreign Policy* vertreten Shimelse Ali und Uri Dadush die Ansicht, dass, obwohl es für das Umreißen der globalen Mittelschicht keinen einheitlichen Weg gebe, vielleicht der Autokauf das größte Anzeichen für die Zugehörigkeit zur Mittelschicht sei. Ali und Dadush sind der Meinung, dass bei der Anwendung der Einkommensspanne die Tatsache ignoriert wird, dass jemand, der am Tag 2 US-Dollar verdient, sich immer noch ein Handy kaufen kann und dass der Verdienst der Leute nichts darüber aussagt, was sie tatsächlich kaufen werden. Der Besitz eines Autos ist ein Zeichen für die Fähigkeit und die Neigung, Luxusgüter zu kaufen. Diese Betrachtungsweise legt nahe, dass der Konsum in Ländern wie China, Indien und Russland sogar noch schneller anwächst, als es die Einkommensanalyse vermuten lassen würde. In den aufstrebenden BRIC-Staaten (Brasilien, Russland, Indien und China) wurden 2010 sechsmal so viele Pkws verkauft wie in den 1990er-Jahren.[30] Dem entgegen steht die Entwicklung in den Vereinigten Staaten: 2000 wurden mehr als 17 Millionen Autos gekauft; 2015 hat sich diese Zahl kaum verändert.[31]

Es gibt viele Gründe, warum wir uns mit der globalen Mittelschicht beschäftigen sollten.[32] Aus einem streng ökonomischen Blickwinkel deutet der Verfall der heutigen Mittelschicht in den wirtschaftlich starken Industrieländern darauf hin, dass es der Weltwirtschaft einen massiven Dämpfer versetzen wird, wenn eine signifikante Zahl von amerikanischen und europäischen Verbrauchern anfängt, weniger Geld auszugeben. In den Industrienationen stagniert sowohl das Wachstum der Bevölkerung als auch deren Einkommen, und die »Mittelschicht« ist kein repräsentatives Konzept mehr für die aktuell stark angespannte wirtschaftliche Situation dieses Bevölkerungsteils in den westlichen Ländern. Zweitens hat auch schon Ronald Inglehart darauf hingewiesen, dass die wirtschaftliche Entwicklung ein wichtiger Schritt auf dem Weg hin zu gerechteren und demokratischeren Gesellschaften ist. So kann das Aufsteigen der Mittelschicht Ali und Dadush zufolge bedeuten, dass Regierungen gerechter werden und das Volk mehr Forderungen an seine politische Führung stellt, egal, ob es Umweltstandards oder die Grundversorgung betrifft.

Unternehmen kümmern sich offensichtlich um ihre eigenen Belange. In ihrem Artikel in einer Ausgabe des *McKinsey Quarterly* von 2010 vertreten David Court und Laxman Narasimhan die Ansicht, dass es in den kommenden Jahren für die Markenloyalität von wegweisender Bedeutung sein wird herauszufinden, wo die »sich bildende Mittelschicht« herkommt. Sie stellen dabei fest, dass die »frühen Gewinner« als Marken führend bleiben. Sie haben herausgefunden, dass in den Vereinigten Staaten in 17 Verbrauchsartikelkategorien die Markenführer aus dem Jahr 1925 wie zum Beispiel Kraft, Del Monte und Wrigley auch im restlichen 20. Jahrhundert führend blieben. Court und Narasimhan stellen außerdem fest, dass die neu entstehenden Märkte den vollentwickelten Märkten gleichen – es gibt eine Vorliebe für bestimmte Marken, marktspezifische Besonderheiten in Bezug auf die Preise und wofür die Leute überhaupt Geld ausgeben, aber auch hohe Ziele in Bezug auf bestimmte Produkte.[33] Insbesondere die Chinesen neigen dazu, mehr Stunden pro Woche mit Einkaufen zu verbringen als der Durchschnittsamerikaner, und zählen Einkaufen zu ihren liebsten Freizeitbeschäftigungen. Globale Einzelhändler, ob Chanel oder Walmart, machen sich diese kulturellen Neigungen zunutze. Chanel ist die Nummer 1 unter den Luxusmarken in China, während Walmart in China schon mit 270 Märkten vertreten ist. Was die Zukunft bestimmt, passiert jetzt.

Wenn die Vereinigten Staaten mit der Urform der Mittelschicht aufwarten, dann gibt es einiges, was die Mittelschicht, welche die Urform ablösen dürfte, von ihr lernen kann. Wie die Erfahrungen in den Vereinigten Staaten gezeigt haben, ist der Trend hin zu Konsum und materiellen Gütern gut für die Weltwirtschaft, aber kaum gut für die Verbraucher selbst. Einhergehend mit dem Streben nach materiellen Dingen entsteht in der Gesellschaft ein großer Druck, übermäßig viel zu arbeiten und sich auf Dinge, die das Geschaffte nach außen zeigen, zu konzentrieren. Darüber hinaus verstärkt sich der Kreislauf der materiellen Errungenschaften nur noch selbst. Jede Generation glaubt, dass sie mehr benötigt als die Generation vor ihr, um sich wohl zu fühlen oder ein schönes Leben zu haben. In Wirklichkeit kann das gar nicht so sein. Wir verwechseln den Druck, mit unsereins mithalten zu wollen, mit dem Schlüssel zum Erfolg – und so letztendlich mit Zufriedenheit. Aber Status ist flexibel, und, wie in diesem Buch gezeigt wurde, die herrschenden Eliten finden neue Wege, um ihren Status zu illustrieren, sobald die Mittelschicht aufholt.

Die meisten von uns wissen, dass wir durch den Kauf von materiellen Gütern – also Konsum – wenn überhaupt, nur ein kleines bisschen Zufriedenheit erkaufen können. Die Forschung zeigt, dass wir, wenn wir Geld ausgeben, es doch tatsächlich für andere ausgeben sollten, wenn wir so überhaupt zu irgendeiner Art wirklicher Zufriedenheit kommen möchten. Unabhängig vom Kommen und Gehen materieller Güter bleiben die zwischenmenschlichen Zutaten für ein glückliches Leben immer gleich – ein starkes Familienleben, Verlieben, Stabilität und enge Beziehungen zu unseren Freunden. Das bedeutet für Amerika und die ähnlich konsumorientierten westlichen

Länder sowie aufstrebenden Konsumwirtschaften, dass wir herausfinden müssen, wie wir unser Leben wieder auf diese Ziele ausrichten können, statt auf den Besitz des neuesten Konsumgutes. Oder wie es der große Ökonom Richard Easterlin mir gegenüber selbst ausgedrückt hat, als ich ihn für dieses Buch interviewt habe: »Ich hoffe, dass wir unser Wissen dahingehend weiter ausbauen werden, dass wir die Kräfte des wirtschaftlichen Wachstums, die unsere Bemühungen um unser Wohlergehen in die Irre leiten, unter Kontrolle bringen können.«

An keinem Land wird diese Entkopplung von Zufriedenheit und Einkommen besser deutlich als an China, wo die Entstehung eines freien Marktes seit 1990 mit einer gleichsam schweren Abnahme der Zufriedenheit korreliert. China ist die zweitgrößte Volkswirtschaft der Welt. Die Chinesen sind um 400 Prozent wohlhabender als vor ungefähr 30 Jahren, und ihr Konsum und das Bruttoinlandsprodukt haben sich (zweimal) verdoppelt. Die Stadtbewohner der Mittelschicht haben Maos Kommunismus durch Fernseher und Kühlschränke ersetzt. Easterlin beschreibt China als »eine große Verlängerung des Orange County in Kalifornien«:[34] Doch hat, wie Easterlin erklärt, die Verschlechterung des sozialen Netzes, der sozialen Leistungen und der Rückgang von Arbeitsplätzen die Menschen unzufriedener gemacht, als sie es vor den 1990ern im kommunistischen Wirtschaftssystem waren, und zwar, obwohl sie jetzt über mehr Vermögen verfügen und es mehr Konsumprodukte gibt, die sie kaufen können. In einer Studie wurde der Begriff der »frustrierten Erfolgsmenschen« (»frustrated achievers«) geprägt, um diejenigen zu beschreiben, die, obwohl es ihnen ganz gut geht, das Gefühl haben, dass es da immer noch jemand anderen gibt, dem es sogar noch besser geht.[35] Deng Xiaoping, der Führer der Kommunistischen Partei Chinas, der das Land zur Marktwirtschaft geführt hat, hat (angeblich) einst den berühmten Ausspruch getätigt: »Es ist herrlich, reich zu sein!«[36] Nicht so ganz, wie sich herausgestellt hat.

Das Kaufen von Gütern wird uns niemals zufriedenstellen. Das hat es schon im späten 19. Jahrhundert nicht getan, als uns von der industriellen Revolution die Mittelschicht und der Beginn des Massenkonsums geschenkt wurden, und auch die Einführung des Model T von Henry Ford um die Jahrhundertwende hat uns nicht zufriedener gemacht, und ebenso nicht die Geschirrspüler, Kühlschränke und Klimaanlagen für jedermann oder das Geschäft mit dem Massenluxus des 21. Jahrhunderts. In mancherlei Hinsicht hat unsere ständige Suche nach dem Sinn des Lebens (auf welche wir eher in einer Gesellschaft gehen können, wo kein Mangel mehr herrscht und wir die Zeit haben, über existenziellere Fragen nachzudenken und ihnen nachzugehen, weil wir wissen, dass wir was zum Abendessen haben werden) die Sache sogar noch komplizierter gemacht. Die Gesellschaft, in der es an nichts mangelt, hat es der aufstrebenden Klasse ermöglicht, Geld in Praktiken zu investieren, die zuerst sinnvoll erscheinen: Mutterschaft, Sport, Erlangung von kulturellem Kapital. Vordergründig sollten derlei Aktivitäten die Menschen zufriedener machen, aber sie sind auch zu Statussymbolen und Symbolen für Leistung geworden, und in diesem Zuge hat sich durch sie der Druck vergrößert und die Zufriedenheit verringert – den materiellen Symbolen für die gesellschaftliche Position nicht ganz unähnlich.

Sogar die scheinbar ehrenwerten Konsumgewohnheiten der aufstrebenden Klasse errichten zerstörerische Wir-Ihr-Unterscheidungen zwischen den gesellschaftlichen und wirtschaftlichen Schichten. Ja, paradoxerweise wollen wir uns von anderen unterscheiden und gleichzeitig dazugehören. Konsum ist ein einfaches und effektives Mittel, um derlei Unterschiede zu erzeugen und eine Identität zu stiften. Doch unser Verlangen danach, dazuzugehören oder unsere gesellschaftliche Position zu zeigen, ist eine strukturelle Fehlentwicklung, weil dabei immer andere Personen außen vor gelassen werden. Durch die Erzeugung eines »Wir« wird ein »die Anderen« geschaffen. Der Konsum, in seiner vielfältigen Ausprägung, wird zum Kanal, durch den diese Unterschiede, oder präziser die Grenzen zwischen den Schichten, gezeigt werden. Wenn wir ständig Wege finden, um uns von anderen zu unterscheiden, unsere gesellschaftliche und wirtschaftliche Position zu zeigen, sind wir, sobald eine Gruppe aufholt, schnell darin, etwas Neues zu finden, um unsere Einzigartigkeit neu zu etablieren. Die heutigen Statussymbole sind besonders verhängnisvoll, weil sie Praktiken und Güter einschließen, die eine viel weitreichendere Bedeutung als materielle Güter haben. Unsere Elternschaft, unser kulturelles Wissen und unsere Essensentscheidungen werden zu moralischen Entscheidungen, während es dabei eigentlich um wirtschaftliche Zwänge oder wirtschaftliche Entscheidungsfreiheit geht. Die Gesellschaft runzelt die Stirn über diejenigen, die in diesen Belangen »schlechtere« Entscheidungen treffen, und ignoriert dabei wissentlich, dass es sich bei vielen dieser Entscheidungen unter dem Schleier der Moral um praktische und reale Folgen handelt, die der sozioökonomischen Position entspringen.

In diesem Buch habe ich die Kultur und den Konsum Amerikas im 21. Jahrhundert untersucht und dabei vor allem die Normen und Gepflogenheiten einer neuen kulturellen Gruppierung, der aufstrebenden Klasse, in den Blick genommen. Die Praktiken und Verhaltensweisen, die ich beschreibe, sieht man in den Regalen mit Regionalprodukten in Dublins Supermärkten, wo Butter und Quinoa angeboten werden, in den Verhaltensweisen der Mütter (und dem damit verbundenen Druck) in London und in den Boutiquen von Paris. Dass meine Beschreibungen regional begrenzt sind, liegt an den verwendeten Daten. Diese Phänomene lassen sich jedoch weltweit beobachten. Thorstein Veblens Auffassung vom Konsum im 19. Jahrhundert trifft heute immer noch zu, aber die Gesellschaft und ihre Klassen ergeben ein weit komplexeres Bild. Viele von uns haben Zugang zu Dingen, welche damals nur den Reichen als Statussymbole zur Verfügung standen. Die Erlangung dieser Dinge gibt keinen Aufschluss über das eigene finanzielle Wohlergehen, ganz zu schweigen über die eigene Zufriedenheit oder Erfüllung. Das Statusdenken selbst – immer vorhanden und immer im Wandel begriffen – hat seitdem viele andere Lebensbereiche durchdrungen. Ich verabschiede mich nun mit der folgenden Frage: Bringt es uns als Gesellschaft wirklich weiter, uns von anderen zu unterscheiden, im Erwerb von Dingen oder der perfekten Tomaten alter Sorten besser zu sein als andere? Bringt uns die Entscheidung zu stillen oder unsere Familie mit Bioprodukten zu ernähren und darin Zeit und Geld zu investieren, als Gesellschaft vorwärts? Vielleicht wirkt das wie eine rhetorische Frage, aber so meine ich das nicht. In mancherlei Hinsicht machen uns die Entscheidungen, ein besserer und stäker engagierter Elternteil zu sein, mehr Sport zu treiben, mehr Zeitung zu lesen, wahrscheinlich zu einem gesünderen, zufriedeneren und stärker engagierten Mitglied der Gesellschaft.

Doch dabei können wir nicht das Ausmaß außer Acht lassen, zu welchem diese Praktiken für große Teile der Gesellschaft noch nicht einmal zur Debatte stehen. Die Armen, die Fast-Armen und sogar große Teile der Mittelschicht haben gar nicht die Wahl. Doch sogar für die aufstrebende Klasse unterliegen diese Zeichen von Status immer mehr dem Gruppendruck. Dazu stellen die Soziologinnen Sarah Bowen, Sinnika Elliott und Joslyn Brenten in einem aktuellen Aufsatz mit dem Titel *The Joy of Cooking?* fest, dass diese Anforderung, Dinge oberflächlich zu perfektionieren, uns sowieso nur völlig überfordert zurücklasse. Das bedeutet nicht, dass all unsere Konsumgewohnheiten völlig daneben sind: Sich darüber Gedanken zu machen, wo Dinge herkommen, die Unterstützung der Bauern vor Ort, seine Mahlzeiten selbst zuzubereiten und Geld für Bildung anstelle von Handtaschen auszugeben ist mit Sicherheit konstruktiver und schafft ein besseres Wertesystem als die blinkende Konsumkultur der 1980er und frühen 2000er. Aber selbst die Gestalt des aufstrebenden Verbrauchers spiegelt eine Verrücktheit und ein Statusbewusstsein wider, das nicht nur viele ausschließt, sondern uns auch stresst. Bei all unserem – demonstrativen und unauffälligen – Geltungskonsum verpassen wir es vielleicht gänzlich, unser Leben zu leben.

Unabhängig von der eigenen Meinung zum Konsum selbst oder dazu, wie die Gesellschaft im 21. Jahrhundert ihre Konsumentscheidungen trifft, steht eins fest: Beim Konsum geht es um mehr als nur darum, Dinge zu kaufen. Unsere Konsumgewohnheiten offenbaren, wer wir sind und wer wir sein wollen. Unsere Entscheidungen rund um die Frage, was wir konsumieren, verbinden uns mit und entfremden uns gleichzeitig von verschiedenen Gruppen innerhalb der Gesellschaft. Um es mit den Worten der bekannten Anthropologin Dame Mary Douglas und von Baron Isherwood zu sagen: »Die Güter ... und der Konsum wurden künstlich aus dem ganzen gesellschaftlichen Gefüge herausgelöst.«[37]

In diesem Buch habe ich, wie ich hoffe, gezeigt, dass unsere Konsumgewohnheiten etwas viel Tiefliegenderes und Komplizierteres offenbaren, als es materielle Dinge vordergründig vermuten lassen. In der Gesamtheit der kleinen und großen Dinge (so der Titel der amerikanischen Originalausgabe dieses Buchs, »The Sum of Small Things«) handelt es sich bei Konsum um einen Vorgang und eine Positionierung, durch welche Informationen und eine bestimmte Identität übermittelt werden. So wie wir verstehen, was die Motivation dahinter ist, warum und wie wir konsumieren, lernen wir auch mehr über die Menschheit. Wie und wo sie »fair handelt« und sich selbst organisiert. Außerdem einiges über die Auswirkungen und Grenzen von Entscheidungen. Und zu guter Letzt auch etwas darüber, was uns als Individuen und als Gesellschaft im Ganzen wichtig ist.

DANK

Ich möchte mich ganz herzlich bei all den folgenden lieben Menschen bedanken … .

Bei meinem Literaturagenten und lieben Freund David Halpern von The Robbins Office, Inc., der mir dabei hilft, einen metaphorischen Fuß vor den anderen zu setzen. Egal, mit welcher Art von Schreibblockade oder Sorge ich mich bei ihm melde, Davids Stimme hat die beruhigende Wirkung einer Kaschmirdecke, und er schafft es immer, mich zum Lachen zu bringen. Ebenso möchte ich mich bei all den anderen Menschen von The Robbins Office, Inc. bedanken: für das Lesen der Kapitel, ihre redaktionellen Anmerkungen und ihre Unterstützung bei diversen Entscheidungen, die getroffen werden mussten.

Auch meinem Verlag, Princeton University Press, gilt mein herzlicher Dank: insbesondere meiner Lektorin, Meagan Levinson. Sie hat mir dabei geholfen, meine Ideen und Argumente zu ordnen und in eine möglichst schlüssige Reihenfolge zu bringen (etwaige Versäumnisse gehen zu meinen Lasten). Außerdem möchte ich mich noch herzlich bei Seth Ditchik bedanken, der dieses Buch erworben hat, bevor er zu Yale University Press gewechselt ist. Ich weiß es zu schätzen, dass er in meine Ideen investiert hat, als ich noch dabei war, sie zu entwickeln, und mich beim Schreiben der ersten Entwürfe des Manuskripts mit vielerlei gedanklichem Input unterstützt hat. Meiner Lektorin Karen Verde gilt mein größter Dank dafür, dass sie mich im richtigen Umgang mit dem Gerundium und den Kommata geschult hat. Nicht zuletzt möchte ich auch Sara Lerner und Samantha Nader, Julia Haav, Caroline Priday und dem ganzen Werbeteam von Princeton University Press danken. Für eure Begeisterung, euren Einsatz und eure unbeschreibliche Kreativität – ich bin jedes Mal aufs Neue einfach nur baff.

Gleichermaßen bin ich auch meiner Agentin, Freundin und Seelenverwandten Lucy Blumenfeld dankbar dafür, dass ich dank ihrer organisatorischen Hilfe die Möglichkeit habe, an vielen Orten über meine Forschung zu sprechen. Auf viele weitere gemeinsame Maniküren/Buchplanungstreffen.

Mein tiefster Dank gilt all meinen Kollegen und Kolleginnen an der University of Southern California (USC), die meine Entwürfe gelesen, mir bei der Beschaffung von Daten und der methodischen Analyse geholfen und sich mit meinen Ideen auseinandergesetzt haben. Ich kann mich so glücklich schätzen, dass ihr alle nur eine Tür entfernt seid, wenn ich euch brauche. Ebenso dankbar bin ich unserem Dekan, Jack Knott, der mich bei meiner Forschung immer unterstützt hat, egal, in welche Richtung es mich zog, solange ich hart daran gearbeitet habe und bereit war, mein Bestes zu geben. Mein Doktorand Hyojung Lee und meine Doktorandin Soyoon Choo waren mir zwei unentbehrliche Hilfen. Ihr frischer Blick fürs Detail war für das Buch (und mich) von unschätzbarem Wert. Mein besonderer Dank gilt Hyojung, der schon bald als Postdoc am Joint Center for Housing Studies der Harvard-Universität tätig sein wird und mich tatkräftig als geistiger Mitstreiter bei der Analyse der Daten aus der Consumer Expenditure Survey unterstützt hat. Hyojung hat schon sehr früh an die Ideen geglaubt, auf denen dieses Buch aufbaut, und hat sich mit mir auf wissenschaftliche Spurensuche begeben.

Beim Lusk Center for Real Estate der USC möchte ich mich ganz herzlich für die finanzielle Förderung meiner Forschung bedanken, mit der sie insbesondere zu den Kapiteln beigetragen haben, in denen ich inhaltlich auf die Consumer Expenditure Survey des Bureau of Labor Statistics eingehe.

Ich bedanke mich ganz herzlich bei all den Menschen, die bereit waren, mir Zeit für ein Interview einzuräumen, und deren Gedanken und weise Einsichten auf den Seiten dieses Buches aufblitzen.

Zuletzt gilt mein tiefster Dank meinen geistigen Helden: Harvey Molotch, Allen Scott, Saskia Sassen, Michael Storper, Susan Fainstein und Jerold Kayden.

Und meinen Lieblingsmenschen: Brooke Cutler, Cara Esposito, Marisa Christian, Eric Lovecchio, Sloane Crosley, Michelle Dean, Tess Mordan, Dave Auckland, James Brookes, Michael Storper (gleichzeitig geistiger Held), Elizabeth Price, Quintin Price, Eyal Ben-Isaac, Joan Halkett, Bill Halkett, meiner Schwester Sarah, meinem Bruder Evan, meiner Schwägerin Gabriela und meinem Neffen Liam. Und natürlich Mom und Dad. Ich wünschte, ich könnte euch allen ein Röntgenbild meines Herzens zeigen, sodass ihr sehen könntet, wie viel Platz ihr darin einnehmt.

Ezra, Oliver und Richard: Ihr seid mein Ein und Alles.

ANMERKUNGEN

KAPITEL 1
Die »feinen« Leute des 21. Jahrhunderts

1.   In einer heute berühmten Studie wird mit dem »Tee-Geschmackstest der Dame« eines der ersten statistischen Experimente beschrieben. Darauf fußt die sogenannte »Null-Hypothese« beziehungsweise die Behauptung, dass zwei oder mehrere beobachtete Ereignisse nicht miteinander zusammenhängen – in diesem Fall handelt es sich dabei um die Fähigkeit der Dame, die Reihenfolge »erst Milch, dann Tee« beziehungsweise »erst Tee, dann Milch« geschmacklich zu identifizieren und die tatsächliche Reihenfolge des Eingießens. In Fishers Experiment wurde die Nullhypothese (dass die Dame die Reihenfolge des Eingießens von Milch und Tee nicht erschmecken könne) widerlegt (weil sie die Reihenfolge tatsächlich erschmeckte). Zum ersten Mal las ich diese Geschichte und Fishers Formulierung der Nullhypothese in David Salsburgs Buch *The Lady Tasting Tea: How Statistics Revolutionized Science in the 20th Century*, welches 2002 erschienen ist.

2.   Fortnum & Mason 2014.

3.   Mein Dank für diese Information gilt der Schriftstellerin und Historikerin Kate Berridge.

4.   Douglas und Isherwood 1996.

5.   Ibid.

6.   Obwohl Veblen immer bemüht war, darauf hinzuweisen, dass in allen Schichten der Gesellschaft um Status gewetteifert würde, waren es doch die »feinen« Leute, die er am stärksten kritisierte.

7.   Mencken (1920), S. 72.

8.   Hutchinson 1957.

9.   Wie John Kenneth Galbraith, einer der großen Denker des 20. Jahrhunderts, in Bezug auf Veblen feststellte, lebte dieser doch so, wie er es beschrieb: Sein Haus war ein Schweinestall, sein Bett war nicht gemacht, und er selbst war Agnostiker zu einer Zeit, in der die meisten seiner Kollegen dem Christentum und der theologischen Lehre zugetan waren. Veblen hat nie so richtig in diese Kreise gepasst. In einem Aufsatz im *The Listener* von 1957 hat ihn der berühmte Ökonom T. W. Hutchinson als »einen Außenseiterökonomen« bezeichnet, aber auch als »eine Art wichtigen Propheten Amerikas«, der die gesellschaftlichen

und wirtschaftlichen Aspekte des menschlichen Lebens untersuchte und verstand.

10. Galbraith merkte dazu an, dass es eines der wenigen Bücher sei, das von einem Ökonomen im 19. Jahrhundert geschrieben wurde und heute immer noch gelesen wird.

11. Veblens Bedenken zum Thema Status drehten sich auch um eine Reihe weiterer Schlüsselbegriffe, von der Unterwerfung der Frau bis hin zu seiner Argumentation, dass die gesamte Gesellschaft eine Art Stammesgesellschaft bleibe (und damit im weiteren Sinne eine Gesellschaft aus Barbaren), und zu seiner Arbeit zu den Praktiken und Objekten, durch die Status markiert wird. Im Zusammenhang mit dem zuletzt genannten Thema fällt er sein vielleicht vernichtendstes Urteil über die Gesellschaft der Gegenwart: Erwähnt sei hier insbesondere seine Studie des demonstrativen Müßiggangs (Bildung, Intellektualismus, sportliche Aktivitäten) und immaterieller Praktiken (Etikette und Manieren), der demonstrativen Verschwendung (wie beispielsweise unnötige Hilfe im Haushalt oder das Verbrennen von Decken wie bei den Kwakiutl) und selbstverständlich auch des demonstrativen Konsums.

12. Vaizey 1975; Seckler 1975.

13. Die Geschichte des Kapitalismus reicht bis ins 14. Jahrhundert zurück, wo es Spannungen zwischen der englischen Aristokratie und den Landwirten gab. Doch die Ursprünge des modernen Kapitalismus, auch bekannt als Handelskapitalismus, liegen im England des 16. bis 18. Jahrhunderts.

14. Durch den Verzicht auf die direkte Übersetzung von »race« und den zugehörigen Kategorien möchte ich darauf aufmerksam machen, dass es sich bei »race« um die Zuordnung zu einer sozialen Gruppe (oder sogar mehreren Gruppen) handelt und »race« deswegen nicht mit dem deutschen Begriff der »Rasse« gleichgesetzt werden kann. Hinter »race« verbirgt sich kein biologisch-genetisch begründetes Konzept wie es »Rasse« vermuten lassen würde. Für das biologisch-genetische Konzept der »Haustierrassen« wird im Englischen der Begriff »breed« verwendet.
In den USA wird man im Rahmen diverser statistischer Erhebungen üblicherweise auch nach seiner »race« und/oder »ethnicity« gefragt. Im Rahmen der Consumer Expenditure Survey, auf welche in diesem Buch vielfach Bezug genommen wird, können sich die Befragten beispielsweise für eine oder mehrere der folgenden Kategorien entscheiden: »Black or African-American«, »Asian« und »White and All Other Races«. Unter »All Other Races« zählen wiederum »Native Americans«, »Alaskan Natives«, »Pacific Islanders«, aber auch Mehrfachnennungen. Siehe: https://www.bls.gov/cex/csxgloss.htm
Es handelt sich im Kontext des vorliegenden Buches also um eine Zuordnung, die entsprechend des eigenen subjektiven Zugehörigkeitsempfindens vorgenommen wird. Hier kommen persönliche Erfahrungen und Empfindungen

der Befragten zum Tragen – die familiäre Herkunft, ggf. die nationale Zugehörigkeit vor Einwanderung ebenso wie kulturelle Einflüsse und äußere Merkmale und das soziale Umfeld spielen hier eine Rolle. (Anmerkung d. Übersetzerin)

15. Wallace-Hadrill 1990, S. 145–192.
16. Mein Dank für dieses Beispiel gilt wiederum Kate Berridge.
17. Wallace-Hadrill 1994; Berridge 2009.
18. Berridge 2009.
19. Interview mit Kate Berridge.
20. Wallace-Hadrill 1994, S. 166.
21. Wallace-Hadrill 1990.
22. Price 2014.
23. Richards 1991, S. 8.
24. Charles et al. 2009.
25. Richards 1991.
26. A/X data: https://en.wikipedia.org/wiki/Armani#Armani_Exchange. J.Crew data: http://www.vault.com/company-profiles/retail/j-crew-group,-inc/company--overview.aspx. Ralph Lauren data: http://www.vault.com/company-profiles/general-consumer-products/ralph-lauren-corporation/company-overview.aspx. The Gap data: http://www.gapinc.com/content/gapinc/html/aboutus/keyfacts.html.
27. http://www.economist.com/node/17963363.
28. Ibid. und http://www.dailymail.co.uk/femail/article-2822546/As-Romeo-Beckham-stars-new-ad-Burberry-went-chic-chav-chic-again.html.
29. Ewing 2014.
30. Frank 2012.
31. In der Studie wurde Bildung als Proxyvariable für den Wohlstand genutzt, da diese zwei Variablen in der Regel miteinander korrelieren.
32. Gershuny 2000; Lesnard 2003.
33. http://www.statista.com/statistics/184272/educational-attainment-of-college-diploma-or-higher-by-gender/.
34. Siehe Piore und Sabel 1984.
35. http://www.economist.com/node/4462685.
36. Wilson 1987.
37. Reich 1996.
38. Laut Florida sind von der wirtschaftlichen Umstrukturierung alle Branchen und Berufe betroffen, die dafür verantwortlich sind, neue »bedeutungsvolle Sachen« zu generieren, was eine ganze Reihe weiterer Arbeitskräfte wie Künstler, Musiker, Autoren, Wissenschaftler, Ingenieure und sonstige Mitglieder der »kreativen Klasse« einschließt. Siehe Florida 2002.
39. Brooks (2001), S. 96–106.
40. Trentmann (2017), S. 27.

KAPITEL 2
Demonstrativer Geltungskonsum im 21. Jahrhundert

1. Galbraith (1959).

2. In seinem Buch *Die unsichtbaren Schranken* argumentiert Vance Packard, dass materielle Güter nicht wirklich den Status offenbaren. Viele der äußeren Erscheinungsformen des gesellschaftlichen Verhaltens beruhten auf versteckten Verhaltensweisen und Normen wie beispielsweise auf der Wortwahl oder einem Akzent.

3. Johnson 1988.

4. Wie die Historikerin Donna Loftus mir erzählte, pflegte die Mittelschicht im viktorianischen England auch ein etwas gespanntes Verhältnis zu demonstrativem Geltungskonsum. Auf der einen Seite war man extrem sparsam und verkündete lauthals, wie wichtig es sei, sparsam und mit selbst auferlegten Entbehrungen zu leben und Porridge zu essen, obgleich andere dennoch schicke, sehr schmuck eingerichtete Häuser kauften.

5. Die Zahlen in diesem Kapitel wurden hauptsächlich aus den öffentlich zur Verfügung gestellten, anonymisierten Angaben der Befragten entnommen, die im Rahmen der Verbraucherumfragen durch das U.S. Bureau of Labor Statistics erhoben wurden (Consumer Expenditure Interview Survey Public-Use Microdata). Diese Zahlen unterscheiden sich unter Umständen etwas von denen, die über die zwei Wochen lang geführten Einkaufstagebücher der Haushalte (Consumer Expenditure Diary) gewonnen wurden, oder den Daten, die im Rahmen der Integrated Survey verfügbar sind, in deren Rahmen die Daten aus den Tagebüchern und den Interviews zusammengeführt werden, um einen möglichst vollständigen Überblick über den Konsum zu bekommen. Insgesamt ergibt sich aus diesen Abweichungen jedoch kein Widerspruch zum allgemeinen Trend.

6. Die Beschriftungen der Kategorien wurden teilweise anhand des Glossars des US Bureau of Labor Statistics ergänzt, siehe: https://www.bls.gov/cex/csx gloss.htm – Die Aufteilung weicht vom deutschen Verbraucherpreisindex und auch von den Einteilungen der Kategorien für ähnliche Erhebungen auf EU-Ebene ab. (Anm. d. Übersetzerin)

7. Die Daten aus dem Jahr 1996 bildeten den frühestmöglichen Datensatz, der es uns erlaubte, eine solche Detailanalyse durchzuführen.

8. Die Konsumquote wird hier wie folgt definiert: (a) Der Dollarbetrag, den ein bestimmter Teil der Bevölkerung für demonstrativen Geltungskonsum ausgibt, im Verhältnis dazu, was in den USA insgesamt im Durchschnitt für demonstrativen Geltungskonsum ausgegeben wird. Dieser anteilige Konsum wird wiederum ins Verhältnis gesetzt zu (b) dem Einkommen, über das dieser ausgewählte Teil der Bevölkerung verfügt relativ zum amerikanischen Durch-

schnittseinkommen. Konsumquote = [(Ausgaben der Bevölkerungsgruppe i für demonstrativen Geltungskonsum / landesweite Durchschnittsausgaben für demonstrativen Geltungskonsum in den USA) / (Einkommen der Bevölkerungsgruppe i / amerikanisches Durchschnittseinkommen)].

9. Familien mit einem geringen Einkommen geben 38 % mehr für Bekleidung und Accessoires aus, als ihr Einkommen im Verhältnis zum Durchschnittseinkommen vermuten lassen würde, aber 4 Prozentpunkte weniger als noch im Jahr 1996.

10. »Je höher der Bildungsgrad, desto höher die Einäscherungsrate. Je höher das Einkommen, desto höher die Einäscherungsrate. Asiatische Bevölkerungsgruppen weisen eine höhere Einäscherungsrate auf. In städtischen Gemeinden ist die Einäscherungsrate höher. Afrikanisch-amerikanische Bevölkerungsgruppen weisen eine niedrigere Einäscherungsrate auf.« http://connectingdirectors.com/articles/3220-cremation-by-the-numbers-cana-projectionsare-in#sthash.Ol9aUPLC.dpuf.

11. Charles et al. 2009.

12. Heffetz 2011.

13. Eine vollständige Auflistung aller untersuchten Variablen und Regressionsergebnisse finden Sie online unter: press.princeton.edu/titles/10933.html.

14. Um zu untersuchen, inwiefern sich das Konsumverhalten der verschiedenen Bevölkerungsgruppen voneinander unterscheidet, haben wir für unsere Forschungszwecke die folgende Gleichung verwendet:

$$y_{ijt} = X_{ijt\beta} + \alpha_j + \tau_t + \varepsilon_{ijt}$$

wobei y_{ijt} dem Logarithmus aus dem Konsum des Haushaltes i im Ballungsgebiet j im Jahr t entspricht. Wir vergleichen die Regressionskoeffizienten mit verschiedenen Arten von Konsum wie dem demonstrativen Geltungskonsum, unauffälligem Geltungskonsum und sonstigen Ausgaben. $X_{ijt\beta}$ ist der Vektor, der die demografischen und sozioökonomischen Merkmale des jeweiligen Haushaltes umfasst, α_j steht für das Merkmal Ballungsgebiet und τ_t für einen jährlichen Fixfaktor. Entsprechend dem Design der Stichprobe wurden für die Regression Gewichtungen vorgenommen. Um eine Verzerrung der Ergebnisse durch Heteroskedastizität vorzubeugen, wurden die robusten Standardfehler berechnet. Nähere Informationen dazu finden Sie in der Tabelle »Consumption by Income Class«, welche online abgerufen werden kann.

15. Akademischer Grad, der an verschiedenen Bildungseinrichtungen (Junior College, Community College etc.) erworben werden kann. Studiendauer: 2 Jahre. (Anm. d. Übersetzerin)

KAPITEL 3
Nagellack und die Gebühren für ein Studium an der Yale University: Unauffälliger Geltungskonsum und die neuen Eliten

1. Bourdieu 1987.
2. Zukin und Macguire 2004.
3. Packard 1959, Kapitel 10, S.157.
4. In seinem Aufsatz aus dem Jahr 1957 stellte der deutsche Soziologe Georg Simmel fest, dass die Eliten ihren Stil änderten, sobald die Leute der Mittelschicht damit begannen, den Kleidungsstil der Eliten zu imitieren, was, wie er glaubte, auch erkläre, warum sich Mode so oft und so schnell veränderte. Gäbe es keine Gesellschaftsklassen, würde Mode nicht existieren, so die Argumention Simmels. Mode sei dazu da, die existierenden Grenzen zwischen den Klassen durch optische Hinweise nochmals zu bekräftigen. Und das gleiche Prinzip könne auch auf Manieren und Lebensweisen übertragen werden. Analog zu Simmels Argumentation hat die zunehmende demonstrative und öffentliche Zurschaustellung des vorhandenen Wohlstands im Leben der Mittelschicht den gehobenen Mittelstand dazu gebracht, sich vom barocken Gehabe aus Veblens Zeiten ab- und eher subtileren Zeichen für das Anzeigen des gesellschaftlichen Status zuzuwenden. Innerhalb der WASP-Kultur wurden Diskretion und nur Eingeweihten bekannte Statussymbole schon immer geschätzt (voluminöse Barbour-Mäntel, Urlaub in den Hamptons, als diese noch einen ländlich-rustikalen Flair hatten), aber diese subtilere Kennzeichnungsform der Klassenzugehörigkeit hat auch bei den neuen Eliten Einzug gehalten.
5. Gershuny 2000.
6 Fussell 2000.
7. Khan and Jerolmack 2013.
8. Holt 1998.
9. Khan 2012.
10. Packard 1959, Kapitel 10, S.166.
11. Johnston and Baumann 2007.
12. Khan 2012.
13. Ibid., S. 16.
14. Moore 2012.
15. Bennhold 2012.
16. U = upper class (der Oberschicht zugehörig) und non-U = non-upper class (nicht der Oberschicht zugehörig).
17. Cooke 2012.
18 Fussell 2000.
19. Weber 1972.

20. Bourdieu bezeichnete das Milieu, in dem wir uns Informationen und Kapital aneignen, als »Habitus« oder als das Umfeld und größere System, in dem Geschmäcker geformt würden und sich vom Habitus anderer unterschieden.
21. Lamont 1992.
22. Gill 2014.
23 Khan and Jerolmack 2013.
24 Gershuny 2000.
25. Eine detaillierte Auflistung der Konsumkategorien und -güter, die aus den Daten der Verbraucherumfragen des U. S. Bureau of Labor Statistics entnommen wurden, finden Sie online unter: press.princeton.edu/titles/10933.html.
26. Frank 2015.
27. Sayer, Bianchi und Robinson 2004.
28. Bianchi 2000.
29. Bianchi, Milkie, Sayer und Robinson 2000.
30. Sullivan 2014.
31. Kurtzleben 2013.
32. Miles Coraks Arbeit zeigt, dass Gesellschaften, in denen Bildung die größten Vorteile bringt, auch bei weitem weniger durchlässig sind. Corak 2013.
33. Gunderman 2014.
34. Lee and Painter 2016.
35. Mills 2019, S. 127–128.
36. Khan 2015.
37. Dale, Krueger und das National Bureau of Economic Research 2011.
38. Die einzige Ausnahme zu den Feststellungen im Artikel von Dale und Krueger bilden Minderheiten bestimmter »race«- und »ethnicity«-Kategorien (»black« und »Hispanic«) sowie Studierende mit Eltern, die über einen geringen Bildungsgrad verfügten. Dale und Krueger glauben, dass dieses Ergebnis auf äußerst selektive Colleges zurückzuführen sein könnte, die über für eher benachteiligte Studierende gut zugängliche Netzwerke verfügten, sodass jene die Universität mit einem größeren gesellschaftlichen und kulturellen Kapital verlassen würden, als sie zu Beginn ihres Studiums mitbrachten – was bei den wohlhabenden Studenten aus dem Kreise der Eliten nicht der Fall sei.

KAPITEL 4
Mutterschaft als demonstrativ arbeitsfreie Zeit im 21. Jahrhundert

1. Das Ziel des Ministeriums für Gesundheitspflege und soziale Dienste der Vereinigten Staaten ist es, dass 50 % der Frauen ihr Baby während der ersten 6 Lebensmonate ausschließlich stillen und 75 % bis zur Vollendung des 12. Lebensmonats begleitend weiterstillen (die meisten Babys beginnen im Alter von 4 Monaten damit, auch feste Nahrung zu sich zu nehmen).

2. Sacker et al. 2013.

3. CDC Breastfeeding Report Card 2013.

4. Arora et al. 2000.

5. CDC Breastfeeding Report Card 2014.

6. Unterschiede in Bezug auf die »race«-Kategorien gibt es auch hier: 80 % der Personen der Gruppe »non-Hispanic whites« stillen versus 65 % der Personen der Gruppe »black«. Unter jenen, die stillen, halten sich die Frauen der Kategorien »Asian« und »non-Hispanic white« am ehesten genau an die Vorgaben: Fast 16 % (»Asians«) beziehungsweise 13 % (»non-Hispanic whites«) stillen ihr Baby in den ersten 6 Lebensmonaten ausschließlich, während 76 % aller Frauen der Kategorie »non Hispanic white« zumindest versuchen zu stillen. Das Alter spielt dabei auch eine Rolle. 77 % der Mütter, die bei der Geburt älter als 30 Jahre sind, stillen, wohingegen jüngere Mütter mit geringerer Wahrscheinlichkeit stillen.

7. McDowell, Wang und Kennedy-Stephenson 2008.

8. Heck, Braveman, Cubbin, Chávez und Kiely 2006.

9. Robinson 2011.

10. Barthes 2016.

11. Ibid., S. 95–97.

12. Barthes 2016, S. 97–98.

13. Barthes 2016, S. 98–99.

14. Barthes 2016, S. 100–102.

15. Barthes 2016, S. 277.

16. Barthes 2016.

17. McCann, Baydar und Williams 2007.

18. Langellier, Chaparro, Wang, Koleilat und Waley 2014.

19. Guendelman et al. 2009.

20. http://www.pewresearch.org/fact-tank/2014/05/07/opting-out-about-10-of-highly-educated-moms-are-staying-at-home/.

21. Colen 2014.

22. Sandberg 2013.

23. Kendall 2013.

24. Weitere spannende Überlegungen zum Thema Mütter mit geringem Einkommen und Hindernisse für das Stillen finden Sie bei Chin und Dozier 2012.

25. Eine Besprechung von einigen der wichtigsten Erkenntnisse auf diesem Gebiet finden Sie unter http://fivethirtyeight.com/features/everybody-calm-down-about-breastfeeding/.

26. Groskop 2013.

27. Bakalar 2014.

28. http://www.theatlantic.com/magazine/archive/2009/04/the-case-against-breastfeeding/307311/; Rosin 2009.

29. http://www.theguardian.com/commentisfree/2011/apr/01/france-breast-breast
fed-baby-death.
30. Sussman 1975, S. 313.
31. Ibid.
32. Sussman 1975.
33. Ibid., S. 313.
34. Golden 1996.
35. Ibid.
36. Wright und Schanler 2001.
37. Druckerman 2016.
38. Wright und Schanler 2001.
39. Roth und Henley 2012.
40. Gould, Davey und Stafford 1989.
41. Shapiro 2012, S. MM18.
42. Viele Leute könnten denken, dass es seltsam sei, angesichts der Schmerzen und
der fehlenden Anwesenheit eines Arztes eine Hausgeburt zu wählen, aber eine
überraschende Zahl von Frauen würde diese Option vorziehen. Marian Mac-
Dorman, Statistikerin beim CDC und Expertin für das Thema Hausgeburt,
regte an, über Folgendes nachzudenken: »Vielleicht sind diese [armen und Minderheiten angehörigen] Frauen weniger an einer Hausgeburt interessiert. Doch
eine Hebamme setzte mir das so auseinander: ›Vielleicht haben sie aber auch
einfach keinen Zugang dazu.‹« MacDorman fuhr fort zu sagen: »Aktuelle Um-
fragedaten stützen die zweite These. Frauen der Kategorie ›black‹ waren ebenso
daran interessiert wie jene der Kategorie ›white‹ … Eine Hausgeburt kostet
[zwar] nur ein Drittel von dem, was eine Geburt im Krankenhaus kostet, aber
die Kosten werden von der Krankenversicherung meist nicht übernommen.«
43. Garcia-Navarro 2013.
44. http://www.slate.com/articles/double_x/doublex/2012/01/cesarean_nation _
why_do_nearly_half_of_chinese_women_deliver_babies_via_c_section_.
html.
45. Diamond 2012.
46. Weber 2006.
47. Veblen fuhr sogar damit fort, darauf hinzuweisen, dass viele der Angestellten
in einem wohlhabenden Haushalt in gewisser Weise entbehrlich seien, womit
er andeutete, dass auch sie nur herumsäßen und nichts täten – ein Umstand,
den er als »demonstrative Verschwendung« bezeichnete.
48. Guryan, Hurst und Kearney 2008.
49. Ramey und Ramey 2010.
50. http://static1.squarespace.com/static/54694fa6e4b0eaec4530f99d/t/55102730e
4b0bc812283d0ed/1427121968182/Investing+in+Children-+Changes+in+Pare
ntal+Spending+on+Children%2C+1972%E2%80%932007.pdf.

51. Linder 1970.
52. Brooks 2013; Klinkenborg 2013. Eine umfassendere Betrachtung finden Sie in: American Academy for Arts and Sciences 2013.
53. http://observer.com/2005/04/lotte-berk-in-last-stretch/#ixzz3fnrZvF13.
54. http://observer.com/2005/03/battle-of-the-butts/#ixzz3ftn8Qx9B. Mein Interview mit Jennifer Williams hat mir zudem auch sehr dabei geholfen, die Geschichte des Lotte Berk Studios und die Anfänge des Cardio-Barre-Trainings zu rekonstruieren.
55. http://observer.com/2005/03/battle-of-the-butts/.
56. Greif 2016.
57. http://www.economist.com/news/united-states/21660170-sweating-purpose-becoming-elite-phenomenon-spin-separate.
58. Druckerman 2016, S. 161.
59. Greenfeld 2014.
60. Bell 1991.
61. Trentmann 2017, S. 33.
62. Daniel 2016.

KAPITEL 5
Demonstrative Herstellung

1. Bei »Fair Trade« handelt es sich um eine große Organisation, der viele verschiedene Akteure (Bauern, Importeure, Exporteure und Röster) angehören und deren Ziel es ist, auf breiter Front dafür zu sorgen, dass die gezahlten Löhne ausreichend hoch sind, sodass davon der Lebensunterhalt bestritten und nachhaltig produziert werden kann. Indem sie den Minimumstandards gerecht werden, die Fair Trade festgelegt hat, erlangen Bauern Zugang zu einem größeren Markt für ihre Waren und bekommen finanzielle Unterstützung, um ihr Geschäft voranzubringen. Diese Mühen sind lobenswert, aber auch mit erheblichen Nachteilen verbunden: Der Kaffee kann zu viel höheren Preisen an die Verbraucher verkauft werden, aber die so entstandenen Gewinne fließen nicht an die Bauern zurück; Quantität zählt mehr als Qualität (die Bauern werden für qualitativ hochwertigere Bohnen nicht besser bezahlt); und die Verwaltung in den lokalen Verteilungszentren (die Beziehungen und finanzielle Unterstützung anbieten) ist unter Umständen erbärmlich. Die Alternative, das Direct-Trade-Modell, hat einige Vorteile: Es gibt keinen Mittelsmann (sodass lediglich eine Beziehung zwischen dem Bauern und Röster besteht); kleinere Ernten erlauben den Anbau verschiedener Bohnensorten; Bauer und Röster verhandeln einen angemessenen Preis für eine bestimmte Ladung Bohnen (Bauern werden genau entsprechend dem Wert der Bohnen bezahlt); und es wird mehr Wert auf Qualität als auf Quantität gelegt. Siehe Keller 2015.

2. Greif 2016, S. 47.

3. Falls es nicht ganz klar geworden sein sollte, inwiefern sich die Leute, die ich hier beschreibe, von Brooks' »Bobos« unterscheiden, möchte ich das hier gern näher erklären. Bobos sind Künstlertypen, die erst erwachsen und dann reich geworden sind und die damit kämpfen, ihre künstlerischen Wertvorstellungen mit ihrem gutbürgerlichen Einkommen in Einklang zu bringen. Die Zunahme der demonstrativen Herstellung bringt im Grunde genommen jene, die immer noch kein Geld haben (Hipster, Alternative), mit denen zusammen, die viel Geld haben, weil sie dieselben Werte teilen, und im Falle von Kaffee, Tomaten und T-Shirts aus Biobaumwolle können sich diese Dinge preislich tatsächlich auch die Menschen beider Gruppen leisten.

4. http://reason.org/news/show/whole-foods-health-care.

5. http://www.newyorker.com/magazine/2006/05/15/paradise-sold.

6. Siehe Molotch 2002; Zukin und Kosta 2004.

7. http://www.ers.usda.gov/data-products/chart-gallery/detail.aspx?chartId=485 61&ref=collection&embed=True.

8. Haughney 2013.

9. http://www.statista.com/statistics/282479/sales-revenue-of-farmers-markets-in-the-united-kingdom-uk/.

10. Haughney 2013, S. B1.

11. Alkon 2008.

12. Johnston 2008.

13. Alkon and McCullen 2011. 14. Greif 2016, S. 50–52.

14. Greif 2016, S. 50–52.

15. Daniels merkte jedoch an, dass die Arbeitsbedingungen, unter denen produziert wird, heute immer noch eine der größten Baustellen bilden. Während der Produktion der Lebensmittel selbst als solcher viel Aufmerksamkeit geschenkt wurde, handelt es sich bei den Arbeitsbedingungen immer noch um ein nicht gelöstes Problem. Sie drückte es so aus: »Die lokale Wirtschaft, Nachhaltigkeit und Vereinigungen zum Tierwohl sind im öffentlichen Bewusstsein sehr präsent, aber die Arbeit selbst noch nicht.« Einige Schritte in diese Richtung wurden unternommen. Zum Beispiel: Die Arbeiter in Immokalee, Florida, haben sich zusammengeschlossen und die Käufer davon überzeugt, einen Penny mehr pro Pfund zu zahlen und mit diesem Penny ihre Vereinigung in ihrem Einsatz für gerechtere Arbeitsbedingungen zu unterstützen. (Einen tiefen Einblick in die Tomatenindustrie bietet Barry Estabrooks *Tomatoland* [2012].) Im Februar 2016 hat Präsident Obama mit dem *Trade Facilitation and Trade Enforcement Act* ein Gesetz unterschrieben, das den Einkauf von Lebensmitteln verbietet, die mithilfe von Kinderarbeit oder Zwangsarbeit erzeugt wurden, verbietet (was zum Beispiel den Handel mit Shrimps betrifft, die in den USA verkauft werden und oft aus Thailand importiert werden. Einem Land, das für

derlei ausbeuterische Arbeitsbedingungen berüchtigt ist). Zu dieser Zeit waren 350 Güter, einschließlich thailändischer Shrimps, auf der Liste. Das ursprüngliche Zollgesetz, der *Tariff Act* von 1930, wurde entworfen, um derartigen Verstößen vorzubeugen, kam in den letzten 86 Jahren aufgrund eines Schlupfloches rund um die »Nachfrage der Verbraucher« (konsumptive Nachfrage) jedoch nur 39 Mal zur Anwendung. Wenn für ein bestimmtes Importgut eine große Nachfrage bestand, war es erlaubt, dieses ohne Rücksicht auf die Produktionsbedingungen in den USA zu verkaufen. (Siehe Mendoza 2016.)

16. Keynes 2006, S. 45.
17. Molotch 2002.
18. IOAN, Website des Unternehmens: http://www.industryofallnations.com/About-Industry-Of-All-Nations-ccid_55.aspx.
19. http://www.ecommercebytes.com/cab/abn/y11/m01/i11/s01.
20. »Artisanal Capitalism: The Art and Craft of Business.« The Economist. 4. Januar 2014.
21. Clifford 2013a.
22. Sirkin, Zinser und Manfred 2013.
23. Clifford 2013c.
24. Segran 2016, Clifford 2013b.
25. 15 facts that can't be ignored about U. S. manufacturing. 2016.
26. Gittleson 2015.
27. Clifford 2013c.
28. Ibid.
29. Clifford 2013b.
30. Clifford 2013a.
31. Bajaj 2012.
32. Yardley 2013.
33. Barboza 2008.
34. »Made in the USA« Matters to Shoppers. 2012.
35. Gittleson 2015.
36. www.worldwildlife.org.
37. www.worldwildlife.org.
38. Engels 1845.
39. Einige ausführliche Zusammenfassungen über die Umweltbewegung, Schlüsselmomente, Literatur und Gesetzgebung finden Sie auf folgenden Websites: http://www.pbs.org/wgbh/americanexperience/features/timeline/earthdays/; http://www.encyclopedia.com/earth-and-environment/ecology-and-environmentalism/environmental-studies/environmental-movement; https://en.wikipedia.org/wiki/Environmental_movement_in_the_United_States;https://www.minnpost.com/earth-journal/2013/07/25-classics-environmental-writing-help-your-summer-reading-list.

40. Inglehart 2000, S. 223.
41. Inglehart 2000.
42. http://abcnews.go.com/GMA/story?id=6225503.
43. Doherty und Etzioni 2003. Auf http://simplicitycollective.com/start-here/ what-is-voluntary-simplicity-2 gibt es einen allgemeinen Überblick zu der Bewegung und ihrer Geschichte.
44. Etzioni 2004.
45. Taylor-Gooby 1998.
46. Grigsby 2004.
47. Ich muss mich an dieser Stelle bei Harvey Molotch für seine Beobachtung bedanken.
48. Obniski 2008.
49. »Artisanal Capitalism: The Art and Craft of Business.« The Economist. 4. Januar 2014.
50. Barber 2013.
51. Ich danke Joan Halkett für all ihre Einsichten in dieses Thema.
52. Marx, K. (1974; ursprünglich 1844). Ökonomisch-philosophische Manuskripte: Geschrieben von April bis August 1844. Nach der Handschrift. Einleitung und Anmerkungen von Joachim Höppner. Leipzig: Verlag Philipp Reclam jun. S. 149 und S. 156 ff.
53. Rapoza 1999.
54. Ibid.
55. http://www.cnn.com/2005/TECH/science/04/22/anwr.protests/
56. Rosenberg 1999; Goldberg 1999.
57. Roberts 2010.
58. Farrell 2007.
59. »Colgate expands reach into quirky toothpaste«. 2006.
60. http://voices.yahoo.com/top-5-cosmetic-companies-test-animals-today-5584883.html.

KAPITEL 6
Konsumlandschaften

1. Zukin 1993.
2. North 1955; Jacobs 1969; Glaeser 2005.
3. Engels 1845; Simmel 2019; Riis 2009.
4. Jackson 1985.
5. Christopherson und Storper 1986; Sassen 1997.
6. Storper 2013, S. 72.
7. Saxenian 1994; Scott 2005; Storper 1997.
8. Siehe Florida 2002; Drucker 1993; Bell 1985; Reich 1996.

9. Storper 2013.
10. Diamond 2016.
11. Storper 2013.
12. Krugman 2015.
13. Florida 2002.
14. Einen faszinierenden Bericht darüber, wie sich amerikanische Städte und die Suburbs entwickelt haben, sowie die politischen Maßnahmen, die diese Entwicklungen begünstigten, findet man bei Kenneth Jackson in *Crabgrass Frontier* (1985).
15. Jackson 1985; Kunstler 1993.
16. Storper 2013.
17. Glaeser, Kolko und Saiz 2001.
18. Diamond 2012. Siehe auch Berry und Glaeser 2005.
19. Sadler 2010; 2016.
20. Im fünften Kapitel des Buches *Triumph of the City* (2011) von Glaeser findet man eine ausführliche Diskussion dieser Wechselwirkungen.
21. Glaeser 2011.
22. Costa und Kahn 2000.
23. http://www.nytimes.com/2016/02/23/upshot/rise-in-marriages-of-equals-and-in-division-by-class.html.
24. Ibid.
25. Glaeser 2011.
26. Handbury 2012.
27. Rampell 2013.
28. Diamond 2012.
29. Lloyd und Clark 2001.
30. Silver, Clark und Yanez 2010.
31. Wirth 1938.
32. Leher 2010
33. González, Hidalgo und Barabási 2008.
34. Leher 2010.
35. Eine detaillierte Gegenüberstellung der Konsummuster für die einzelnen Städte finden Sie in der Tabelle »Consumption Patterns by Cities«, die Sie online unter press.princeton.edu/titles/10933.html abrufen können.
36. http://streeteasy.com/blog/new-york-city-rent-affordability/.
37. Dewan 2014.
38. Zu den Vororten von New Jersey zählen die folgenden Countys [Anm. d. Übers. »county« entspricht in etwa dem deutschen Landkreis]: Bergen, Essex, Hudson, Hunterdon, Mercer, Middlesex, Monmouth, Morris, Ocean, Passaic, Somerset, Sussex, Union, Warren. Zu den Vororten von New York zählen die folgenden Countys: Dutchess, Nassau, Orange, Putnam, Rockland, Suffolk,

Westchester. Zu den Vororten von Connecticut zählen die folgenden Countys: Fairfield, Hartford, Litchfield, Middlesex, New Haven, Tolland.
39. Simmel 2019.
40. Diamond 2012.
41. Glaeser 2011.
42. Kleinberg 2012.
43. http://www.nytimes.com/2013/10/13/fashion/the-high-end-matchmaking-service-for-tycoons.html.
44. Mills 2019.
45. Detaillierte Regressionsergebnisse finden Sie online unter: press.princeton.edu/titles/10933.html.
46. Simmel 2019.
47. Luttmer 2015.
48. Salkin 2009.
49. Siehe auch Holt 1998 und Lamont 1992.
50. Weber 1972.
51. Bourdieu 1987; Lamont 1992; Holt 1998.
52. Currid-Halkett, Lee und Painter 2016.
53. Ibid.
54. Molotch 2003.
55. http://www.nytimes.com/2010/09/02/fashion/02Diary.html?pagewanted=all&_r=0.
56. Young 2014.
57. Douthat, R. (3. Juli 2016). »The Myth of Cosmopolitism.« *Sunday Review: New York Times*. Retrieved from http://www.nytimes.com/2016/07/03/opinion/sunday/the-myth-of-cosmopolitism.html?_r=0.
58. An dieser Stelle muss ich mich bei Saskia Sassen bedanken, die mir geholfen hat, meine Gedanken rund um die Zusammenhänge zwischen den Städten und dem Konsum der globalen Eliten zu ordnen. An einem bewölkten, sommerlichen Nachmittag in London habe ich mich mit Saskia bei einem Kaffee über meine Gedanken dazu unterhalten, und sie kam auf die Idee mit dem »invisible tissue of urbanity«.

KAPITEL 7
»Es ist herrlich, reich zu sein«? Wie es um den Konsum und die Klassen in Amerika bestellt ist

1. Kahneman und Deaton 2010.
2. Easterlin, Angelescu-McVey, Switek, Sawangfa und Zweig 2010.
3. Summers 2006.
4. Schor 1991.

5. Raffaelli 2015.
6. »Second Wind«. 2014.
7. Murray 2012.
8. http://www.zocalopublicsquare.org/event/is-healthy-living-only-for-the-rich/#.Va0cPWfslzI.facebook.
9. Schor 1998.
10. http://www.pewsocialtrends.org/2012/08/22/the-lost-decade-of-the-middle-class/.
11. Lewis 2010.
12. Luce 2010.
13. PBS NewsHour 2013.
14. Ibid.
15. Luce 2010.
16. Piketty 2016.
17. http://www.pewsocialtrends.org/2012/08/22/the-lost-decade-of-the-middle-class/.
18. Freeland 2013.
19. http://www.tcf.org/work/workers_economic_inequality/detail/a-tale-of-two-recoveries.
20. Lowrey 2014.
21. Coontz 2014.
22. http://www.foxbusiness.com/personal-finance/2014/05/14/median-american-savings-0/.
23. Kharas und Gertz 2010.
24. Pezinni 2012.
25. Yueh 2013; »Who's in the Middle?« 2009; Kharas und Gertz 2010.
26. Kharas und Gertz 2010.
27. Kharas 2011.
28. Kharas und Gertz 2010.
29. Ibid.
30. Ali und Dadush 2012.
31. www.statista.com/statistics/199983/us-vehicle-sales-since-1951/.
32. So heiß diskutiert die globale Mittelschicht auch sein mag: In einer Reihe von kritischen Abhandlungen zu diesem Thema wird angedeutet, dass sie nicht annähernd so omnipräsent oder gut gestellt ist, wie es manchmal dargestellt wird. Siehe beispielsweise Burrows 2015 und Bremmer 2016.
33. Court und Narasimhan 2010.
34. Easterlin 2007.
35. Graham und Pettinato 2001.
36. Es ist umstritten, ob Deng Xiaoping diesen Ausspruch tatsächlich getätigt hat, auch wenn es ihm regelmäßig nachgesagt wird. Tatsächlich ist es so, dass es

keine Belege dafür gibt, dass er dies tatsächlich so gesagt hat, obwohl dieser Spruch inzwischen sinngemäß gebraucht wird, um seine Rolle als Toröffner zu beschreiben, der in China den Weg für den Kapitalismus frei gemacht hat. Siehe auch Iritani 2004.

37. Douglas und Isherwood 1979.

LITERATURVERZEICHNIS

15 facts that can't be ignored about U.S. manufacturing. (2016, May 15). *MP Star Financial*. Abgerufen unter https://www.mpstarfinancial.com/15-facts-thatcant-be-ignored-about-us-manufacturing/.

Ali, S., & Dadush, U. (2012, May 16). The global middle class is bigger than we thought. *Foreign Policy*. Abgerufen unter http://www.foreignpolicy.com/articles/2012/05/16/the_global_middle_class_is_bigger_than_we_thought.

Alkon, A. H. (2008). From value to values: Sustainable consumption at farmers markets. *Agriculture and Human Values 25*(4): 487–498. doi:10.1007/s10460-008-9136-y.

Alkon, A. H., & McCullen, C. G. (2011). Whiteness and farmers markets: Performances, perpetuations… Contestations? *Antipode 43*(4): 937–959. doi:10.1111/j.1467-8330.2010.00818.x.

American Academy for Arts and Sciences (2013). The heart of the matter: The humanities and social science for a vibrant, competitive and secure nation. Cambridge, MA: American Academy for Arts and Sciences.

Arora, S., McJunkin, C., Wehrer, J., & Kuhn, P. (2000). Major factors influencing breastfeeding rates: Mother's perception of father's attitude and milk supply. *Pediatrics 106*(5): e67.

Bagwell, L. S., & Bernheim, B. D. (1996). Veblen effects in a theory of conspicuous consumption. *American Economic Review 86*(3): 349–373.

Bajaj, V. (2012, November 25). Fatal fire in Bangladesh highlights the dangers facing garment workers. *New York Times*. Abgerufen unter http://www.nytimes.com/2012/11/26/world/asia/bangladesh-fire-kills-more-than-100-and-injures-many.html.

Bakalar, N. (2014, March 4). Is breast-feeding really better? Abgerufen unter http://well.blogs.nytimes.com/2014/03/04/is-breast-feeding-really-better/.

Barber, E. W. (2013, November 11). Etsy's industrial revolution. *New York Times*. Abgerufen unter http://www.nytimes.com/2013/11/12/opinion/etsys-industrial-revolution.html.

Barboza, D. (2008, January 5). In Chinese factories, lost fingers and low pay. *New York Times*. Abgerufen unter http://www.nytimes.com/2008/01/05/business/worldbusiness/05sweatshop.html.

Barthes, R. (2010). *Mythen des Alltags*. (Ü: Horst Brühmann). Berlin: Suhrkamp.

Bee, A., Meyer, B., & Sullivan, J. The validity of consumption data: Are the Consumer Expenditure Interview and Diary Surveys informative? In *Improving the measurement of consumer expenditures*, edited by C. Carroll, T. Crossley, & J. Sabelhaus, 204–240. Chicago: University of Chicago Press, 2015.

Bell, D. (1985). *Die nachindustrielle Gesellschaft*. (Ü: Siglinde Summerer, Gerda Kurz; Reihe Campus). Frankfurt a. M.: Campus.

— (1991). *Die kulturellen Widersprüche des Kapitalismus*. (Ü: Inge Presser) Frankfurt a. M.: Campus.

Bennhold, K. (2012, April 26). Class war returns in new guises. *New York Times*. Abgerufen unter http://www.nytimes.com/2012/04/27/world/europe/27iht-letter 27.html.

Berridge, K. (2007). *Madame Tussaud: A life in wax*. New York: Harper Perennial.

— (2009). *Madame Tussaud – Biografie*. (Ü: Friedrich Mader, Alexander Wagner). Berlin: Osburg.

Berry, C. R., & Glaeser, E. L. (2005). The divergence of human capital levels across cities. *Papers in Regional Science* 84(3): 407–444. doi:10.1111/j.1435-5957.2005. 00047.x.

Bianchi, S. M. (2000). Maternal employment and time with children: Dramatic change or surprising continuity? *Demography* 37(4): 401–414. doi:10.1353/dem. 2000.0001.

Bianchi, S. M., Milkie, M. A., Sayer, L. C., & Robinson, J. P. (2000). Is anyone doing the housework? Trends in the gender division of household labor. *Social Forces* 79(1): 191–228. doi:10.1093/sf/79.1.191.

Blaszczyk, R. L. (2005). Review of Point of purchase: How shopping changed American culture, by Sharon Zukin. *Enterprise and Society* 6(2): 339–341. doi:10.1093/ es/khi047.

Bourdieu, P. (1987). *Die feinen Unterschiede : Kritik der gesellschaftlichen Urteilskraft*. (Ü: Bernd Schwibs, Achim Russer). Frankfurt a. M.: Suhrkamp.

Bremmer, I. (2016). These five facts explain the unstable global middle class. *Time Magazine*, January 29. Abgerufen unter http://time.com/4198164/these-5-facts-explain-the-unstable-global-middle-class/.

Brooks, D. (2000). Bobos in paradise: The new upper class and how they got there. New York: Simon & Schuster.

— (2001). *Die Bobos : der Lebensstil der neuen Elite*. (2. Aufl.; Ü: Martin Haltes). München: Econ Ullstein List.

— (2013). The humanist vocation. *New York Times*, June 13.

Browne, A. (2014, August 15). The great Chinese exodus. *Wall Street Journal*. Abgerufen unter http://online.wsj.com/articles/the-great-chinese-exodus-1408120906? mod=WSJ_hp_RightTopStories.

Burrows, M. (2015). The emerging global middle class— so what? *Washington Monthly 38*(1): 7–22.

Canning, R., Pereira, J., Frias, M., & Ibanga, I. (2008, November 14). Victoria's secret: Formaldehyde in bras? *ABC News*. Abgerufen unter http://abcnews.go.com/GMA/story?id=6225503&page=1.

CDFuneralNews. (2011, November 3). Cremation by the numbers, CANA Projections Are In.

Centers for Disease Control. (2013). Breastfeeding report card/United States. https://www.cdc.gov/breastfeeding/pdf/2013breastfeedingreportcard.pdf.

— (2014). Breastfeeding report card/United States. Abgerufen unter https://www.cdc.gov/breastfeeding/pdf/2013breastfeedingreportcard.pdf.

Charles, K. K., Hurst, E., & Roussanov, N. (2009). Conspicuous consumption and race. *Quarterly Journal of Economics 124*(2): 425–467. doi:10.1162/qjec.2009.124.2.425.

Chin, N., & Dozier, A. (2012). The dangers of baring the breast: Structural violence and formula feeding among low income women. In *Beyond health, beyond choice: Breastfeeding constraints and realities*, edited by P. H. Smith, B. L. Hausman, & M. Labbok, 64–73. New Brunswick, NJ: Rutgers University Press.

Christopherson, S., & Storper, M. (1986). The city as studio; the world as back lot: The impact of vertical disintegration on the motion picture industry. *Environment and Planning D: Society and Space* 4, 3: 305–320.

Cisotti, C. (2013, September 11). Claire used £1 Nivea cream on half her face— and £105 Crème de la Mer on the other. The results are very revealing. *Mail Online*. Abgerufen unter http://www.dailymail.co.uk/femail/article-2418153/Claire-used-1-Nivea-cream-half-face--105-Cr-la-Mer-The-results-VERY-revealing.html.

Clifford, S. (2013a, September 19). U.S. textile plants return, with floors largely empty of people. *New York Times*. Abgerufen unter http://www.nytimes.com/2013/09/20/business/us-textile-factories-return.html?pagewanted=all.

— (2013b, September 29). A wave of sewing jobs as orders pile up at U.S. factories. *New York Times*. Abgerufen unter http://www.nytimes.com/2013/09/30/business/a-wave-of-sewing-jobs-as-orders-pile-up-at-us-factories.html.

— (2013c, November 30). That »made in U.S.A.« premium. *New York Times*. Abgerufen unter http://www.nytimes.com/2013/12/01/business/that-made-in-usa-premium.html.

Cohen, C. (2014, May 22). The politics of breastfeeding. *New York Times*. Abgerufen unter http://www.nytimes.com/roomfordebate/2014/05/22/the-politics-of-breastfeeding/most-women-cant-afford-to-breastfeed.

Colgate expands reach of quirky toothpaste. (2006, March 21). *USA Today*. Abgerufen unter http://usatoday30.usatoday.com/money/industries/retail/2006-03-21-colgate-toms_x.htm.

ConnectingDirectors.com. Abgerufen unter http://connectingdirectors.com/articles/

3220-cremation-by-the-numbers-cana-projections-are-in#sthash.Ol9aUPLC. dpuf.

Cooke, R. (2012, April 21). Where does Francis Maude keep his condiments? *Guardian*. Abgerufen unter http://www.theguardian.com/lifeandstyle/2012/apr/22/ kitchen-suppers-francis-maude.

Coontz, S. (2014, July 26). The new instability. *New York Times*. Abgerufen unter http://www.nytimes.com/2014/07/27/opinion/sunday/the-new-instability.html.

Corak, M. (2013). Income inequality, equality of opportunity, and intergenerational mobility. *Journal of Economic Perspectives 27*(3): 79–102. doi:10.1257/jep.27.3.79.

Costa, D. L., & Kahn, M. E. (2000). Power couples: Changes in the locational choice of the college educated, 1940–1990. *Quarterly Journal of Economics 115*(4): 1287–1315.

Court, D., & Narasimhan, L. (2010, July). Capturing the world's emerging middle class. *McKinsey Quarterly*. Abgerufen unter http://www.mckinsey.com/insights/ consumer_and_retail/capturing_the_worlds_emerging_middle_class.

Cowen, T. (2015, December 24). The marriages of power couples reinforce income inequality. *New York Times*. Abgerufen unter http://www.nytimes.com/2015/12/27/ upshot/marriages-of-power-couples-reinforce-income-inequality.html.

Crane, D. (2013, October 11). The high-end matchmaking service for tycoons. *New York Times*. Abgerufen unter http://www.nytimes.com/2013/10/13/fashion/the-high-end-matchmaking-service-for-tycoons.html.

Cunningham, M. (2008). Review of Changing rhythms of American family life, by Suzanne M. Bianchi, John P. Robinson, and Melissa A. Milkie. *Gender and Society 22*(4): 524–526. doi:10.1177/0891243208315383.

Currid, E. (2006). New York as a global creative hub: A competitive analysis of four theories on world cities. *Economic Development Quarterly 20*(4): 330–350. doi:10.1177/0891242406292708.

Currid-Halkett, E., Lee, H., & Painter, G. (2016). Veblen goods and metropolitan distinction: An economic geography of conspicuous consumption. Working paper, University of Southern California.

Dale, S., Krueger, A. B., & National Bureau of Economic Research. (2011). *Estimating the return to college selectivity over the career using administrative earnings data.* National Bureau of Economic Research.

Dana, R. (2005, March 7). Battle of the butts. *Observer*. Abgerufen unter http:// observer.com/2005/03/battle-of-the-butts/#ixzz3ftn8Qx9B.

— (2005, April 25). Lotte Berk in last stretch? *Observer*. Abgerufen unter http:// observer.com/2005/04/lotte-berk-in-last-stretch/#ixzz3fnrZvF13.

Daniel, C. (2016, February 16). A hidden cost to giving kids their vegetables. *New York Times*. Abgerufen unter http://www.nytimes.com/2016/02/16/opinion/why-poor-children-cant-be-picky-eaters.html?_r=0.

Dewan, S. (2014, April 14). In many cities, rent is rising out of reach of middle class.

New York Times. Abgerufen unter http://www.nytimes.com/2014/04/15/business/more-renters-find-30-affordability-ratio-unattainable.html.

Diamond, J. (2012). *The world until yesterday: What can we learn from traditional societies?* New York: Penguin Press.

Diamond, R. (2016). The determinants and welfare implications of US workers' diverging location choices by skill: 1980–2000. *American Economic Review 106*(3): 479–524. doi:10.1257/aer.106.3.479.

Doherty, D., & Etzioni, A. (2003*). Voluntary simplicity: Responding to consumer culture*. Lanham, MD: Roman & Littlefield.

Douglas, M., & Isherwood, B. C. (1996). *The world of goods: Towards an anthropology of consumption: With a new introduction* ([Rev.] ed.). London; New York: Routledge.

Drucker, P. F. (1993). *Die postkapitalistische Gesellschaft.*(Ü: Ursel Reineke, Christiane Ferdinand-Gonzalez). Düsseldorf: Econ.

Druckerman, P. (2013). *Warum französische Kinder keine Nervensägen sind.* (7. Aufl.; Ü: Christiane Burkhardt). München: Goldmann.

Aus dem Amerikanischen von Christiane Burkhardt.

Easterlin, R. (2007). The escalation of material goods: Fingering the wrong culprit. *Psychological Inquiry 18*(1): 31–33.

Easterlin, R., Angelescu-McVey, L., Switek, M., Sawangfa, O., & Zweig, J. S. (2010). The happiness-income paradox revisited. *Proceedings of National Academy of Sciences of the United States of America, 2010, 107*(52), pp. 22463–22468.

Estabrook, B. (2012). *Tomatoland: How modern industrial agriculture destroyed our most alluring fruit*. Kansas City, MO: Andrews McMeel Publishing.

Engels, F. (1845). *The conditions of the working class in England*. Panther Edition, 1969, from text provided by the Institute of Marxism-Leninism, Moscow; First published: Leipzig, 1845. https://www.marxists.org/archive/marx/works/download/pdf/condition-working-class-england.pdf.

Etzioni, A. (2004). The post affluent society. *Review of Social Economy 62*(3): 407–420. doi:10.1080/0034676042000253990.

Ewing, J. (2014, March 7). Offering more than luxury, supercars draw a crowd of makers and buyers. *New York Times*. Abgerufen unter http://www.nytimes.com/2014/03/08/business/international/market-is-crowded-for-high-end-cars.html.

Farmers' market sales revenue in the UK 2002–2011. (2016). *Statista*. Abgerufen unter http://www.statista.com/statistics/282479/sales-revenue-of-farmers-markets-in-the-united-kingdom-uk/.

Farrell, A. (2007, October 31). Clorox to buy Burt's Bees. *Forbes*. Abgerufen unter http://www.forbes.com/2007/10/31/clorox-burts-bees-markets-equity-cx_af_1031markets15.html.

Florida, R. L. (2002). *The rise of the creative class: And how it's transforming work, leisure, community and everyday life*. New York: Basic Books.

Fortnum & Mason. (2014, February 27). How to make tea. *Fortnum & Mason*. Abgerufen unter http://www.fortnumandmason.com/c-77-the-perfect-cup-of-tea-fortnum-and-mason.aspx.

Frank, R. (2012, April 27). Do the wealthy work harder than the rest? *Wall Street Journal*. Abgerufen unter http://blogs.wsj.com/wealth/2012/04/27/do-the-wealthy-work-harder-than-the-rest/tab/video/.

— (2015, June 20). For the new superrich, life is much more than a beach. *New York Times*. Abgerufen unter http://www.nytimes.com/2015/06/21/business/for-the-new-superrich-life-is-much-more-than-a-beach.html?_r=0.

Freeland, C. A. (2013). *Die Superreichen : Aufstieg und Herrschaft einer neuen globalen Geldelite*. (Ü: Andreas Simon dos Santos). Frankfurt a. M.: Westend.

Fussell, P. (2000). *Cashmere, Cocktail, Cadillac : Ein Wegweiser durch das amerikanische Statussystem*. (Ü: Thomas Piltz). Göttingen: Steidl.

Galbraith, J. K. (1958). *The affluent society*. New York: Houghton Mifflin Harcourt.

— (1959). *Gesellschaft im Überfluss*. (Ü: Rudolf Mühlfenzl). München: Droemer/Knaur.

Garcia-Navarro, L. (2013, May 12). C-sections deliver cachet for wealthy Brazilian women. *NPR.org*. Abgerufen unter http://www.npr.org/2013/05/12/182915406/c-sections-deliver-cachet-for-wealthy-brazilian-women.

Gershuny, J. (2000). *Changing times: Work and leisure in postindustrial society*. Oxford; New York: Oxford University Press.

Ghertner, D. A. (2015). *Rule by aesthetics: World-class city making in Delhi*. New York: Oxford University Press.

Gibbons, F. (2011, April 1). In France, breast is definitely not best. *Guardian*. Abgerufen unter https://www.theguardian.com/commentisfree/2011/apr/01/france-breast-breastfed-baby-death.

Gill, A. A. (2014, May). Perfection anxiety. *Vanity Fair*. Abgerufen unter http://www.vanityfair.com/society/2014/05/super-rich-perfection-anxiety.

Gittleson, K. (2015, February 20). US manufacturing: The rise of the niche manufacturer. *BBC Business*. Abgerufen unter http://www.bbc.com/news/business-31527888.

Glaeser, E. L. (2005). Urban colossus: Why is New York America's largest city? *Economic Policy Review* (112): 7–24.

— (2011). *Triumph of the city: How our greatest invention makes us richer, smarter, greener, healthier, and happier*. New York: Penguin Press.

Glaeser, E. L., Kolko, J., & Saiz, A. (2001). Consumer city. *Journal of Economic Geography* 1(1): 27–50.

Goldberg, C. (1999). Vermonters would keep a lid on Ben & Jerry's pint. *New York Times*, December 22.

Golden, J. (1996). *A social history of wet nursing in America: From breast to bottle*. Cambridge: Cambridge University Press.

González, M. C., Hidalgo, C. A., & Barabási, A.-L. (2008). Understanding individual human mobility patterns. *Nature 453*(7196): 779–782. doi:10.1038/nature06958.

Gould, J. B., Davey, B., & Stafford, R. S. (1989). Socioeconomic differences in rates of cesarean section. *New England Journal of Medicine 321*(4): 233–239. doi:10.1056/NEJM198907273210406.

Graham, C., & Pettinato, S. (2001). Frustrated achievers: Winners, losers and subjective well-being in new market economies. Brookings Institution Center on Social and Economic Dynamics, Working Paper No. 21. https://www.brookings.edu/wp-content/uploads/2016/06/frustrated.pdf.

Greenfeld, K. T. (2014, May 24). Faking cultural literacy. *New York Times.* Abgerufen unter http://www.nytimes.com/2014/05/25/opinion/sunday/faking-cultural-literacy.html.

Grigsby, M. (2004). *Buying time and getting by: The voluntary simplicity movement.* Albany: State University of New York Press.

Groskop, V. (2013, February 9). Breast is best – isn't it? Debate rages over the effect on mother and child. *Guardian.* Abgerufen unter https://www.theguardian.com/lifeandstyle/2013/feb/10/breastfeeding-best-debate.

Guendelman, S., Kosa, J. L., Pearl, M., Graham, S., Goodman, J., & Kharrazi, M. (2009). Juggling work and breastfeeding: Effects of maternity leave and occupational characteristics. *Pediatrics 123*(1): e38–e46. doi:10.1542/peds.2008–2244.

Gunderman, R. (2014, July 16). The case for concierge medicine. *Atlantic.* Abgerufen unter http://www.theatlantic.com/health/archive/2014/07/the-case-for-concierge-medicine/374296/.

Guryan, J., Hurst, E., & Kearney, M. (2008). Parental education and parental time with children. *Journal of Economic Perspectives 22*(3): 23–46. doi:10.1257/jep.22.3.23.

Handbury, J. (2012). *Are poor cities cheap for everyone? Non-homotheticity and the cost of living across U.S. cities* (Job Market Paper). Abgerufen unter www.princeton.edu/~reddings/cure2012/Handbury.pdf.

Haughney, C. (2013, September 17). A magazine for farm-to-table. *New York Times.* Abgerufen unter http://www.nytimes.com/2013/09/18/business/media/a-magazine-for-farm-to-table.html.

Heck, K. E., Braveman, P., Cubbin, C., Chávez, G. F., & Kiely, J. L. (2006). Socioeconomic status and breastfeeding initiation among California mothers. *Public Health Reports 121*(1): 51–59.

Heffetz, O. (2011). A test of conspicuous consumption: Visibility and income elasticities. *Review of Economics and Statistics 93*(4): 1101–1117. doi:10.1162/REST_a_00116.

Hills-Bonczyk, S. G., Tromiczak, K. R., Avery, M. D., Potter, S., Savik, K., & Duckett, L. J. (1994). Women's experiences with breastfeeding longer than 12 months. *Birth 21*(4): 206–212.

Holt, D. B. (1998). Does cultural capital structure American consumption? *Journal of Consumer Research 25*(1): 1–25. doi:10.1086/jcr.1998.25.issue-1.

Hutchinson, T. W. (1957, November 28). An economist outsider. *Listener.*

Hvistendahl, M. (2012, January 3). Why does China have the world's highest C-section rate? *Slate Magazine.* Abgerufen unter http://www.slate.com/articles/double_x/doublex/2012/01/cesarean_nation_why_do_nearly_half_of_chinese_women_deliver_babies_via_c_section_.html.

Industrial metamorphosis. (2005, September 29). *Economist.* Abgerufen unter http://www.economist.com/node/4462685.

Inglehart, R. (2000). Globalization and postmodern values. *Washington Quarterly 23*(1): 215–228.

Iritani, E. (2004). Great idea but don't quote him. *Los Angeles Times*, September 9. http://articles.latimes.com/2004/sep/09/business/fi-deng9.

Is college worth it? (2014, April 5). *Economist.* Abgerufen unter http://www.economist.com/news/united-states/21600131-too-many-degrees-are-waste-money-return-higher-education-would-be-much-better.

Jackson, K. T. (1985). *Crabgrass frontier: The suburbanization of the United States.* Oxford: Oxford University Press.

Jacobs, J. (1969). *The economy of cities.* New York: Random House.

Johnson, P. (1988). Conspicuous consumption and working-class culture in late-Victorian and Edwardian Britain. *Transactions of the Royal Historical Society 38*: 27–42. doi:10.2307/3678965.

Johnston, J. (2008). The citizen-consumer hybrid: Ideological tensions and the case of Whole Foods Market. *Theory and Society 37*(3): 229–270. doi:10.1007/s11186-007-9058-5.

Johnston, J., & Baumann, S. (2007). Democracy versus distinction: A study of omnivorousness in gourmet food writing. *American Journal of Sociology 113*(1): 165–204. doi:10.1086/518923.

Kahneman, D. and Deaton, A. (2010). High income improves evaluation of life but not emotional well-being. *PNAS* vol. 107(38) pp. 16489–16493.

Keller, S. (2015). Straight talk on fair trade versus direct trade according to Brazilian coffee farmers. *Huffington Post.* Abgerufen unter http://www.huffingtonpost.com/stephanie-keller/straight-talk-on-fairtrad_b_8305090.html.

Kendall, M. (2013, September 23). The real mommy wars. *Salon.com.* Abgerufen unter http://www.salon.com/2013/09/23/the_real_mommy_wars/.

Kerr, W. (1962). *The decline of pleasure.* New York: Simon & Schuster.

Keynes, J. M. (2006). Krieg und Frieden : Die wirtschaftlichen Folgen des Vertrags von Versailles. (Ü: Moritz Julius Bonn, Carl Brinkmann; Hrsg: Dorothea Hauser. Originalausgabe 1920 Berlin: Duncker & Humblot). Berlin: Berenberg.

Khan, S. (2012). The sociology of elites. *Annual Review of Sociology 38*(1): 361–377. doi:10.1146/annurev-soc-071811-145542.

— (2015). The counter-cyclical character of the elite. In *Elites on trial: Research in the sociology of organizations*, vol. 43 (1st ed.), pp. 81–103. UK: Emerald Group Publishing.

Khan, S., & Jerolmack, C. (2013). Saying meritocracy and doing privilege. *Sociological Quarterly 54*(1): 9–19. doi:10.1111/tsq.12008.

Kharas, H. (2011). The emerging middle class in developing countries. OECD Development Centre Working Paper No. 285.

Kharas, H., & Gertz, G. (2010). »The new global middle class.« A crossover from west to east. Brookings Institution Report. Abgerufen unter https://www.brookings.edu/research/the-new-global-middle-class-a-cross-over-from-west-to-east/.

Khazan, O. (2014, September 16). Wealthy L.A. schools' vaccination rates are as low as South Sudan's. *Atlantic*. Abgerufen unter http://www.theatlantic.com/health/archive/2014/09/wealthy-la-schools-vaccination-rates-are-as-low-as-south-sudans/380252/.

Kleinberg, E. (2012). One's a crowd. *Sunday Review: New York Times*, February 4. http://www.nytimes.com/2012/02/05/opinion/sunday/living-alone-means-being-social.html.

Klinkenborg, V. (2013). The decline and fall of the English major. *Sunday Review: New York Times*, June 22.

Kornrich, S., & Furstenberg, F. (2013). Investing in children: Changes in parental spending on children, 1972–2007. *Demography 50*(1): 1–23. doi:10.1007/s13524-012-0146-4.

Krugman, P. (2015, November 30). Inequality and the city. *New York Times*. Abgerufen unter http://www.nytimes.com/2015/11/30/opinion/inequality-and-the-city.html?_r=0.

Kunstler, J. (1993). *The geography of nowhere*. New York: Simon & Schuster.

Kurtzleben, D. (2013, October 23). Just how fast has college tuition grown? *US News & World Report*. Abgerufen unter http://www.usnews.com/news/articles/2013/10/23/charts-just-how-fast-has-college-tuition-grown.

Lamont, M. (1992). *Money, morals, and manners: The culture of the French and American upper-middle class*. Chicago: University of Chicago Press.

Landy, B. (2013, August 28). A tale of two recoveries: Wealth inequality after the Great Recession. *Century Foundation*. Abgerufen unter https://tcf.org/content/commentary/a-tale-of-two-recoveries-wealth-inequality-after-the-great-recession/.

Langellier, B., Chaparro, M. P., Wang, M., Koleilat, M., and Waley, S. E. (2014). The new food package and breastfeeding outcomes among women, infants and children participants in Los Angeles County. *American Journal of Public Health 104*: 2S.

Lee, H., and Painter, G. (2016). Consumption inequality in the Great Recession. *Journal of Economic and Social Measurement 41*, 2 (2016): 145–166.

Leher, J. (2010). A physicist solves the city. *New York Times Magazine*, December 17. Abgerufen unter http://www.nytimes.com/2010/12/19/magazine/19Urban_West-t.html.

Leibenstein, H. (1950). Bandwagon, snob, and Veblen effects in the theory of consumers' demand. *Quarterly Journal of Economics 64*(2): 183–207. doi:10.2307/1882692.

Leonhardt, D. (2014, April 26). Getting into the Ivies. *New York Times*. Abgerufen unter http://www.nytimes.com/2014/04/27/upshot/getting-into-the-ivies.html.

Lesnard, L. (2003). Review of *Changing times: Work and leisure in postindustrial society*, by Jonathan Gershuny. *European Sociological Review 19*(2): 235–239. doi:10.1093/esr/19.2.235.

Lewis, L. B., McMillan, T., & Bastani, R. (2015, July 29*). Is healthy living only for the rich?* Zócalo Public Square lecture presented at Museum of Contemporary Art, Los Angeles.

Lewis, M. (2010). *The big short: Inside the doomsday machine*. New York: W.W. Norton.

Lightfeldt, A. (2015, March 1). Bright lights, big rent burden: Understanding New York City's rent affordability problem. *StreetEasy Blog*. Abgerufen unter http://streeteasy.com/blog/new-york-city-rent-affordability/.

Linder, S. B. (1970). *The harried leisure class*. New York: Columbia University Press.

Livingston, G. (2014, May 7). Opting out? About 10% of highly educated moms are staying at home. *Pew Research Center*. Abgerufen unter http://www.pewresearch.org/fact-tank/2014/05/07/opting-out-about-10-of-highly-educated-moms-are-staying-at-home/.

Lloyd, R., & Clark, T. N. (2001). The city as an entertainment machine. *Research in Urban Sociology 6*: 357–378.

The lost decade of the middle class. (2012, August 22). *Pew Research Center*. Abgerufen unter http://www.pewsocialtrends.org/2012/08/22/the-lost-decade-of-the-middle-class/.

Lowrey, A. (2014, April 30). Changed life of the poor: Better off, but far behind. *New York Times*. Abgerufen unter http://www.nytimes.com/2014/05/01/business/economy/changed-life-of-the-poor-squeak-by-and-buy-a-lot.html.

Luce, E. (2010, July 30). The crisis of middle-class America. *Financial Times*. Abgerufen unter https://www.ft.com/content/1a8a5cb2-9ab2-11df-87e6-00144feab49a.

Luttmer, E. F. P. (2005). Neighbors as negatives: Relative earnings and well-being. *Quarterly Journal of Economics 120*(3): 963–1002.

»Made in the USA« matters to shoppers [press release]. (2012, September 13). Abgerufen unter https://www.greenbook.org/marketing-research/made-in-the-usa-matters-to-shoppers-00707.

Martin, J. (1982). *Miss Manners' guide to excruciatingly correct behavior*. New York: W. W. Norton.

McCann, M., Baydar, N. and Williams, R. (2007). Breastfeeding attitudes and report problems in a national sample of WIC participants. *Journal of Human Lactation* 23(4): 314–324.

McDowell, M. M., Wang, C.-Y., & Kennedy-Stephenson, J. (2008). *Breastfeeding in the United States: Findings from the National Health and Nutrition Examination Survey, 1999–2006.* Centers for Disease Control. NCHS Data Brief. Abgerufen unter http://www.cdc.gov/nchs/data/databriefs/db05.htm.

Mendoza, M. 2016. Federal officials are preparing to enforce an 86-year-old ban on importing goods made by children or slaves under new provisions of a law signed by President Barack Obama. US *News and World Report*, February 16. Abgerufen unter http://www.usnews.com/news/us/articles/2016-02-24/obama-bans-us-imports-of-slave-produced-goods.

Menken, H. L. (1920). *Prejudices: First series.* New York: Knopf.

Miller, C. C., & Bui, Q. (2016, February 27). Equality in marriages grows, and so does class divide. *New York Times.* Abgerufen unter http://www.nytimes.com/2016/02/23/upshot/rise-in-marriages-of-equals-and-in-division-by-class.html.

Miller, D. (2012). *Consumption and its consequences.* Cambridge: Polity.

Mills, C. W. (2019). *Die Machtelite.* (Hrsg.: Björn Wendt, Michael Walter, Marcus B. Klöckner; Ü: Simon Lübeck; Urfassung: Hans Stern, Heinz Neunes, Bernt Engelmann). Frankfurt a. M.: Westend.

Molotch, H. (2002). Place in product. *International Journal of Urban and Regional Research* 26(4): 665–688. doi:10.1111/1468-2427.00410.

— (2003). *Where stuff comes from: How toasters, toilets, cars, computers, and many others things come to be as they are.* New York: Routledge.

Moore, C. (2012, March 30). Even I'm starting to wonder: What does this lot know about anything? *Daily Telegraph.* Abgerufen unter http://www.telegraph.co.uk/news/politics/conservative/9176237/Even-Im-starting-to-wonder-what-do-this-lot-know-about-anything.html.

Murray, C. A. (2012). *Coming apart: The state of white America, 1960–2010* (1st ed.). New York: Crown Forum.

North, D. C. (1955). Location theory and regional economic growth. *Journal of Political Economy* 63(3): 243–258.

Obniski, M. (2008). The Arts and Crafts movement in America. Metropolitan Museum of Art. Abgerufen unter http://www.metmuseum.org/toah/hd/acam/hd_acam.htm.

O'Brien, M. (2014, July 29). The middle class is 20 percent poorer than it was in 1984. *Washington Post.* Abgerufen unter http://www.washingtonpost.com/blogs/wonkblog/wp/2014/07/29/the-middle-class-is-20-percent-poorer-than-it-was-in-1984/.

Oster, E. (2015, May 20). Everybody calm down about breastfeeding. *FiveThirtyEight.* Abgerufen unter http://fivethirtyeight.com/features/everybody-calm-down-about-breastfeeding/.

Packard, V. (1957). *The Hidden Persuaders*. New York: David McKay.

— (1958). *Die geheimen Verführer : der Griff nach dem Unbewussten in Jedermann*. (Ü: Hermann Kusterer). Düsseldorf: Econ.

— (1959). *The status seekers*. New York: David McKay.

— (1959). *Die unsichtbaren Schranken : Theorie und Praxis des Aufstiegs in der »klassenlosen« Gesellschaft*. (Ü: Wolf Kinzel). Düsseldorf: Econ.

PBS NewsHour. (2013, December 26). Tracking the breakdown of American social institutions in »The Unwinding.« Abgerufen unter http://www.pbs.org/newshour/bb/business-july-dec13-packer_12-26/.

Pellow, D. (2005). Review of *Buying time and getting by: The voluntary simplicity movement*, by Mary Grigsby. *American Journal of Sociology 110*(5): 1520–1522. doi:10.1086/431619.

Percentage of the U.S. population with a college degree 1940–2014, by gender. (2016). *Statista*. Abgerufen unter http://www.statista.com/statistics/184272/educational-attainment-of-college-diploma-or-higher-by-gender/.

Pezinni, M. (2012). An emerging middle class. *OECD Observer*. http://oecdobserver.org/news/fullstory.php/aid/3681/An_emerging_middle_class.html.

Piketty, T. (2016). *Das Kapital im 21. Jahrhundert*. (Ü: Ilse Utz, Stefan Lorenzer). München: C.H. Beck.

Piore, M. J., & Sabel, C. F. (1984). *The second industrial divide: Possibilities for prosperity*. New York: Basic Books.

Postrel, V. (2008, July 8). Inconspicuous consumption: A new theory of the leisure class. *Atlantic*. Abgerufen unter http://www.theatlantic.com/magazine/archive/2008/07/inconspicuous-consumption/306845/2/.

Price, Q. (2014). Capitalism for the many, not the few. Unpublished working paper.

Pugh, A. J. (2004). Windfall child rearing: Low-income care and consumption. *Journal of Consumer Culture 4*(2): 229–249. doi:10.1177/1469540504043683.

— (2005). Selling compromise: Toys, motherhood, and the cultural deal. *Gender and Society 19*(6): 729–749. doi:10.1177/0891243205279286.

— (2011). Distinction, boundaries or bridges?: Children, inequality and the uses of consumer culture. *Poetics 39*(1): 1–18. doi:10.1016/j.poetic.2010.10.002.

Raffaelli, R. (2015). *The re-emergence of an institutional field: Swiss watchmaking*. Harvard Business School working paper no. 16-003.

Ramey, G., & Ramey, V. A. (2010). The rug rat race. *Brookings Papers on Economic Activity 2010*(1): 129–176. doi:10.1353/eca.2010.0003.

Rampell, C. (2013, April 23). Who says New York is not affordable? *New York Times*. Abgerufen unter http://www.nytimes.com/2013/04/28/magazine/who-says-new-york-is-not-affordable.html.

Rapoza, K. (1999, December 16). Will big business gobble up Ben and Jerry's? *Salon*. Abgerufen unter http://www.salon.com/1999/12/16/ben_and_jerry/.

Reich, R. B. (1992). *Die neue Weltwirtschaft : das Ende der nationalen Ökonomie.* (Ü: Hans-Ullrich Seebohm). Frankfurt a. M.: Fischer.

Rice, A. (2014, June 29). Stash pad. *New York Magazine.* Abgerufen unter http:// nymag.com/news/features/foreigners-hiding-money-new-york-real-estate-2014-6.

Richards, T. (1991). *The commodity culture of Victorian England: Advertising and spectacle, 1851–1914.* Palo Alto, CA: Stanford University Press.

Riis, J. (2009, originally 1890). *How the other half lives.* New York: CreateSpace.

Roberts, G. (2010, November 16). Ben & Jerry's builds on its social-values approach. *New York Times.* Abgerufen unter http://www.nytimes.com/2010/11/17/business/global/17iht-rbofice.html.

Robinson, A. (2011). An A to Z of theories: Roland Barthes' mythologies: A critical theory of myths. *Cease Fire.* Abgerufen unter https://ceasefiremagazine.co.uk/in-theory-barthes-2/.

Rogers, K. (2014, May 14). Median American savings: $0. *Fox Business.* Abgerufen unter http://www.foxbusiness.com/personal-finance/2014/05/14/median-american-savings-0/.

Rosenberg, R. (1999). Possibility of sale chills Ben & Jerry's ally. *Boston Globe,* December 10.

Rosin, H. (2009, April). The case against breast-feeding. *Atlantic.* Abgerufen unter http://www.theatlantic.com/magazine/archive/2009/04/the-case-against-breast-feeding/307311/.

Roth, L. M., & Henley, M. M. (2012). Unequal motherhood: Racial-ethnic and socioeconomic disparities in cesarean sections in the United States. *Social Problems 59*(2): 207–227.

Sacker, A., Kelly, Y., Iacovou, M., Cable, N., & Bartley, M. (2013). Breast feeding and intergenerational social mobility: What are the mechanisms? *Archives of Disease in Childhood,* archdischild–2012–303199. doi:10.1136/archdischild-2012-303199.

Sadler, P. (2010; 2016). *Sustainable growth in a post-scarcity world: Consumption, demand, and the poverty penalty.* Burlington, VT: Gower.

Salkin, A. (Feb. 6 2009). You try to live on 500k in this town. *New York Times.*

Salsburg, D. (2002). *The lady tasting tea: How statistics revolutionized science in the twentieth century.* New York: Henry Holt.

Sandberg, S. (2013). *Lean in: Women, work, and the will to lead.* New York: Knopf.

Sassen, S. (1991). *The global city: New York, London, Tokyo* (2nd rev. ed.). Princeton: Princeton University Press.

— (1997). *Metropolen des Weltmarkts : Die neue Rolle der Global Cities.* (2. Aufl.; Ü: Bodo Schulze). Frankfurt a. M.: Campus.

Saxenian, A. L. (1994). *Regional advantage: Culture and competition in Silicon Valley and Route 128.* Cambridge, MA: Harvard University Press.

Sayer, L., Bianchi, S., & Robinson, J. (2004). Are parents investing less in children?

Trends in mothers' and fathers' time with children. *American Journal of Sociology* 110(1): 1–43. doi:10.1086/386270.

Schor, J. (1991). *The overworked American: The unexpected decline of leisure.* New York: Basic Books.

— (1998). *The overspent American: Upscaling, downshifting, and the new consumer* (1st ed.). New York: Basic Books.

Scott, A. (2005). *Hollywood: The place, the industry.* Princeton: Princeton University Press.

Seckler, D. W. (1975). *Thorstein Veblen and the institutionalists: A study in the social philosophy of economics.* Boulder: Colorado Associated University Press.

Second wind. (2014, June 14). *Economist: Schumpeter.* Abgerufen unter http://www. economist.com/news/business/21604156-some-traditional-businesses-are-thriving-age-disruptive-innovation-second-wind.

Segran, E. (2016, March 16). Why clothing startups are returning to American factories. *Fast Company.* Abgerufen unter https://www.fastcompany.com/3057738/most-creative-people/why-clothing-startups-are-returning-to-american-factories.

Shapiro, S. M. (2012, May 23). Mommy wars: The prequel. *New York Times Magazine.* Abgerufen unter http://www.nytimes.com/2012/05/27/magazine/ina-may-gaskin-and-the-battle-for-at-home-births.html.

Shaxson, N. (2013, April). A tale of two Londons. *Vanity Fair.* Abgerufen unter http://www.vanityfair.com/society/2013/04/mysterious-residents-one-hyde-park-london.

Silver, D., Clark, T. N., & Yanez, C.J.N. (2010). Scenes: Social context in an age of contingency. *Social Forces* 88(5): 2293–2324. doi:10.1353/sof.2010.0041.

Simmel, G. (2019). *Die Großstädte und das Geistesleben.* (Originalausgabe 1903, »Berliner Ausgabe«) Berlin: Henricus.

— (1957). Fashion. *American Journal of Sociology* 62(6): 541–558.

Sirkin, H. L., Zinser, M., & Manfred, K. (2013, January 17). That »Made in USA« label may be worth more than you think. *BCG Perspectives.* Abgerufen unter https://www.bcgperspectives.com/content/commentary/consumer_products_retail_that_made_in_usa_label_may_be_worth_more_than_you_think/.

Smith, A. (1994). *Theorie der ethischen Gefühle.* (Ü: Walther Eckstein). Hamburg: Felix Meiner.

Smock, P. J. (2010). Review of Longing and belonging: Parents, children, and consumer culture, by Allison Pugh. *Contemporary Sociology* 39(2): 196–197.

Somerville, K. (2012). Not one of us: Four books that explore the implications of class in America. *Missouri Review* 35(3): 163–175.

Spin to separate: Sweating on purpose is becoming an elite phenomenon. (2015, August 1) *Economist.* Abgerufen unter http://www.economist.com/news/united-states/21660170-sweating-purpose-becoming-elite-phenomenon-spin-separate.

Steiner, I. (2011, January 11). Etsy sales increase 74% in 2010 as growth rate slows.

EcommerceBytes. Abgerufen unter http://www.ecommercebytes.com/cab/abn/yll/m0l/il1/s0l.

Storper, M. (1997). *The regional world: Territorial development in a global economy.* New York: Guilford Press.

— (2013). *Keys to the city: How economics, institutions, social interactions, and politics shape the development.* Princeton: Princeton University Press.

Sullivan, P. (2014, July 11). Vacation experiences that only money can buy. *New York Times.* Abgerufen unter http://www.nytimes.com/2014/07/12/your-money/bespoke-luxury-travel-from-100000-and-up.html.

Summers, L. (2006, December 10). Only fairness will assuage the anxious middle. *Financial Times.* Abgerufen unter https://www.ft.com/content/06ab25e6-8869-11db-b485-0000779e2340.

Surowiecki, J. (2014, May 19). Real estate goes global. *New Yorker.* Abgerufen unter http://www.newyorker.com/magazine/2014/05/26/real-estate-goes-global.

Sussman, G. D. (1975). The wet-nursing business in nineteenth-century France. *French Historical Studies 9*(2): 304–328. doi:10.2307/286130.

Taylor-Gooby, P. (1998). Comments on Amitai Etzioni: Voluntary simplicity: Characterization, select psychological implications, and societal consequences. *Journal of Economic Psychology 19*(5): 645–650.

Tracking the breakdown of American social institutions in »The Unwinding.« (2013, December 26). *PBS NewsHour.* Abgerufen unter http://www.pbs.org/newshour/bb/business-july-dec13-packer_12-26/.

Trebay, G. (2010, September 1). The tribes of San Francisco. *New York Times.* Abgerufen unter http://www.nytimes.com/2010/09/02/fashion/02Diary.html?pagewanted=all.

Trentmann, F. (2016). *Empire of things: How we became a world of consumers, from the fifteenth century to the twenty-first.* New York: Harper.

— (2017). *Herrschaft der Dinge : Die Geschichte des Konsums vom 15. Jahrhundert bis heute.* (1. Aufl.; Ü: Klaus-Dieter Schmidt, Stephan Gebauer-Lippert) München: Deutsche Verlags-Anstalt.

Tully, K. (2010, June 23). My liquidity moment. *Financial Times.*

Vaizey, J. (1975, May 29). The return of Veblen. *Listener.*

Veblen, T. (1958; 2007). *Theorie der feinen Leute : Eine ökonomische Untersuchung der Institutionen.* (Ü: Suzanne Heintz, Peter von Haselberg). Frankfurt a. M.: Fischer.

Wallace-Hadrill, A. (1990). The social spread of Roman luxury: Sampling Pompeii and Herculaneum. *Papers of the British School at Rome 58*: 145–192.

— (1994). *Houses and society in Pompeii and Herculaneum.* Princeton: Princeton University Press.

Weber, M. (2004). *Die protestantische Ethik und der Geist des Kapitalismus.* (2., durchgesehen Auflage). München: C.H. Beck.

— (1972). *Wirtschaft und Gesellschaft : Grundriss der verstehenden Soziologie.* (Studienausgabe; 5. und revidierte Auflage besorgt von Johannes Winckelmann). Tübingen: Mohr/Siebeck.

Who's in the middle? (2009, February 12). *Economist.* Abgerufen unter http://www. economist.com/node/13063338.

Wilson, W. J. (1987). *The truly disadvantaged: The inner city, the underclass, and public policy.* Chicago: University of Chicago Press.

Wirth, L. (1938). Urbanism as a way of life. *American Journal of Sociology 44*(1): 1–24. doi:10.1086/217913.

World Wildlife Fund— endangered species conservation. (n.d.). Abgerufen unter http://www.worldwildlife.org/.

Wright, A. L., & Schanler, R. J. (2001). The resurgence of breastfeeding at the end of the second millennium. *Journal of Nutrition 131*(2): 421S–425S.

Yardley, J. (2013, May 22). Report on deadly factory collapse in Bangladesh finds widespread blame. *New York Times.* Abgerufen unter http://www.nytimes.com/ 2013/05/23/world/asia/report-on-bangladesh-building-collapse-finds-wide spread-blame.html.

Yoon, H., & Currid-Halkett, E. (2014). Industrial gentrification in West Chelsea, New York: Who survived and who did not? Empirical evidence from discrete-time survival analysis. *Urban Studies 52*(1), 20–49. doi:10.1177/0042098014536785.

Young, M. (2014, March 9). SOMA: The stubborn uncoolness of San Francisco style. *New York Magazine.* Abgerufen unter http://nymag.com/news/features/san-fran cisco-style-2014-3/.

Yueh, L. (2013, June 18). The rise of the global middle class. *BBC News.* Abgerufen unter http://www.bbc.com/news/business-22956470.

Zukin, S. (1989). *Loft living: Culture and capital in urban change* (2nd ed.). New Brunswick, NJ. Rutgers University Press.

— (1993). *Landscapes of power: From Detroit to Disney World.* Berkeley: University of California Press.

Zukin, S., & Kosta, E. (2004). Bourdieu off-Broadway: Managing distinction on a shopping block in the East Village. *City & Community 3*(2): 101–114. doi:10.1111/ j.1535-6841.2004.00071.x.

Zukin, S., & Maguire, J. S. (2004). Consumers and consumption. *Annual Review of Sociology 30*(1): 173–197. doi:10.1146/annurev.soc.30.012703.110553.

INTERVIEWS

Eugene Ahn, Forage Restaurant, 16. September 2013

Kate Berridge, Autorin, 26. Februar 2014

Elizabeth Bowen, Altadena Farmers Market, 15. Oktober 2013

Kevin Carney, Mohawk Botique, 16. September 2013

Nancy Chin, Professorin, Department of Public Health and Sciences, University of Rochester Medical Center, 29. Mai 2014

Paula Daniels, Los Angeles Food Policy Council, 24. Februar 2016

Juan Gerscovich, Industry of All Nations, 9. Oktober 2013

Andrew Wallace-Hadrill, Professor, Roman Studies, University of Cambridge, 17. März 2014

Corky Harvey, The Pump Station, 30. November 2012

Marian MacDorman, Statistikerin, Center for Disease Control and Prevention; Leitende Redakteurin von *Birth: Issues in Perinatal Care*, 28. Mai 2014

Laura und Jason O'Dell, Bucks and Does, 23. Oktober 2013

Geoff Watts, Intelligentsia, October 30, 2013

Essie Weingarten, Gründerin von Essie Cosmetics Ltd, 1. Dezember 2012

Jen und Derec Williams, Gründer von Pop Physique, 9. Juli 2015

Mark Zambito, Intelligentsia, 2. Oktober 2013

SACHREGISTER

ANHANG

PERSONENREGISTER

CONSUMER EXPENDITURE SURVEY

Als *Consumer Expenditure Survey* (CE) wird die Umfrage zum Kaufverhalten amerikanischer Verbraucher bezeichnet, die jährlich von der Bundesbehörde U. S. Census Bureau, welche dem amerikanischen Handelsministerium unterstellt ist, im Auftrag des Bureau of Labor Statistics, einer Bundesbehörde, welche an das amerikanische Arbeitsministerium angegliedert ist, durchgeführt wird. Die Daten reichen bis in das späte 19. Jahrhundert zurück, wenngleich die jährliche Erhebung in moderner Weise erst seit 1980 durchgeführt wird. Die Umfrage dient hauptsächlich der Aktualisierung des US-amerikanischen Lebenshaltungskostenindex, bekannt als Verbraucherpreisindex (VPI). Aufgrund der umfassenden und präzisen Erfassung der Informationen zum Ausgabeverhalten der Verbraucher und ihrer sozioökonomischen Merkmale werden diese Daten in der Wissenschaft jedoch schon seit langem dazu genutzt, das Kaufverhalten von Verbrauchern zu analysieren und zu erklären.

Die CE besteht aus zwei unabhängigen Erhebungen: der *Diary Survey* und der *Interview Survey*. Bei ersterer Erhebung werden Angaben zu Ausgaben für kleinere und häufig gekaufte Dinge erfasst, welche von den Haushalten selbstständig in Form von Tagebucheintragungen festgehalten werden. Die *Interview Survey* hingegen ist darauf ausgelegt, dass im Rahmen dieser Befragung verhältnismäßig große Ausgaben (zum Beispiel für langlebige Gebrauchsgüter) sowie regelmäßig anfallende Ausgaben (zum Beispiel Mietzahlungen, Versicherungsbeiträge) erfasst werden. Ausgehend von der Studie von

Bee et al. (2012), derzufolge die Daten aus der *Interview Survey* von besserer Qualität sind [Anm. d. Übers.: im Vergleich zur *Diary Survey*], wurden für die Analysen des Kaufverhaltens bestimmter Verbrauchergruppen im vorliegenden Buch hauptsächlich die Mikrodaten aus der *Interview Survey* verwendet.

Die Mikrodaten geben nicht nur Aufschluss über all die Dinge, die von den einzelnen Haushalten gekauft wurden, aufgeschlüsselt in Hunderte Kategorien (Universal Classified Codes – UCC), sondern beinhalten auch Angaben zu den demografischen und sozioökonomischen Merkmalen der Haushalte. Weil im Rahmen der vierteljährlich stattfindenden *Interview Survey* ungefähr 7 000 Haushalte im ganzen Land (repräsentativ für die USA) befragt werden, sind in der Stichprobe auf das Jahr hochgerechnet die Daten von rund 35 000 Haushalten enthalten. Im Rahmen sämtlicher Auswertungen, welche mithilfe der Statistiksoftware Stata in der Version 11.1 durchgeführt wurden, wurde eine Gewichtung der Stichprobenwerte vorgenommen, um für die USA landesweit repräsentative Schätzwerte zu erhalten.